Andreas M. Rauch

Auslandseinsätze
der Bundeswehr

Nomos

Gedruckt mit Unterstützung des Vorstandes der
Karl-Theodor-Molinari-Stiftung e. V.,
Bildungswerk des Deutschen Bundeswehr Verbandes,
Südstraße 121, 53175 Bonn

Die Deutsche Bibliothek – CIP-Einheitsaufnahme

Die Deutsche Bibliothek verzeichnet diese Publikation in
der Deutschen Nationalbibliografie; detaillierte bibliografische
Daten sind im Internet über http://dnb.ddb.de abrufbar.

ISBN 3-8329-1599-0

1. Auflage 2006
© Nomos Verlagsgesellschaft, Baden-Baden 2006. Printed in Germany. Alle Rechte,
auch die des Nachdrucks von Auszügen, der fotomechanischen Wiedergabe und der
Übersetzung, vorbehalten. Gedruckt auf alterungsbeständigem Papier.

Gliederung

1. Einführung 9

I. Deutsche Außen- und Sicherheitspolitik aus historischer Verantwortung 16

2. Erster Verantwortungsstrang: Politische Identitätssuche in der Ära Wilhelm II. – Lehren aus dem I. Weltkrieg 19

3. Zweiter Verantwortungsstrang: Das Vermächtnis des 20. Juli – Lehren aus dem II. Weltkrieg 27
   a) Wilhelm II. und Hitler – geistige Kontinuität? 27
   b) Die Schrecken des II. Weltkrieges, die Vereinten Nationen und der 20. Juli 1944 30
   c) Wider dem Totalitarismus – Alfred Delp, Baron Leonrod, Georg Elser und »Die weiße Rose« 35

II. Deutsche Außen- und Sicherheitspolitik nach 1949 43

4. Humanitäre Auslandseinsätze der Bundeswehr seit 1960 47

5. Zur Genese von militärischen Auslandseinsätzen der Bundeswehr als innenpolitische Herausforderung 57

6. Sicherheitspolitische Neuorientierungen 70

III. Internationale Konflikte, multinationale Auslandseinsätze und der Beitrag der deutschen Bundeswehr 87

7. Von der »Scheckbuchdiplomatie« zur UNSCOM 93
   a) Geschichtliche und politische Hintergründe des Golfkrieges 93
   b) Deutsche Außenpolitik in der Golfproblematik 95
   c) Engagement der Bundeswehr 100
   d) Der Einsatz des deutschen Minenräumverbandes im Persischen Golf 107
   e) Der deutsche Beitrag an UNSCOM 109

8.	Kambodscha, die UNTAC-Mission und der deutsche Beitrag	113
	a) Der Kambodscha-Konflikt	113
	b) Kambodscha und die Vereinten Nationen	119
	c) UNTAC	128
	d) Der Beitrag Deutschlands und der Bundeswehr	135
	e) Kambodscha nach den Wahlen	137
9.	Einsätze in Bosnien	140
9.1	Der Balkan-Konflikt und der SFOR-Einsatz	140
	a) Die verspätete Nationwerdung Serbiens und christlich-islamische Auseinandersetzungen	141
	b) Die politischen Hintergründe des SFOR-Einsatzes: Eskalationen nach Titos Tod und Ende des Ost-West-Konflikts	146
	c) Erfahrungsbericht eines Election Supervisors bei den Präsidentschaftswahlen in der Republika Srpska	148
	d) Außen- und sicherheitspolitische Dimensionen des SFOR-Einsatzes: Ethische Auseinandersetzungen und Vertreibungen als Problem	151
	e) Der Bosnien-Konflikt und SFOR seit dem Dayton-Abkommen	153
	f) Die Bundeswehr seit 1992 in Bosnien	154
	g) Die Bundeswehr im SFOR-Einsatz	157
	h) Angespannte Sicherheitslage und politische Misserfolge	159
	i) Die Beziehungen Deutschlands zu Bosnien-Herzegowina	160
9.2	Deutsches Engagement in Bosnien-Herzegowina im Rahmen der NATO-Missionen	163
	a) IFOR-Mission	165
	b) Das erste SFOR-Mandat (1996-1998)	168
	c) Die SFOR-Folgeoperation »Deliberate Force«	172
10.	Die Bundeswehr im Kosovo	180
	a) Die menschenrechtliche Dimension	182
	b) Diplomatische Bemühungen	183
	c) Erfahrungen eines KVM-Mitglieds	186
	d) Der KFOR-Einsatz	189
	e) Die Bundeswehr in Prizren	190
11.	Der UNOMIG-Einsatz in Georgien	196
	a) Geschichte	197
	b) UNOMIG	200
	c) Die deutsche Beteiligung an UNOMIG	202

12.	»Enduring Freedom«	206
	a) Die Operation »Enduring Freedom«	206
	b) Osama bin Laden und der internationale Kampf gegen den Terrorismus	209
	c) Deutschlands Beitrag zu »Enduring Freedom«	217
13.	Der Afghanistan-Konflikt und ISAF	220
	a) Geschichte	220
	b) Deutsch-afghanische Beziehungen	223
	c) Erfahrungen eines deutschen UN-Beobachters (1991)	224
	d) ISAF	229

IV. Einzelaspekte militärischer Auslandseinsätze   237

14.	Auslandseinsätze im Vergleich mit USA, Großbritannien und Frankreich 1960-2003	238
	a) USA	239
	b) Großbritannien	241
	c) Frankreich	243
15.	Zivil-militärische Aspekte von Auslandseinsätzen	247
	a) Begriff	247
	b) CIMIC im multilateralen Kontext	250
	c) Das MC 411/1 und das AJP-9-Konzept	252
	d) CIMIC in Bosnien-Herzegowina	254
	e) Neuerungen bei CIMIC	259
16.	Militärseelsorge und Auslandseinsätze – eine Facette sozialen Engagements in der Bundeswehr	264
	a) Militärseelsorge für die deutsche Bundeswehr	266
	b) Militärseelsorge und Auslandseinsätze	272
	c) Ausblick: »Soldatenglück und Gottes Segen«	280

Literaturhinweise   289

Danksagung   296

1. Einführung

In Zeiten des Umbruches stellen sich virulent Fragen nach Sinn und Identität einzelner Lebens- und Politikfelder, so auch nach Ziel und Zweck von Auslandseinsätzen der Bundeswehr[1]. Gerade Auslandseinsätze werfen in besonderer Weise Probleme von Innerer Führung der Bundeswehr auf. Die Innere Führung der Bundeswehr befasst sich auch mit der Identität und dem Selbstverständnis von deutschen Soldaten[2]; in einem Wirtschaftsunternehmen würde wohl von »corporate identity« gesprochen werden. Diese Identität der Soldaten erfährt seit einigen Jahren durch die Auslandseinsätze der Bundeswehr eine einschneidende Neuorientierung. Soldaten der deutschen Bundeswehr leisten Beiträge zu Frieden und Sicherheit[3]; sie dienen nunmehr nicht mehr vorrangig der Landesverteidigung, sondern vor allem der Bewältigung globaler Herausforderungen wie Bekämpfung des Terrorismus, Schutz der Menschenrechte sowie der Krisen- und Konfliktprävention.

Damit ist bereits ein entscheidendes Stichwort gefallen: Globalisierung! Die Auslandseinsätze der Bundeswehr sind nicht nur in den Kontext eines wiedervereinigten Deutschland einzuordnen, sondern auch in den weltweiten Prozess der Globalisierung und damit verbundener globaler Herausforderungen.[4] Hierbei geht es um eine nüchterne, rationale Bestandsaufnahme und Analyse, die in wachsendem Maße deutsche und europäische Politik seit der Aufklärung – ideengeschichtlich mit dem Durchsetzen des Rationalgedankens bei Immanuel Kant – bestimmt. Verbunden damit ist eine »Entzauberung der Welt«, wie sie in zutreffender Weise Max Weber zu Beginn des 20. Jahrhunderts formulierte. Daraus erwächst bis heute gerade bei den Deutschen mit ihren geschichtlichen Brüchen, fehlenden Traditionen und mangelnden Identitätsausbildungen eine Anfälligkeit für Ideologien

---

1 Andreas M. Rauch: Zivile und militärische Auslandseinsätze der Bundeswehr, in: Gesellschaft. Wirtschaft. Politik. Sozialwissenschaften für politische Bildung, H. 1, 2004, S. 57-66; der Artikel enthält eine Auflistung sämtlicher humanitärer (seit 1960) und militärischer Auslandseinsätze (seit 1990) der Bundeswehr.
2 Wolf Graf von Baudissin: Soldat für den Frieden. Entwürfe für eine zeitgemäße Bundeswehr. München 1969.
3 Andreas M. Rauch: Beiträge zu Frieden und Sicherheit. Zivile und militärische Auslandseinsätze der Bundeswehr, in: Die Neue Ordnung, H. 2, 58. Jg., April 2004, S. 135-148.
4 Vgl. Auswärtiges Amt (Hg): »Fest entschlossen, unsere Kräfte zu vereinen ...«. Die Vereinten Nationen als Motor globaler Strukturpolitik. Berlin 2003.

und Heilslehren, wie Karl Dietrich Bracher richtig feststellte[5]. Deshalb bewegen sich die Auslandseinsätze der Bundeswehr in einem politisch sensiblen Terrain – gerade angesichts von Politikverdrossenheit und Parteienkritik.

Über die technischen (Rahmen-) Bedingungen von Auslandseinsätzen der Bundeswehr informiert das Bundesverteidigungsministerium seit vielen Jahren.[6] Auch liegen umfängliche journalistische Publikationen vor, sowohl von Bundeswehrorganen und der Bundeswehr nahe stehenden Einrichtungen[7] als auch in der nationalen Presse[8]. In einem Sammelband von Peter Goebel sind Erfahrungen von Bundeswehrangehörigen im Auslandseinsatz dokumentiert[9]. Doch werden zumeist hier nur Ausschnitte gezeigt, wie etwa die schweren Einsatzbedingungen von Soldaten in Krisengebieten, Konfliktssituationen zwischen Bundeswehrsoldaten und der jeweiligen einheimischen Bevölkerung sowie von verletzten und toten Bundeswehrsoldaten im Auslandseinsatz. Andere publizistische Aufhänger sind Wahlen oder der Besuch hochrangiger Politiker. Schon etwas näher an die Politische Wissenschaft angelehnt sind einzelne Aufsatzveröffentlichungen zum Thema »Auslandseinsätze der Bundeswehr« und zu den Konfliktlagen in den einzelnen Ländern, etwa von der Bundeszentrale für politische Bildung.[10] Doch insgesamt bleibt die veröffentlichte Literaturlage dürftig.

Dieser Sachverhalt schließt nicht aus, dass die Bundeswehr selbst umfangreiche sicherheitspolitische Forschung betreibt, so etwa durch das Zentrum für Transformation in Waldbröl. Doch diese Forschungsarbeit insbesondere zur langfristigen Bundeswehr-Streitkräfteplanung bis 2030 vollzieht sich streng vertraulich. Mitunter sickern Informationen dieser nicht öffentlichen Forschung durch und sind im Internet abrufbar. Daraus lässt

---

5 Vgl. Karl Dietrich Bracher: Zeit der Ideologien. Eine Geschichte politischen Denkens im 20. Jahrhundert. Stuttgart 1982.
6 Vgl. www.bmvg.de sowie die Publikationen des Presse- und Informationsstabes II, z.B. bezüglich des Kosovo: »Menschenrechtsverletzungen im Kosovo«, »Der Kosovo-Konflikt – Eine Dokumentation des Bundesministeriums der Verteidigung«.
7 Z.B. durch die Zeitschriften »Y« und »Europäische Sicherheit« oder durch »Aktuell. Zeitung der Bundeswehr«.
8 Z.B. Joachim Käppner: »Ratlos vor den Flammen des Hasses«, in: Süddeutsche Zeitung, 29. März 2004, S. 3 oder Bernhard Küppers: »Solana entsetzt über Gewalt im Kosovo«, in: Süddeutsche Zeitung, 25. März 2004, S. 8.
9 Peter Goebel: Von Kambodscha bis Kosovo. Auslandseinsätze der Bundeswehr. Kambodscha. Persischer Golf. Türkei. Somalia. Adria. Kaukasus. Bosnien. Albanien. Mazedonien. Baltikum. Kosovo. Frankfurt am Main, Bonn 2000.
10 Jens Reuter: Die Entstehung des Kosovo-Problems, in: aus politik und zeitgeschichte, Bonn, Bd. 24, 1999, S. 3-10; Wilhelm Heitmeyer: Nehmen die ethnisch-kulturellen Konflikte zu?, in: Wilhelm Heitmeyer (Hg): Das Gewalt-Dilemma – Gesellschaftliche Reaktionen auf fremdenfeindliche Gewalt und Rechtsextremismus. Frankfurt am Main 1994.

sich ersehen, dass sich das Zentrum für Transformation mit den verschiedenen Formen und Merkmalen von Konflikten und Krisen der Gegenwart und der kommenden Jahren intensiv auseinandersetzt und die entsprechenden militärischen Operationsräume (Land, See, Luft- und Weltraum sowie dem Informationsraum) sowie die entsprechenden Instrumente und Methoden genauestens analysiert.[11] Dabei wird auch auf die sechs ökologischen Bedrohungsfaktoren hingewiesen, die wachsendes, sicherheitspolitisches Gewicht gewinnen: Wasserknappheit, Bodenerosion, Waldzerstörung, Klimaänderung, Anstieg des Meeresspiegels und Umweltverschmutzung durch Giftmüll und Freisetzung toxischer und radioaktiver Substanzen. Als weitestgehend neue sicherheitspolitische Dimension ist dabei die Revolution der Informationsverarbeitung und der Wissensgewinnung zu nennen. In diesem Zusammenhang sei auf die Arbeit von Christoph Seidler »Rüstungskontrolle im Cyberspace«[12] hingewiesen, in dem der an sicherheitspolitischer Bedeutung zunehmende Operationsraum der Information genau definiert und analysiert wird.

Die vorliegende Arbeit versucht diese Lücke auf dem Gebiet der Sicherheitspolitik in einem systematisch-wissenschaftlichen Abriss zu schließen, wobei die Auslandseinsätze der Bundeswehr immer in den Kontext der jeweiligen historisch-politischen Konfliktlage gestellt, eingeordnet und beurteilt werden. Manche Konfliktlagen haben so tiefe geschichtliche Wurzeln, etwa in Kambodscha oder auf dem Balkan, dass ohne eine Aufarbeitung dieser alten, tief in der Geschichte verwurzelten Konfliktlagen ein Auslandseinsatz nicht nachhaltig gelingen kann.

Noch bis zur Mitte des 20. Jahrhunderts wurden im Sinne von Clausewitz und in der politischen Denktradition von Machiavelli der Einsatz des Militärs und das Führen von Krieg als ein legitimes Mittel der Politik angesehen. Selbst so intellektuelle Persönlichkeiten wie Friedrich der Große, König von Preußen, der einen intensiven Briefwechsel mit Voltaire pflegte und durch Veröffentlichungen wie seinen »Anti-Machiavelli« einer breiteren Öffentlichkeit bekannt wurde, betrachteten den Krieg als Mittel der Politik, wenn auch als ein menschliches Übel. Der griechische Dichter Homer beschreibt in seiner Erzählung »Ilias« nicht nur den ersten schriftlich niedergelegten Krieg der Weltgeschichte, sondern seine Erzählung über den Kampf und Fall von Troja[13] etwa 1200 v. Chr. stellt zugleich eine Warnung vor den grausamen Nachwehen des Krieges dar. So beinhaltet die an die

11 www.geopowers.com/szenarien/szenarien.html. (Stand 07.05.2003), abgerufen am 1. Dezember 2004.
12 Christoph Seidler: Rüstungskontrolle im Cyberspace, Technische Universität Dresden, Institut für Politikwissenschaften, Seminar von Stephan Böckenförde: »Technologie und internationale Sicherheitspolitik« (August 2003), www.geocities.com/cseidle.m/cyberwar.pdf., abgerufen am 1. Dezember 2004.
13 Vgl. Harald Pauli: Zugpferd Troja, in: Focus, Nr. 20, 10. Mai 2004, S. 90-94; Michael Siebler: Troja – der Mythos lebt, in: National Geographic, Mai 2004, S. 44-

»Ilias« sich anschließende Erzählung von den »Irrfahrten des Odysseus« eine indirekte Warnung vor den Folgen eines Krieges, eben von Flucht, Vertreibung, Verstümmelung und Tod. Sicherlich, mit dem I. Weltkrieg war in der Behandlung des Krieges als legitimes Mittel der Politik eine geistig-politische Zäsur eingetreten – auch hervorgerufen durch die Folgen eines jahrelangen, erfolglosen Stellungskrieges und durch die verheerenden Wirkungen des Einsatzes von Giftgas. Während in Europa selbst kriegerische Auseinandersetzungen nun verpönt blieben, behauptete sich weiterhin das britische Empire durch militärische Stärke und Kriegseinsatz. Und als der Nationalsozialismus die Macht in Deutschland ergriff, wurde das Rad abendländischer Errungenschaften und Einsichten noch einmal um mindestens einhundert Jahre zurückgedreht. Ehrlicherweise wurde zumindest in der deutschen NS-Ära von »Kriegsministerium« gesprochen[14].

Mit der »Stunde Null« hallte nicht nur durch Deutschland der Ruf nach »Nie wieder Krieg«[15], sondern er wurde auch Grundlage internationaler Politik in Form der Charta der Vereinten Nationen. Kriege sind seither international geächtet. Nur das atomare Gleichgewicht des Schreckens und des Wettrüstens verlagerte die politischen Perspektiven. Aber auch hier ging es um Sicherheitspolitik im Sinne von Verteidigungspolitik, wenngleich über deren tiefere Kenntnis die technische Arithmetik von Waffensystemen notwendig war. Dies änderte sich mit dem Ende des Ost-West-Konflikts nach 1989[16].

Sicherheitspolitik will Menschen schützen – durch militärische Sicherheit. Doch mit einer Zunahme internationaler Vertragssysteme, die zumeist unter der politischen Führung der USA[17] stehen wie etwa bei den Vereinten Nationen und der NATO, sowie einer wachsenden weltweiten wirtschaftlichen Interdependenz stellt sich diese militärische Sicherheit als zunehmend obsolet dar. Die bundesdeutsche Gesellschaft[18] verlangt in einem weit geringeren Maße als früher nach militärischer Sicherheit. Unter dem Deckmantel des Ost-West-Konflikts entstanden allerorten – so auch bei der deut-

---

     69; Kunst und Ausstellungshalle der Bundesrepublik Deutschland et al. (Hg): Troja. Traum und Wirklichkeit. Stuttgart 2001.
14 Vgl. Die Berichte des Oberkommandos der Wehrmacht, Bd. I-V. München 1982 ff.
15 Helga Haftendorn: Sicherheit und Entspannung. Zur Außenpolitik der Bundesrepublik Deutschland 1955-1982. Baden-Baden 1986.
16 Andreas M. Rauch (Hg.): Europäische Friedenssicherung im Umbruch. Mit Vorwort von Dr. Manfred Wörner. München 1991.
17 Vgl. Christian Hacke: Zur Weltmacht verdammt. Die amerikanische Außenpolitik von J.F. Kennedy bis G.W. Bush, München 2002; Stefan Fröhlich: Amerikanische Geopolitik. Von den Anfängen bis zum Ende des Zweiten Weltkrieges. Landsberg am Lech 1998.
18 Vgl. Vorstand der SPD: Bundeswehr in der Gesellschaft. Wehrpolitische Tagung der SPD am 20./21. Juni 1970 in Bremen zum »Weißbuch 1970«. Bonn 1970; Peter Barth: Die Bundeswehr in Staat und Gesellschaft. München 1982.

schen Bundeswehr – großflächige militärische Anlagen, ja fast eigenständige Lebens- und Kulturräume. Durch die Reduzierung der Truppenstärke und Schließung von Bundeswehrstandorten ist diese »militärische Lebenswelt« gefährdet und im Rückgang begriffen. Die Veränderungen und Reformen innerhalb der Bundeswehr sind zugleich Spiegelbild des Umbruchprozesses in der deutschen und europäischen Gesellschaft insgesamt, von denen alle gesellschaftlichen Institutionen betroffen, von den Kirchen und Gewerkschaften über die politischen Parteien bis hin zu allen Arten von Wirtschaftsunternehmen.[19]

Die deutsche Bundeswehr vermag ebenso wie die Polizei nur äußere Sicherheit in einem gewissen beschränkten Umfang gewährleisten, als gesellschaftliche Rahmenordnung, damit menschliches Leben gelingen möge. Für die Armee ergibt sich dabei das Problem, dass Herausforderungen nicht alleine mehr in der Landesverteidigung, sondern in der Bewältigung globaler Problemlagen zu suchen sind. Zu nennen sind hier der Menschenrechtsschutz, die Terrorismusbekämpfung, die Demokratiehilfe und der Katastrophenschutz. Wie sich dies im Einzelnen ausgestaltet – davon wird in diesem Buch zu reden sein.

Auslandseinsätze der Bundeswehr gehören seit mehreren Jahren zu einem festen Bestandteil deutscher Außen- und Sicherheitspolitik; ihnen kommt politische Priorität durch die amtierende Bundesregierung zu. Das drückt sich auch im finanziellen Engagement der deutschen Bundesregierung bei Auslandseinsätzen der Bundeswehr aus. Für sämtliche Auslandseinsätze gab die Bundeswehr nach Focus-Recherchen bislang 7,3 Milliarden Euro (Stand 2004) aus.[20] Mit rund 2 Milliarden Euro kostete den Deutschen das Militärmandat im Kosovo seit 1999 bislang am meisten Geld. SFOR schlug mit 1,1 Milliarden Euro seit Dezember 1996 und ISAF mit 804 Millionen Euro für Dezember 2001-Oktober 2004 zu Buche. Weitere Frieden erzwingende Maßnahmen beliefen sich auf € 179 Mio. für UNOSOM II (Somalia Mai 1993-März 1994), auf € 140 Mio. für »Sharp Guard Embargo Adria« (Juli 1992-Oktober 1996), auf € 84 Mio. für »Essential Harvest« (Mazedonien September 2001) und auf € 66 Mio. für »Task Force Fox« (Mazedonien September 2001-Dezember 2002). Die Kosten des Bundeswehr-Einsatzes ohne UN-Mandat »Enduring Freedom« betrugen € 601 Mio. und der »Blauhelm-Einsatz« der UN-Beobachtertruppen zur Friedenserhaltung UNTAC (in Kambodscha vom Mai 1992-Oktober 1993) € 16 Mio.[21]

Fähigkeiten, die für künftige Auslandseinsätze Gewicht besitzen, sind unter anderem: die Führungsfähigkeit, die Nachrichtengewinnung und Auf-

---

19 Manfred Görtemaker: Geschichte der Bundesrepublik Deutschland. Von der Gründung bis zur Gegenwart. München 1999.
20 Die wichtigsten Auslandseinsätze der Bundeswehr, in: Focus Nachrichtenmagazin, 2. August 2004, S. 30.
21 Vgl. Rauch, Zivile und militärische Auslandseinsätze der Bundeswehr, a.a.O., S. 59.

klärung, die Mobilität, die Wirksamkeit im Einsatz sowie die Fähigkeiten zur Unterstützung von Auslandseinsätzen und das Durchhalten sowie die Überlebensfähigkeit im Auslandseinsatz. Mit den verteidigungspolitischen Richtlinien vom 21. Mai 2003 haben sich Auftrag und Aufgaben der Bundeswehr entscheidend verändert, worauf auch die wehrtechnische Sicherstellung geeigneter Rüstungslösungen konzentriert werden muss. Zugleich müssen sicherheitspolitische Überlegungen Ergebnisse erzielen, wie der erfolgreiche Ausstieg aus bestehenden Auslandseinsätzen der Bundeswehr erreicht werden kann.

Aktuelle Informationen zu Auslandseinsätzen der Bundeswehr, etwa zu ihren Aufgaben und zu ihrer Dauer, werden fortlaufend über die Massenmedien transportiert. Werden deutsche Soldaten in Auslandseinsätzen verletzt oder getötet, so ist dies eine Nachricht ersten Ranges. Doch bleiben Fragen unbeantwortet wie:
- Woher rührt die große Öffentlichkeitspräsenz von Auslandseinsätzen der Bundeswehr?
- Worin liegen Gründe für das umfangreiche Auslandsengagement der Bundeswehr?
- Wie steht es um die Akzeptanz von Auslandseinsätzen in der Bevölkerung und bei den Soldaten?
- Was lässt sich zum Befinden der Soldaten, der zivil-militärischen Zusammenarbeit und der Bedeutung der Militärseelsorge im Auslandseinsatz als einem Teil von sozialem Engagement in der Bundeswehr sagen?

In einem ideen- und zeitgeschichtlichen Abriss soll zunächst die Genese von Auslandseinsätzen der Bundeswehr skizziert werden, welche charakterisiert werden durch zwei Verantwortungsstränge, die deutsche Außen- und Sicherheitspolitik bis heute prägen:
- eine politische Identitätssuche in der Ära Wilhelm II – Lehren aus dem I. Weltkrieg
- das Vermächtnis des 20. Juli – Lehren aus dem II. Weltkrieg.

Die Skizzierung dieser beiden Verantwortungsstränge für die deutsche Außen- und Sicherheitspolitik ist auch gerade deshalb wichtig, da immer weniger Menschen den Nationalsozialismus und den II. Weltkrieg aus eigener Anschauung kennen – ein Sachverhalt, der auch im Rahmen der Feiern zum 60. Jahrestag des Kriegsendes im Frühjahr 2005 immer wieder in Reden angeführt wurde. Gerade bei jüngeren Menschen sollte das politische Bewusstsein für diese beiden Verantwortungsstränge geschärft werden, denn keine Gesellschaft ist vor totalitären Bedrohungen gefeit. Für ältere Menschen, die zumindest die NS-Ära noch persönlich miterlebt haben, stellen sich persönliche Lebenserfahrungen oftmals als eine unbewältigte Vergangenheit dar, die sich dann auch auf die Bundeswehr übertragen kann.[22]

In einem zweiten Teil werden Grundzüge der deutschen Außen- und Sicherheitspolitik nach 1949 skizziert, in soweit sie für Auslandseinsätze der Bundeswehr relevant sind. In einem dritten Teil werden einzelne multinationale Auslandseinsätze und der deutsche Beitrag dabei untersucht, und zwar von der UN-Mission in Kambodscha bis zu »Enduring Freedom«. In einem vierten Teil werden Einzelaspekte militärischer Auslandseinsätze behandelt; es wird das deutsche Engagement in Auslandseinsätzen in Beziehung zum Engagement von Briten, Franzosen und US-Amerikanern in Auslandseinsätzen gesetzt. Sodann werden zivil-militärische und militärseelsorgliche Aspekte von Auslandseinsätzen untersucht.

---

22 Bernd C. Hesslein (Hg): Die unbewältigte Vergangenheit der Bundeswehr. Fünf Offiziere zur Krise der Inneren Führung. (Rororo-Taschenbuch Nr. 4190) Hamburg 1977.

I. Deutsche Außen- und Sicherheitspolitik aus historischer Verantwortung

Im Rückblick, so der Bonner Historiker Karl Dietrich Bracher, lasse sich vieles leichter einordnen und beurteilen, weil wir heute über Wertmaßstäbe verfügen, die vieles in der Vergangenheit als Ideologie oder gar totalitäre Bedrohung enttarnen. So vermag die Beurteilung des 19. und 20. Jahrhunderts den Menschen heute einfach fallen, die Wahrnehmung jener, die diese Zeit selbst erlebt haben, kann eine ganz andere sein.

Um so wichtiger erscheint mir daher, zur Frage der Beurteilung zeitgeschichtlicher Sachverhalte die Veröffentlichung eines Aufsatzes von Immanuel Kant im Jahre 1795 mit dem Titel »Zum ewigen Frieden« anzuführen, da er politische und moralische Maßstäbe von grundlegender Bedeutung setzt, eben auch für die Menschen des 19. und 20. Jahrhunderts. Dieser Entwurf einer weltweiten Friedensordnung stellt eine an der Vernunft orientierte Versachlichung der Materie Politik dar, indem er wissenschaftlich und objektiv das Phänomen einer fortdauernd von Kriegen erschütterten Welt analysiert und, aus heutiger Sicht erstaunlich detailliert, die Voraussetzungen für ein friedliches Miteinander von Staaten benennt. Kant fasst Politik als eine ausübende Rechtslehre auf[1]. Internationale Politik muss sich demnach auf einem allgemeinen Völkerrecht gründen, auf das sich die Staaten untereinander einigen sollen. Zur Schaffung und vor allem zur Überwachung der Einhaltung dieses Rechts müssen die Staaten sich zu einem Völkerbund zusammenschließen, »in dem jeder, auch der kleinste Staat, seine Sicherheit und Rechte nicht von eigener Macht oder Beurteilung, sondern allein von einer vereinigten Macht und von der Entscheidung nach den Gesetzen des vereinigten Willens erwarten könne«[2]. Jeder Staat soll vor dem gemeinsamen Gesetz, dem Völkerrecht, gleich behandelt werden.

Kant gibt gleichfalls Grundzüge dieses Völkerrechts zur Hand. In den Präliminarartikeln findet sich etwa der Grundsatz der Staatssouveränität: »Kein Staat soll sich gewalttätig in die Verfassung und Regierung eines anderen Staates einmischen.«[3] An anderer Stelle fordert er das Ende staatlicher und territorialer Erwerbspolitik, wie es zu seiner Zeit üblich war. Staa-

---

1 Oliver Eberl: Realismus des Rechts. Kants Beitrag zum internationalen Frieden, in: Blätter für internationale Politik, Heft 1, 2004, S. 203.
2 Immanuell Kant: Zum ewigen Frieden. Ein philosophischer Entwurf. Stuttgart 1984, S. 31.
3 Ebd. S. 6.

ten dürfen als »moralische Person«[4] nicht wie eine Sache behandelt und vererbt, getauscht, verkauft oder verschenkt werden. Gerade diese Forderung erachte ich als politisch bedeutsam und klug vorausschauend, wenn der Leser sich etwa die Praxis deutscher und britischer Kolonialpolitik[5] vor Augen hält. Des weiteren bedarf es nach Kant eines Verbots von Krediten, die der Finanzierung von Krediten dienen[6] – eine hochaktuelle Aussage hinsichtlich der Verschuldungspolitik mancher Industrie- und Entwicklungsländer heute – sowie die Forderung nach einer allgemeinen Abrüstung: »Stehende Heere sollen mit der Zeit ganz verschwinden«[7]; gerade letztere Forderung bestimmt die europäische Verteidigungs- und Sicherheitspolitik der Gegenwart, wie überhaupt die Forderungen des Königsberger Philosophen sich in den internationalen Beziehungen der Gegenwart widerspiegeln.

Die Gründung eines Völkerbundes ist nach der Überzeugung Kants eine geschichtliche Notwendigkeit, zu der die Not beständiger Unruhen und Unrechtsformen zwingt. Obwohl es schon Jahrhunderte vor Kant erste Überlegungen zur Errichtung eines Völkerbundes zur Verhinderung zukünftiger Kriege gab[8], gilt sein Entwurf und seine radikalen, dem Zeitgeist voraus greifenden Forderungen, vor allem nach einem die Würde des Menschen achtenden Völkerrechts, ideengeschichtlich gesehen als geistiger Vorgriff auf den späteren Völkerbund und auch auf die Vereinten Nationen. In der politischen Wirklichkeit, in der der politische Denker lebte, also zwischen Französischer Revolution und den Eroberungszügen von Napoleon Bonaparte, blieben seine Gedanken jedoch eine bloß idealistische Vision.

Ein erster, kleiner Schritt im Sinne des Kantschen Ideengutes bildete die Heilige Allianz von 1815. Die Heilige Allianz war ein Bündnis zwischen dem österreichischen Kaiser Franz I., Zar Alexander von Russland und dem preußischen König Friedrich Wilhelm III. Diesem Bündnis traten später alle europäischen Staaten mit Ausnahme Großbritanniens bei. Im Gründungsdokument bezeichnen sich die Signatarstaaten als „drei Zweige ein und derselben Familie[9], die sich zusammen geschlossen haben, »um Religion, Frieden und Gerechtigkeit zu schützen«[10]. Ihre Grundsätze waren die Solidarität der Monarchien, die Legitimität der Herrscher und die Restauration. Unter Legitimität verstand man das Gottesgnadentum ihrer Herrschaft; die Monarchien garantierten sich untereinander Solidarität und er-

---

4 Ebd. S. 4.
5 Vgl. Horst Gründer: Geschichte der deutschen Kolonien. Paderborn 1991.
6 Ebd. S. 6.
7 Ebd. S. 5.
8 Vgl. Ludger Kühnhardt: Von der ewigen Suche nach Frieden. Immanuel Kants Vision und Europas Wirklichkeit. Bonn, Berlin 1996.
9 Manfred Görtemacher: Deutschland im 19. Jahrhundert. Entwicklungslinien. Bonn 1994, S. 74.
10 Ebd., S. 74.

möglichten die Wahrung des Friedens. Durch den Beitritt beinahe aller christlichen Staaten Europas wuchs die Heilige Allianz zu einem großen, politischen Bündnis, dem es gelang, für vierzig Jahre Kriege in Europa zu verhindern.

Aus der dann folgenden deutschen Politik von 1870-1919 erwächst bis heute für die Gegenwart ein erster Verantwortungsstrang, der sich die deutsche Außen- und Sicherheitspolitik und in diesem Rahmen auch die Bundeswehr mit ihren Auslandseinsätzen stellen muss. Ein zweiter Verantwortungsstrang ergibt sich aus der nationalsozialistischen Ära von 1933-1945. Unter »Verantwortungsstrang« verstehe ich, dass angesichts jener Ereignisse in der Ära Wilhelm II. und der Ära Hitler sich ein geistiger Strang entwickelt und fortgeführt hat, vor dessen Hintergrund deutsche Politik verantwortungsvoll zu gestalten ist. Deutsche Bürger, eben auch jene „Nachgeborenen", die daher keine Schuld an der Vergangenheit tragen, werden trotzdem in der politischen Gestaltung heute in eine gewisse moralisch-geschichtliche Verpflichtung genommen. Beide Verantwortungsstränge sind Erklärung dafür, weshalb Deutschland sich mit einer gewissen Unsicherheit in Auslandseinsätzen engagiert und weshalb das Ausland die Auslandseinsätze der Bundeswehr mit einem so wachsamen Auge verfolgt und begutachtet. Tatsächlich wurde in den genannten beiden Epochen ganz Machiavelli folgend die Außenpolitik Deutschlands ausschließlich unter der realistischen Wahrnehmung von Machtgewinn und Machtverlust gesehen und ausgeübt[11]. Besonders drastisch zeigte sich diese Politik des Realismus im deutsch-französischen Krieg 1870/71, in dem es allein um die Verwirklichung klassischer Hegemonialansprüche ging – mit schwersten Erblasten durch den I. Weltkrieg, den Versailler »Friedensvertrag« (1919) sowie für die Weimarer Republik.

---

11 Vgl. Reinhard Meyers: Grundbegriffe, Strukturen und theoretische Perspektiven der Internationalen Beziehungen, in: Bundeszentrale für politische Bildung (Hg): Grundwissen Politik, Bonn 1993, S. 229-333; Michael Meimeth: Die Theorie des Neorealismus nach dem Ende des Ost-West-Konflikts. Eine Antwort auf Ernst-Otto Czempiel, in: Jahrbuch für Politik (1992) 1, S. 135-146.

2. Erster Verantwortungsstrang: Politische Identitätssuche in der Ära Wilhelm II. – Lehren aus dem I. Weltkrieg

Werden von Staaten fremde Machtpotentiale als Gefährdung der eigenen Sicherheitslage eingestuft, so werden Wege der Kooperation gesucht, um relative Machtgewinne – gegenüber diesem Staat und gegenüber Drittstaaten – zu realisieren. Eben dieses war die Entente-Politik von Reichskanzler Fürst Otto von Bismarck, der mit klugem Weitblick die deutsche Außen- und Sicherheitspolitik in ein Vertragsnetz mit europäischen Bündnispartnern im Sinne einer »balance of power« einband. Denn selbst in der Hochphase des europäischen Nationalismus war Bismarck klar, dass Außenpolitik im Konsens oder zumindest im Gleichgewicht mit anderen Staaten geführt werden muss, da ansonsten die politische Isolation und der kriegerische Übergriff durch andere Staaten drohen – gefährlich für eine Mittelmacht wie das 1871 frisch geschaffene Deutsche Reich, welches im Herzen Europas kaum über natürliche Grenzen verfügte.

Von Bismarck ist bekannt, dass ihn ein »Alptraum der Bündnisse«[1] plagte. So war das Deutsche Reich wegen seiner Größe grundsätzlich jeder europäischen Großmacht ein Dorn im Auge. Insbesondere aber der gedemütigte Nachbar Frankreich sann auf Rache und könnte bei jeder sich bietenden Gelegenheit einen Revanchekrieg gegen Deutschland führen. In dieser außenpolitischen Situation entwickelte Bismarck ein System bilateraler Bündnisse, das auch der Isolierung Frankreich galt, und ein Bündnis Frankreichs mit einer anderen europäischen Großmacht gegen Deutschland, besonders mit dem zaristischen Russland[2], verhindern sollte.[3] Das erklärte Ziel Bismarcks war es, einerseits jeden Konflikt zwischen den europäischen Mächten am Leben zu erhalten, andererseits aber auch dafür Sorge zu tragen, dass diese Konflikte nicht zu einem großen Krieg eskalierten. Der damalige Reichskanzler nannte die vor ihm liegende Aufgabe des außenpolitischen Zusammenspiels mit den fünf großen europäischen Mächten das »Spiel mit den fünf Kugeln«[4]. Die langfristige Umsetzung dieser

---

1 Eberhard Kolb: Kriegsführung und Politik 1870/71, in: Ernst Deuerlein, Theodor Schieder: Reichsgründung 1870/71. Tatsachen, Kontroversen, Interpretationen. Stuttgart 1970, S. 118.
2 Vgl. Robert L. Massie: Die Romanows. Das letzte Kapitel. Berlin 1995; Prinz Roman Romanow: Am Hof des letzten Zaren 1896-1919. München, Zürich 1991.
3 Gregor Schöllgen: Das Zeitalter des Imperialismus, in: Hochen Bleicken, Lothar Gall, Hermann Jakobs: Grundriss der Geschichte. München 2000, S. 67 f.
4 Klaus Hildebrand: Das vergessene Reich. Deutsche Außenpolitik von Bismarck bis Hitler. Berlin 1999, S. 93.

Pläne führte dazu, dass Bismarck zu einer zentralen Figur in der europäischen Politik wurde. Aus seinem Bestreben heraus, das junge Reich vor Angriffen verbündeter Großmächte zu schützen, verkündete er die »Saturiertheit« des Reiches[5], vermied jegliche militärische Drohgebärde und verzichtete zunächst auf die Gründung deutscher Kolonien in Übersee.[6] Seinen Plan, an allen europäischen Bündnissen teilzuhaben, übererfüllte er, indem er zahlreiche Bündnisse selbst initiierte.

So verpflichtete der Zweibund mit Österreich-Ungarn (1879) die beiden Staaten zum gegenseitigen Beistand im Falle eines russischen Angriffs. Der Dreikaiservertrag (1881) war ein Abkommen mit Russland und Österreich und sah die Neutralität der unterzeichnenden Staaten im Falle des Angriffs einer vierten Macht vor. Der drohende Balkan-Konflikt zwischen Russland und Österreich schien mit dem Abschluss dieses Vertrages unter Kontrolle zu sein. Als der Dreikaiservertrag 1887 aufgrund dieser Rivalität zwischen Österreich und Russland auslief, schloss Bismarck den Rückversicherungsvertrag mit Russland. Dieser verpflichtete Rußland zur Neutralität im Fall eines französischen Angriffs auf Deutschland. Zu einem Bündnis mit dem Erzfeind Frankreich kam es nicht, wenngleich dessen Isolierung weitgehend gelang. Auch mit Großbritannien realisierte sich kein Bündnis, obschon Bismarck das Vertrauen der britischen Regierung gewann.

Dieses feine Netzwerk diplomatischer Kunst erfuhr eine jähe Zäsur mit der Abberufung Bismarcks durch Kaiser Wilhelm II. im Jahr 1890. Seither wurden nationalistisches Streben und Realpolitik über diplomatische Klugheit gestellt, eine Stärkung von innerer Sicherheit durch Demokratie, Menschenrechte und soziale Sicherheit nur rudimentär durchgesetzt und die Chance einer europäischen Friedenssicherung aufgrund der verwandtschaftlichen Bande des deutschen Kaiserhauses verpasst. Die wohl folgenreichste politische Neuerung war der Verzicht auf das Bündnissystem Bismarcks[7], wie er dann in der Nichterneuerung des Rückversicherungsvertrages mit Russland zum Ausdruck kam. Dieses Fehlverhalten sich vor Augen führend wirkt dieser erste Verantwortungsstrang auch auf die aktuelle Außen- und Sicherheitspolitik Deutschlands ein.

Kaiser Wilhelm II. fehlte jedes Gespür für die Notwendigkeit von Friedensdiplomatie, und so zog er es vor, die potentiellen Gegner etwa durch eine exzessive Flottenrüstung abzuschrecken. Anstelle der auf Ausgleich bedachten Verhandlungsstrategien Bismarcks trat das oft plumpe Großmachtgehabe des Kaisers, dem mitunter gar die Drohung mit Waffengewalt als probates Mittel der Diplomatie erschien. Diesem außenpolitischen Kurs

---

5 Theodor Schieder: Das deutsche Kaiserreich von 1871 als Nationalstaat. Göttingen 1992, S. 51.
6 Gründer, a.a.O., S. 51 f.
7 Vgl. Volker Ulrich: Otto von Bismarck. Hamburg 1998; Otto von Bismarck: Gedanken und Erinnerungen. Berlin 1963.

entspricht die im Inneren stattfindende Militarisierung der deutschen Gesellschaft. Binnen weniger Jahre verwandelte sich das deutsche Kaiserreich für die europäischen Großmächte von dem zuverlässigen, am Frieden orientierten Partner, zu dem es durch Bismarcks Außenpolitik geworden war, in einen offensichtlich zum Krieg entschlossenen, augenscheinlich gerüsteten potentiellen Feind. Insbesondere die damals stärkste Seemacht der Welt Großbritannien, die sich durch die deutsche Flottenrüstung direkt bedroht fühlen musste, ging auf Distanz zu Deutschland. Großbritanniens König Edward VII. betrachtete Wilhelm II. im Unterschied zu seinem am Frieden orientierten Großvater Wilhelm I. wohl nicht grundlos als eine geniale Fehlbesetzung. Im Kern war die innen- und außenpolitische Neuorientierung des Deutschen Reiches in einer politischen Identitätssuche der meisten Deutschen in der Ära Kaiser Wilhelm II. (1888-1918) begründet, geprägt von tiefer geistiger und politischer Unsicherheit angesichts der Herausforderungen einer modernen, prosperierenden Industriegesellschaft. Aufgrund ihrer grundsätzlichen Bedeutung und ihrer geistigen Nachwehen, die teilweise bis heute andauern, mit allen ihren Potentialen für extremistisches und totalitäres Gedankengut, möchte ich diese komplexe Identitätssuche jener Jahre genauer analysieren, da sie als Gefahren für Deutschlands Zukunft anzusehen sind und künftig vermieden werden sollten. Und im Ausland werden bis heute Zusammenhänge zwischen dem Wilhelminischen Militarismus und der jetzigen Bundeswehr vermutet.

Von Aristoteles können wir lernen, dass der Weg von einer Autokratie, Oligarchie oder Monarchie zu einer Demokratie ein langer und steiniger ist.[8] Vor allem geht es darum, dass die freien Bürger – Aristoteles zieht hier Unterschiede zu den Sklaven – lernen müssen, sich eine eigene Meinung zu bilden unter der Berücksichtigung der Vernunft: während es in einer Diktatur darum geht, was der Autokrat, der Oligarch oder der Monarch entscheiden, ist in der Demokratie die Willensbildung und Entscheidungsfähigkeit jedes einzelnen Bürgers gefragt. Soweit war das deutsche Volk aber Mitte des 19. und auch Anfang des 20. Jahrhunderts noch nicht. Statt der eigenen Entscheidung vertraute »das Volk« in feudaler Attitüde auf den Monarchen und seine Kunst politischer Entscheidungsfindung; letztlich wurde dem Kaiser durch das Volk alle politische Macht zugesprochen. Eben diese Haltung war nicht mehr zeitgemäß, wie dies die geschichtliche Entwicklung etwa in Großbritannien belegt, weshalb die Ära Wilhelm II. im Ergebnis an einer nicht vollzogenen verfassungsrechtlichen Neuorientierung scheitern musste. Hinzu kommen neben den skizzierten politischen Fehlern Wilhelm II. auch seine militärischen Missgriffe. So überlagerte der damalige deutsche Nationalismus die militärische Tatsache, dass im Prinzip bereits im September 1914 mit der Schlacht an der Marne der I. Weltkrieg für Deutschland verloren war. Für diese Fehlwahrnehmung trug Wil-

---

8 Aristoteles: Politik. Frankfurt am Main 1981, S. 81.

helm II. die Verantwortung als Oberbefehlshaber der deutschen Streitkräfte, hätte er doch das Ruder in Richtung Waffenstillstand herumreißen können.

Politikwissenschaftler erkennen seit der Antike[9] Freiheitsbewegungen in der Menschheitsgeschichte; bezogen auf die deutsche Geschichte lassen sich seit dem frühen Mittelalter Freiheits- und Demokratiebewegungen[10] ausmachen, die auf politischem und religiösem Freiheitsstreben beruhen, so etwa in den Bauernkriegen, der Reformation oder der Revolution von 1848. Der Erfolg dieser Freiheitsbewegungen wurde aufgrund technischer Innovationen wie dem Buchdruck sowie ökonomischer Neuerungen in der Gestalt von Manufakturen erleichtert. Diese Freiheitsbewegungen, die wie etwa durch die Französische Revolution 1789 Europa in Wellen erfasste, wurden durch restaurative Gegenbewegungen abgelöst. Das wilhelminische Kaiserreich (1871-1918) stellte in gewisser Weise eine Mischform dar, da auch demokratische und soziale Anliegen in dieser Zeit erfolgreich umgesetzt wurden, etwa die beginnende Sozialgesetzgebung und Elemente von Pressefreiheit, jedoch insgesamt restaurative Kräfte überwiegten, wobei beispielsweise an das im Deutschen Reich geltende Drei-Klassen-Wahlrecht erinnert sei.[11]

Bereits der Begriff »wilhelminisches Zeitalter« (1888-1918) signalisiert, dass Deutschland bestrebt war, eine ähnlich bedeutende politische Größe zu werden wie Großbritannien und sein »viktorianisches Zeitalter«. Dieser unmittelbare Vergleich kam eben auch deshalb zustande, weil Queen Victoria von England und Kaiserin von Indien auch die Großmutter von Wilhelm II. war. Der Drang nach nationaler Expansion als Ausdruck politischer Identität wurde vor allem in den Aktivitäten der kaiserlichen Marine deutlich. Neueste Dokumente aus dem Potsdamer Militärarchiv belegen, dass die kaiserliche Regierung fast zehn Jahre lang Pläne zum Angriff auf die USA schmiedete, wodurch der deutsche Einfluss weltweit gestärkt und der Panamakanal durch deutsches Militär kontrolliert werden sollte. Nationaler Egoismus und militärischer Antagonismus sind kennzeichnend für das politische Denken der Ära Kaiser Wilhelm II.

---

9 So etwa die politische Rolle des Freiheitskämpfers Spartakus im Imperium Romanum (vgl. den Film »Spartakus« (USA 1959/1960, Regie: Stanley Kubrick) mit Kirk Douglas, Laurance Olivier, Charles Laughton, Peter Ustinov in den Hauptrollen).

10 Die jüngere Geschichtsschreibung fand heraus, dass Freiheitsbewegungen in England wie etwa die Gruppe um den als Vogelfrei erklärten Robin Hood aus dem Sherwood Forest, Sohn des enteigneten und getöteten Earl of Locksley in der Grafschaft Nottingham, im Kern auf historischer Wahrheit beruhen; so hat es sowohl Prince John gegeben als auch seinen Bruder, König Richard, genannt »Lionheart«, der Robin Earl of Locksley nach seiner Rückkehr von den Kreuzzügen im Heiligen Land wieder voll rehabilitierte.

11 Vgl. Christian Graf Krockow: Kaiser Wilhelm II und seine Zeit. München 2002.

Mit einem Angriff wollte die deutsche Reichsregierung die US-Amerikaner zur Anerkennung deutscher Interessen auf dem amerikanischen Kontinent und im pazifischen Raum zwingen. Hintergrund für diese Überlegungen war, dass die USA den imperialistischen Träumen von Kaiser Wilhelm II. in die Quere kamen, der bestrebt war, deutsche Kolonien und Militärbasen in aller Welt zu errichten. Dadurch wollte der Kaiser die Weltmachtstellung Deutschlands unterstreichen. Im Winter 1897/98 entwarf daher der Marineleutnant Eberhard von Mantey einen Plan, wie man die »Vereinigten Staaten von Nordamerika« durch einen schnellen Militärschlag zu einem Vertrag zwingen könne, der Deutschland freie Hand im Pazifik und im Atlantik verschaffen sollte. 1899 erhielt Mantey durch seine militärischen Vorgesetzten die Chance, seine Pläne weiter zu verfolgen. Dabei erstellte er Entwürfe eines Angriffs auf die damalige Drei-Millionen-Stadt New York, wobei er meinte, dass in New York die größte Panik beim Gedanken an ein mögliches Bombardement ausbrechen würde. Dabei ist zu vergegenwärtigen, dass zu jener Zeit die Aufrüstung im Kaiserreich auf Hochtouren lief. Kaiser Wilhelm II. löste Anfang 1899 das Oberkommando der Marine auf und übernahm selbst den Marineoberbefehl. Gut ein Jahr später im Juni 1900 verabschiedete der Reichstag in Berlin das zweite Flottengesetz – ganz nach den Vorstellungen des damaligen Staatssekretärs des Reichsmarineamtes, Alfred von Tirpitz. In diesem Gesetz wurde die Verdoppelung der im ersten Flottengesetz vorgesehenen kaiserlichen Marine festgelegt. Überhaupt träumten die meisten deutschen Marinestrategen des Kaiserreiches offenbar von einem schnellen Sieg der neuen Flotte in der neuen Welt. Allein Generalstabschef Alfred von Schlieffen hatte vor unkalkulierbaren Risiken einer transatlantischen Intervention gewarnt. Trotzdem liefen die Planungen bis in das Jahr 1906 weiter; sie wurden erst fallen gelassen, als die USA ihren eigenen Flottenverband massiv ausbauten und die Hoffnung auf einen schnellen deutschen Sieg gegen Null sanken. Auch die politische Lage in Europa begann sich zunehmend zuzuspitzen und erforderte die gesamte Aufmerksamkeit des Militärs.

Die Auswertung der Quellen des Potsdamer Militärarchivs fördert auch neue Facetten der Persönlichkeit von Kaiser Wilhelm II. zutage. So war die Politik Wilhelm II. unstreitig auf imperialistische und kolonialistische Expansion[12] angelegt, jedoch auch auf innenpolitische Reformen. Trotz eines großen wirtschaftlichen Aufschwunges und Wachstums des deutschen Reiches gerade in den drei Jahrzehnten vor 1914 – weshalb auch von der Gründerzeit gesprochen wird – blieb jedoch der Lebensstandard eines großen Teiles der deutschen Bevölkerung bedrückend schlecht. Auch eine zeitgemäße politische Stärkung des deutschen Reichstages und eine Einschrän-

---

12 Diese koloniale Expansion führte 1904 zu einem Völkermord in Deutsch-Südwest-Afrika an rund 60.000 Hereros, die der deutsche Generalleutnant Lothar von Trotha in die namibische Wüste treiben ließ.

kung der kaiserlichen Befugnisse fand nicht statt – Ideen, die Kaiser Friedrich III. (1888), Sohn von Reichsgründer Wilhelm I., zu realisieren beabsichtigte, doch durch seinen frühen Tod nicht umsetzen konnte, was ein großer Verlust war, da durch ihn vielleicht größeres Unheil hätte vermieden werden können. Auch der nationalen Ausformung des »wilhelminischen Zeitalters«[13] wäre zumindest ein Dämpfer aufgesetzt worden.

Die Wiedervereinigung in Deutschland 1990 vollführte auch einen kulturgeschichtlichen, versöhnenden Bogenschlag zur wilhelminischen Ära. Im Vordergrund stehen kunstgeschichtlich wertvolle Bestände als Hinterlassenschaft des deutschen Kaiserreichs. Ein zentrales Projekt bildet dabei die Museumsinsel in Berlin. Die Eröffnung der Alten Nationalgalerie im Dezember 2001[14] stellt einen ersten Erfolgsstein bei diesem Großprojekt dar. Ein weiterer Punkt ist die kulturpolitische Entscheidung des Deutschen Bundestages vom Juli 2002, dass den Wiederaufbau der barocken Außenfassade des Hohenzollern-Schlosses vorsieht[15]. Mit 384 von 589 Abgeordneten fand sich eine deutliche Mehrheit, die sich für die Empfehlung der von Bund und Land Berlin eingesetzten internationalen Expertenkommission aussprach. Der abgelehnte Gegenvorschlag sah vor, dass über die Gestaltung eines Neubaus erst nach einem Architektenwettbewerb entschieden werden soll. Ein drittes Moment ist die Rettung des Huis Doorn, dem Alterssitz von Wilhelm II. im niederländischen Exil, und ihre Nutzbarmachung für Berlin und Potsdam. Huis Doorn, seit 1948 Museum und bis heute weitgehend authentisch erhalten, ist ein Stück deutscher Kulturgeschichte und stellt eine Auseinandersetzung mit der wilhelminischen Ära dar. Mit diesen drei kulturpolitischen Entscheidungen findet zugleich eine gewisse Aussöhnung mit der deutschen und preußischen Vergangenheit[16] statt, was insgesamt zu einer Stärkung der politischen Identität der Deutschen beiträgt.

Die Abdankung von Wilhelm II. geschah auf Druck der Obersten Heeresleitung, also durch die Generalfeldmarschälle Ludendorf und von Hindenburg, die in diesen Kriegszeiten weitreichende Kompetenzen hatten und mächtiger waren als der deutsche Reichskanzler; angesichts der teilweise bürgerkriegsähnlichen Unruhen im Deutschen Reich meinte die Oberste Heeresleitung, nur so die Sicherheit des Kaisers gewährleisten zu können. Tatsächlich führte diese Entscheidung bei vielen Deutschen zu einer Art

---

13 Etwas vom geistigen Klima und kulturellem Gepränge des »wilhelminischen Zeitalters« lässt sich heute noch im Altersruhesitz von Wilhelm II. im Huis Doorn erspüren (Huis Doorn Foundation: Huis Doorn. Doorn 2002).
14 Peter-Klaus Schuster (Hg): Die Nationalgalerie. Köln 2001.
15 Gerd Peschke, Hans-Werner Klünner: Das Berliner Schloss. Berlin 1991.
16 Vgl. Christian Graf Krockow: Preußen. Eine Bilanz. Stuttgart 2001; vgl. die Ausstellungen des Preußen-Museums in Minden und des Ostpreußischen Landesmuseums Lüneburg sowie die Ausstellung »Von Ägypten nach Preussen« (August 1997-Januar 1998 im Fürst-Pückler-Schloss Branitz bei Cottbus und die Ausstellungen im Preußenjahr 1981 und 2001.

Trauma, einer nationalen Psychose, die letztlich das politische Aufsteigen eines Adolf Hitler zumindest erleichterte. Eben deshalb nahm in der Weimarer Republik und in den beiden Anfangsjahren der NS-Zeit Reichspräsident von Hindenburg die Rolle eines politischen Gegenpols in Form einer Art von Ersatzkaiser wahr.

Anders als der deutsche Kaiser bemühte sich sein Cousin, der russische Zar Nikolaus II., konkret um eine Sicherung des Friedens in Europa. Auf Initiative des Zaren fand unter Beteiligung von 26 Staaten 1899 die erste Haager Friedenskonferenz statt, die einen ersten Versuch der internationalen Staatengemeinschaft markiert, gemeinsam eine Friedenssicherung und Rüstungsbeschränkung der europäischen Mächte zu installieren. Ein geplanter internationaler Schiedsgerichtshof scheiterte, weil keine der Großmächte ihre Souveränität beschränkt sehen wollte. Zur Souveränität eines Staates gehörte um 1900 ganz selbstverständlich das Kriegsrecht (ius ad bellum). Da eine Einschränkung dieses Rechtes nicht die Zustimmung der Großmächte findet, einigen sich die beteiligten Staaten zumindest auf die Regeln der Kriegsführung (ius in bello). Es wird eine Konvention zur friedlichen Beilegung internationaler Konflikte abgeschlossen, die eine Schiedsgerichtsbarkeit und die Vermittlung durch neutrale Dritte vorsieht. Obwohl die Haager Konvention ein bedeutender Schritt war, blieb sie in der politischen Praxis fast bedeutungslos, da der Vertragstext an den wichtigsten Stellen zu allgemein und wenig zwingend war. Die zweite Haager Friedenskonferenz fand 1907 statt und war, nicht zuletzt aufgrund der uneinsichtigen Haltung der deutschen Delegation, ein Misserfolg.[17]

Der I. Weltkrieg hatte als ein europäischer Krieg begonnen und als ein Weltkrieg geendet. Zu Beginn standen europäische Staaten mit begrenzten territorialen Zielen gegeneinander, am Schluss herrschte das Chaos und es kam zum Zusammenbruch riesiger Reiche und zum Überlebenskampf ganzer Völker. Am Anfang versprach der deutsche Kaiser, dass alle deutschen Soldaten Weihnachten 1914 wieder zu Hause seien werden, am Ende dauerte der Krieg über vier Jahre und auch der Kaiser stürzte. Der I. Weltkrieg entwickelte sich insgesamt gesehen zu einem Schreckensszenario, zu einem totalitär geführten Stellungskrieg, der nur durch die Vermittlung von der anderen Seite der Welt beendet wurde – durch die USA, die hier erstmals die Rolle des Weltpolizisten spielte.[18] Zu Beginn des Krieges hatten alle Kriegsparteien zusammen rund fünf Millionen Soldaten, die sich bekämpften. 1918 war die Gesamtzahl der eingezogenen Soldaten auf 53,7

---

17 Vgl. Theodor Schieder: Das deutsche Kaiserreich von 1871 als Nationalstaat. Göttingen 1992.
18 Vgl. zur unilateralistischen Außenpolitik der USA, der Ablehnung eines multilateralen Engagements durch die amerikanische Bevölkerung und dem Konzept des liberalen Internationalismus: Stefan Fröhlich: Die USA und die neue Weltordnung. Zwischen Kontinuität und Wandel. Bonn, Berlin 1992, S. 29 ff.

Mio. gestiegen.[19] Davon starben insgesamt 9,4 Mio. Soldaten unmittelbar im Kampf und eine unbekannte Zahl durch Krankheiten oder in Kriegsgefangenschaft. Die Zahl der Verwundeten und der oft bis zur Unkenntlichkeit Verstümmelten aller Kriegsparteien belief sich auf rund 19 Mio. Menschen. Die zivilen Opfer wurden auf 6 Mio. geschätzt.[20] Die Lehre aus dem I. Weltkrieg lautet, dass sich ein derartiger Krieg der Selbstvernichtung und Selbstzerstörung niemals wiederholen darf und in Zukunft alle politischen und diplomatischen Möglichkeiten für eine Verhinderung von Kriegen ausgelotet werden müssen. Darin ist auch heute noch eine Aufgabe deutscher Sicherheitspolitik zu suchen, die sich wirkungsmächtig im multilateralen Engagement Deutschlands und in diesem Kontext auch in seinen Auslandseinsätzen niederschlägt.

---

19 Volker Berghan: Der Erste Weltkrieg. München 2003, S. 9.
20 Ebd., S. 9.

3. Zweiter Verantwortungsstrang: Das Vermächtnis des 20. Juli – Lehren aus dem II. Weltkrieg

Ein zweiter Verantwortungsstrang, der für die Bundeswehr von Belang ist, stellt die Zeit des Nationalsozialismus (1933-1945) dar. Hier rangiert wie in der Zeit vor 1914 diplomatisches Geschick und das Bemühen um politischen Ausgleich hinter nationalen Überlegungen, verdichtet in einer totalitären und rassistischen Ideologie, die nicht nur jedwedes demokratische Verhalten ad absurdum führte, sondern realistische Einschätzungen der militärischen Lage unberücksichtigt ließ.[1] So erklärte Adolf Hitler[2] bereits am 3. Februar 1933 der versammelten Generalität der Reichswehr mit unverblümter Deutlichkeit seine kriegerischen und politisch-irrationalen Absichten, wenn er von »Ausrottung des Marxismus mit Stumpf und Stiel«, »straffste autoritäre Staatsführung und Beseitigung des Krebsschadens der Demokratie« sowie vom »Kampf gegen Versailles« spricht. Die »Eroberung neuen Lebensraums im Osten und dessen rücksichtslose Germanisierung« benannte der neue Regierungschef Hitler frühzeitig als politisches Ziel, so der Politikwissenschaftler Hans-Adolf Jacobsen.[3]

a) Wilhelm II. und Hitler – geistige Kontinuität?

In den vergangenen Jahren wurde hinlänglich die bekannte These diskutiert, ob die Politik Wilhelm II. – und so auch seine Angriffspläne auf die USA – ein Beleg dafür seien, dass es eine Kontinuität zwischen dem deutschen Kaiserreich und dem Dritten Reich gegeben habe. Im Ergebnis lässt sich festhalten, dass von »Kontinuität«, also von einem gerade zu zwangsläufigen geschichtlichen Prozess von Wilhelm II. zu Hitler, nicht gesprochen werden kann. Vielmehr trat Wilhelm II. in seinem Exil in Huis Doorn dafür ein – im Unterschied zu seinem Erstgeborenen –, keinen direkten Kontakt mit den Nationalsozialisten und mit Hitler aufzunehmen; eine einzige Ausnahme bildete ein Brief Wilhelm II. an Hitler nach dessen Ein-

---

1 Vgl. Andreas Kunz: Vor sechzig Jahren: Der Untergang der 6. Armee in Stalingrad, in: Militärgeschichte. Zeitschrift für historische Bildung, Nr. 4/02, S. 9-17.
2 Vgl. Sebastian Haffner: Anmerkungen zu Hitler. Frankfurt am Main 1978; Haffners Buch (Gliederung: Leben, Leistungen, Erfolge, Irrtümer, Fehler, Verbrechen, Verrat) zeigt neue Seiten der Person Hitlers auf, vor allem seine von Beginn an vorhandenen fast kriminell anmutenden, neurotischen Charakterzüge.
3 Hans-Adolf Jacobsen: Der Zweite Weltkrieg in Chronik und Dokumentation 1939-1945. Darmstadt 1959, S. 81 ff.

nahme von Paris, den Hitler jedoch nicht wegen den darin enthaltenen kritischen Untertönen veröffentlichen ließ.

Jedoch waren in der Persönlichkeit Wilhelm II. und seiner Politik Mängel angelegt, die mittelfristig zumindest das Aufkommen einer nationalsozialistischen Arbeiterpartei begünstigten. So stellte sich die Ausbildung von Systemen sozialer Sicherung – etwa einer sozialen Grundsicherung oder einer ausreichenden Arbeitslosenversicherung – als ungenügend dar. Die rechtsstaatliche Demokratie als Regierungsform war nicht wirklich in das politische Bewusstsein der Bevölkerungsmehrheit vorgedrungen und tatsächlich war das kaiserliche Deutschland nicht streng demokratisch organisiert – etwa aufgrund des erwähnten Drei-Klassen-Wahlrechts und des fehlenden Frauenwahlrechts. Erst als die Erkenntnis im Sommer 1918 sich durchsetzte, dass der Krieg verloren war, wurden die demokratischen Kräfte in Deutschland gestärkt. Insgesamt stellte sich in der ganzen wilhelminischen Ära und später in der Weimarer Republik die Ausformung sozialer Sicherungssysteme – etwa einer wirklichen sozialen Grundsicherung oder einer ausreichenden Arbeitslosenversicherung – als mangelhaft dar. Der Staatsbürgerunterricht in den Schulen und Universitäten stellte den Nationalismus und das Sendungsbewusstsein des deutschen Volkes, den Kolonialismus und den Imperialismus sowie den Militarismus in den Vordergrund. Welche Folgen dies hatte, zeigte sich im Nationalsozialismus: der Eid gegenüber dem »Führer« wurde als gewichtiger angesehen als die Frage, ob die Kriegsführung durch eine demokratische Willensbildung und Selbstbestimmung des deutschen Volkes überhaupt gerechtfertigt war – eine Frage, bei der im totalitären System der NS-Herrschaft bereits Hochverrat vermutet wurde. Dass auch die Bundesrepublik Deutschland hier noch einen Bewusstseinsprozess durchzumachen hat, zeigt sich jüngst in einer Entscheidung des Deutschen Bundestages: pauschal wurden in der vergangenen Legislaturperiode rückwirkend die Urteile der NS-Militärjustiz bei Delikten von Desertierung und Homosexualität aufgehoben.

Der deutsche Nationalismus der Kaiserzeit war zudem mit teilweise rassistischen, sozialdarwinistischen und auch antisemitischen Tönen verknüpft, die eine angebliche Überlegenheit des deutschen Volkes gegenüber anderen Volksgruppen implizierten. Dies kommt etwa in der wortgewaltigen Sprache Kaiser Wilhelm II. zum Ausdruck, wenn er von der »Größe des deutschen Volkes und seines Blutes« spricht und seine Wurzeln als indogermanischer Stamm herausstellt. Hinzu tritt der gesamte Bereich der Publizistik, der damals noch größere gesellschaftliche Bedeutung als heute genoss – Fernsehen gab es noch nicht, Gramophon und Radio waren zunächst nur wenigen zugänglich, ebenso die ersten Stummfilme. Umso größer war die nachhaltige Wirkung von zweifelhaften Publikationen wie Artur Dinters »Goethe, Chamberlain, Brentano und die Rassenfrage« (1916)

oder sein Bestseller »Die Sünde wider das Blut« oder der Auflagenhit von Henry Ford »Der internationale Jude« (1921).

Eine weitere Facette in diesem Zusammenhang bildet die Einrichtung einer Reichsstelle für Propaganda 1917, die bereits Arbeitsmerkmale des späteren Reichspropagandaministeriums enthält. Nach den Stellungs- und Grabenkriegen sowie mangelnden Kriegserfolgen in den Jahren 1914/1915 bildete sich in der deutschen Bevölkerung eine Antikriegsstimmung heraus, vor allem gegen den Kaiser und die Oberste Heeresleitung. Um dieser zu begegnen, wurden im ganzen Reich Anzeigen und Artikel geschaltet, Werbematerialien verteilt und Durchhalteparolen über den Rundfunk verkündet. Es ist durchaus nicht angebracht, mit politischem Wehmut auf die Ära Wilhelm II. zurückzublicken. Der Wille zur demokratischen Reform wurde von imperialistischen Träumen überdeckt, wodurch die Existenz des deutschen Kaiserhauses ihre Berechtigung verlor. Zugleich wird deutlich, das Wilhelm II, der immerhin 30 Jahre als deutscher Kaiser regierte und einer ganzen Epoche seinen Namen gab, im Ergebnis »eine geniale Fehlbesetzung« – so König Edward VII., ein Vetter Wilhelm II. – war. Unter Wilhelms Herrschaft wurden große technische und architektonische Errungenschaften durch die wirtschaftlichen Entfaltungskräfte des industriellen Zeitalters geschaffen, auch auf dem Gebiet der Kunst. Doch letztlich vermochte Wilhelm II. diese positiven Kräfte nicht in einer friedlichen Gesellschaftsordnung zu bündeln und zu bewahren.

Festgehalten werden kann, dass eine unmittelbare Kontinuität zwischen Kaiserreich und NS-Ära nicht bestand. Aber der für Deutschland verlorene I. Weltkrieg und der »Schmachfrieden« von Versailles, angereichert mit Hindenburgs »Dolchstosslegende«, können als ein traumatisches Erlebnis für alle Deutschen gewertet werden. Nach den sozialen und wirtschaftlichen Verschärfungen in der Zeit der Weimarer Republik wuchs dieses Trauma sich zu einer Art kollektiver Volkspsychose aus, welches den gesellschaftlichen Aufstieg eines Psychopathen als »Führer« an die politische Spitze Deutschlands ermöglichte. Kurzum, der Erfolg der NS-Bewegung lag teilweise eben auch in den politischen Erblasten des Kaiserreiches begründet.

Auf dem Grabstein von Kaiser Wilhelm II. in Huis Doorn findet sich sein selbst gewählter Grabspruch:

»Lobt mich nicht, denn ich bedarf keines Lobes,
Rühmt mich nicht, denn ich bedarf keines Ruhmes,
Richtet mich nicht, denn ich werde gerichtet werden.«

Dieser Grabspruch sagt viel über Wilhelm II. und auch über die Zeit aus, in der er lebte. Damals ging es der politischen Oberschicht im Umfeld von Wilhelm II. um so ehrene Ziele wie Ruhm und Ehre, Sieg und Heil – Vokabeln, die der germanischen Mythologie aus Sagen und Märchen entstammen und sich musikalisch in so wirkungsmächtigen Kompositionen wie

Richard Wagners »Ring der Nibelungen«, »Parsifal« oder »Tannhäuser« niedergeschlagen haben. Zugleich ist Wilhelms Grabspruch durchaus doppeldeutig: bedarf er keines Ruhmes und keiner Ehre, weil er davon genügend hat oder ist es doch ein Wink dahingehend, zu Ende seines Lebens selbstkritisch Fehler seiner Person wahrzunehmen. Der dritte Teil seines Grabspruches ist hingegen ganz klar und lässt eindeutig den lutherischen Protestanten erkennen, der weiß, dass er sich am jüngsten Tag vor seinem göttlichen Richter für sein irdisches Leben mit allen seinen Fehlern zu verantworten hat. Im Unterschied zu den Nationalsozialisten blieb Wilhelm II. zuletzt eben auch ein evangelischer Christ.

b) Die Schrecken des II. Weltkrieges, die Vereinten Nationen und der 20. Juli 1944

Der Ausmaß der durch den II. Weltkrieg angerichteten Zerstörung übertraf die Schreckensbilanz des I. Weltkrieges. In den sechs Jahren, die der Krieg währte, standen weltweit ca. 110 Mio. Menschen unter Waffen[4]. Insgesamt kostete der II. Weltkrieg geschätzte 60 Mio. Soldaten und Zivilsten das Leben.[5] Die Dimension der allgegenwärtigen Gewalt, wozu auch der unbeugsame Verfolgungswahn der Deutschen gegenüber den Juden zählt[6], ließ den Frieden zwischen den Kriegsparteien[7] immer unwahrscheinlicher werden; das Friedensbedürfnis der Bevölkerung aber wuchs ins Unermessliche, ebenso die Aufgaben der Feldseelsorger im II. Weltkrieg[8]. Das Kriegsende

---

4 Schreiber, a.a.O., S. 119.
5 Ebd., S. 119.
6 Hermann Zabel: Zerstreut in alle Welt. Zur Geschichte und Nachgeschichte einer jüdischen Kleinstadtgemeinde. Hagen 1988.
7 Es gab immer wieder Einzelaktionen auch von deutschen Soldaten, die sich bemühten, ein kleines Stück Frieden zu schaffen und Brücken der Menschheit zu bauen, so bei Wilm Hosenfeld: »Ich versuche jeden zu retten«. Das Leben eines deutschen Offiziers in Briefen und Tagebüchern. München 2004.« Die Geschichte des jüdischen Klavierspielers Wladyslav Szpilman, veröffentlicht unter Wladyslaw Szpilman: »Das wunderbare Überleben«. Düsseldorf, Wien, New York 1998, wurde verfilmt unter dem Titel »Der Pianist« (Regie: Roman Polanski, USA 2002) mit Adrien Brody (Wladyslaw Szpilman) und Thomas Kretschmann (Der deutsche Offizier) in den Hauptrollen, ausgezeichnet unter anderem mit der Goldenen Palme von Cannes.
8 Katholisches Militärbischofsamt (Hg): Mensch, was wollt ihr denen sagen? Katholische Feldseelsorger im Zweiten Weltkrieg. Augsburg 1991.

von 1945 jedoch kam erst nach dem Selbstmord Hitlers[9] durch die bedingungslose Kapitulation Deutschlands und seinem Eingeständnis der totalen militärischen Niederlage zustande. Mit der Entstehung der noch im gleichen Jahr gegründeten Vereinten Nationen, dem bis heute existierenden System kollektiver Sicherheit, ist der Name Franklin Delano Roosevelt aufs Engste verknüpft.

Unter den »großen Drei« der Alliierten, die sich seit 1944 auf Konferenzen trafen, hatte allein Roosevelt die globale Vision einer Friedensordnung[10]. Stalin wollte so weit wie möglich nach Westen vordringen und auf dem eroberten Gebiet einen Sozialismus errichten. Churchill wollte das Empire erhalten und plante ein Bündnis der angelsächsischen Völker gegen die Sowjetunion. Roosevelt hingegen dachte eine weltweit gültige Rechtsordnung unter der Einbeziehung von Sowjetrussland in die Staatenfamilie an; sie sollte dem Völkerbund ähnlich sein, sich jedoch als handlungsfähiger erweisen. Schon 1943 umriss er seine Vorstellungen von einer sanktionierenden Weltorganisation, die zunächst mit Wirtschaftsblockaden, im Notfall aber auch mit Androhung militärischer Gewalt bei Bedrohung des Weltfriedens durch einen Staat gegen diesen staatlichen Aggressor vorgehen sollte. 1944 schlug er als Organisationsform vor: »Ein Exekutivkomitee an der Spitze, eine Legislative in Form von Weltkonferenzen ..., ein Oberstes Gericht ... sowie eine Bürokratie« in Form »ständiger Kommissionen«[11]. Hier lässt sich bereits die Struktur der 1945 in San Francisco gegründeten Vereinten Nationen erkennen, also Sicherheitsrat, Generalversammlung und Internationaler Gerichtshof. Doch nicht nur die Struktur der späteren Vereinten Nationen, auch die grundlegenden Werte bilden sich bereits in Roosevelts Vorstellungen ab; er sieht die Kolonialpolitik als überholt an und er anerkennt das Recht aller Völker, ihre eigene Regierungsform zu wählen. Roosevelt sah die Notwendigkeit der Gleichheit aller Staaten als Voraussetzung für ein funktionierendes internationales Recht. Nachdem Deutschland den II. Weltkrieg schuldhaft verursacht hatte, bilden die Lehren aus dem II. Weltkrieg, vor allem das Erbe Roosevelts, einen besonderen Ansporn für ihr internationales Engagement. Dies drückt sich – wie in den folgenden Kapiteln aufgezeigt wird – auch in der Beteilung von deutschen

---

9 Vgl. den Film »Der Untergang« (Deutschland 2004, Regie: Oliver Hirschbiegel, Produzent: Bernd Eichinger) mit Bruno Ganz, Corinna Harfouch, Ulrich Noethen und Thomas Kretschmann in Hauptrollen), der auf den gleichnamigen Buch von Joachim Fest und auf dem Buch »Bis zur letzten Stunde« von Hitlers Sekretärin Traudl Junge und Melissa Müller beruht; Film und Bücher verdeutlichen, das eine Kapitulation für Hitler vollkommen ausgeschlossen war, und wenn – so das fanatisch-totalitäre Denken des »Führers« – das ganze deutsche Volk dabei zugrunde ginge; eine Kapitulation war also nur nach dem Selbstmord Hitlers möglich gewesen.
10 Andreas Hillgruber: Der 2. Weltkrieg. Kriegsziele und Strategie der großen Mächte. Stuttgart 1989, S. 130 f.
11 »What really happened in Teheran«, in: Saturday Evening Post, 20. Mai 1944.

Soldaten in UN-Missionen als eine Form von Auslandseinsätzen der Bundeswehr aus. Zudem ist Deutschland wie kaum ein anderes Mitgliedsland der Vereinten Nationen in dieser Weltorganisation finanziell und politisch engagiert.

Eine weitere Lehre aus dem II. Weltkrieg, die auch für den deutschen Soldaten wichtig ist, besteht darin, die Botschaft des 20. Juli 1944 im Bewusstsein der Bürger und der Bundeswehr aufrecht zu erhalten. Wie kein anderes Ereignis der deutschen Zeitgeschichte steht der 20. Juli 1944 für den Aufstand des Gewissens bei Offizieren der Reichswehr gegen totalitäre Herrschaft und gegen willkürliche, militärische Kriegsführung, zugleich auch als ein Lehrbeispiel für einen moralisch gerechtfertigten Tyrannenmord als einer letzten Waffe menschlichen Widerstandes. Und mit diesem Ereignis verbindet sich auch der Name Claus Schenk Graf von Stauffenberg. Erst 2004, also sechzig Jahre nach seinem Tod, war Stauffenberg der ARD einen abendfüllenden Fernsehfilm wert. Sebastian Koch spielte darin den jungen, trotz Kriegsverletzungen gut aussehenden Grafen, der versuchte, in den Lauf der Geschichte einzugreifen und Deutschland von der nationalsozialistischen Diktatur zu befreien. Diese späte filmische Würdigung verdeutlicht zugleich die Brisanz, die sich bis heute mit den Männern des 20. Juli 1944 verbindet.

Im Werdegang von Claus Schenk Graf von Stauffenberg war die Rolle eines Widerstandskämpfers eigentlich nicht angelegt. Stauffenberg war ein begeisterter Anhänger der Idee des »Großdeutschen Reiches« und ganz vom nationalen Denken seiner Zeit bestimmt. In der deutschen Wehrmacht hatte er eine glanzvolle Karriere, die ihn in jungen Jahren bis zum Obersten brachte; er und seine zwei älteren Zwillingsbrüder Berthold und Alexander wurden geprägt von der Monarchie, von dem Bekenntnis deutscher Soldaten, für »Gott und Vaterland« zu kämpfen und zu sterben. Hierzu passt auch der nur mündlich überlieferte Ausspruch Claus von Stauffenbergs kurz vor seiner Erschießung: »Es lebe das heilige Deutschland«, womit er seine nationale Haltung zum Ausdruck bringt, die ihre Wurzeln im christlichen Glauben sucht.

Die Lebensgeschichte des Claus von Stauffenberg ist im Prinzip die Geschichte eines dramatischen Lebensganges[12]. Der 1907 im bayrischen Schwaben bei Ulm geborene Claus wächst in behüteter Atmosphäre und weit entfernt von den sozialen Auseinandersetzungen jener Zeit auf; sein Berufswunsch ist Architekt, wobei er dichtet: »Oft ist es mir, als müsst ich Pläne zeichnen, von hohen unermesslichen Palästen, mit rotem Marmor,

---

12 Vgl. Andreas M. Rauch: Christliche Märtyrer dem Vergessen entreißen. Zum 60. Jahrestag des Attentates auf Hitler am 20. Juli 1944, in: Auftrag, Nr. 255, 44 Jg., Juli 2004, S. 11-14.

weißen Treppenhäusern, und märchenlangen, lichtbesäten Gängen.«[13] Geistig befand sich Claus von Stauffenberg im Banne des heute weitgehend vergessenen Dichters Stefan George und seiner »Opposition conservatoire«, der den altdeutschen Traum von Kaiserherrlichkeit und Untertanentreue zelebrierte. Stauffenberg: »Ich wühle gern in alter Helden Sagen. Und fühle mich verwandt so hehrem Tun. Und ruhmbekröntem Blute.«[14] Die Weimarer Republik stellte sich für Stauffenberg als ein politisch zerrissenes Gebilde dar, in der es Massenarbeitslosigkeit und soziale Spannungen gab. Da ging es bei George erhaben und weihevoll zu; Stauffenberg fühlte sich im Umfeld des Dichters der ehrenvollen Elite[15] eines anderen, kommenden Deutschland zugehörig.[16]

Trotzdem trat Stauffenberg dem Militär bei, zunächst als Fahnenjunker im Reiterregiment 17 in Bamberg. In der Offiziersprüfung 1929 war er Jahrgangsbester. Im April 1932 sprach sich Stauffenberg anlässlich der Reichspräsidentenwahl gegen Paul von Hindenburg und zugunsten von Adolf Hitler aus. Sein Vetter Peter Graf Yorck von Wartenburg und Ulrich Wilhelm Graf Schwerin von Schwanenfeld baten ihn, sich zum Adjutanten Walther von Brauchitschs, des Oberbefehlshabers des Heeres, ernennen zu lassen, um an einem Umsturzversuch teilzunehmen – doch Stauffenberg lehnte ab. Allerdings begann sich Stauffenberg nach der Reichsprogromnacht 1938 von der nationalsozialistischen Staatsführung zu distanzieren – wegen der Judendeportationen, der brutalen Besatzungspolitik und der unsachgemäßen, militärischen Führung durch die Nazis. Gemeinsam mit seinem Bruder Berthold und den Mitgliedern des Kreisauer Kreises war er an den Entwürfen zu Regierungserklärungen für die Zeit nach dem Umsturz[17] beteiligt; die Verschwörer legten sich auf die Wiederherstellung der vor 1933 in der Verfassung garantierten Freiheiten und Rechte fest, lehnten jedoch die parlamentarische Demokratie ab.

Im März 1943 wurde Stauffenberg[18] zur 10. Panzerdivision versetzt, die den Rückzug General Erwin Rommels Armee gegen die in Nordafrika gelandeten Alliierten decken sollte. Bei einem Tieffliegerangriff am 7. April 1943 wurde er schwer verletzt; er verlor ein Auge, die rechte Hand und zwei

---

13 Vgl. Fred Langer: Claus von Stauffenberg. Der Mann, der Deutschland retten wollte, in: stern biographie, Nr. 2, 2004, S. 86.
14 Langer, ebd.
15 Der Begriff der Ehre, gerade der militärischen Ehre, gehörte und gehört zum soldatischen Selbstverständnis, Mitte des 20. Jahrhunderts vielleicht noch stärker als heute; vgl. hierzu den Kinofilm »Eine Frage der Ehre« (Regie: Rob Reiner), USA 1992 mit Tom Cruise in der Hauptrolle.
16 Vgl. Gerd R. Ueberschär: Stauffenberg. Der 20. Juli 1944. Frankfurt am Main 2004
17 Zu den zivilen Akteuren im Kreisauer Kreis gehörte der spätere bundesdeutsche Politiker Eugen Gerstenmaier.
18 Vgl. Peter Hoffmann: Claus Schenk Graf von Stauffenberg und seine Brüder. Stuttgart 1992.

Finger der linken Hand. Nach seiner wieder Erwarten einsetzenden Genesung wollte er den Rest seines Lebens ausschließlich der Rettung seines Landes widmen[19], weshalb er sich noch für den Herbst 1943 nach Berlin meldete und sich dort bewusst in den Kreis der Hitlergegner um den General Friedrich Olbricht, dem Leiter des Allgemeinen Heeresamtes, und Generalmajor Henning von Tresckow, stellte. Stauffenberg wurde zum Stabschef des Allgemeinen Heeresamtes in der Berliner Bendlerstraße ernannt, wodurch er Zugang zu den Lagebesprechungen in den Führerhauptquartieren erhielt; er koordinierte die Attentatspläne mit Carl-Friedrich Goerdeler und Ludwig Beck und hielt Verbindung zum zivilen Widerstand um Julius Leber, Wilhelm Leuschner sowie dem Kreisauer Kreis. Die Umsturzpläne sahen für Stauffenberg den Rang eines Staatssekretärs im Reichskriegsministerium vor. Nach der Verhaftung Helmuth James Graf von Moltkes im Januar 1944 fanden keine Treffen des Kreisauer Kreises mehr statt, doch stellte sich trotz Moltkes Vorbehalte Stauffenberg zur Durchführung des Attentats zur Verfügung[20].

Als Termin für das Attentat wurde der 20. Juli 1944 ausgewählt. Doch das Attentat misslang, wobei unselige Zufälle eine Rolle spielten: die Störung Stauffenbergs beim Schärfen der Bombe, die Nicht-Mitnahme des zweiten Sprengpaketes, der keinen in der Baracke am Leben gelassen hätte, die wenigen Schreibkräfte im Bendlerblock oder das Ausbleiben des Nachrichtenoffiziers bei der Besetzung des Funkhauses an der Masurenallee. Hitler überlebte nur leicht verletzt und dementierte seinen Tod persönlich in einer Rundfunkansprache. Stauffenberg wurde kurz nach Mitternacht zusammen mit Olbricht, von Haeften und Mertz von Quirnheim erschossen. In den folgenden Tagen wurden 200 Mittäter vom Volksgerichtshof verurteilt und in Berlin-Plötzensee hingerichtet. Insgesamt etwa 7000 Verdächtige, Mittäter, Unterstützer, Mitwisser und Sympathisanten gerieten in die Fänge der Geheimen Staatspolizei. Bis zum Kriegsende verloren mehrere Hundert ihr Leben. Henning von Tresckow zog den Freitod vor. Berthold von Stauffenberg wurde in einem Schauprozess zum Tode verurteilt und noch am selben Tag, den 10. August 1944, hingerichtet.

---

19 Vgl. Eberhard Zeller: Oberst Claus Graf Stauffenberg. Ein Lebensbild. Paderborn 1994.
20 Vgl. Joachim Kramarz: Claus Graf von Stauffenberg. 15 November 1907-20. Juli 1944. Das Leben eines Offiziers. Frankfurt am Main 1965; Christian Müller: Oberst i. G. Stauffenberg. Eine Biographie. Düsseldorf 1970.

c) Wider dem Totalitarismus: Alfred Delp, Baron Leonrod, Georg Elser und »Die weiße Rose«

Zu den Widerstandskämpfern im Umfeld des 20. Juli gehört auch der in Berlin-Plötzensee hingerichtete 37-jährige Jesuitenpater Alfred Delp[21], der zu den bekanntesten Glaubenszeugen im Kampf gegen den Nationalsozialismus[22] zählt. Delp war ein politisch denkender Kopf und bei jungen Menschen sehr beliebt, weil er so natürlich und herzlich mit Menschen umzugehen wusste. Auf Vermittlung seines Provinzials, Pater Augustinus Rösch, gehörte Delp zur Widerstandsgruppe um den Grafen Helmuth James von Moltke an, benannt nach dem Ort Kreisau in Niederschlesien, wo 1942/43 auf dem Gut der Familie Moltke drei geheime Treffen stattfanden. Die Aufgabe Delps in dieser Widerstandsgruppe von zwanzig Männern bestand darin, an der Entwicklung einer neuen sozialen Ordnung im Nachkriegsdeutschland mitzuwirken. Delp ging es um politische Ideen wie »sozialer Gerechtigkeit«, »Sozialpflichtigkeit des Eigentums« und »bessere Bildungschancen« für Arbeiter und Bauern. Der Geheimen Staatspolizei waren diese konspirativen Treffer der Kreisauer wohl entgangen, sodass diese Gruppierung erst nach dem gescheiterten Attentat vom 20. Juli 1944 aufgerollt wurde. Am 28. Juli 1944 wurde Delp verhaftet und letztendlich in das Hinrichtungsgefängnis Berlin-Plötzensee verbracht. Nach Delps Todesurteil am 9. Januar 1945 wurde Delp am 2. Februar 1945 zusammen mit Carl Friedrich Goerdeler, vormals Oberbürgermeister von Leipzig, und Johannes Popitz gehenkt. Unvergessen bleiben bis heute die drei politischen Visionen Alfred Delps: die Vision von einer sozialen, gerechten und demokratischen Gesellschaft, die Vision von einer erneuerten, menschenfreundlichen Kirche und die Vision von einem neuen, der Nächstenliebe verpflichteten Menschen. Das Vermächtnis des 20. Juli ist für alle Deutschen Verpflichtung, vor allem für die deutsche Bundeswehr, gehörten doch zu den Widerstandskämpfern des 20. Juli die besten Köpfe in Deutschland jener Zeit, unter ihnen viele Offiziere, so Dr. Randolph Freiherr von Breidbach-Bürresheim, der mit Pastor Dr. Dietrich Bonhoeffer verschworen war,

---

21 Vgl. Helmut Moll (Hg.): Zeugen für Christus. Das deutsche Martyrologium des 20. Jahrhunderts. 2 Bände. Paderborn 2001

22 Weit weniger bekannt, aber zahlenmäßig bedeutender, war das Engagement der rund 10.000 polnischen Priester, von denen etwa 20 Prozent in den Gefängnissen und Konzentrationslagern der Nationalsozialisten starben, darunter fünf Bischöfe; weitere 30 Prozent erlitten Schikanen unterschiedlichster Art, sodass der aktive Klerus Polens am Kriegsende auf die Hälfte geschrumpft war; über das Leiden von Priestern jener Zeit gibt der Kinofilm »Der neunte Tag« (Regie: Volker Schlöndorff, Deutschland 2005) mit Ulrich Matthes in der Hauptrolle, der im September 2005 in die deutschen Kinos kam; ein weiteres filmisches Dokumentarbeispiel ist »Die Akte der Märtyrer. Das Leben und Sterben vergessener Zeugen« (Regie: Norbert Göttler, Deutschland 2000).

Hauptmann i.G. Max Ulrich Graf von Drechsel, Leutnant Matthias Kaiser, Karl Ludwig Freiherr von und zu Guttenberg oder Oberst Rudolf Graf von Marogna Redwitz.

Immer wieder stand die Frage einer ethischen Zulässigkeit eines Tyrannenmordes im Raum und die Haltung, die ein Christ hierzu einnehmen kann. Die Frage der Zulässigkeit des »Tyrannenmordes« war für Baron Ludwig Freiherr von Leonrod ein ernsthaftes Problem, gerade als Christ, handelte es sich doch hier letztendlich um Mord und damit um eine Todsünde im Sinne der Zehn Gebote. Im Dezember 1943 fand im Pfarrhaus München-Bogenhausen zwischen Baron Leorod und Kaplan Hermann Josef Wehrle ein vertrauliches Seelsorgegespräch dahingehend statt, ob die Vorbereitung eines »Tyrannenmordes« bereits Sünde sei. Kaplan Wehrle verneinte dies, riet aber von der Verwirklichung ab. Die Fähnrichzeit brachte Baron Leonrod in freundschaftlicher Verbindung zu Graf Stauffenberg. Im Ausbau des militärischen Widerstandes gegen Hitler holte Stauffenberg Baron Leonrod von München nach Berlin, da er dessen Zuverlässigkeit schätzte. Nach dem gescheiterten Attentat auf Hitler wurde Major Leonrod am 21. Juli 1944 und Kaplan Wehrle am 18. August 1944 verhaftet. Die Ehefrau von Baron Leonrod wurde wie andere Ehefrauen und Kinder von Verschwörern des 20. Juli in »Sippenhaft« genommen. Nach harter Folter, der so genannten »verschärften Vernehmung«, gab Leonrod das Seelsorgegespräch mit Kaplan Wehrle zu, weil er dachte, dass dieser unter dem Schutz des Reichskonkordates stehe. Leonrod wurde aus der Wehrmacht ausgestoßen und als Zivilist vom Volksgerichtshof angeklagt. Am 21. August 1944 verkündete Roland Freisler das Todesurteil: »Im Namen des deutschen Volkes, Fritz Thiele, Ulrich Wilhelm Graf Schwerin von Schwanenfeld, Ludwig Freiherr von Leonrod verrieten eidbrüchig, ehrlos, statt mannhaft wie das ganze deutsche Volk, dem Führer folgend, den Sieg zu erkämpfen, so wie noch niemand in unserer Geschichte, das Opfer unserer Krieger. Den Meuchelmord an unserem Führer setzten sie ins Werk, Verräter in allem, wofür wir leben und kämpfen, werden sie mit dem Tode bestraft.«[23] Am 26. August 1944 wurde Leonrod in Berlin-Plötzensee hingerichtet; am 14. September 1944 folgte ihm Kaplan Wehrle in gleicher Weise.

Schließlich sei darauf hingewiesen, dass nicht nur aus Militär und Kirche Widerstand gegen Hitler erwuchs, sondern auch aus der einfachen Bevölkerung und aus der Studentenschaft[24]. Ich möchte dazu zwei Beispiele anführen, und zwar Georg Elser und »Die weiße Rose«.

---

23 Moll, a.a.O., S. 415.
24 Michael C. Schneider, Winfried Süß: Keine Volksgenossen. Studentischer Widerstand der Weißen Rose. München 1993.

Johann Georg Elser[25] wird in Hermaringen (Württemberg) als Sohn eines Holzhändlers und Landwirtes geboren, womit in der damaligen Zeit eine einfache Laufbahn vorgezeichnet war. Elser besucht die Volksschule in Königsbronn bei Heidenheim an der Brenz[26], woran sich eine Lehre zunächst als Dreher und dann als Schreiner in Königsbronn anschließt. Nach bestandener Gesellenprüfung arbeitet Elser in verschiedenen Schreinereien der Umgebung, dann in einer Uhrenfabrik, geht 1929 in die Schweiz aufgrund der Weltwirtschaftskrise, kehrt 1932 in den elterlichen Betrieb zurück und arbeitet dann 1936-1939 in einem Heidenheimer Armaturenfabrik, wo er von der Rüstungsproduktion der Nationalsozialisten erfährt. Als Hilfsarbeiter in einem Königsbronner Steinbruch eignet sich Elser Kenntnisse über Sprengstoff an. Elser hat vor allem seinen Bruder gegenüber mehrfach deutlich gemacht, weshalb er Hitlers Regime ablehne:
- den Arbeitern ging es im Dritten Reich nicht besser, sondern schlechter, auch wenn durch zwangsweise ausgeübten Arbeitsdienst die Arbeitslosigkeit reduziert sei
- die Einschränkung der Religionsfreiheit; gerade im württenbergischen Gebiet um Heidenheim an der Brenz als einer Hochburg des innerlichen und privaten Glaubensbekenntnisses (schwäbischer Pietismus[27]) wurde der totalitäre Zugriff des Hitler-Regimes als besonders schmerzhaft empfunden

Hitler verkörpere einen totalitären Führerstaat, der willkürliches Recht schaffe und der nur vernichtet werden könne, wenn ihr oberster Führer beseitigt werde.

Hervorzuheben ist, dass Elser selbst sich niemals theoretisch mit dem Faschismus auseinandergesetzt oder sonst Entwürfe für eine künftige Gesellschaftsordnung formuliert hat. Elser war ein ‚Mann aus dem Volk'[28], ein Einzelgänger[29], der ausschließlich seinem Gewissen folgte. Nach dem völkerrechtswidrigen Überfall von Hitler auf Polen sah sich Elser in seinen schlimmsten Befürchtungen bestätigt und zum baldigen Handeln gezwungen, um weiteres Unheil und Blutvergießen zu verhindern. Schon länger

---

25 Vgl. Wolfgang Benz, Hermann Graml; Hermann Weiß (Hg): Enzyklopädie des Nationalsozialismus. München 1997; Hilde Kammer, Elisabeth Bartsch, Manon Eppenstein-Baukhage: Lexikon Nationalsozialismus. Berlin 1999.
26 Lothar Gruchmann: Autobiographie eines Attentäters. Johann Georg Elser: Aussage zum Sprengstoffanschlag im Bürgerbräukeller, München am 8. November 1939. Stuttgart 1970.
27 Die evangelische Kirchenleitung integrierte 1743 die Erneuerungsbewegung des Pietismus in die evangelische Kirche Württembergs.
28 Anton Hoch, Lothar Gruchmann: Georg Elser. Der Attentäter aus dem Volke. Der Anschlag auf Hitler im Münchener Bürgerbräu 1939. Frankfurt am Main 1980.
29 Helmut Ortner: Der Einzelgänger. Georg Elser – der Mann, der Hitler töten wollte. Rastatt 1989.

hatte Elser Attentatspläne[30] geschmiedet und dafür den Bürgerbräukeller in München in Augenschein genommen, in dem sich jedes Jahr die »alten Kämpfer« um Hitler versammelten – so auch am 8. November 1939. Elser deponiert im Bürgerbräukeller eine selbst gebastelte Bombe mit Zeitzünder, die wie geplant um 21.20 Uhr hinter Hitlers Rednerpult explodiert. Die Decke über dem Saal stürzt ein und 63 Menschen werden schwer verletzt; acht Menschen sterben. Doch völlig unvorhergesehen hat jedoch Hitler seine Rede um kurz nach 21.00 Uhr beendet und dann den Bürgerbräukeller verlassen[31]. Unglücklicherweise wird Elser, der sich schon auf dem Weg in die Schweiz befindet, durch einen Zufall durch die Grenzpolizei festgehalten, die zunächst gar nicht weiß, wen sie da festgenommen haben. Bei der Verhaftung Elsers finden die Zollbeamten in seinen Taschen noch Schrauben, eine Postkarte vom Bürgerbräukeller und ein Abzeichen des Rotfrontkämpferbundes. Nach dem Bekanntwerden des Hitler-Attentats können die Grenzbeamten unschwer eine Verbindung zu Elser herstellen, den sie der Gestapo übergeben, wo er pausenlos verhört und gefoltert wird. Die Gestapo glaubt Elser die Alleintäterschaft zunächst nicht und vermutet ausländische Agenten hinter ihm. Schließlich wird Elser schweren Zwangsarbeiten im Konzentrationslager Dachau ausgesetzt; Hitler plant für die Zeit nach dem Krieg einen großen Schauprozess gegen Elser, der natürlich mit seinem Todesurteil geendet hätte. Am 9. April 1945 wird Elser – die Amerikaner stehen wenige Kilometer vor Dachau – auf Betreiben von Himmlers SS hingerichtet. Zwischen 1933 und 1945 hat es über vierzig Attentate, Attentatsversuche und Attentatspläne gegen Hitler gegeben, doch die meisten kamen erst nach 1942/43 zum tragen, als mit der militärischen Niederlage Deutschlands im Kampf um Stalingrad die Hoffnung auf einen Sieg bei vielen Deutschen verloren gegangen war.

Zu jenen »Spätberufenen«[32] und zum prominentsten Widerstand aus der damaligen deutschen Studentenschaft zählen die Mitglieder der »Weißen Rose« um das Geschwisterpaar Hans und Sophie Scholl[33] an der Ludwigs-Maximilians-Universität München. Ihre Geschichte des Widerstandes wird eindrucksvoll dokumentiert in dem Spielfilm »Die weiße Rose«[34]. Neben den Geschwistern Scholl[35] gehörten zum Kern der »Weißen Rose« noch

---

30 Hellmut G. Haasis: »Den Hitler jag' ich in die Luft«. Der Attentäter Georg Elser. Eine Biographie. Berlin 1999.
31 Ernst Klee: Das Personenlexikon zum Dritten Reich. Wer war was vor und nach 1945. Frankfurt am Main 2003.
32 Rudolf Lill (Hg): Hochverrat ? Neue Forschungen zur »Weißen Rose«. Konstanz 1999.
33 Annette Dumbach, Jud Newborn: Die Geschichte der Weißen Rose. Mit einem Vorwort von Richard von Weizsäcker. Freiburg i.B. 2002.
34 Kinofilm »Die weiße Rose« (Regie: Michael Verhoeven), Deutschland 1982.
35 Hans Scholl, Sophie Scholl: Briefe und Aufzeichnungen. (hg. Von Inge Jens). Frankfurt am Main 1993.

Christoph Probst, Alexander Schmorell, Willi Graf und Kurt Huber, Professor für Philosophie und Musikpsychologie. Ihr entschlossener Widerstand war keinesfalls vorgezeichnet[36]. Gerade Hans und Sophie Scholl[37] begeisterten sich nach 1933 für die vermeintliche nationalsozialistische Volksgemeinschaft.[38] Erst das Streben der NS-Machthaber nach totaler Gleichschaltung aller politischen und gesellschaftlichen Einrichtungen, ihr Rassenwahn und ihre Kriegstreiberei ließen sie zu Gegnern[39] der Nationalsozialisten werden.[40] In einem ersten Flugblatt vom Frühsommer 1942 riefen sie zum »passiven Widerstand« auf. So wie sich die deutsche Nation 1923 gegen das im Ruhrgebiet aufmarschierte französische und belgische Militär gestellt habe, so sei nun massiver Widerstand nicht gegen Frankreich, sondern gegen die deutsche Regierung zu üben, da der Nationalsozialismus als Grund allen politischen Übels ausgemacht wurde. Es folgten fünf weitere Flugblätter, die bis zum Februar 1943 in Städten in ganz Deutschland verteilt wurden. Allerdings blieben Reaktionen darauf praktisch aus, passiver Widerstand kam nicht zustande.[41] Selbst schärfste Appelle der »Weißen Rose« gegen Lethargie und Selbstherrlichkeit und für Vernunft und Freiheit verhallten praktisch ohne politische Wirkung. Vor allem die Briten sorgten im Juli 1943 mit dem Abwurf des sechsten Flugblattes über ganz Deutschland dafür, dass der Name der »Weißen Rose« nicht der Vergessenheit anheim fiel. Denn es war jenes sechste Flugblatt, in dem nochmals zum Kampf gegen den Nationalsozialismus aufgerufen wurde und welches der »Weißen Rose« zum Verhängnis wurde. Nachdem diese Schrift bereits in über 1000 Exemplaren an Münchener Studenten verschickt worden war, verteilten sie Hans und Sophie Scholl noch am Vormittag des 18. Februar 1943 im Lichthof der Universität. Ein Hausmeister beobachtete sie dabei, hielt sie fest und verständigte die Geheime Staatspolizei. Der Präsident des Volksgerichtshofes, Roland Freisler, verurteilte sie zum Tode; am 13. Juli 1943 wurden Hans und Sophie Scholl, Christopf

36 Vgl. Michael Kißener, Bernhard Schäfers (Hg): »Weitertragen«. Studien zur Weißen Rose. Konstanz 2001.
37 Barbara Leisner: »Ich würde es genauso wieder machen«. Sophie Scholl. München 2000.
38 Wilfried Breyvogel: Die Gruppe »Weiße Rose«. Anmerkungen zur Rezeptionsgeschichte und kritischer Rekonstruktion, in: ders. (Hg): Piraten, Swings und Junge Garde. Jugendwiderstand im Nationalsozialismus. Bonn 1991, S. 9-16.
39 Bei den Geschwistern Scholl und ihren Freunden stand zunächst wie bei anderen Studenten in ihrem Alter das Finden des persönlichen Glücks im partnerschaftlichen Miteinander im Vordergrund (vgl. den Kinofilm: »Die Reifeprüfung« (Regie: Mike Nichols, Musik: Paul Simon, Dave Grasin), USA 1967 mit Dustin Hofmann in der Hauptrolle). Doch die politischen Realitäten überschatteten alsbald die Suche nach Liebe und Glück im persönlichen Bereich.
40 Inge Scholl: Die Weiße Rose. Frankfurt am Main 1993.
41 Barbara Schüler: Im Geiste der Gemordeten… . Die »Weiße Rose« und ihre Wirkungen in der Nachkriegszeit. Paderborn u.a. 2000.

Probst, Alexander Schmorell und Kurt Huber hingerichtet; Willi Graf folgte im Oktober 1943. Die Mitglieder der »Weißen Rose« gehören neben den Männern vom 20. Juli 1944, den mutigen Predigten von Bischof Clemens August Graf von Galen aus Münster, dem heldenhaften Engagement von Oskar Schindler, dem tapferen Wirken von Georg Elser und den vorbildlichen Aktivitäten von Pater Alfred Delp zum kollektiven Gedächtnis der Deutschen am Widerstand gegen das nationalsozialistische Regime. Das Engagement dieser Widerstandskämpfer ist auch vor dem Hintergrund der Tatsache zu sehen, dass in der Zeit von Juli 1944 bis Mai 1945 noch einmal soviel Menschen ums Leben kamen, wie in den ganzen fünf vorangegangenen Kriegsjahren zusammen.[42] So kamen vom Tag des Kriegsausbruchs bis zum 20. Juli pro Tag 1588 Personen deutscher Staatsangehörigkeit ums Leben; in den rund neun Kriegsmonaten danach waren es täglich 16641.[43] Hinzu kommen die Toten in den Konzentrations- und Vernichtungslagern sowie die Gefallenen und zivilen Opfer auf alliierter Seite. Insoweit trägt dass Argument nicht, die Verschwörer des 20. Juli hätten sich zu spät zum Widerstand entschlossen.

Das Vermächtnis des 20. Juli und die Annahme des Widerstandes im Dritten Reich stellt sich als keinesfalls so eindeutig dar, wie dies vielleicht gerade viele junge Bundesbürger heute erleben mögen. So zeigten Erkundigungen, die die Verschwörer des 20. Juli Anfang 1944 einholten, dass trotz aller militärischen Aussichtslosigkeit offenbar eine Mehrheit des deutschen Volkes hinter Hitler stand; der Widerstand war somit zuletzt ein Widerstand ohne oder vielleicht sogar gegen das eigene Volk. Und diese Meinungsentwicklung setzte sich auch in der jungen Bundesrepublik zunächst fort. So galt der zivile und militärische Widerstand vielen Deutschen als ein Ärgernis. Noch Anfang der fünfziger Jahre sahen über die Hälfte der deutschen Bundesbürger die Verschwörer des 20. Juli als Verräter an, die der kämpfenden Truppe in den Rücken gefallen seien – die nationalsozialistische Propaganda zeitigte hier noch immer ihre Wirkungen. Der 20. Juli bleibt trotzdem einer der erinnerungswürdigen Ereignisse der deutschen Geschichte. Nur durch die Widerstandskämpfer des Dritten Reiches ist es uns gegenwärtig möglich, sich offen und selbstbewusst der Geschichte jener Jahre zu stellen und heute verantwortungsvoll internationale Politik mitzugestalten.

Bestandteil dieses zweiten Verantwortungsstranges bilden heute aufgrund des skizzierten geschichtlichen Erbes, vor allem wegen der gnaden-

---

42 Das besonders blutige und grausame Ende des Dritten Reichs hat Joachim Fest in seinem Buch »Der Untergang« festgehalten, der von Bernd Eichinger in dem Drama mit dem gleichnamigen Titel »Der Untergang« (Regie: Oliver Hirschbiegel, Deutschland 2004) verfilmt wurde.

43 Vgl. Joachim Fest: Das Vermächtnis der Helden gegen Hitler, in: Bild, 17. Juli 2004, S. 12.

losen Hetze und Vernichtung der Juden durch den deutschen Nationalsozialismus, auch die besonderen Beziehungen Deutschlands zum jüdischen Volk und dem Staate Israel. 2003 wurde diese besondere Beziehung durch einen Staatsvertrag zwischen der Bundesrepublik und der jüdischen Religionsgemeinschaft gewürdigt, wobei letztere nunmehr den Status einer öffentlich-rechtlichen Körperschaft genießt. In den ersten Jahren nach der Gründung des Staates Israel half Deutschland zudem mit umfänglichen Wirtschaftshilfen. Bis heute engagiert sich Deutschland etwa durch die Aktivitäten der politischen Stiftungen für Israel. Vor allem auch die Bemühungen des Außenministers Joschka Fischer in der gegenwärtigen Legislaturperiode verdeutlichen die besondere Verantwortung Deutschlands für Israel. Die Bundesrepublik Deutschland hat zu allen Zeitpunkten deutlich gemacht, dass sie allein schon aufgrund ihrer historischen Verantwortung für die Existenz des Staates Israel mit einsteht.

Vor dem Hintergrund der skizzierten beiden Verantwortungsstränge wird das große mediale Interesse an deutschen Auslandseinsätzen verständlich. Nach vielen Jahrzehnten imperialer Attitüden und expansiver Politik in der Zeit Wilhelm II. und in der nationalsozialistischen Ära gestaltet sich heutiges militärisches Auslandsengagement von Deutschen als besonders sensibel für die internationale Gemeinschaft, vor allem für jene europäischen Nachbarstaaten, die seinerzeit vom Hitler-Regime erobert und besetzt wurden wie etwa Polen und Tschechien. Jedwede politischen Alleingänge der Bundesrepublik Deutschland in Fragen der internationalen Politik werden national wie international mit hoher Aufmerksamkeit verfolgt. Um hier keine Irritationen aufkommen zu lassen, bemüht sich Deutschland stets um eine multilaterale Einbindung seines politischen Engagements und seines militärischen Auslandsengagements – eben als Lehre aus der Geschichte, aus der bis heute politische Verantwortung erwächst. Ein wichtiger Pfeiler der deutschen Außen- und Sicherheitspolitik bildet Frankreich. So bestand ein politischer Konsens zwischen Deutschland und Frankreich 2003 in der Nichtentsendung von Soldaten in den Irak trotz des massiven politischen Druckes der USA[44]. Beide Staaten verband die gemeinsame Überzeugung, dass bei einem militärischen Auslandseinsatz im Irak es eines entsprechenden Beschlusses im Sicherheitsrat der Vereinten Nationen bedürfe – eine politische Haltung, die sich im Nachhinein als richtig erwies.

Zum multilateralen Engagement Deutschlands gehört auch sein Bekenntnis zu einer demokratischen, rechtsstaatlichen Ordnung. Gerade die Zeit des Nationalsozialismus zeigte, dass Gesetzgebung und Gerichtswesen für sich genommen nicht ausreichen, wenn es um die Konfrontation mit totalitären Herrschaftsansprüchen geht. Vielmehr stehen ganz im Sinne des

---

44 Vgl. Hans Leyendecker: Die Lügen des Weißen Hauses. Warum Amerika einen Neuanfang braucht. Reinbek 2004.

politischen Denkens von Hannah Arendt[45] Rechtsstaatlichkeit und Demokratie in einem tiefen, inneren Beziehungszusammenhang, bei deren Auseinanderbrechen totalitäre Herrschaftsausübung droht.

---

45 Vgl. Stefan Ahrens: Die Gründung der Freiheit. Hannah Arendts politisches Denken über die Legitimität demokratischer Ordnungen. Frankfurt am Main, Berlin, Bern, Bruxelles, New York, Oxford, Wien 2005 (Hannah Arendt-Studien. Schriftenreihe des Hannah Arendt-Zentrums, Bd. 2, herausgegeben von Antonia Grunenberg).

II. Deutsche Außen- und Sicherheitspolitik nach 1949

Allein vor dem Hintergrund der Jahre 1890-1945 und den beiden skizzierten Verantwortungssträngen erwächst in besonderem Maße heute die historische Verantwortung und moralische Verpflichtung für Deutschland, auf Nationalismus und territorialen Zugewinn zu verzichten und sich möglichst ausschließlich nur noch in einem multilateralen Kontext zu engagieren – ausgenommen im Fall von Evakuierungen und Naturkatastrophen. Bereits mit der Gründung der Vereinten Nationen (1945) und der Nordatlantischen Allianz (1949) wurde die multilaterale Außenpolitik der Bundesrepublik Deutschland vorgezeichnet. Dabei stand nicht im Vordergrund, Instrumente für eine Einbindung und Kontrolle deutscher Außen- und Sicherheitspolitik zu finden. Vielmehr zeigte etwa der Abwurf der ersten Atombombe über Hiroshima (6.8. 1945) und die erste erfolgreiche Erprobung einsatzfähiger Atomwaffen in Sowjetrussland (29.08.1949) die Notwendigkeit sicherheitspolitischer Abstimmungen und Verträge in den internationalen Beziehungen. Diese politische Notwendigkeit wurde erhärtet durch die sich abzeichnende Teilung Deutschlands aufgrund der totalen Blockade Berlins und der sich anschließenden Luftbrücke (1948), der Währungsreform in den drei Westzonen, der Erarbeitung und Verkündung des Grundgesetzes der Bundesrepublik Deutschlands (23.5. 1949) bei nahezu gleichzeitiger Konstituierung des »Deutschen Volksrates« in der sowjetischen Besatzungszone und des in Kraftsetzens der Verfassung der Deutschen Demokratischen Republik (7.10.1949).

Im Unterschied zur Zeit nach dem I. Weltkrieg zwang die sicherheitspolitische Lage angesichts der atomaren Bedrohung zwischen West und Ost sowie die wachsende politische Aufteilung der Welt in zwei Hemisphären nach 1945 zu internationalen Vertragssystemen und koordinierenden supranationalen Organisationen. Dabei wirkte neben der politischen und militärischen Dimension auch die wirtschaftliche Ebene mit: die zunehmende Entkolonialisierung vieler Regionen Asiens, Afrikas und Südamerikas erforderte die Formulierung gewisser wirtschafts- und zollpolitischer Spielregeln, denen durch die Gründung der Weltbank und des Weltwährungsfonds bei der Konferenz von Bretton Woods (1944) und durch das »General Agreement on Tariffs and Trade« (1947) Rechnung getragen wurde.

Mit schwankenden Akzentsetzungen bestimmte die nach 1945 sich verfestigende Bipolarität die internationalen Beziehungen und gerade Deutschland war mit dem geteilten Berlin und dem Eisernen Vorhang durch die Mitte Europas hiervon in dramatischer Weise betroffen. Auslandseinsätze deutscher Soldaten konnten sich ganz selbstverständlich nur im Rahmen des Wirkungshorizontes der alliierten Siegermächten und der NATO entfalten, so etwa in Mittelmeer- und Atlantikeinsätzen der deutschen Marine und bei Übungsflügen der deutschen Luftwaffe in USA und Kanada. Zugleich waren die amerikanische, britische und französische Armee mit massiven Truppenkontingenten in Deutschland vertreten, wäre Deutschland doch in einem nicht-atomaren Krieg Aufmarschgebiet gewesen. Gleichzeitig fiel die Beantwortung der Frage, wie diese Ebene unterhalb der Atomschwelle sicherheitspolitisch zu interpretieren sei, immer wieder unterschiedlich aus. Doch eines blieb durch alle verteidigungspolitischen Richtlinien jener Tage gleich: zuvörderst galt es die Sicherheit Deutschlands zu gewährleisten und als Bestandteil hiervon die Truppen in ständiger wehrhafter Einsatz- und Verteidigungsbereitschaft zu halten, soweit dies das Grundgesetz ausdrücklich zulässt.

Erst mit der weltpolitischen Wende 1989/90 traten die bisherigen Hauptaufgaben der Bundeswehr, also Landesverteidigung und Beistandsleistungen im NATO-Rahmen, allmählich in den Hintergrund. Vor allem drangen infolge des Wegfalls des Ost-West-Konflikts zunehmend regionale Konflikte in das öffentliche Bewusstsein, die nahezu vierzig Jahre aufgrund der Auseinandersetzung zwischen den beiden Hemisphären unterdrückt oder verdrängt worden waren. Der Vielvölkerstaat Jugoslawien sollte sich unerwartet wie einige ehemaligen Kolonien, denen das Recht auf Selbstbestimmung zunächst verweigert worden war – etwa Namibia, Südafrika und Ost-Timor – zu neuen Kristallisationspunkten internationaler Politik entfalten.

Katalysatorisch verstärkt wurde die neue Rolle Deutschlands in der Welt im Zuge des Krieges um die Befreiung Kuwaits ab Januar 1991, der die bis dato übliche enge Auslegung der deutschen Verfassung veränderte. In der sich nun entfalteten innenpolitischen Diskussion stand die juristische Interpretation des Artikels 24 Absatz 2 des Grundgesetzes im Brennpunkt der Auseinandersetzung, in der es Deutschland ermöglicht wird, sich »Systemen gegenseitiger kollektiver Sicherheit« anzuschließen und zugleich in eine »Beschränkung seiner Hochheitsrechte« einzuwilligen. Im Prinzip fand dieser Grundsatz ohnehin im Rahmen des Besatzungsrechts und der NATO seit vielen Jahren konkrete Anwendung. Insoweit war es konsequent, diesen Grundsatz auch auf die Vereinten Nationen anzuwenden, stellen sie doch ein System der kollektiven Sicherheit dar, in der sich die Rechtmäßigkeit von Auslandseinsätzen der Bundeswehr unter dem politischen Ziel »Verteidigung des Weltfriedens« ganz klar und einsichtig begründen lässt. Das Urteil des Bundesverfassungsgerichts vom 12. Juli 1994[1] bestätigte die Teilnahme an out-of-area-Einsätzen als verfassungsgemäß.[2]

Die Auslandseinsätze der Bundeswehr können seither sowohl im Rahmen der Vereinten Nationen, der Europäischen Union oder der Nordatlantischen Allianz stattfinden. Der Charakter der einzelnen Mission gestaltet sich dabei ganz unterschiedlich aus. Da gibt es ausschließlich zivile Einsätze von deutschen Soldaten etwa in der UN-Mission in Georgien, oder es gibt gemischt zivile und militärische Komponenten wie bei der Kosovo Verification Mission 1998/99. Auch die ganz unterschiedlichen Größen der einzelnen Auslandseinsätze – etwa die OSZE-Tschetchenien-Mission mit einem Bundeswehrsoldaten oder KFOR mit 5000 Mann – führte zu ganz anderen Wirkungsgraden und zu spezifischen Charakteristika jeder einzelnen Mission.

Waren die verfassungsrechtlichen Aspekte rasch geklärt, so lässt sich doch eine gewisse Entwicklung im deutschen Engagement von Auslandseinsätzen beobachten. Bestand anfänglich die Bereitschaft lediglich zur Mithilfe in Sanitätsdiensten, weitete sich dies zu AWACS-Erkundungsflügen durch die Bundeswehr aus, bis im Kosovo die Deutschen sogar eine eigene »Besatzungszone« mit Sitz in Prizren zugewiesen bekamen und hier wie in Afghanistan sogar einige Monate lang die internationalen Truppen führten. Dieser Sachverhalt spiegelt sich auch in dem umfangreichen, finanziellen Engagement Deutschlands wieder. Lagen Anfang der neunziger Jahre das Engagement in Auslandsmissionen der Bundeswehr im zweistelligen DM-Millionen-Bereich, so erreicht es Ende der neunziger Jahre dreistellige Summen in Mio. DM. Hinzu kommt, dass im Bundeshaushalt 2004 nach den derzeitigen Planungen der BMVg-Haushalt der einzige Einzelplan ist, der zwar Einsparungen vornehmen muss, diese aber für Auslandseinsätze der Bundeswehr verwenden darf, sodass es faktisch beim Festschreiben eines Status quo des Einzelplans 14 bis zum Jahr 2006 bleibt.

Nach 1989/90 und der Beendigung des Ost-West-Konflikts rücken zunehmend regionale Konflikte und präventive, konfliktverhütende Maßnahmen in den Vordergrund. In internationalen Gremien wie etwa der NATO wurden deshalb Überlegungen für ein Konzept der Krisen- und Konfliktprävention formuliert[3], die die Bekämpfung von Terrorismus und Proliferation mit einschließt. Dies geschah im »Neuen Strategischen Konzept« beim NATO-Gipfel in Rom im November 1991 und der Abschlusserklärung

1 Urteil des Bundesverfassungsgerichts zum Einsatz der Bundeswehr im Rahmen von Sytemen kollektiver Sicherheit vom 12. Juli 1994, teilweise abgedruckt in: Blätter für internationale Politik, Nr. 9, 1994, S. 1135-1144; allerdings muß die Bundesregierung bei out-of-area-Einsätzen die Zustimmung des deutschen Bundestages einholen, weshalb sich die SPD aufgrund dieses »Parlamentsvorbehaltes« als »Siegerin« sah (»Der Bundeskanzler mit dem Karlsruher Urteil ›sehr zufrieden‹«, in: Frankfurter Allgemeine Zeitung, 13. Juli 1994, S. 2).
2 Vgl. Klaus Dau, Gotthard Wöhrmann: Der Auslandseinsatz deutscher Streitkräfte. Eine Dokumentation des AWACS-, des Somalia- und des Adria-Verfahrens vor dem Bundesverfassungsgericht. Heidelberg 1996 (die rechtswissenschaftliche Publikation skizziert die innenpolitische Dramatik des damaligen Vorganges).
3 Das strategische Konzept des Bündnisses, vereinbart von den Staats- und Regierungschefs auf der Tagung des Nordatlantikrats am 7. und 8. November 1991 in Rom, in: NATO Presse- und Informationsdienst: NATO-Handbuch, Brüssel 1995, S. 253-268.

des NATO-Rates in Brüssel im Januar 1994, die bereits im Januar 1992 in eine Vorlage von Bundesverteidigungsminister Stoltenberg einflossen, in einer Rede von Generalinspekteur Naumann erwähnt wurden und dann in die Verteidigungspolitischen Richtlinien vom 26. November 1992 und in das »Weißbuch 1994« eingingen[4]. Dieser neue Aufgabenkomplex wird unter dem Terminus technicus des »erweiterten Sicherheitsbegriffs« zusammengefasst, zu dem seit Mitte der 90er Jahre auch entwicklungspolitische Zusammenhänge einbezogen werden.[5]

Doch erst mit der Regierung von Bundeskanzler Schröder und den Koalitionsverträgen von 1998 und 2002 wurde die Krisen- und Konfliktprävention zu einem für die Bundesregierung tatsächlich verpflichtenden, militärischen Konzept, welches es politisch zu realisieren gilt. Die durch die Auslandseinsätze der Bundeswehr neu gesetzten Akzente sollten 2003 Niederschlag finden in den neuesten verteidigungspolitischen Richtlinien für den Geschäftsbereich des Bundesministers der Verteidigung, in denen es heißt: »Deutsche Verteidigungspolitik wird maßgeblich durch drei Faktoren geprägt:
- die multinationale Einbindung der Bundeswehr im Rahmen einer auf europäische Integration, transatlantische Partnerschaft und globale Verantwortung ausgerichteten Außenpolitik,
- das veränderte Einsatzspektrum der Bundeswehr und die gewachsene Anzahl an internationalen Einsätzen
- die verfügbaren Ressourcen.«[6]

---

4 Verteidigungspolitischen Richtlinien für den Geschäftsbereich des Bundesministers der Verteidigung vom 26. November 1992, in: Blätter für internationale Politik, Nr. 9, 1993, S. 1137-1151; Bundesminister der Verteidigung (Hg): Weißbuch 1994. Köln 1994, S. 45.

5 Die verteidigungspolitischen Richtlinien gehen über eine reine Übernahme von NATO-Vorgaben hinaus. So wird etwa von »nationaler Interessenlage« und »vitalen Sicherheitsinteressen« gesprochen, zu denen auch die »Aufrechterhaltung des freien Welthandels und des ungehinderten Zugangs zu Märkten und Rohstoffen in aller Welt im Rahmen einer gerechten Weltwirtschaftsordnung« gehören (Absatz 8 (8) der Richtlinien); vgl. Bundesministerium für wirtschaftliche Zusammenarbeit und Entwicklung (Hg): Journalisten-Handbuch 1995. Bonn 1995; vgl. hierzu auch: Alexander Siedschlag: Die aktive Beteiligung Deutschlands an militärischen Aktionen zur Verwirklichung Kollektiver Sicherheit. Frankfurt am Main, Berlin, Bern, New York, Paris, Wien 1995 und Marcus Schultz: Die Auslandsentsendung von Bundeswehr und Bundesgrenzschutz zum Zwecke der Friedenswahrung und Verteidigung. Franfurt am Main, Berlin, New York, Paris, Wien 1998.

6 Bundesministerium der Verteidigung (Hg): Verteidigungspolitische Richtlinien für den Geschäftsbereich des Bundesministers der Verteidigung (21. Mai 2003). Berlin 2003; im Vordergrund stehen dabei die »neuen sicherheitspolitischen Risiken und Chancen« im Kontext des 11. September 2001 sowie eine Konkretisierung von Maßnahmen der Krisen- und Konfliktprävention durch humanitäre und militärische Auslandseinsätze.

4. Humanitäre Auslandseinsätze der Bundeswehr seit 1960

Der Zeitgeschichtler Hans-Peter Schwarz[1] charakterisiert die fünfziger Jahre der noch jungen Bundesrepublik Deutschland als eine Renaissance bürgerlicher Werte und Vorstellungen, verknüpft mit Autoritätsvorstellungen, die in der Kaiserzeit wurzelten. Vor allem das politische Bonn war maßgeblich vom rheinischen Katholizismus geprägt, so wie Bundeskanzler Konrad Adenauer selbst, der dieser Epoche seinen Stempel aufdrückte. Vor dem Hintergrund dieser positiven Einstellung der politischen Führung Deutschlands zu den beiden christlichen Kirchen erwuchs am 26. Juli 1957 der Staatskirchenvertrag zur Regelung der evangelischen Militärseelsorge, während für die katholische Militärseelsorge die Bestimmungen des Reichskonkordates von 1933 weiterhin gelten. Es ging bei diesen Verträgen auch darum, den Soldaten einen Ausgleich dafür zu geben, dass sie durch ihren soldatischen Dienst in der Wahrnehmung ihres Rechtes auf Religionsfreiheit eingeschränkt sind.

Nach dem Ende des II. Weltkrieges lässt sich in der internationalen Politik beobachten, dass die in die Unabhängigkeit drängenden Kolonialstaaten der ehemaligen europäischen Kolonialmächte sich mit großen Schwierigkeiten konfrontiert sehen. Den Beginn dieser Phase der Dekolonialisierung leitete Mahatma Ghandi in Indien ein[2], wo er sich für einen gewaltlosen Widerstand gegen die britischen Besatzer engagierte und damit im Ergebnis die Loslösung Indiens von England und die staatliche Unabhängigkeit Indiens begründete. Zugleich wurde damit der Beginn des Endes des britischen Empire eingeleitet, dass zudem durch den jahrelangen Krieg mit Deutschland und Japan trotz seiner Position als Siegermacht geschwächt war und den Widerständen in den Kolonien nur wenig entgegen zu setzen hatte. Zugleich brauchten diese neuen Staaten die Hilfe des alten Europa. Eine erste Möglichkeit für die junge Bundesrepublik zur Hilfe im Ausland ergab sich in der ehemaligen französischen Kolonie Marokko.

Als 1960 die marokkanische Stadt Agadir, die sich eines regen europäischen Tourismus erfreut, durch ein Erdbeben zerstört wurde, gab dies Anlass für den ersten humanitären Einsatz der Bundeswehr mit Luftwaffe und Sanitätssoldaten. Ausschlaggebend für das deutsche humanitäre Engagement bildeten die beiden in Kapitel zwei und drei skizzierten Verantwor-

---

1 Vgl. Hans-Peter Schwarz: Die Ära Adenauer (Geschichte der Bundesrepublik Deutschland, Band 3). Stuttgart 1983.
2 Vgl. Robert Payne: The Life and Death of Mahatma Ghandi. London 1969; Mahatma Ghandi: Mein Leben. Frankfurt am Main 1984; Dietmar Rothermund: Mahatma Ghandi. Eine politische Biographie. München 1997.

tungsstränge: Deutschland wollte keine eigennützige, nationale Außenpolitik betreiben, sondern eine Außenpolitik, die der Hilfe am Nächsten verpflichtet ist. Zudem sollte diese Aktivität in einem multilateralen Kontext stattfinden und sich nicht als einseitiges, unilaterales Engagement erweisen. Dabei spielte der christliche Helfergedanke[3] eine ebenso große Rolle wie das Bestreben, ein afrikanisches Entwicklungsland zu unterstützen. Eine zusätzliche politische Dimension erhielt der Marokko-Einsatz durch die neue deutsch-französische Freundschaft, die wirkungsmächtig durch Charles de Gaulle und Konrad Adenauer repräsentiert wurden. Mit der Übernahme der ersten Transportmaschine »Transall C-160« durch die deutsche Luftwaffe (26. April 1968) und durch die Beschaffung des Transporthubschraubers »CH-53« (27. Juni 1968) entwickelten sich beide Fluggeräte mit den Jahren zu einem Synonym für die humanitäre Hilfe der Bundeswehr und Deutschlands. Eines der größten humanitären Einsätze beider Fluggeräte bildete die Versorgung hungernder Menschen in der Sahel-Zone 1973/74.

Humanitäre Auslandseinsätze der Bundeswehr

1960	Marokko (für durch Erdbeben zerstörte Stadt Agadir mit Luftwaffe und Sanitätssoldaten), Angola (Hunger)
1961	Niger (Hunger), Zypern (Notstand)
1963	Südjemen (Dürre), Algerien (Überschwemmung)
1966	Türkei (Erdbeben), Italien (Hochwasser), Griechenland (Notstand)
1968	Iran (Erdbeben), Biafra (Hunger) und Italien (Erdbeben)
1970	Tunesien (Hochwasser), Algerien (Hochwasser), Peru (Hochwasser), Pakistan (Dürre), Nigeria (Hochwasser), Jemen (Hochwasser), Türkei (Hochwasser)
1971	Türkei (Erdbeben), Chile (Hochwasser), Italien (Fährunglück), Indien (Hunger)
1972	Nicaragua (Hunger)
1973	Sudan (Dürre), Äthiopien (Dürre), Mali (Dürre), Algerien (Dürre), Tunesien (Dürre), Niger (Dürre), Tschad (Dürre), Obervolta (Dürre), Mauretanien (Dürre), Senegal (Hunger), Pakistan (Hunger), Nigeria (Hunger), Somalia (Hunger)
1973/74	Sahel-Zone
1974	Ägypten (Transport von UN-Truppen), Tschad (Dürre), Äthiopien (Dürre), Niger (Dürre), Mauretanien (Dürre), Obervolta (Dürre), Honduras (Dürre), Somalia (Dürre), Brasilien (Hunger), Zypern (Notstand)
1975	Pakistan (Hunger), Angola (Hunger), Ghana (Hunger), Portugal (Erdbeben)
1976	Guatemala (Erdbeben), Italien (Erdbeben), Türkei (Erdbeben)
1977	Rumänien (Erdbeben), Tschad (Dürre), Indien (Unwetterkatastrophe)
1978	Mali (Hungersnot), Syrien (Hunger), Israel (Notstand), Algerien (Unruhen), Malaysia (Unruhen), Spanien (Explosionsunglück), Sudan (Überschwemmung), Iran (Erdbeben)
1979	Uganda (Hunger), China (Notstand), Nicaragua (Erdbeben), China (Notstand)
1980	Nicaragua (Hunger), Somalia (Hunger), Uganda (Hunger), Algerien (Erdbeben), Mosambik (Dürre), Italien (Erdbeben), Mali (Hunger), Pakistan (Hunger), Sudan (Hunger)

3 Vgl. zur Idee des Helfens in der katholischen Soziallehre: Josef Kardinal Höffner: Christliche Gesellschaftslehre. Köln 1983.

1981	Italien (Erdbeben), Pakistan (Hunger), Uganda (Hunger), Griechenland (Erdbeben)
1982	Jemen (Dürre), Uganda (Hunger), Pakistan (Hunger)
1983	Uganda (Hunger), Italien (Waldbrand Sardinien), Mauretanien (Hunger)
1984	Äthopien (Dürre)
1985	Sudan (Dürre), Türkei (Busunglück), Kolumbien (Vulkanausbruch)
1986	Kamerun (Vulkan-Gas-Katastrophe, Griechenland (Erdbeben), El Salvador (Erdbeben)
1987	Djibouti, Kenia (Bombenanschlag)
1988	Sowjetunion (Erdbeben)
1989	Sudan (Dürre), Uganda (Dürre), Panama (Hunger), Rumänien (Revolution)
1990	Portugal (Ölverschmutzung), Rumänien (Hunger), Tunesien (Überschwemmung), Liberia (Bürgerkrieg), Iran (Erdbeben), Griechenland (Waldbrände), Jordanien, Sowjetunion (Hungerhilfe)
1991	Kenia (Revolution Somalia), Saudi-Arabien, Katar, Türkei (Kurdenhilfe), Iran (Kurdenhilfe)
1992	Russland (Winterhilfe), Türkei (Erdbeben), Ex-Jugoslawien, Somalia (Hungerhilfe), Kambodscha (Medizinische Versorgung), erste Weltraum-Mission eines Bundeswehrsoldaten (18.-23.05.92 mit russischen Kosmonauten verbrachte Klaus-Dieter Flade acht Tage im All
1993	Ex-Jugoslawien (Luftbrücke Sarajewo), Kambodscha (Medizinische Versorgung), Somalia, Griechenland (Brandbekämpfung)
1994	Somalia, Ex-Jugoslawien, Griechenland (Brandbekämpfung), Albanien (Flutkatastrophe), Türkei (Erdbeben)
1995	Griechenland (23.07-3.08; Löscheinsatz angesichts einer Waldbrandkatastrophe),
1997	Türkei (Brandkatastrophe), Albanien/Tirana (14. März, Evakuierung deutscher und ausländischer Staatsbürger), Polen (Hochwasser)
1998	Eritrea/Äthopien (6./7.6.; Evakuierung deutscher und ausländischer Staatsbürger), Sudan (Hungerhilfe), Griechenland (8.-22.08; Waldbrandbekämpfung, ca. 61 Soldaten); Kroatien (08.-22.08, Waldbrandbekämpfung), Österreich (Grubenunglück Lassing; 27-31.07. 1998)
1999	Albanien (Flüchtlingshilfe; 30.3.-27.05. 1999, Transport/Verteilung von Hilfsgütern; Aufbau von Zeltlagern), Mazedonien (Flüchtlingshilfe), Türkei (Erdbeben), Griechenland (Erdbeben; 9/1999; Unterstützung mit Zelten und Decken); Österreich (Schneelawinenunglück Galtür; 23.-27.02; Evakuierung von Personen aus Gebiet Gebiet mit akuter Lawinengefahr)
2000	Mosambik (Hochwasser; 2-4/2000; Rettung und allgemeinmedizinische Versorgung der Bevölkerung, Unterstützung mit Hilfsgütern; ca. 100 Soldaten), Ost-Timor (Sanitätsdienstliche Unterstützung)
2004	nach der Tsunami-Katastrophe in Südostasien Weihnachten 2004 leistet die Bundeswehr medizinische Hilfe (u. a. Wiederaufbau eines Krankenhauses) und Rückführung von Touristen mit rund 380 Soldaten im Auslandseinsatz bis Mitte März 2005; bislang größte humanitäre Hilfsmission der Bundeswehr
(*Quellen*: BMVg, MGFA, Bundeswehr)	

Bei diesen ersten humanitären Einsätzen ist sich zu vergegenwärtigen, dass die Bundeswehr keine zehn Jahre alt war und gerade einmal seit fünf Jahren über eigene Soldaten verfügte. So wurde zwar bereits am 26. Oktober 1950 Theodor Blank (CDU) zum »Beauftragten des Bundeskanzlers für die mit der Vermehrung der alliierten Truppen zusammenhängenden Fragen« – der Keimzelle des späteren Verteidigungsministeriums – ernannt. Doch dauerte es noch bis zum 7. Juni 1955, bis die Dienststelle Blank in das Bundesministerium der Verteidigung umgewandelt wurde, da erst am 6. Mai 1955 die Aufnahme der Bundesrepublik Deutschland als 15 Mitglied in die Nordatlantische Verteidigungsgemeinschaft (NATO) erfolgt war. Zuvor war es im Deutschen Bundestag wie in der öffentlichen politischen Diskussion zu mitunter dramatischen Auseinandersetzungen in der Frage einer möglichen Wiederbewaffnung Deutschlands gekommen, wobei vor allem die Sozialdemokratische Partei Deutschlands (SPD) unter ihrem Vorsitzenden, dem kriegsversehrten Kurt Schumacher, sich gegen eine Wiederbewaffnung aussprach.[4] Schon am 8. Februar 1952 stimmte der Bundestag einem deutschen Verteidigungsbeitrag grundsätzlich zu. Am 26. Mai desselben Jahres kam es zur Unterzeichnung des »Vertrages über die Beziehungen der Bundesrepublik Deutschland und der drei Mächte« (Deutschland- oder Generalvertrag) sowie einen Tag später zur Unterzeichnung der Europäischen Verteidigungsgemeinschaft (EVG), womit neben der NATO eine weitere multilaterale Einbindung Deutschlands und damit auch der Bundeswehr einher ging. Doch war die EVG am 30. August 1954 gescheitert, als die französische Nationalversammlung die Verabschiedung der EVG vertagte und damit den EVG-Vertrag insgesamt zum Scheitern brachte.[5]

Am 15./16. Juli 1955 verabschiedete der Deutsche Bundestag gegen die Stimmen der SPD das Freiwilligengesetz, welches die Einstellung von zunächst 6000 Freiwilligen in die Bundeswehr vorsieht. Im gleichen Jahr kommt es zur Bekanntgabe eines ersten Aufstellungsplanes für die Streitkräfte: 12 Heeresdivisionen bis zum 1. Januar 1959, Luftwaffe und Marine bis zum 1. Januar 1960. Es lässt sich also feststellen, dass die ersten Einheiten der Bundeswehr gerade einmal geschaffen waren und bereits schon der erste Auslandseinsatz der Bundeswehr im Rahmen einer humanitären Maßnahme stattfand.

Dass der zweite humanitäre Einsatz der Bundeswehr ebenfalls in Afrika, und zwar in Angola, der ehemaligen Kolonie des NATO-Partners Portugal, stattfindet, darf nicht als zufällig angesehen werden. Ähnlich verhält es sich mit der ehemaligen Kolonie des NATO-Partners Großbritannien. Als in Zypern 1961 der Notstand ausgerufen wurde, gab dies der jungen Bundesrepublik Gelegenheit, sich auf der europäischen Politikbühne zu profilieren. Hinzu kommt, dass seit Beginn der sechziger Jahre entwicklungspolitische und humanitäre Zusammenhänge in der internationalen Politik eine immer größere Gewichtung erfahren. Mit der Souveränität vieler ehemaliger Kolonien wurde rasch deutlich, dass die Europäer eben nicht nur westliche Infrastruktur in die neuen Staaten Afrikas und Asiens brachten, sondern auch Kulturen zerstörten und große soziale sowie wirtschaftliche Probleme dadurch schufen, dass sie diese Länder einseitig ausbeuteten oder sie auf einige Produkte einer Exportwirtschaft fixierten.[6]

---

4 Vgl. Fritz Erler: Soll Deutschland rüsten? Die SPD zum Wehrbeitrag. Bonn 1952.
5 Vgl. Hans Buchheim, Hans-Adolf Jacobsen, Gerhard Wettig (Hg): Aspekte der deutschen Wiederbewaffnung bis 1955. München 197; Bruno Thaß, Hans-Erich Volkmann: Zwischen Kaltem Krieg und Entspannung. Sicherheits- und Deutschlandpolitik der Bundesrepublik im Mächtesystem der Jahre 1953 bis 1956. München 1988.
6 Vgl. Andreas M. Rauch: Zivile und militärische Auslandseinsätze der Bundeswehr, in: Gesellschaft – Wirtschaft – Politik (GWP), Nr. 1 2004, S. 57-65.

Die humanitären Auslandseinsätze der Bundeswehr seit 1960 müssen dabei auch im Rahmen einer wachsenden Bedeutung von Entwicklungspolitik, kirchlicher Mahnungen und einer außenpolitischen Verantwortung für die ehemaligen deutschen Kolonien[7] gesehen werden. So wurde 1959 mit Adveniat ein erstes kirchliches Hilfswerk in Aachen gegründet, dem in rascher Folge weitere kirchliche Initiativen folgten. 1963 wurde das Bundesministerium für wirtschaftliche Zusammenarbeit und Entwicklung gegründet, nachdem es zuvor bereits eine entwicklungspolitische Abteilung im Bundeswirtschaftsministerium gegeben hatte. Rasch war klar geworden, dass Ludwig Erhards Devise vom »Wohlstand für alle« sowie sein marktwirtschaftlicher Denken, welches im Kern auf Eigeninitiative basiert, sich so einfach nicht auf die Nationalökonomien der Entwicklungsländer übertragen lässt. Vielmehr galt es hier, zunächst »Hilfe zur Selbsthilfe« zu leisten und darüber hinaus Hilfe in Notlagen zu leisten. Verstärkt wurde diese politische Haltung durch die Enzyklika »Pacem in terris« (1963) von Papst Johannes XXIII., der einen Friedensauftrag an alle Menschen guten Willens formuliert[8]. Der Papst definiert zudem Frieden eben nicht nur als Nicht-Kriegszustand, sondern auch als Forderung nach sozialer Gerechtigkeit. Johannes XXIII. forderte dazu auf, Beiträge für diese größere soziale Gerechtigkeit in allen Teilen der Welt zu leisten.

Aufgrund der skizzierten internationalen Konstellation wird das Ansehen Deutschlands durch humanitäre Einsätze gestärkt und deutschen Soldaten wird zugleich ermöglicht, außerhalb des NATO-Gebietes in eine Auslandsverwendung zu kommen. Dabei konzentriert sich Deutschland auf humanitäre Einsätze bei Naturkatastrophen wie Erdbeben, Überschwemmungen, Dürre, Hochwasser, Vulkanausbrüche oder Waldbrände. Viele Einsätze erfolgen mit professioneller Unterstützung des Technischen Hilfswerkes, die speziellen Sachverstand bei der Bergung von Verletzten und Toten aus Wohn- und Bürogebäuden oder bei technischen Problemen wie etwa Staudämmen und Elektrizitätswerken erfordern. Darüber hinaus engagiert sich die Bundeswehr humanitär in politischen Ausnahmesituationen einzelner Länder wie etwa Israel 1978 oder verfolgten Minderheiten wie zum Beispiel den Kurden in der Türkei und im Iran 1990/91. Mitunter wird die Bundeswehr auch bei der Evakuierung deutscher und ausländischer Staatsbürger herangezogen wie am 14. März 1997 im albanischen Tirana. Allen humanitären Auslandseinsätzen sind gemeinsam, dass sie international auf

---

7 Klaus J. Bade: Imperialismus und Kolonialismus. Kaiserliches Deutschland und koloniales Imperium. Wiesbaden 1982; Horst Gründer: Christliche Mission und deutscher Imperialismus: Eine politische Geschichte ihrer Beziehungen während der deutschen Kolonialzeit (1884-1914) unter besonderer Berücksichtigung Afrikas und Chinas. Paderborn 1982. Hermann Hiery: Handbuch der deutschen Südsee. Paderborn 1999.
8 Vgl. Arthur-Fridolin Utz: Die Friedensenzyklika Papst Johannes XXIII »Pacem in terris«. Freiburg 1963.

eine hohe positive Resonanz stoßen, auch wenn sie in der Regel ausschließlich als nationale Maßnahme durchgeführt werden.

Die humanitären Einsätze der Bundeswehr waren in gewisser Weise auch der Wegbereiter für die militärischen Einsätze der deutschen Streitkräfte im Ausland. Aufgrund des humanitären Engagements der Bundeswehr wurde Deutschland in der internationalen Staatengemeinschaft akzeptiert und respektiert – zumindest im Westen. Zugleich konnte sich Deutschland in die westliche Partnerschaft in einer Zeit einüben, als die Welt in zwei Hemisphären zerfiel. Jene Staaten, denen Deutschland humanitär half, waren in der Regel der westlich-amerikanischen Hemisphäre zuzuordnen.

5. Zur Genese von militärischen Auslandseinsätzen der Bundeswehr als innenpolitische Herausforderung

Aufgrund der Schrecken, die wie im dritten Kapitel geschildert im II. Weltkrieg von deutschem Boden ausgingen, und aufgrund des sich in den folgenden Jahrzehnten herauskristallisierenden Ost-West-Konfliktes, war die westdeutsche Außen- und Sicherheitspolitik jahrzehntelang von militärischer Selbstbeschränkung geprägt. Solange Deutschland geteilt war und somit feindliche sowjetische Truppen im Osten Deutschlands stationiert waren und solange die Bundesrepublik nicht vollständig souverän war, galt die deutsche Zurückhaltung im militärischen Bereich unumstritten. Zudem sind die beiden eingangs skizzierten Verantwortungsstränge, unter denen deutsche Sicherheits- und Verteidigungspolitik seit 1955 stattfindet, bis heute Richtschnur sicherheitspolitischen Handelns und begründen die bis heute auferlegten Selbstbeschränkungen der Bundeswehr. Die Wende der Jahre 1989/90 veränderte die politischen Rahmenbedingungen und das Selbstverständnis Deutschlands, das nun uneingeschränkt souverän war.[1] Neue Konflikte in der Golfregion und auf dem Balkan warfen die Frage auf, welche außen- und sicherheitspolitische Rolle Deutschland zukommen sollte. Sie wurden zu einer innenpolitischen Herausforderung für das vereinte Deutschland.[2]

Unter Rechts- und Politikwissenschaftlern als auch innerhalb der Bundeswehr und zwischen den verschiedenen Parteien kam es zu kontroversen Diskussionen um die künftige Rolle der Bundeswehr. Im Focus der Auseinandersetzung stand die Frage, ob Auslandseinsätze im Rahmen multinationaler friedenserhaltender oder Frieden schaffender Operationen zum Aufgabenspektrum der Streitkräfte des vereinten Deutschland gehören sollten und ob dies bei gegebener Rechtslage möglich war oder eine Verfassungsänderung notwendig sei. Nach dem II. Weltkrieg wurden im Grundgesetz Vorkehrungen getroffen, damit von deutschem Boden nie wieder Krieg ausgehen würde. So drückt die Präambel den Willen des deutschen Volkes aus »dem Frieden der Welt zu dienen«[3] und Artikel 26 Absatz 1 formuliert das

---

1 Wilhelm Bruns: Die äußeren Aspekte des deutschen Einigungsprozesses, in: Andreas M. Rauch: Europäische Friedenssicherung im Umbruch. München 1991, S. 189-198.
2 Christian Hacke: Die Außenpolitik der Bundesrepublik Deutschland. Von Konrad Adenauer bis Gerhard Schröder. Frankfurt am Main 2003.
3 Bundeszentrale für politische Bildung: Grundgesetz, Präambel.

Verbot der Vorbereitung eines Angriffskrieges.[4] Der deutschen Außenpolitik sollte eine grundlegend neue Orientierung gegeben werden: Das Wohl Deutschlands sollte im »friedlichen Zusammenleben der Völker gesucht werden«[5] und auf eigenmächtige Lösungen von internationalen Konflikten sollte verzichtet werden.

Auch nach dem Ende des Ost-West-Konfliktes trug das vereinte Deutschland aufgrund der Ereignisse der Vergangenheit eine besondere Verantwortung für eine friedliche Entwicklung in Europa und der Welt. Das Thema bewaffneter Auslandseinsätze deutscher Soldaten blieb auch nach der Wende von 1989/1990 im In- und Ausland ein sensibles Thema, wie überhaupt jedwedes militärisches Auftreten von deutschen Soldaten im Ausland äußert empfindlich von der Weltöffentlichkeit verfolgt wird. Gerade deshalb musste es darum gehen, die politische Motivation für die Beteiligung an friedenserhaltenden und Frieden schaffenden Maßnahmen einer breiten Basis im In- und Ausland überzeugend zu vermitteln. Ein deutsches militärisches Engagement im Rahmen internationaler Operationen musste sorgfältig abgewogen werden und klaren verfassungsrechtlichen und politischen Verfahren unterliegen.

Im Vordergrund der juristischen Erörterungen stand Artikel 87a Grundgesetz (GG). »Der Bund stellt Streitkräfte zur Verteidigung auf. Ihre zahlenmäßige Stärke und die Grundzüge ihrer Organisation müssen sich aus dem Haushaltsplan ergeben«[6], heißt es in Absatz 1. Absatz 2 besagt weiterhin: »Außer zur Verteidigung dürfen die Streitkräfte nur eingesetzt werden, soweit dieses Grundgesetz es ausdrücklich zulässt.«[7] Der Wortlaut dieses Verfassungsartikels ließ jedoch unterschiedliche Interpretationen zu. Einerseits musste der Begriff des »Einsatzes« definiert werden. Meinte dieser Begriff jede Verwendung der Streitkräfte als Mittel der vollziehenden Gewalt oder hing die Definition von der Frage der Bewaffnung ab? Im Zusammenhang der Auslandsverwendung der Bundeswehr konnte jedoch im Allgemeinen von »Einsätzen« im Sinne von Artikel 87 Absatz 2 GG ausgegangen werden. Nicht als Einsätze angesehen wurde die Verwendung der Streitkräfte etwa bei der Bereitstellung von Krankentransportmöglichkeiten oder bei Aktionen des Umweltschutzes.[8]

---

4 Vgl. Chronik der Rechtssprechung des Bundesverfassungsgerichts. Ein Internet-Kompendium zur Entwicklung der Verfassungsrechtsprechung seit 1994, www.jura.uni-goettingen.de/schmitz/ChronBVerfG /1994-2.htm vom 29.03.2004.
5 Michael Wild: Verfassungsrechtliche Möglichkeiten und Grenzen für Auslandseinsätze der Bundeswehr nach dem Kosovo-Krieg, in: Die öffentliche Verwaltung, Heft 15, 2000.
6 Bundeszentrale für politische Bildung: Grundgesetz, S. 54.
7 Ebd., S. 54.
8 Vgl. Christian Burkiczak: Ein Entsendegesetz für die Bundeswehr?, in: Zeitschrift für Rechtspolitik, 3/2003, S. 82-86, S. 83.

Militärische Auslandseinsätze der Bundeswehr

1991	Minenabwehrverband Südflanke (April-Juli 1991) als WEU-Operation nach Ende des Golfkrieges
1991-96	UNSCOM im Irak mit 38 Heeressoldaten und 7 Luftwaffensoldaten in Bahrain (Transportunterstützung für VN-Abrüstungsexperten)
1992/93	UNTAC in Kambodscha (22.5.1992-12.11.1993; 150 Sanitätssoldaten; Hospital für UN-Kontingent)
1992-96	Luftbrücke Sarajevo in Bosnien-Herzegowina (Juli 1992-Januar 1996; Versorgung der Bevölkerung mit Hilfsgütern)
1992-96	SHARP GUARD im Luftraum Adria (ca. 550 Soldaten, Überwachung Handels-/Waffenembargo)
1992/93	UNOSOM I in Somalia/Kenia (25.8. 1992-21.3. 1993) mit ca. 1700 Heeressoldaten, ca. 600 Marinesoldaten und ca. 120 Luftwaffensoldaten
seit 1992	OSZE-Mission Georgien/Abchasien (Dezember 1992), seit 1994 UNOMIG in Georgien und Abchasien (11 Soldaten; Sanitätsdienstliche Versorgung VN-Kontingent; Überwachung von Waffenstillstand; Truppenentflechtungsabkommen, Sicherheitszone)
1993/94	AirDrop-Bosnia in Ostbosnien (März 1993-August 1994); Versorgung der Bevölkerung aus der Luft)
1993/94	UNOSOM II in Somalia/Kenia (28.8. 1993-23.3.1994) mit ca. 1.700 Soldaten Heer, ca. 600 Soldaten Marine und ca. 120 Soldaten Luftwaffe; 18.300 medizinische Behandlungen/humanitäre Hilfe
1994	Luftbrücke von Nairobi und Johannesburg nach Goma und Kilgali
1993-95	DENY Flight im Luftraum Balkan (April 1993-Dezember 1995; Luftraumüberwachung; 484 Soldaten)
1993-96	UNAMIR in Ruanda (Oktober 1993-März 1996; 1994 Luftbrücke zur Versorgung ruandischer Flüchtlinge und logistische Unterstützung von VN-Truppen mit ca. 30 Soldaten)
1995	Schneller Einsatzverband in Kroatien und Italien/Placenza (8.8.-19.12. 1995; Schutz und Unterstützung Schneller Einsatzverband, Unterstützung UNPROFOR: 1700 Soldaten; deutsch-französisches Feldlazarett, Lufttransportkräften und 2 Seeaufklärer)
1995-96	UNPF in Kroatien zur Unterstützung der VN (ca. 1700 Soldaten) im Juli 1995-Dezember 1996
1995-96	OSZE-Beobachtermission in Tschetschenien (September 1995-August 1996; 1 Stabsoffizier)
1995/96	IFOR (NATO) in Kroatien/Luftraum Balkan/Italien-Piacenza; (Dezember 1995-Dezember 1996; Unterstützung IFOR, Überwachung Seetransporte in der Adria; ca. 3600 Soldaten; deutsch-französisches Feldlazarett; Pionier- und Transporteinsatzverband, 80 gepanzerte Fahrzeuge, Lufttransporte)
seit 1996	SFOR in Bosnien-Herzegowina/Luftraum Balkan (seit Dezember 1996; ca. 1800 Soldaten; Friedenssicherung, Überwachung, Rüstungskontrolle, Unterstützung zivile Implementierung)
1995-98	OSZE-Mission in Lettland/Skrunda vom Mai 1995-August 1998 (Überwachung/Abbau russischer Radarfrühwarnanlage; 1 Stabsoffizier)
1997-99	UNMAC in Bosnien-Herzegowina (August 1997-Juni 1999)
1998	LIFE LINE SUDAN (September 1998-November 1998; Versorgung der Bevölkerung im Hungergebiet bei Wau; 53 Soldaten)
1999-01	WEUDAM in Bosnien-Herzegowina (Mai 1999-November 2001)
1998-99	NATO-Verifikationsmission (NKAVM) in Mazedonien, Kosovo, Adria (November 1998-Juni 1999; ca. 350 Soldaten, Überwachung von Vereinbarungen mit der Bundesrepublik Jugoslawien; Drohnenaufklärungskräfte, Lufttransporte, See- und Seeluftstreitkräfte zur elektronischen Aufklärung, Stab-, Unterstützungs-, Sanitäts- und Sicherungskräfte, Personal für die internationalen Hauptquartiere)

1998-99	Kosovo Verification Mission (KVM) im Kosovo; Beobachtermission (November 1998-März 1999, ca. 80 Soldaten)
1998-99	EXTRACTION FORCE in Mazedonien (November 1998-Juni 1999; Notfalltruppe zum Schutz und zur Herauslösung der OSZE-Beobachter im Kosovo; ca. 250 Soldaten, aufgewachsen zum deutschen Kontingent KFOR)
1999	Allied Force in der Bundesrepublik Jugoslawien (24. März-10. Juni 1999; Abwehr humanitäre Katastrophe im Kosovo; ca. 460 Soldaten zzgl. zivilem Personal für internationale Hauptquartiere)
1999	AFOR/Allied Harbour in Albanien und Mazedonien (April-September 1989; ca. 550 Soldaten; humanitäre Hilfsleistungen im Zusammenhang mit dem Kosovo-Konflikt; sanitätsdienstliche Unterstützung, medizinische Evakuierung, Luft-, Straßen- und Seetransport, Pionierunterstützung)
seit 1999	KFOR in der Republik Serbien und Montenegro (Juni 1999; ca. 5000 Soldaten. Umsetzung eines Friedensabkommens für das Kosovo)
1999/2000	INTERFET in Ost-Timor (September 1999-Februar 2000; Evakuierung von Verletzten/Verwundeten aus Ost-Timor nach Australien; ca. 75 Soldaten)
seit 2001	Mazedonien
2001/02	Beteiligung an Verteidigungsmaßnahmen gegen den internationalen Terrorismus in Mittelasien/Nordafrika
seit 2001	(9.10) deutsches Verbindungskommando zu »Enduring Freedom« bei Central Command in Tampa/Florida/US (mit 13/12 und 8 Soldaten)
seit 2002	Afghanistan (ISAF)
seit 2003	EU-Operation Artemis im Kongo und Uganda
seit 2004	Unterstützung der Überwachungsmission im Sudan der Afrikanischen Union in Darfur/Sudan
seit 2004	EU-Operation Althea zur weiteren Stabilisierung des Friedensprozesses in Bosnien-Herzegowina in Fortsetzung von SFOR
seit 2004	Äthopien/Eritrea: Beteiligung an der UN-Mission UNMEE mit zwei Soldaten als UN-Militärbeobachter zur Überwachung des Waffenstillstandes
Quellen: BMVg, MGFA, Bundeswehr	

Ebenfalls unklar war, wie der Begriff »Verteidigung« in Artikel 87 Absatz 2 GG interpretiert werden sollte. Teilweise wurde die Ansicht vertreten, ein Einsatz der Bundeswehr sei nur zur Verteidigung des eigenen Staatsgebietes zulässig und darüber hinaus nur bei ausdrücklicher Nennung durch das Grundgesetz.[9] Der Begriff der »ausdrücklichen« Zulassung war jedoch umstritten. Nicht eindeutig beantwortet blieb während der Debatte Anfang der neunziger Jahre, ob Artikel 24 Absatz 2 GG eine solche »ausdrückliche« Ermächtigung darstellte. Artikel 24 Absatz 2 GG besagt: »Der Bund kann sich zur Wahrung des Friedens einem System gegenseitiger kollektiver Sicherheit einordnen; er wird hierbei in die Beschränkungen seiner Hoheitsrechte einwilligen, die eine friedliche und dauerhafte Ordnung in Europa und zwischen den Völkern der Welt herbeiführen und sichern.«[10] Besonders diskutiert wurde in diesem Zusammenhang der Begriff des »Systems ge-

---

9 Vgl. ebd., S. 83.
10 Bundeszentrale für politische Bildung: Grundgesetz, S. 24.

genseitiger kollektiver Sicherheit«. Die Vereinten Nationen (VN) stellen zweifelsfrei ein solches System dar; umstritten war jedoch, ob auch die NATO, ursprünglich als Verteidigungsbündnis des Westens gegen den kommunistischen Osten gegründet, als ein solches supranationales System angesehen werden konnte und somit Einsätze der Bundeswehr im NATO-Rahmen durch diesen Grundgesetzartikel legitimiert waren. Eine andere Interpretation sah in Artikel 24 Absatz 2 GG lediglich eine Ermächtigung zur Stationierung ausländischer Truppen im Inland und eine Möglichkeit des Bundes, in die Beschränkung seiner Hoheitsrechte einzuwilligen, aber keine Ermächtigung zu Auslandseinsätzen.[11]

Eine weite Interpretation des Verteidigungsbegriffes in Artikel 87 Absatz 2 GG ging andererseits davon aus, dass die kollektive Verteidigung von Anfang an zu den Aufgaben der Bundeswehr gehörte und die Festlegung der Streitkräfte auf Verteidigungsaufgaben »mit keiner Beschränkung geographischer Art«[12] verbunden war. Vertreter dieser Sichtweise gingen davon aus, dass die Bundeswehr unter der Voraussetzung der Einbeziehung in die NATO geschaffen wurde, somit also auch Einsätze zur kollektiven Verteidigung von vornherein erlaubt waren. Ähnlich wurde auch in Bezug auf Einsätze im Rahmen der VN argumentiert: Da Artikel 24 Absatz 2 GG bereits 1949 im Grundgesetz niedergeschrieben wurde, war die Mitgliedschaft in einer solchen Organisation von vornherein im Sinne der Verfassungsgeber. Die Bundesrepublik war 1973 ohne Einschränkung Mitglied der VN geworden, unterlag seitdem also auch allen damit verbundenen Verpflichtungen. Deren Erfüllung war zwar zur Zeit des Ost-West-Konfliktes politisch nicht erwünscht gewesen, verfassungsrechtliche Restriktionen bestanden jedoch nie. Schutzobjekt der Bundeswehr konnte somit auch der zu sichernde Frieden in der Welt sein, wie es der Artikel 1 der VN-Charta vorsieht. Auch friedenssichernde Maßnahmen der »Blauhelme«, die zu den charakteristischen Aktionen der VN gehören, sollten also für die Bundeswehr erlaubt sein, auch wenn dies keine Verteidigung im eigentlichen Sinn darstellte.

Eine systematische und ideengeschichtliche Analyse legte dagegen nahe, dass es sich bei Artikel 87a Absatz 2 GG nur um eine Eingrenzung der Bundeswehreinsätze im Landesinnern handeln sollte.[13] So befindet sich Artikel 87 im VIII. Abschnitt des Grundgesetzes, der »Die Ausführung der Bundesgesetze und die Bundesverwaltung«[14] regelt, sich also primär mit in-

---

11 Vgl. Gerd Roellecke: Bewaffnete Auslandseinsätze – Krieg, Außenpolitik oder Innenpolitik. Ein verfassungsänderndes Urteil des Bundesverfassungsgerichts, in: Der Staat, 34/1995, S. 415-428, S. 418.
12 Hans Boldt: Einsatz der Bundeswehr im Ausland?, in: Zeitschrift für Rechtspolitik, 6/1992, S. 218-222, S. 220.
13 Roland Thalmair: Die Bundeswehr im Ausland – eine offene Verfassungsfrage?, in: Zeitschrift für Rechtspolitik, 6/1993, S. 201-205, S. 202 f.
14 Bundeszentrale für politische Bildung: Grundgesetz, S. 52.

ternen Regelungen beschäftigt. Die Nähe zu Artikel 87a Absatz 3 und 4 GG[15], die den Einsatz der Bundeswehr innerhalb Deutschlands regeln, bestätigte diese Interpretation. Außerdem sprach die Betrachtung der Entstehungsgeschichte des Artikels 87 GG für diese Auslegung. Dieser Artikel wurde 1956 im Rahmen der Aufstellung der Bundeswehr in das Grundgesetz eingefügt und erhielt 1968 im Zuge der Notstandsgesetzgebung seine heutige Form. Angesichts der negativen Erfahrungen der Weimarer Republik mit einer Armee, die zum »Staat im Staate« geworden und für innenpolitische Auseinandersetzungen missbraucht worden war, sollte die Gefahr einer »Verwicklung der Bundeswehr in innenpolitische Auseinandersetzungen«[16] vermieden werden. Dieser Interpretation folgend, die Artikel 87 Absatz 2 GG nur als Regelung für den Einsatz der Bundeswehr im Innern des Bundesgebietes ansah, fand sich überhaupt keine Regelung im Grundgesetz, die den Einsatz deutscher Streitkräfte im Ausland betraf. Eine Begrenzung stellte demnach nur das Verbot des Angriffskrieges in Artikel 26 Absatz 1 GG dar. Insgesamt waren sich die Juristen in der Bundesrepublik nach anfänglichem Schwanken weitgehend einig, dass ein bewaffneter Auslandseinsatz der Bundeswehr grundgesetzkonform sei und politisch sinnvoll wäre.[17]

Die Diskussion um die Beteiligung deutscher Streitkräfte an internationalen militärischen Einsätzen wurde auch von der Politischen Wissenschaft aufgegriffen. Die meisten Wissenschaftler vertraten die Meinung, auch nach der Wende 1989/1990 sei weiterhin aktive Sicherheitspolitik notwendig und es sei nun Aufgabe des vereinten Deutschland, mehr Verantwortung zu übernehmen und sich der Herausforderung militärischer Einsätze zu stellen. So wurde gefordert den »Sicherheitsbegriff« weiter zu fassen und anders zu gewichten als in der Vergangenheit. Neue Konfliktherde waren auch nach dem Ende der Ost-West-Konfrontation nicht auszuschließen, im Gegensatz zur bipolaren Situation des Kalten Krieges waren diese aber von vielen Unbekannten und Unsicherheiten geprägt.[18] Regionale Krisen, schleppende Demokratisierungsprozesse in Osteuropa, Minderheitenprobleme und nationalistische Strömungen konnten zu neuen Instabilitäten führen. Betont wurde deshalb, dass es im Eigeninteresse der Europäer auch um die Eindämmung und Verhinderung von Flüchtlingsströmen, die Begren-

---

15 Vgl. ebd., S. 54.
16 Roland Thalmair: Die Bundeswehr im Ausland – eine offene Verfassungsfrage?, a.a.O., S. 203.
17 Vgl. Hans Boldt: Einsatz der Bundeswehr im Ausland?, a.a.O., S. 218 f.
18 Vgl. Hans-Adolf Jacobsen: Die Bundeswehr der neunziger Jahre vor neuen Herausforderungen. Versuch einer Zwischenbilanz, in: Aus Politik und Zeitgeschichte 18/1991, S. 32-45, S. 34 ff.

zung von Umweltschäden und die Vermeidung der Zerstörung von Infrastruktur gehen musste.[19]

Insbesondere die Entwicklung Osteuropas – Rückfall in Nationalismus oder Stabilisierung demokratischer Strukturen – war Anfang der neunziger Jahre schwer einzuschätzen. Deutschland, »an der Nahtstelle zwischen den Sphären der Stabilität und des Chaos«[20] gelegen, musste bereit sein größere Verantwortung für die Stabilisierung der europäischen Sicherheitsarchitektur zu übernehmen. Nachdem die Sicherheit Westdeutschlands jahrzehntelang durch die westlichen Verbündeten garantiert worden war, wurde nun eine »moralische Bringschuld«[21] angemahnt. In einer Kombination aus Kontinuität und Wandel musste deutsche Sicherheitspolitik gestaltet werden: Vertiefung des europäischen Prozesses sowie der transatlantischen Partnerschaft mit der NATO als Stabilitätsgarant, aber auch Übernahme von Mitverantwortung für den friedlichen Wandel in Osteuropa und Anpassung an neue Konfliktpotentiale.

Zudem wurden nach dem Ende des Kalten Krieges militärische Einsätze der Bundeswehr außerhalb des NATO-Bereiches, also »out-of-area«, wahrscheinlicher. Das vereinte Deutschland, als nunmehr vollständig souveräner Staat, würde im Rahmen der VN mehr Verantwortung übernehmen müssen. Wichtig war, dass es sich um »eine Politik internationaler Solidarität, der Glaubwürdigkeit und zum Schutze demokratischer Werte«[22] handeln sollte. Für die deutsche politische Kultur konnte dies als heilsame Herausforderung angesehen werden, zwischen »Verantwortungsmacht« und fehlgeleiteten »Großmachtsehnsüchten« zu differenzieren.[23] Auch wenn die Vereinbarkeit von militärischen Auslandseinsätzen der Bundeswehr mit dem Grundgesetz vorausgesetzt wurde, so musste eine klare verfassungsrechtliche Basis für jede verantwortungsvolle Sicherheitspolitik unverzichtbar sein. Eine klarstellende Um- oder Neuformulierung des Grundgesetzes wurde deshalb auch von Seiten der Politikwissenschaftler gefordert.[24]

Jedoch gab es auch zurückhaltende Stimmen gegenüber dem Einsatz deutscher Streitkräfte im Ausland. Der Politikwissenschaftler Dieter S. Lutz stellte in Frage, ob Deutschland angesichts des Endes des Ost-West-Konfliktes und des damit verbundenen Sicherheitsgewinnes überhaupt noch Streitkräfte bräuchte. Er bezweifelte, dass »Streitkräfte und Waffen

---

19 Vgl. Winrich Kühne: Der Einsatz der Bundeswehr außerhalb Europas. Ein Beitrag zur Diskussion über deutsche Blauhelme, in: Europa-Archiv 22/1991, S. 643-653, S. 651.
20 Manfred Funke: Aktuelle Aspekte deutscher Sicherheitspolitik, in: aus Politik und zeitgeschichte 46/1992, S. 17-26, S. 25.
21 Ebd., S. 21.
22 Jacobsen, a.a.O., S. 40.
23 Vgl. Kühne, a.a.O., S. 652.
24 Vgl. ebd., S. 652 f.

grundsätzlich geeignete Mittel gegen auch künftig nicht auszuschließende Risiken, Gefahren und Konflikte«[25] wären. Er hielt es für problematisch, dass solche Fragen in der Diskussion Anfang der neunziger Jahre nicht genügend Aufmerksamkeit fanden, sondern die Debatte sich vielmehr auf die verfassungsrechtliche Kontroverse konzentrierte. So betonte er, das Mittel der Gewalt müsse stets ultima ratio bleiben und es müsse »rechtzeitig und unter Einsatz aller zivilen Möglichkeiten und Mittel« alles getan werden um Menschen und ihre Rechte zu schützen, sonst verkäme die Logik der Menschenrechte zu »menschenfeindlicher Heuchelei«.[26] Ein Einsatz der Bundeswehr allein auf dem Bestreben basierend, die Menschenrechte zu verteidigen oder im Sinne einer Angriffsverteidigung, hielt er für verfassungswidrig. Lutz sah jedoch in Artikel 24 Absatz 2 GG – Möglichkeit der Einordnung Deutschlands in ein System gegenseitiger kollektiver Sicherheit – eine ausdrückliche Zulassung gemäß Artikel 87 a Absatz 2 GG; er verstand jedoch nur die VN als System kollektiver Sicherheit. So war nach seiner Auffassung nur der VN-Sicherheitsrat legitimiert, einen internationalen Truppeneinsatz zu beschließen, an dem sich auch deutsche Truppen beteiligen können. Ansonsten war ein Einsatz der Bundeswehr aus seiner Sicht jedoch nur zur klassischen Landesverteidigung erlaubt.

Aus den Reihen der Bundeswehr gab es verschiedene Meinungen zur Rolle der Bundeswehr nach 1990. Klaus Naumann, von 1991 bis 1996 Generalinspekteur der Bundeswehr, vertrat die Ansicht, die Bundeswehr müsse sich dem veränderten sicherheitspolitischen Umfeld anpassen. Er sah den Faktor Militär in ein »breites Spektrum Konflikte verhindernder und friedenssichernder Maßnahmen«[27] eingegliedert. Die Streitkräfte hielt er auch nach dem Ende der Ost-West-Konfrontation für nicht ersetzbar, sondern für ein »unverzichtbares und unverwechselbares Instrument der Sicherheitspolitik.«[28] Naumann meinte, Streitkräfte einzusetzen bleibe das »äußerste Mittel der Politik, nicht aber das letzte«; vielmehr sei vorbeugender Einsatz von Streitkräften zur Konfliktverhinderung in bestimmten Situationen unumgänglich. Er unterstützte somit den Auftrag der Bundeswehr gemäß den VPR von 1992. Im Gegensatz dazu warnte Elmar Schmähling, Flottenadmiral a. D., die Bundeswehr dürfe nicht zu einer Interventionsarmee gemacht werden.[29] Er fürchtete, deutsche Soldaten sollten »wieder überall in der Welt zu allen denkbaren politischen und militärischen Zwecken«[30] einsetzbar sein und es käme zu einer Renaissance von Natio-

---

25 Dieter S. Lutz: Krieg als ultima ratio? Zum Einsatz der Bundeswehr außerhalb des Territoriums der Bundesrepublik Deutschland. Hamburg 1993, S. 6.
26 Ebd., S. 25 f.
27 Klaus Naumann: Die Bundeswehr in einer Welt im Umbruch, a.a.O., S. 127.
28 Ebd., S. 127.
29 Vgl. Elmar Schmähling: Kein Feind, kein Ehr. Wozu brauchen wir noch die Bundeswehr? , Köln 1994, S. 12.
30 Ebd., S. 11.

nalismus und Militarismus. Ähnlich wie Dieter S. Lutz stellte auch er zur Diskussion, ob militärische Mittel überhaupt geeignet seien, Konflikte zu lösen. Er sah die Gefahr eines Teufelskreises von Gewalt und Gegengewalt, durch den Konflikte vermehrt mit militärischen Mitten gelöst werden würden. So hielt auch er einen Einsatz der Bundeswehr »out-of-area« ohne VN-Mandat für verfassungs- und völkerrechtswidrig.

Die Diskussion um die Verfassungskonformität militärischer Auslandseinsätze und inwieweit sie überhaupt wünschenswert seien, erfasste auch die deutschen Parteien. Verschärft wurde die parteipolitische Debatte Anfang der neunziger Jahre dadurch, dass sich die Frage eines Einsatzes deutscher Truppen in der Praxis bereits drängend stellte und die Bundesregierung unter dem Druck der Ereignisse zum Handeln gezwungen war: Im Balkankrieg verhängte der Sicherheitsrat der VN ein Waffenembargo gegen Jugoslawien und später ein Handelsembargo gegen die Föderative Republik Jugoslawien. NATO-Außenministerrat und WEU-Ministerrat beschlossen im Juli 1992 diese Embargos zu überwachen. Auch die Bundesregierung entsandte daraufhin Seeaufklärungs-Flugzeuge und eine Überwassereinheit in die Adria. Des weitern wurden im Oktober 1992 alle militärischen Flüge im Luftraum über Bosnien-Herzegowina durch den Sicherheitsrat verboten. Die NATO übernahm den Auftrag und setzte AWACS (Airborne Warning and Control System)-Fernaufklärer ein, in denen auch deutsche Soldaten tätig waren. Im Frühjahr 1993 ermächtigte der Sicherheitsrat die NATO-Staaten, dieses Verbot mit allen Mittel durchzusetzen. Da dies auch zum Abschuss von Luftfahrzeugen ermächtigte, die das Flugverbot brachen, hätten erstmals deutsche Soldaten an internationalen Kampfhandlungen beteiligt werden können. Ein dritter Einsatz, der im Zentrum der politischen Debatte stand, war UNOSOM II (United Nations Operation in Somalia). Im März 1993 hatte der VN-Sicherheitsrat die Fortführung einer bereits laufenden Mission in Somalia beschlossen. Im April desselben Jahres entsandte die Bundesregierung auf Wunsch der VN ein verstärktes Transport- und Nachschubbataillon nach Belet Huen. Die Teilnahme des Bundeswehr-Kontingents an Kampfhandlungen wurde jedoch ausdrücklich abgelehnt und die Stationierung in einer friedlichen Region gefordert.[31]

Zwischen den vier wichtigsten Parteien CDU/CSU (Christlich demokratische Union/Christlich soziale Union), SPD (Sozialdemokratische Partei Deutschlands), FDP (Freie Demokratische Partei) und Bündnis90/Die Grünen, aber auch innerhalb der Parteien und der schwarz-gelben Bundesregierung gab es keinen Konsens über den erwünschten Umfang der Beteiligung deutscher Streitkräfte an internationalen Einsätzen und deren Verfassungsmäßigkeit. Die Unionsparteien forderten nach anfänglichem Schwanken

---

31 Vgl. Bundesministerium der Verteidigung (Hg.): Einsätze der Bundeswehr im Ausland. Stichworte für die Öffentlichkeitsarbeit und Truppeninformation. Bonn 1999, S. 5.

eine Beteiligung der Bundeswehr an »out-of-area«-Einsätzen der NATO ohne Einschränkungen, notfalls auch ohne VN-Mandat. Sie vertraten die Meinung, nur dies sichere Deutschland die Bündnissolidarität und ein vereintes Deutschland könne sich nicht länger von militärischen Einsätzen ausschließen. Wichtig war allerdings, dass es keine militärischen Alleingänge Deutschlands geben würde, sondern Einsätze nur in europäischem, NATO- oder VN-Rahmen stattfinden könnten. So war die CDU-geführte Bundesregierung Anfang der neunziger Jahre auch bereit, deutsche Streitkräfte im Rahmen des Balkankrieges oder von UNOSOM II einzusetzen und sie sah dies durch den gegebenen Grundgesetztext gedeckt. Die Unionsparteien traten also für eine weite Interpretation des Verteidigungsbegriffes im Grundgesetz ein. Ihrer Meinung nach bedurfte es höchstens einer verfassungsrechtlichen Klarstellung ohne materielle inhaltliche Veränderung.[32]

Die kleinere Regierungspartei FDP forderte dagegen entschieden eine verfassungsrechtliche Klarstellung, inwieweit Einsätze durch die bestehenden Grundgesetzartikel gedeckt seien. Außerdem wollten sie den Einsatz deutscher Streitkräfte nur unter dem Dach der VN zulassen.[33] Die Streitlinien verliefen also nicht nur zwischen Regierung und Opposition, sondern auch innerhalb der Regierung. Nach langwierigen Verhandlungen wurde von den Regierungsfraktionen im Januar 1993 ein Entwurf zur Änderung des Grundgesetzes ins Parlament eingebracht. Dieser Entwurf sah eine Ergänzung des Artikels 24 GG vor, so dass eine Beteiligung an Frieden bewahrenden und Frieden herstellenden Maßnahmen der VN nach einem Sicherheitsratsbeschluss möglich gewesen wäre. Jeder Einsatz sollte jedoch von der Zustimmung der Mehrheit der Bundestagsmitglieder abhängig sein. Darüber hinaus hatte jedoch die Unionsfraktion eine weiterreichende Klausel durchsetzen können, die es der Bundesrepublik ermöglichte ohne VN-Mandat im Rahmen eines »Nothilferechts« anderen Staaten zu Hilfe zu kommen. Das Recht auf kollektive Selbstverteidigung und Nothilfe ist in Artikel 51 der VN-Charta[34] festgeschrieben. Der Einsatz deutscher Soldaten zur Nothilfe sollte jedoch an drei Bedingungen geknüpft werden: Erstens sollte sich die Bundeswehr nur gemeinsam mit Verbündeten, nie allein, an solchen Aktionen beteiligen. Darüber hinaus muss eine Mehrheit von zwei Dritteln der Mitglieder des Bundestages jedem Einsatz der Bundeswehr zustimmen. Außerdem sollte Nothilfe nur in Erwartung eines Sicher-

---

32 Vgl. Karl-Heinz Kamp: Die Debatte um den Einsatz deutscher Streitkräfte außerhalb des Bündnisgebietes. Sankt Augustin 1991, S. 19.
33 Vgl. ebd., S. 23.
34 Vgl. Charta der Vereinten Nationen, www.uno.de/charta/charta.htm#7 vom 12. April 2004.

heitsratsbeschlusses der VN geleistet werden.[35] Entscheidend war an diesem Entwurf, dass er dem Deutschen Bundestag die Möglichkeit geben sollte, über Auslandseinsätze der Bundeswehr mit zu entscheiden und gegebenenfalls seine Zustimmung zu verweigern. Aufgrund mangelnder politischer Übereinstimmung und Kompromissbereitschaft kam es jedoch im Deutschen Bundestag zu keiner verfassungsändernden Mehrheit.

Die damalige Opposition setzte sich für eine enge Interpretation des Verteidigungsbegriffes des Grundgesetzes ein und sah Kampfeinsätze »out-of-area« nicht durch die deutsche Verfassung gedeckt.[36] Die SPD gab der politischen Konfliktregelung den Vorrang und wollte an der militärischen Selbstbeschränkung Deutschlands festhalten. Jedoch war die Meinung der Sozialdemokraten keineswegs einheitlich. Die offizielle Parteilinie lehnte jeden Kampfeinsatz deutscher Soldaten ab und befürwortete lediglich eine Änderung des Grundgesetzes, die Blauhelmeinsätze der Bundeswehr, also im Rahmen einer VN-Friedenstruppe, ermöglichte. Doch die Grenze zwischen rein Frieden bewahrenden VN-Missionen und Frieden schaffenden Militäreinsätzen war nicht immer klar zu ziehen. So konnten sich einige SPD-Politiker auch Kampfeinsätze der Bundeswehr im Rahmen eines VN-Kommandos vorstellen.[37] Bündnis 90/Die Grünen waren grundsätzlich gegen den militärischen Einsatz deutscher Streitkräfte und warnten vor einer Militarisierung der Außenpolitik.

Mit dem Entschluss des VN-Sicherheitsrats, die Durchsetzung des Flugverbots über Bosnien-Herzegowina mit allen Mittel zu verfolgen, wurde die Bundesregierung erneut unter Druck gesetzt, da erstmals deutsche Soldaten an Kampfhandlungen hätten beteiligt werden können. Das Ausmaß der »parlamentarischen Selbstblockade«[38] wurde deutlich, als der Verbleib deutscher Soldaten in den AWACS- Fernaufklärern gegen die Stimmen der FDP-Minister im Kabinett beschlossen wurde. Die FDP-Minister reichten unmittelbar nach dem Regierungsbeschluss Klage vor dem Bundesverfassungsgericht ein um eben diesen Einsatz wieder zu stoppen. So sollte »die Verantwortung für dringend zu treffende Entscheidungen auf das Bundesverfassungsgericht abgeschoben werden.«[39]

Auch die SPD erhob vor dem Bundesverfassungsgericht Klage gegen die Bundesregierung. Die Klage betraf sowohl den Beschluss zur Teilnahme an der Überwachung des gegen die Republik Jugoslawien verhängten Embargos in der Adria als auch die Teilnahme an der Überwachung des Flugver-

---

35 Vgl. Ole Diehl: UN-Einsätze der Bundeswehr, Außenpolitische Handlungszwänge und innenpolitischer Konsensbedarf, in: Europa-Archiv, Heft 8, 1993, S. 221.
36 Wilhelm Bruns: Zur Rolle Deutschlands in der internationalen Politik, Bonn 1991, S. 25.
37 Vgl. O. Diehl: UN-Einsätze der Bundeswehr, a.a.O., S. 223.
38 Ebd., S. 224.
39 Ebd., S. 224.

bots über Bosnien-Herzegowina. Auch den Einsatz deutscher Streitkräfte im Rahmen von UNOSOM II schloss die Klage mit ein. Die SPD-Fraktion sah insbesondere Artikel 87 a Absatz 2 GG verletzt, da es sich bei allen drei Aktionen um militärische Einsätze und nicht rein humanitäre Operationen handeln würde. Diese Operationen seien jedoch keine Einsätze »zur Verteidigung«, da es nicht um die Abwehr eines Angriffes auf die Bundesrepublik ginge. Artikel 87 a Absatz 2 GG wurde also nicht als Begrenzung der Einsätze ins Landesinnere interpretiert, sondern auch als Regelung für Außeneinsätze der Bundeswehr begriffen. Des weiteren wurde Artikel 24 Absatz 2 GG nicht als anderweitige ausdrückliche Zulassung anerkannt, da Truppeneinsätze in dieser Vorschrift nicht erwähnt würden und die Einordnung in ein System gegenseitiger kollektiver Sicherheit nicht zwingend auf die Beteiligung an Militäraktionen hinauslaufen müsse.[40]

Sollte es sich entgegen der Auffassung der Antragsteller bei den Einsätzen doch um »Verteidigung« handeln, habe die Bundesregierung ebenfalls gegen das Grundgesetz verstoßen, argumentierte die SPD-Fraktion. Denn ein Einsatz zur Verteidigung kann laut Artikel 115 GG nur vom Bundestag mit Zustimmung des Bundesrates beschlossen werden.[41] Auch gegen Artikel 79 Absatz 1 und 2 GG[42] habe die Bundesregierung verstoßen, da durch die Beteiligung der Bundeswehr an den umstrittenen Einsätzen die begonnene Beratung von Verfassungsänderungen belastet werde. So werde es dem Bundestag erschwert, solche Einsätze verfassungsrechtlich nicht zu legalisieren und somit in die Freiheit des Gesetzgebers eingegriffen. Außerdem seien die Rechte des Bundestages aus Artikel 59 Absatz 2 GG verletzt. Artikel 59 Absatz 2 GG besagt: »Verträge, welche die politische Beziehungen des Bundes regeln [...], bedürfen der Zustimmung oder der Mitwirkung der jeweils für die Bundesgesetzgebung zuständigen Körperschaften in Form eines Bundesgesetzes.«[43] Die SPD-Fraktion argumentierte, »die Mitwirkung der Bundesregierung an den NATO- und WEU-Beschlüssen zur Überwachung des Embargos und zur Durchsetzung des Flugverbots sei Bestandteil eines bewusst gesteuerten Prozesses des inhaltlichen Wandels des NATO-Vertrages«[44]. Sie verwies darauf, dass es Ziel der NATO- und WEU-Verträge, sei die Mitglieder gegen Angriffe von außen zu verteidigen. Wenn nun Aufgaben der Friedenssicherung auf Ersuchen der VN durchgeführt würden, bedeute dies eine materielle Änderung der Zielsetzung und der Pflichten aus den beiden Verträgen. Solch eine materielle Änderung der Verträge müsse aber laut Artikel 59 Absatz 2 GG der Zustimmung des Bun-

---

40 Vgl. BverfGE 90,286 – Bundeswehreinsatz, www.oefre.unibe.ch/law/dfr/bv0902 86. html vom 12. April 2004 , Absatz 131ff.
41 Vgl. Bundeszentrale für politische Bildung: Grundgesetz, S. 74.
42 Vgl. ebd., S. 49.
43 Ebd., S. 38.
44 BverfGE 90,286, Absatz 146.

destages unterliegen. Außerdem hatte die NATO Anfang der neunziger Jahre auf mehreren Konferenzen die Anpassung ihrer Ziele und Aufgaben an die grundlegend gewandelten sicherheitspolitischen Rahmenbedingungen beschlossen und im Zuge eines neuen breit angelegten strategischen Konzeptes Maßnahmen der Krisenbewältigung und Konfliktverhütung vorgesehen. Doch wurde betont, dass diese Umgestaltungen das Bündnis als solches nicht verändern sollten. Die WEU formulierte in der Petersberger Erklärung im Juni 1992 ihre Strategie neu und erklärte sich bereit die Durchführung von Konfliktverhütungs- und Krisenbewältigungsmaßnahmen der VN zu unterstützen.

In der deutschen Bevölkerung herrschte Unsicherheit über den Umfang, in dem sich die Bundeswehr an internationalen militärischen Einsätzen beteiligen sollte. Es wurde deutlich, dass die Bevölkerung sich zunehmend mit dem Thema der Auslandseinsätze der Bundeswehr auseinandersetzte. Hatten 1992 noch immerhin 11 Prozent der Bevölkerung keine eindeutige Meinung zu der Problematik (= keine Angabe), so verringerte sich deren Anteil bis 1998 auf 6 Prozent. Deutlich sank im gegebenen Zeitraum auch der Anteil der Bevölkerung, der gegen jede Teilnahme der Bundeswehr an Einsätzen »out-of-area« war: Von 30 Prozent 1992 auf 16 Prozent 1998. Ein wachsender Prozentsatz der deutschen Bevölkerung war gegen eine Teilnahme der Bundeswehr an Kampfeinsätzen im Rahmen der VN, konnte sich jedoch Einsätze zur Aufrechterhaltung des Friedens vorstellen. Der Anteil der Deutschen, der diese Meinung vertrat, stieg von 41 Prozent im Jahre 1992 auf 50 Prozent 1998. Der Anteil der Bevölkerung, der den Einsatz der Bundeswehr im Auftrag der VN unter NATO-Kommando ohne Einschränkung befürwortete, wuchs allerdings im selben Zeitraum von 18 auf 28 Prozent. In der deutschen Bevölkerung zeigte sich somit kein eindeutiges Bild. Einerseits wuchs der Anteil derer, die Einsätze der Bundeswehr im Rahmen eines VN-Auftrages ohne Einschränkung befürworteten, doch ungefähr die Hälfte der Bevölkerung war 1998 gegen Kampfeinsätze der Bundeswehr im Auftrag der VN und nur für friedenssichernde Maßnahmen.

Am 12. Juli 1994 erließ das Bundesverfassungsgericht in Karlsruhe ein Urteil zu den strittigen Bundeswehreinsätzen. Das Gericht betonte in seinem Urteil die Ermächtigung der Bundesrepublik in Artikel 24 Absatz 2 GG, sich Systemen gegenseitiger kollektiver Sicherheit einzuordnen. Es erklärte, Artikel 24 Absatz 2 GG biete »die verfassungsrechtliche Grundlage für die Übernahme der mit der Zugehörigkeit zu einem solchen System typischerweise verbundenen Aufgaben«[45] und ein solches stütze sich regelmäßig auch auf Streitkräfte. Auch Artikel 87 a GG steht laut Urteil des Bundesverfassungsgerichtes der Anwendung des Artikel 24 Absatz 2 GG als Grundlage für den Einsatz bewaffneter deutscher Streitkräfte nicht entgegen. Die Debatte um die Begriffe »Einsatz« und »Verteidigung« ließ das

---

45 Entscheidungen – Bundesverfassungsgericht, S. 2208.

Bundesverfassungsgericht offen, erklärte aber mit Hinweis auf die Entstehungsgeschichte des Grundgesetzes, dass die 1968 ins Grundgesetz eingebrachte endgültige Fassung des Artikels 87 GG keine Schmälerung des bereits von Anfang an enthaltenen Artikels 24 darstellen sollte.[46] Es kam zu dem Schluss, dass »durch Artikel 87 a GG der Einsatz bewaffneter deutscher Streitkräfte im Rahmen eines Systems gegenseitiger kollektiver Sicherheit, dem die Bundesrepublik Deutschland gem. Artikel 24 II GG beigetreten ist, nicht ausgeschlossen«[47] wird.

Des weitern fand das Bundesverfassungsgericht zu einer weiten Interpretation des Begriffs »System gegenseitiger kollektiver Sicherheit«. Unter einem solchen System wird ein Zusammenschluss von Staaten verstanden, mit dem die Mitglieder die »Hauptverantwortung zur Wahrung ihrer Sicherheit einem gemeinsamen Organ einschließlich der Befugnis übertragen, zwangsweise gegen einen Friedensstörer aus den eigenen Reihen vorzugehen.«[48] Doch das Bundesverfassungsgericht ging über diese traditionelle Definition hinaus und erklärte, die NATO sei durch ein »friedenssicherndes Regelwerk und den Aufbau einer Organisation gekennzeichnet, die es zulassen, sie als System gegenseitiger kollektiver Sicherheit i. S. des Art. 24 II GG zu bewerten.«[49] Demnach kann ein Bündnis kollektiver Selbstverteidigung als System gegenseitiger kollektiver Sicherheit im Sinne des Artikel 24 Absatz 2 GG angesehen werden, solange es strikt auf die Friedenswahrung verpflichtet ist.[50] Hat der Gesetzgeber der Einordnung in ein solches System zugestimmt, so betrifft dies die »Beteiligung von Soldaten an militärischen Aktionen des System unter dessen militärischem Kommando«[51], soweit dies im Gründungsvertrag oder der Satzung angelegt ist.

Bezüglich der Ausgestaltung der NATO- und WEU-Verträge und der Frage, ob dadurch die Rechte des Bundestages auf Zustimmung zu völkerrechtlich Verträgen verletzt worden sei, fand das Bundesverfassungsgericht zu keiner einstimmigen Entscheidung. Das tragende Votum von vier Verfassungsrichtern verneinte einen Verstoß gegen Artikel 59 Absatz 2 GG, denn die Vertragspartner hätten »durch ihre Erklärung, im Rahmen der Verträge bleiben zu wollen, deutlich zum Ausdruck gebracht, dass sie keine neuen vertraglichen Rechtsbindungen entstehen lassen wollen.«[52] Sie betonten, eine solche Kompetenzabgrenzung zwischen Bundesregierung und Gesetzgeber wahre insbesondere die außenpolitische Handlungsfähigkeit

---

46 Vgl. BMVG: Einsätze der Bundeswehr im Ausland, S. 6.
47 Entscheidungen – Bundesverfassungsgericht, S. 2211.
48 BMVG: Einsätze der Bundeswehr im Ausland, S. 6.
49 Entscheidungen – Bundesverfassungsgericht, S. 2210.
50 Vgl. ebd., S. 2209.
51 Ebd., S. 2210.
52 Ebd., S. 2213.

der Bundesrepublik. Doch die anderen vier Senatsmitglieder verwiesen darauf, dass im Sinne eines modernen Völkerrechts die »Balance zwischen der außenpolitischen Handlungsfähigkeit der Bundesregierung und dem Mitwirkungsrecht des Gesetzgebers herbeizuführen«[53] sei. Diese Pattsituation machte deutlich, »wie schwierig Entscheidungen in der Grauzone von Willenserklärung, konkretisierender Vertragsauslegung und substantieller Vertragsänderung sind«[54].

Das Bundesverfassungsgericht hat – gewissermaßen zur Entschärfung der Problematik – in seinem Urteil jeden bewaffneten Einsatz der Bundeswehr unter den Parlamentsvorbehalt gestellt. Das Gericht begründete dies damit, dass das Grundgesetz stets darauf angelegt gewesen sei, »die Bundeswehr nicht als Machtpotential allein der Exekutive zu überlassen, sondern als ‚Parlamentsheer' in die demokratisch rechtsstaatliche Verfassungsordnung einzufügen«[55]. Hinsichtlich der Modalitäten, dem Umfang und der Dauer der Einsätze hat der Bundestag allerdings keine Befugnisse, außerdem kann er nicht durch einen Initiativantrag die Bundesregierung zum Handeln auffordern. Darüber hinaus hat das Gericht den Gesetzgeber dazu aufgefordert, Form und Ausmaß der parlamentarischen Beteiligung festzulegen, also eine Art »Entsendegesetz« zu formulieren.[56]

Das Urteil des Bundesverfassungsgerichtes vom 12. Juli 1994 wurde überwiegend positiv aufgenommen. Entscheidend war, dass der außenpolitische Handlungsspielraum und die Bündnisfähigkeit der Bundesrepublik gewahrt wurden. Angesichts der politischen Konstellation hätte der Zwang zu einer Verfassungsänderung den Handlungsspielraum deutlich gemindert.[57] Besonders die Entwicklung des Parlamentsvorbehaltes wurde als weitsichtige Entscheidung eingestuft, denn so entsteht eine öffentliche Diskussion um jeden Auslandseinsatz und um seine Begründung. So hat das Bundesverfassungsgericht dem Antragsgegner und den Antragsstellern etwas gegeben: Der Bundesregierung die Feststellung, dass Auslandseinsätze der Bundeswehr auf gegebener Verfassungsgrundlage möglich sind, den Antragsstellern SPD und FDP die Verpflichtung zu einer konstitutiven Zustimmung des Parlaments vor jedem Auslandseinsatz.

Doch es gab auch kritische Stimmen unter Rechtswissenschaftlern, die die grundgesetzliche Kompetenz zum Einsatz der Bundeswehr als auswärtige Angelegenheit bei der Exekutive, also der Bundesregierung, sahen. Nach ihrer Ansicht würde es genügen, dem Bundestag ein Rückholrecht

---

53 Ebd., S. 2215.
54 BMVG: Einsätze der Bundeswehr im Ausland, S. 7.
55 Entscheidungen – Bundesverfassungsgericht, S. 2217.
56 Vgl. ebd., S. 2218; BMVG: Einsätze der Bundeswehr im Ausland, S. 7.
57 Vgl. Torsten Stein; Holger Kröninger: Die aktuelle Entscheidung – Bundeswehreinsatz im Rahmen von NATO-, WEU- bzw. VN-Militäraktionen, in: Jura, 5/1995, S. 254-262, S. 259.

einzuräumen.[58] Des weiteren wurde kritisch angemerkt, dass die Mitwirkung des Parlamentes zwar bei der Feststellung des Verteidigungsfalles laut Grundgesetzartikel 115 a vorgesehen sei, das Bundesverfassungsgericht aber inkonsequent argumentiere, wenn es die Ermächtigung zu Auslandseinsätzen in Artikel 24 Absatz 2 GG sähe, sich bezüglich der Verfahrensregeln aber auf den Verteidigungsfall gemäß Artikel 115 a GG bezöge. Durch die Einführung des Parlamentsvorbehaltes stünde die Bundesregierung nun zwischen dem externen Druck der Bündnispartner und dem internen Druck des Parlamentes. Da die Bundesregierung so unter einen »Argumentationsdruck und Veröffentlichungszwang« gesetzt werde, könnte dies auch die Bündnispartner irritieren. Insgesamt habe das Bundesverfassungsgericht durch sein Urteil also die Verfassung geändert, ohne dass dies hinterfragt würde.[59]

In der Bundesregierung und auch der SPD wurde das Urteil begrüßt. Beide Konfliktparteien hoben hervor, das Bundesverfassungsgericht habe ihre Meinung bestätigt. So erklärte Außenminister Klaus Kinkel am 22. Juli 1994 im Bundestag: »Ein zentrales außen- und sicherheitspolitisches Ziel der Bundesregierung ist damit erreicht. Nach Wiedervereinigung und Wiedererlangung unserer vollen Souveränität ist deutsche Außen- und Sicherheitspolitik voll handlungs- und bündnisfähig.«[60] Es wurde positiv aufgenommen, dass die parlamentarische Zustimmung durch das Urteil vorgeschrieben wurde. Kinkel hob hervor, dass der von der Union im Januar 1993 eingebrachte Gesetzentwurf zur Verfassungsänderung die Zustimmung des Parlamentes zu Einsätzen der Bundeswehr gefordert hatte.

Es kann festgehalten werden, dass das Urteil des Bundesverfassungsgerichts vom 12. Juli 1994 eine jahrelange politische Konfrontation beendet. Das oberste deutsche Gericht erklärte mit seiner Entscheidung jene von der deutschen Bundesregierung beschlossene Beteiligung der Bundeswehr an Seeraumüberwachungsaktivitäten in der Adria zur Verwirklichung des von den Vereinten Nationen gegen die Bundesrepublik Jugoslawien verhängten Embargos – das so genannte Adria-Verfahren – für verfassungsrechtlich zulässig. Auch die Mitwirkung deutscher Soldaten in AWACS-Flugzeugen zur Durchsetzung des von den Vereinten Nationen verhängten Flugverbots im Luftraum von Bosnien-Herzegowina – das so genannte AWACS-Verfahren – wurde als verfassungsrechtlich zulässig gebilligt. Ebenfalls als verfassungsrechtlich unbedenklich wurde die Beteiligung eines deutschen Unterstützungsverbandes an UNOSOM II, einer vom Sicherheitsrat der Vereinten Nationen aufgestellten Streitmacht zur Herstellung friedlicher Ver-

---

58 Vgl. Christain Burkiczak: Ein Entsendegesetz für die Bundeswehr?, a.a.O., S. 84.
59 Vgl. Gerd Roellecke: Bewaffnete Auslandseinsätze, a.a.O., S. 423 ff.
60 Erklärung der Bundesregierung: Konsequenzen aus dem Urteil des Bundesverfassungsgerichts vom 12. Juli 1994, www.glasnost.de/militaer/bund/94BVGkink.html vom 12. April 2004.

hältnisse in Somalia (Somalia-Verfahren) gewertet. Diese drei Verfahren vor dem Bundesverfassungsgericht sind detailliert von Klaus Dau und Gotthard Wöhrmann rechtswissenschaftlich analysiert worden.[61] Zudem geben die Urteile eine Antwort auf viele Fragen des Wehrverfassungsrechts. Politisch gesehen ermöglichte das Karlsruher Gericht der Bundesregierung, deutsche Streitkräfte neben ihren Aufgaben zur Landesverteidigung und im Bündnisrahmen zur Krisenreaktion auch zur Hilfeleistung für die Völkergemeinschaft verfügbar zu halten.

Nach dem Ende des Ost-West-Konfliktes und dem Geschenk der Wiedervereinigung wurde auch von der Bundesrepublik Deutschland neues Denken und Handeln verlangt. Angesichts jahrzehntelanger Politik der Zurückhaltung führte dies aber zu kontroversen Debatten und teilweise auch zu der Angst vor einem »neuen deutschen Militarismus«. Besonders die verfassungsrechtliche Grundlage der Auslandseinsätze der Bundeswehr war äußerst umstritten und führte angesichts einer politischen Pattsituation zu einer Klage vor dem Bundesverfassungsgericht. Mit der Erklärung der deutschen Bundesregierung, sich in ein System gegenseitiger kollektiver Sicherheit einzuordnen und alle damit verbundenen Aufgaben, auch solche militärischer Art, wahrzunehmen, hat das Gericht die außenpolitische Handlungsfähigkeit der Bundesrepublik bewahrt. Mit der Entwicklung des Parlamentsvorbehaltes hat es zudem dafür Sorge getragen, dass Auslandseinsätze der Bundeswehr stets von einer Mehrheit der Parlamentarier getragen werden müssen und so auf einer breiten Basis beruhen. Die innenpolitische Herausforderung, wie mit dem neuen internationalen Gewicht des vereinten Deutschland umgegangen werden sollte, und die Frage, ob Deutschland sich wie andere Nationen ohne Einschränkung an militärischen Einsätzen beteiligen sollte, ist schließlich erfolgreich gemeistert worden. Die Bundesrepublik Deutschland ist heute in der politischen Lage, sich ohne Einschränkungen an Frieden erhaltenden und Frieden schaffenden Maßnahmen der internationalen Gemeinschaft beteiligen zu können, sofern eine solche Entscheidung vom Deutschen Bundestag mitgetragen wird. Im Kern werden damit jene beiden Verantwortungsstränge in Operation gebracht, die ich zu Beginn als Lehren aus dem I. und II. Weltkrieg skizzierte.

---

61 Klaus Dau, Gotthard Wöhrmann: Der Auslandseinsatz deutscher Streitkräfte: Eine Dokumentation des AWACS-, des Somalia- und des Adria-Verfahrens vor dem Bundesverfassungsgericht. Heidelberg 1996

6. Sicherheitspolitische Neuorientierungen

Zutreffend schreibt der Politikwissenschaftlicher Wilfried von Bredow: »Politische Urteilskraft erweist sich dadurch, dass sie in Zeiten raschen Wandels und wachsender Unübersichtlichkeit zwei Arten von Versuchungen widersteht. Die erste und attraktivere dieser beiden Versuchungen besteht darin, die Veränderungen der Gegenwart als säkulare Epocheneinschnitte zu dramatisieren und die absolute Neuheit und Andersartigkeit der nunmehr beginnenden Ära zu proklamieren: Nichts ist mehr so wie früher. Die zweite Versuchung flüstert uns genau das Gegenteil ins Ohr – nichts habe sich wirklich verändert, alles könne so weitergehen wie bisher, business as usual.«[1] Damit wird das Dilemma deutscher Sicherheitspolitik und der damit verbundene Transformationsprozess – der zunächst in den ersten Jahren lediglich ein Reformprozess in der Ära Rühe war – deutlich, den die Bundeswehr seit dem Ende des Ost-West-Konflikts durchläuft. Auf der einen Seite besteht die Tendenz, aufgrund des fundamentalen politischen Wandels auch die Sicherheitspolitik vollkommen anders auszurichten. Zum anderen wird am Zivilmachtskonzept festgehalten.

Heute gehören humanitäre und militärische Auslandseinsätze der Bundeswehr zum Alltag deutscher Soldaten. Doch obwohl Deutschland mittlerweile zweitgrößter Truppensteller im Kontext von NATO, Vereinten Nationen, OSZE und Europäischer Union ist, hat der Begriff Militärmacht in Deutschland aufgrund des skizzierten ersten Verantwortungsstranges nach wie vor einen bitteren Beigeschmack. So fehlt immer noch Mut, eigene Interessen zu artikulieren und Ziele in der deutschen Sicherheitspolitik klarer zu definieren. Es scheint, als würde sich die deutsche Politik nicht trauen, der Öffentlichkeit klar zu sagen, in welche Richtung sich die Bundeswehr in Zukunft entwickeln soll. Die öffentliche Diskussion wird vorzugsweise vermieden: so entwickelt sich die Bundeswehr eher neben der Gesellschaft weiter als mit ihr – wenngleich sie zugleich auch Spiegelbild des Umbruchprozesses in der deutschen Gesellschaft ist.

Trotz neuer Bedrohungslagen[2], neuer Aufträge und veränderter Aufgaben sowie einer neuen Struktur erhält die Bundeswehr nicht die finanziellen

---

1 Wilfried von Bredow: Sicherheitspolitik, Streitkräfte und Wehrstruktur vor den Herausforderungen einer turbulenten Weltordnung, in: Ludwig Jacob; Heinz-Gerhard Justenhoven (Hg.): Wehrstruktur auf dem Prüfstand. Zur Debatte über die neue Bundeswehr. Stuttgart 1998, S. 11.
2 Vgl.: Karl W. Haltiner, Paul Klein: Europas Streitkräfte im Umbruch – Trends und Gemeinsamkeiten, in: Karl W. Haltiner, Paul Klein (Hg): Europas Armeen im Umbruch. Baden-Baden 2002, S. 7-22.

Zuwendungen, die ihr versprochen werden. Die Folge sind leere Kassen, Materialknappheit, schlechte Ausrüstung und Ausschlachtung der noch vorhandenen personellen und materiellen Reserven in Deutschland zugunsten von Auslandseinsätzen auf dem Balkan oder in Afghanistan. Konsequent ist diese neue Sicherheitspolitik nicht, weder wenn es um die finanzielle Würdigung der Bundeswehr geht, noch bei der Vermittlung ihrer neuen Ziele und deren Konsequenzen in der Gesellschaft. Besonders die Jahre 2010-2020 zeichnen sich bereits heute als eine finanziell schwierige Übergangsphase ab.

Die Wiedervereinigung und das Ende des Ost-West-Konflikts markieren einen tiefen historischen Umbruch. Dies gilt insbesondere für Deutschland. Für kaum ein anderes Land haben sich die Parameter der Außen- und Sicherheitspolitik so grundlegend verändert wie für die Bundesrepublik Deutschland. Seit 1990 ist Deutschland nicht mehr Frontstaat an der Grenze zweier, sich feindlich gesinnter Militärblöcke, sondern ein souveränes Land, das nur noch von Partnern und befreundeten Staaten umgeben ist. Damit hat sich die sicherheitspolitische Lage Deutschlands fundamental verbessert. Deutschland rückte politisch von einer Randlage wieder in die Mittellage Europas, ohne die bewährte Bindung an den Westen aufzugeben.[3] Das vereinigte Deutschland ist nach wie vor Mitglied in der Europäischen Union und der NATO.[4] Diese Kontinuität bildete im Falle der Vereinigung Deutschlands eine maßgebliche Voraussetzung für den fundamentalen, friedlichen Wandel.[5] Auch fünfzehn Jahre nach der Vereinigung betreibt die Bundesrepublik eine an internationaler Kooperation, Multilateralismus und friedlicher Konfliktbeilegung orientierte Außenpolitik.[6] Die sicherheitspolitischen Interessen entsprechen den Grundwerten seiner Verfassung und sie ergeben sich aus der geographischen Lage in der Mitte Europas; sie erhalten ihre konkrete Ausgestaltung in Deutschlands fester Einbindung in NATO und Europäische Union.[7]

Nicht die Durchsetzung deutscher Großmachtziele ist gewollt, sondern es geht um die weltpolitische Verantwortung deutscher Außenpolitik vor

---

3 Hans Frank: Sicherheitspolitik in neuen Dimensionen, in: Bundesakademie für Sicherheitspolitik (Hg.): Sicherheitspolitik in neuen Dimensionen. Kompendium zum erweiterten Sicherheitsbegriff. Hamburg 2001, S. 20.
4 Holger H.Mey: Deutsche Sicherheitspolitik 2030. Frankfurt a. Main 2001, S. 13.
5 Gerhard Kümmel; Heiko Biehl: Anforderungen an die deutsche Außen-, Sicherheits- und Verteidigungspolitik an der Schwelle zum 21. Jahrhundert, in: Paul Klein, Dieter Walz (Hg.): Die Bundeswehr an der Schwelle zum 21. Jahrhundert. Baden-Baden 2000, S. 23.
6 Thomas Risse: Kontinuität durch Wandel: Eine »neue« deutsche Außenpolitik?, in: aus Politik und Zeitgeschichte, B 11/2004, S. 24.
7 Michael Steiner: Die deutschen sicherheitspolitischen Interessen, in: Bundesakademie für Sicherheitspolitik (Hg.): Sicherheitspolitik in neuen Dimensionen. Kompendium zum erweiterten Sicherheitsbegriff, Hamburg 2001, S. 31.

dem Hintergrund neuer, asymmetrischer Kriege, ethnischer Säuberungen und Völkermorde sowie neuer, sicherheitspolitischer Gefährdungen wie der Entstaatlichung und Privatisierung von Gewalt und der Verbreitung von Massenvernichtungswaffen.

Die deutsche Sicherheitspolitik hat sich in den vergangenen zehn Jahren der veränderten weltpolitischen Lage angepasst.[8] Die Bonner Zeiten[9], so die These eines Beitrags von Gunther Hellmann, sind damit vorbei. Eine auf den Einsatz militärischer Gewalt verzichtende Außenpolitik der Bonner Republik zählt zur Vergangenheit. Seiner Ansicht nach ist Deutschland eine andere Republik geworden und Europäer und die Deutschen selbst würden dies in Zukunft verstärkt zu spüren bekommen.[10] Dass der moralische Anspruch auf »Zivilität«[11] als Leitlinie der deutschen Außenpolitik weiterhin besteht, will auch Hellmann nicht bestreiten, aber Deutschland sei nun eine Macht, »die sich, an sämtlichen gängigen Zivilitätsmaßstäben gemessen, qualitativ nicht mehr von vergleichbar großen westlichen Staaten unterscheidet«.[12] Im Vergleich zur alten Bonner Republik scheue sich die Berliner Republik immer weniger, sich ihren Nachbarn und Partnern als selbstbewusste Nation zu präsentieren.[13] In Deutschland wie im Ausland herrscht grundsätzlich Einigkeit darüber, dass Deutschland, mit Erlangung seiner vollen rechtlichen Souveränität durch die Wiedervereinigung, auch mehr Verantwortung für den Frieden und die Sicherheit in der Welt zufalle. Gleichberechtigt sei Deutschland deshalb aber nicht, so Reinhard Mutz. Denn Deutschland hat ausdrücklich frühere Verpflichtungen, wie den Verzicht auf Herstellung und den Besitz von Massenvernichtungsmitteln bekräftigt und damit seine eigene Souveränität selbst beschränkt.[14] Diese Selbstbeschränkung dürfe als Indiz dafür gewertet werden, dass Deutschland sich seiner besonderen geschichtlichen Verantwortung weiterhin bewusst ist.

Der Traum einer besseren und sichereren Welt nach dem Ende des Ost-West-Konfliktes ist längst ausgeträumt. Alte Gewissheiten sind häufig nicht

---

8 Risse, a.a.O., S. 29.
9 Vgl. Manfred Eisele: Vorstellung und Beurteilung der Vorschläge der »Kommission gemeinsame Sicherheit und Zukunft der Bundeswehr«, in: Karl W. Haltiner, Paul Klein (Hg): Europas Armeen im Umbruch. Baden-Baden 2002, S. 23-34
10 Gunther Hellmann: Nationale Normalität als Zukunft? Zur Außenpolitik der Berliner Republik, in: Blätter für deutsche und internationale Politik, Jg. 44, Heft 7, 1999, S. 837.
11 Begriff bei Hellmann, a.a.O., S. 838.
12 Hellmann, a.a.O., S. 838.
13 Hellmann, a.a.O., S. 838.
14 Reinhard Mutz: Schießen wie die anderen? Eine Armee sucht ihren Zweck, in: Dieter Lutz (Hg.): Deutsche Soldaten weltweit? Blauhelme, Eingreiftruppen, »out of area« – Der Streit um unsere sicherheitspolitische Zukunft. Reinbek bei Hamburg 1993, S. 11.

durch neue ersetzt worden, sondern haben Ungewissheiten und Instabilitäten Platz gemacht. Paradoxerweise entdecken wir heute, dass der bipolare Ost-West-Konflikt auch eine, wenngleich für viele zu Recht unheimliche, Ordnungs- und Stabilisierungswirkung hatte.[15] Zunächst lässt sich beobachten, dass an die Stelle des Ost-West-Konflikts ein Nord-Süd-Konflikt tritt, der zum weiteren Auseinanderdriften von Staaten der so genannten Ersten Welt und denen der Dritten und Vierten Welt führt.[16] Der Widerstand gegen die ungleichen Machtverhältnisse seitens der Entwicklungsländer sowie Armutsflüchtlinge aus diesen Regionen bedrohen zunehmend die Internationale Sicherheit.[17]

Nach dem Ende des ideologischen Kampfes seit 1990[18] wird die Welt unruhiger. Kriegerische Konflikte haben in den letzten Jahren weltweit deutlich zugenommen.[19] Die Verhärtung, die durch die abgegrenzten Interessensphären der Großmächte entstanden war, wich einer weitgehenden Interessenartikulation und -wahrnehmung regionaler Gruppen, die ethnisch oder religiös geprägt sind.[20] Aus einer schwer durchschaubaren Gemengelage aus persönlichem Machtstreben, ideologischen Überzeugungen, ethnisch-kulturellen Gegensätzen sowie Habgier und Korruption entstehen die »neuen Kriege«, wie Herfried Münkler sie bezeichnet.[21] Insbesondere das Gemisch von unterschiedlichen Motiven und Ursachen macht es so schwer, diese Kriege zu beenden und einen stabilen Friedenszustand herzustellen.

Drei Entwicklungen zeichnen sich laut Münkler mit Blick auf die neuen Kriege ab: Die Entstaatlichung, die Asymmetrisierung und die Autonomie der Kriege. Die Entstaatlichung ist gleichzeitig eine Privatisierung kriegerischer Gewalt. Die Kriegsparteien bestehen aus para-staatlichen und privaten Akteuren. Der Staat hat sein Monopol der Kriegsgewalt verloren.[22] Partisanenkrieg oder Terrorismus sind Strategien der Asymmetrisierung. Dabei kämpfen nicht gleichartige Gegner miteinander, es gibt nur noch we-

15 Steiner, a.a.O., S. 33.
16 Unterschiedliche Entwicklungsvoraussetzungen in den Entwicklungsländern haben in Verbindung mit unterschiedlich verlaufenden Entwicklungsprozessen zu einer Differenzierung der Dritten Welt in verschiedene Länderkategorien geführt. Unter der vierten Welt sind besonders rohstoff-, kapital- und exportschwache Entwicklungsländer zu verstehen, die am wenigsten entwickelt sind.
17 Ernst-Christoph Meier et al. (Hg): Wörterbuch zur Sicherheitspolitik. Deutschland in einem veränderten internationalen Umfeld, 5. vollständig überarbeitete Auflage, Hamburg 2003, S. 183.
18 Detlef Bald, Reinhard Brühl, Andreas Prüfert (Hg): Nationale Volksarmee – Armee für den Frieden. Beiträge zu Selbstverständnis und Geschichte des deutschen Militärs 1945-1990. Baden-Baden 1995.
19 Steiner, a.a.O., S. 33.
20 Rolf Clement: Die neue Bundeswehr als Instrument deutscher Außenpolitik, in: aus politik und zeitgeschichte, B 11/2004, S. 40.
21 Herfried Münkler: Die neuen Kriege, Hamburg 2002, S. 16.
22 Münkler, S. 33.

nige offene Fronten. Bei der Verselbstständigung oder der Autonomie haben reguläre Armeen die Kontrolle über das Kriegsgeschehen verloren und diese ist zu erheblichen Teilen in die Hände von Gewaltakteuren geraten, denen Krieg als Auseinandersetzung zwischen Gleichartigen fremd ist.[23] Vor allen Dingen die Tatsache, dass Kriege heute eher inner- statt zwischenstaatlich geführt werden und dass eher private Akteure an ihnen teilhaben, erschwert das Eingreifen der Staatengemeinschaft. Bis die VN oder die NATO sich entscheiden, in einen verworrenen Bürgerkrieg einzugreifen, ist es meistens schon zu spät und es gibt bereits unzählige Oper in der Zivilbevölkerung. Dennoch kann durch ein spätes Eingreifen verhindert werden, dass eine Krise weitere Kreise zieht.

Das vergangene Jahrhundert hat mehrfach gezeigt, wie regionale Konflikte zu Weltbränden werden können.[24] Das alte Europa hat zweimal bei der Austragung von Konflikten die übrige Welt mit einbezogen. Ziel heutiger Sicherheitspolitik muss daher sein, im Sinne der beiden skizzierten geschichtlichen Verantwortungsstränge Konflikte, die möglicherweise globales Ausmaß annehmen können, gar nicht erst entstehen zu lassen oder sie so einzudämmen, dass sie nicht auf den europäischen Stabilitätsraum übergreifen können.[25] Deshalb ist die Absicherung des Stabilitätsraumes durch eine effektive Sicherheitsorganisation zwingend – eine Aufgabe, die ganz eindeutig nur die NATO wahrnehmen kann. Bündnis und transatlantische Partnerschaft einschließlich moderner, über das gesamte Spektrum möglicher Optionen einsetzbarer Streitkräfte und einer damit verbundenen fairen Lastenteilung, waren, sind und bleiben der Grundpfeiler einer neuen, erweiterten Sicherheitspolitik, die sich der Krisen- und Konfliktprävention verpflichtet weiß.

An Stelle der einen Bedrohung, auf die es sich zur Zeit des Ost-West-Konflikts einzurichten galt, tritt heute eine ganze Spannbreite von Risiken. Diese sind laut Gerhard Kümmel und Heiko Biehl die unsichere Transformation Russlands, die Instabilität der Regionen auf dem Balkan, die Verbreitung von Massenvernichtungswaffen, das Anwachsen der Organisierten Kriminalität und des Drogenhandels und schließlich der Terrorismus, insbesondere im Zusammenhang mit islamischen Fundamentalismus.[26] Organisierte Kriminalität und Drogenhandels gefährden insofern die Weltsicherheit, weil sie Einnahmequellen für Terroristen und »Warlords« darstellen. Der Kampf gegen Drogenkartelle und Mafia wird aber kaum mit militärischen Mitteln gewonnen werden können. Die Anschläge des 11. September 2001 veranschaulichten auf grausame Weise die Bedrohung der Sicherheit durch den Terrorismus. Es wurde plötzlich klar, dass Risiken für

---

23 Münkler, a.a.O., S. 11.
24 Frank, a.a.O., S. 19.
25 Frank, a.a.O., S. 21.
26 Kümmel; Biehl, a.a.O., S. 24 ff.

ein Land nicht mehr nur an den Grenzen entstehen können. Die NATO hat dem internationalen Terrorismus den Kampf angesagt. Verlässliche Prognosen über die Konflikte der Zukunft sind nicht möglich, auch wenn es bestimmte Regionen gibt, die historisch und aktuell eine hohe Konfliktdichte und Konfliktwahrscheinlichkeit aufweisen. Zu diesen Regionen zählen Osteuropa, der Kaukasus, der Balkan, der Nahe Osten, Sub-Sahara-Afrika und die Region des südchinesischen Meeres.[27] Die Schwerpunktregionen für zwischenstaatliche Konflikte und Kriege werden sich mit hoher Wahrscheinlichkeit auch künftig auf die geostrategischen Achsen sowie auf die Lage und die Zugänge zu strategischen Ressourcen zur Sicherung der Süßwasser-, Rohöl- und Erdgasversorgung konzentrieren.[28] In der Vermittelung von Konfliktlagen und ihrer Einschätzung spielen Medien wie Fernsehen und Internet heute eine noch größere Rolle, als sie das bereits in der Vergangenheit taten, da die Menschen insgesamt dazu tendieren, immer weniger sich des Print-Mediums zu bedienen.[29]

Nach der sicherheitspolitischen Wende 1989/90 stellten sich sowohl die NATO als auch die Bundeswehr sehr zügig auf die neue Lage ein. Es kam zu einem schnellen Paradigmenwechsel in der Sicherheitspolitik. Damit wurde gleichzeitig verhindert, dass eine vermeintliche Legitimationslücke entstehen konnte. Reinhard Mutz widmete sich diesem Gedanken des Legitimationsverlusts durch den Ost-West-Konflikt für die Bundeswehr und schildert, wie wenig hinterfragt der Richtungswechsel 1990 erfolgte. Mutz kritisiert, dass die westliche Sicherheitsplanung keinen Gedanken daran verschwendete, darüber nachzudenken, ob für die Überlebensprobleme der veränderten Welt nicht grundlegend andere Sicherheitsorganisationen als Militärallianzen und nationale Armeen erforderlich wären.[30]

Auch Götz Neuneck schildert in einem Beitrag von 1993, dass sich alle Kommentatoren darin einig sind, dass die neuen Probleme nur mit wirtschaftlichen und politischen, nicht aber mit militärischen Mitteln gelöst werden können.[31] Die Verteidigungsexperten waren seiner Zeit allerdings anderer Meinung. Ihnen zufolge erwächst gerade aus der neuen Unübersichtlichkeit die Bedrohung der Zukunft. Der damalige NATO-Oberbefehlshaber J. Shaliskashivi äußerte: »Der Begriff Weltkrieg ist aus unseren

27 Vgl. Dieter Wellersdorf, a.a.O., S. 88-97.
28 Thomas M. Wandinger: Ursachen von Konflikten und Kriegen im 21. Jahrhundert. Konsequenzen für die westlichen Industriestaaten, in: Aus Politik und Zeitgeschichte, B 20/2001, S. 9.
29 Vgl. Cantigny Conference Series (Hg): The Military and the Media: Public perceptions. Chicago 2000
30 Reinhard Mutz, a.a.O., S. 15 f.
31 Götz Neuneck: Wohin marschiert die Bundeswehr? Die Hardthöhe und die neue Unübersichtlichkeit, in: Lutz, Dieter (Hg.): Deutsche Soldaten weltweit? Blauhelme, Eingreiftruppen, »out of area« – Der Streit um unsere sicherheitspolitische Zukunft, Reinbek bei Hamburg 1993, S. 83.

Lehrbüchern verschwunden. Stattdessen gilt unsere Sorge den beiden Dämonen ›Ungewissheit‹ und ›Instabilität‹.«[32]

Auf dem NATO-Gipfel im Juli 1990 wurde von den Staats- und Regierungschefs in ihrer Londoner Erklärung die Revision der militärischen Strategie in Auftrag gegeben.[33] Kernfunktion sollte die Landes- und Bündnisverteidigung bleiben. Zusätzlich wird die NATO neue Aufgaben wahrnehmen, vor allem die der Krisenbewältigung und der Zusammenarbeit mit Nicht-NATO-Partnern, beides auch außerhalb des Beistandsgebietes. Mit diesem Dokument streckte das Bündnis nicht nur symbolisch seine Hand zu den früheren Opponenten aus.[34] Im November 1991 einigten sich in Rom die 16 souveränen Staaten auf das »Neue Strategische Konzept«. Darin wird offiziell festgelegt, dass neben Verteidigungsfähigkeit und Dialog die politische und militärische Kooperation ein weiteres Element der Sicherheitspolitik des Bündnisses sein soll.[35] Ein neu gegründeter Kooperationsrat brachte das Programm »Partnerschaft für den Frieden« (PfP) auf den Weg. Im Rahmen des PfP finden seitdem Übungen zwischen der NATO und den 26 Partnern statt – so auch mit Russland. Die bilaterale Kooperation wird in einem Jahresprogramm verabredet. Deutschland ist an zwanzig dieser Programme beteiligt. Dabei geht es unter anderem um die Entsendung von Beratern oder um Militärische Ausbildungshilfe an Akademien, Universitäten und Schulen der Bundeswehr.[36] Durch das PfP intensiviert die Bundeswehr ihre militärische Zusammenarbeit insbesondere mit den Armeen osteuropäischer Staaten und bereitet diese auf die militärischen Standards des Atlantischen Bündnisses vor.

Im April 1999 einigten sich die 19 NATO-Regierungen auf dem NATO-Gipfeltreffen in Washington auf ein neues strategisches Konzept. Die meisten Absichten und Perspektiven waren bereits 1991 skizziert worden, das neue strategische Konzept kann somit als Weiterentwicklung des Konzepts von Rom gelten.[37] Neu ist allerdings die Betonung der offensiven militärischen Ausrichtung, die mit dem Terminus »Krisenbewältigung« umschrieben wird. Dies wird darin deutlich, dass in der Schlussbemerkung vom Washingtoner Strategiekonzept der wichtige Satz des Dokuments aus dem Jahr 1991 »Dieses Strategische Konzept bekräftigt erneut den defensiven Charakter des Bündnisses« nicht mehr zu finden ist.[38] Man verabschiedete sich 1999 somit vom Defensivcharakter der NATO.

32 Shalikashvili: Die Zeit ist reif, mehr zu tun, in: Europäische Sicherheit 1/1993, S. 17, zitiert in: Neuneck, S. 84.
33 Dieter Wellersdorf: Mit Sicherheit. Neue Sicherheitspolitik zwischen gestern und morgen, Bonn 1999, S. 110.
34 Wellerdorf, a.a.O., S. 167.
35 Wellerdorf, a.a.O., S. 110 f.
36 Wellersdorf, a.a.O., S. 168.
37 Lammers/Schrader, a.a.O., S. 26.
38 Lammers/Schrader, a.a.O., S. 26.

Um auf die Ebene der deutschen Sicherheitspolitik zurückzukehren, so ist festzustellen, dass schon zu Anfang des Jahres 1991 damit begonnen wurde, die NATO-Strategiebeschlüsse in Deutschland konkret in Strategiepapiere umzusetzen. Am 15. Februar 1992 folgte die politische Vorgabe des neuen Auftrags der Bundeswehr. Das in der Öffentlichkeit als »Stoltenberg-Papier« bezeichnete Strategiepapier wurde im November des gleichen Jahres mit Erlass der Verteidigungspolitischen Richtlinien (VPR) zur Planungsgrundlage. Als Aufgaben der Bundeswehr wurden in den Verteidigungspolitischen Richtlinien definiert: Schutz der Staatsbürger vor politischer Erpressung und äußerer Gefahr, Förderung militärischer Stabilität und Integration in Europa, Verteidigung Deutschlands und seiner Verbündeten sowie die Sicherung des Weltfriedens und der internationalen Sicherheit im Einklang mit der Charta der Vereinten Nationen.[39] Die VPR von 1992 haben einen sehr hohen politischen Stellenwert. Durch sie wurde der erweiterte Auftrag der Bundeswehr endgültig festgelegt.[40] Zwischen 1992 und 1994 musste von der Regierungskoalition und der Führung der Bundeswehr politisch und juristisch eine Veränderung des bisherigen Verständnisses des Grundgesetzes und die Akzeptanz von Bundeswehreinsätzen im Rahmen von Blauhelmeinsätzen bis hin zu reinen Kampfeinsätzen innerhalb der deutschen Gesellschaft durchgesetzt werden – und dies musste in einer Zeit durchfochten werden, in der alle Parteien, bis auf die CDU, Kampfeinsätze der Bundeswehr klar ablehnten.[41]

Im September 1994 gab der deutsche Außenminister vor der UN-Generalversammlung die Erklärung ab, dass Deutschland sich voll an UN-Friedensoperationen beteiligen könne. Diese Beistandserklärung bedeutete für die Bundeswehr den Schritt in ein neues Zeitalter. Um sich tatsächlich verstärkt an militärischen Auslandseinsätzen zu beteiligen, bedurfte es wesentlicher Veränderungen in der Bundeswehr. Diese betrafen die Struktur, die Ausbildung, die Ausrüstung und die Organisation. Die Bundeswehr musste nun endgültig von einer reinen Verteidigungsarmee zu einer Armee im Einsatz umgewandelt werden. Ein neues Selbstverständnis der Soldaten und ein Umdenken in der Bevölkerung und in der Politik waren gefragt, um diese Umwandlung in die Tat umzusetzen.

1994 legte die Bundesregierung das Weißbuch vor. In den Weißbüchern zur Sicherheitspolitik wird seit der ersten sozialliberalen Koalition in unregelmäßigen Abständen von der jeweiligen Bundesregierung öffentlich und für jedermann zugänglich festgelegt und dokumentiert, welche grundlegenden Ziele in der Außen- und Sicherheitspolitik verfolgt werden und welche Aufgabe sich dabei für die Bundeswehr ergeben. Im Weißbuch von 1994 ist von zwei verteidigungspolitischen Hauptfunktionen die Rede. Einerseits

---

39 VPR 1992, zitiert in: Neumann, S. 173.
40 Pflüger, a.a.O., S. 15.
41 Pflüger, a.a.O., S. 15.

soll die Bundeswehr in der Lage sein, kurzfristig im Verbund mit den Partnern zur Bewältigung der wahrscheinlichen internationalen Krisen und Konflikte beizutragen, zum anderen muss sie für den unwahrscheinlichen und zugleich ungünstigsten Fall – die Verteidigung Deutschlands und des Bündnisses – über die Fähigkeit zur Aufstellung und zum Einsatz von ausreichenden Verteidigungskräften verfügen.[42] Um den veränderten Aufgaben gerecht werden zu können, soll die Bundeswehr in drei Streitkräftekategorien aufgeteilt werden: die präsenten Krisenreaktionskräfte (KRK), die weitgehend mobilmachungsabhängigen Hauptverteidigungskräfte (HVK) und die Militärische Grundorganisation (MGO) der Streitkräfte. Laut Weißbuch von 1994 ist die Militärische Grundorganisation primär für die Ausbildung und Versorgung der Truppe zuständig. Zur MGO gehören etwa Truppenschulen, die Universitäten der Bundeswehr, ihre Forschungseinrichtungen, der Militärische Abschirmdienst und das Personalstammamt.[43] In einem Strukturanpassungsbeschluss vom 12. Juli 1994 wurde festgelegt, dass die Bundeswehr nochmals von 370 000 auf 340 000 Soldaten verringert werden sollte. Von ihnen sollten 53.600 Soldaten den Krisenreaktionskräfte angehören, davon 37.000 Heeres-, 12.300 Luftwaffe- und rund 4.300 Marinesoldaten. Mit dieser Umgestaltung der Bundeswehr verbunden sind Änderungen in der militärischen Ausbildung.[44]

Die Kommission zur Reform der Bundeswehr unter Leitung von Alt-Bundespräsident Richard von Weiszäcker riet die Schließung der Hälfte aller Bundeswehrstandorte und eine europäische Weiterentwicklung der Rüstungsplanung und der Streitkräftestrukturen. Von den 650 Bundeswehrstandorten waren 166 Standorte mit weniger als 50 Arbeitsplätzen ausgestattet. Eine Milliarde Mark sollte durch Schließungen eingespart werden. Was die Rüstung betrifft, so forderte die Kommission zu mehr Kooperation auf, um Kosten zu teilen und die Zusammenarbeit im Einsatz mit den NATO-Partnern zu erleichtern. Außerdem plädierte die Kommission für den raschen Abbau der Rüstungs- und Verwaltungsbürokratie von 124 000 Bediensten auf etwa 80 000. Für den Umbau kalkulierte die Weizsäcker-Kommission einen Zeitbedarf von zehn Jahren und eine Anschubfinanzierung von zwei bis drei Milliarden Mark jährlich. So sollte eine moderne Ausrüstung für eine neue Armee finanziert werden – Satellitenkommunikation, Aufklärungsmittel, Transportflugzeuge – und obendrein die durchgreifende Rationalisierung in Gang kommen.

Verteidigungsminister Scharping stimmte nur in zwei Punkten nicht mit den Vorschlägen der Weizsäcker-Kommission überein: die Ausgestaltung der allgemeinen Wehrpflicht und die Reduzierung der Standorte. Die Wehr-

---

42 Weißbuch 1994, a.a.O., S. 89.
43 Weißbuch 1994, a.a.O., S. 93.
44 Vgl. Paul Klein, Andreas Prüfert (Hg): Militärische Ausbildung und in der Zukunft. Baden-Baden 1994.

pflicht sei deshalb wichtig – so Scharping -, um den Zugang zum ganzen Querschnitt der Fähigkeiten zu sichern und die gesellschaftliche Kontrolle der Arbeit der Bundeswehr zu gewährleisten. Denn es sei schwerer, so Scharping, »eine Wehrpflichtarmee international einzusetzen, weil auf jeden Wehrpflichtigen zwei Elternteile und vier Großeltern schauen und von der Notwendigkeit eines Einsatzes überzeugt werden wollen«.[45] Dieses Argument hängt mit der Vorstellung zusammen, dass die Wehrpflicht die Bundeswehr in der Bevölkerung verankere. Bis heute ist dieses Argument, welches für die Beibehaltung der Wehrpflicht spricht, am schwersten zu entkräften. Statt die Gunst der Stunde zu nutzen, um mehr Geld für den Umbau der chronisch unterfinanzierten Truppe zu fordern, setzte Scharping auf neue Finanzierungswege. Mit Hilfe einer neuen privatwirtschaftlich organisierten Gesellschaft für Entwicklung, Beschaffung und Betrieb (GEBB) versprach Scharping, eine Milliarde Mark für neues Wehrmaterial zu erwirtschaften. Die GEBB sollte überzähliges Kriegsgerät und unnütze Areale vermarkten, Militärgerät billiger einkaufen, sowie die Privatisierung traditioneller Bundeswehraufgaben voranbringen.

Auf dem Gebiet beruflicher Qualifizierung und Beschäftigung arbeiten Bundeswehr, Wirtschaft und Handwerk auf der Basis einer Rahmenvereinbarung vom 8. Juli 1999 enger zusammen. Eine neue Qualität stellte indessen der Rahmenvertrag »Innovation, Investition und Wirtschaftlichkeit in der Bundeswehr« vom 15. Dezember 1999 dar, den 120 Unternehmen unterzeichneten. In der Broschüre »Eckpfeiler für eine Erneuerung von Grund auf«, die das BMVg herausgegeben hat, heißt es: »Wirtschaft, Industrie, Handwerk und Bundeswehr sind eine strategische Partnerschaft eingegangen. Die Bundeswehr stellt sich damit den Herausforderungen der Zukunft und leitet eine Weiterentwicklung von Streitkräften und Wehrverwaltung ein. Sie nutzt die Leistungsfähigkeit und Innovationskraft der deutschen Wirtschaft und erschließt sich unter veränderten Wettbewerbsbedingungen neue Investitionsfreiräume. Auf diesem Weg werden Effizienz und Wirtschaftlichkeit in den Streitkräften und ihrer Verwaltung nachhaltig erhöht.«[46] So schön die Pläne klangen, so schwer war ihre Umsetzung. Der Haushaltsausschuss des Bundestages genehmigte weder die geplante Privatisierung handelsüblicher Bundeswehrfahrzeuge, noch die Privatisierung der Bekleidungswirtschaft. Zu der Summe von rund 600 Millionen Mark, die Scharping 2001 verbuchte, leistete die GEBB keinen nennenswerten Betrag.

---

45 »Wir sind nur bedingt einsatzfähig«. Verteidigungsminister Rudolf Scharping über die Reformvorschläge für die Bundeswehr und Lehren auf dem Kosovo-Krieg, in: Der Spiegel, Heft 22, 2002, 29.05.2002.
46 BMVg: Die Bundeswehr sicher ins 21. Jahrhundert. Eckpfeiler für eine Erneuerung von Grund auf, CD-ROM.

Die Terroranschläge vom 11. September 2001 in den USA wurden zum Anlass genommen, mit aller Deutlichkeit und Unnachgiebigkeit den veränderten Auftrag der Bundeswehr auf der Grundlage einer den Realitäten angepassten neuen Bedrohungsanalyse zu definieren.[47] Im Kampf gegen den Terrorismus lautete der neue Auftrag der Bundeswehr Konfliktmanagement – und zwar weltweit. Die Medien berichten unverblümt über den Einsatz in Afghanistan, dies zeigt etwa ein Spiegel-Artikel vom März 2002: »Deutsche KSK-Soldaten kämpfen bei ihrem geheimen Einsatz zwar nicht unmittelbar an vorderster Front mit. Aber dennoch gehorchen sie Befehlen, die seit dem Zusammenbruch der Wehrmacht 1945 kein deutscher Soldat mehr befolgt hat: Sie sollen notfalls zuschlagen in einem veritablen Bodenkrieg.«[48] Weil der Einsatz der Bundeswehr in Afghanistan als Antwort auf den 11. September gewertet wurde und damit der Bekämpfung des internationalen Terrorismus dienen sollte, gab es seitens der Öffentlichkeit nur wenig Proteste gegen ihn. Nach Umfragen des Emnid Institutes im September 2001 lag die Zustimmung zum Afghanistan-Einsatz bei 27 Prozent, nur 27 Prozent waren gegen eine deutsche Beteiligung.[49] So gewöhnten sich die Deutschen an den Anblick deutscher Soldaten in Kabul und später im Kundus, ein Perspektive, die vor dem 11. September wohl undenkbar gewesen ist.

Im Februar 2003 löste Peter Struck Rudolf Scharping als Verteidigungsminister ab. Gleich nach Amtsantritt machte er seinen politischen Kurs deutlich mit der Aussage, dass die Bundesrepublik auch am Hindukusch verteidigt würde. Bei internationalen Aktionen zur Krisen- und Konfliktbewältigung, etwa im globalen Kampf gegen den Terrorismus, solle die Bundeswehr dabei sein.

Als sich die USA im März 2003 entschlossen, militärisch ohne völkerrechtliches Mandat im Irak zu intervenieren, zog Deutschland nicht mit.[50] Wie Frankreich wurde auch Deutschland zum diplomatischen Kontrahenten der »Kriegsparteien« in der NATO.[51] Auf die Pläne zur Umstrukturierung der Bundeswehr hatte der Irak-Krieg keinen Einfluss. Im Gegenteil,

---

47 Jochen Weder: Neue Sicherheitspolitik erforderlich, http://www.wehrpolitik.net
48 Michael Fröhlingsdorf; Konstantin von Hammerstein; Susanne Koelbl; Alexander Szandar; Thilo Thielke: Die überforderte Armee, in: Der Spiegel 11, 2002, 11.03.2002.
49 Klaus-Peter Schöpper: Mehrheit der Deutschen will USA militärisch unterstützen, in: Die Welt, 15.09.2001.
50 Vgl. Stefan Aust: Geschichte eines modernen Krieges. München 2004; Chalmers Johnson: Der Selbstmord der amerikanischen Demokratie. München 2004.
51 Wilfried von Bredow: Neue Erfahrungen, neue Maßstäbe. Gestalt und Gestaltungskraft deutscher Außenpolitik, in: Internationale Politik, 58. Jahrgang, 09/2003, S. 6.

Deutschland benutzte »den Krieg gegen den Terror zur Verwirklichung neuer Militäroptionen«.[52]

Im Mai 2003 erließ Verteidigungsminister Struck neue Verteidigungspolitische Richtlinien. Mit diesem Grundsatzdokument sollten Konsequenzen gezogen werden, »aus der grundlegend veränderten sicherheitspolitischen Situation in Europa und in der Welt.«[53] Das neue Aufgabenspektrum verlange eine Reform der Bundeswehr, die die Umgestaltung der Bundeswehr bis 2010 vorsieht. Die VPR sollen Auftrag, Aufgaben und Ausrüstung der Truppe in ein ausgewogenes Verhältnis mit den zur Verfügung stehenden Mitteln bringen. Laut VPR soll zum Schutz Deutschlands die allgemeine neunmonatige Wehrpflicht erhalten bleiben. Struktur und Organisation sollen auf allen Ebenen gestrafft und auf die Unterstützung von Einsätzen ausgerichtet werden. Von der daraus resultierenden Senkung der Betriebskosten erhoffte man sich neue Handlungsspielräume.[54] Die Hauptaussage, die sich in den neuen Verteidigungspolitischen Richtlinien verbirgt ist, dass der Auslandseinsatz von Bundeswehrsoldaten zu einem normalen Mittel deutscher Außenpolitik geworden ist. Die VPR stellten eine verbindliche Grundlage für den grenzenlosen Einsatz der Bundeswehr gegen alle nur vorstellbaren Ziele in jeder erdenklichen Dauer und in jeder möglichen Intensität vor. Die einzige Schranke für den weltweiten Einsatz deutscher Soldaten ist der Bündnisvorbehalt. Mit Ausnahme von Evakuierung- und Rettungsaktionen sollen bewaffnete Einsätze nur gemeinsam mit Verbündeten und Partnern im Rahmen von VN, NATO und EU stattfinden. Wie in den VPR zu lesen ist, ist das »Engagement im Rahmen der internationalen Konfliktverhütung und Krisenbewältigung und im Kampf gegen den internationalen Terrorismus an die erste Stelle des Aufgabenspektrums der Bundeswehr gerückt«.[55]

Die Bundeswehr ist mit den VPR endgültig zur Interventionsarmee geworden. Letztlich muss sie diese Entwicklung mitmachen, um die Einflussnahme Deutschlands in der Welt über das militärische Mittel zu sichern. »Um seine Interessen und seinen internationalen Einfluss zu wahren (...) stellt Deutschland im angemessenen Umfang Streitkräfte bereit«.[56]

Die Konsequenzen, die sich aus den VPR für die Truppe ergeben sollten, finden sich in der Weisung des Verteidigungsministers für die Neuausrich-

---

52 Tobias Pflüger: Deutsche Militäroptionen, in: Friedensforum, Nr. 3/2003/ www.gsoa.ch.
53 VPR 2003, S. 1.
54 Jan Marberg; Rüdiger Michael: Klasse statt Masse: Neuer Kurs, in: Y.: Magazin der Bundeswehr, 2003, Heft 11, S. 15.
55 VPR 2003, S. 1.
56 VPR 2003, S. 27.

tung der Bundeswehr und in der Neuen Konzeption der Bundeswehr, beide vorgelegt im Herbst 2003: Bis zum Jahr 2010 soll die Truppe auf 250 000 Mann reduziert werden. Außerdem will Struck die die Zahl der Wehrpflichtigen auf 50 000 herabsetzen, die Zahl der Zivilbeschäftigten halbieren und mehr als hundert Standorte zu schließen. Diese Zahlen erinnern an die Vorschläge der Weizsäcker-Kommission von 2000. Vier Jahre später nähert sich die Regierung endlich ihren Empfehlungen an. Bei den Soldaten traf die Ankündigung einer weiteren Reduzierung der Truppenstärke auf ein zwiespältiges Echo. Die Bundeswehr sei mit den Einsätzen schon sehr belastet, 30 000 Mann weniger würden eine noch größere Bürde für die Truppe bedeuten.[57]

Einen umfassenden Einblick in weitere Planungen bezüglich der weiteren Entwicklungen für die Bundeswehr gab der Verteidigungsminister am 11. März 2004 im Rahmen der Debatte zur Regierungserklärung über die Reform der Bundeswehr.[58] Eine Verringerung von 30 000 aktiven Soldaten im militärischen Bereich ist vorgesehen, im zivilen Bereich werden nur noch 75 000 Mitarbeiter eingeplant. Die Streitkräfte sollen in völlig neue Kategorien gegliedert werden: Eingreifkräfte, Stabilisierungskräfte und Unterstützungskräfte. Diese werden sich in Struktur, Ausrüstung und Ausbildung unterscheiden und damit optimiert vorbereitet sein auf das veränderte Aufgabenspektrum. Beim Schutz Deutschlands soll es keine Abstriche geben, allerdings werde die Bundeswehr keine Hilfstruppe der Polizei.

Es wird zudem eine neue Einsatzsystematik geben, die sich vom bisherigen Kontingentdenken verabschiedet. Damit verbunden ist eine Verkürzung der Einsatzdauer auf vier statt sechs Monate vorgesehen. Die Wehrpflicht soll fester Bestandteil der neuen Bundeswehr bleiben. Bei der Material- und Ausrüstungsplanung soll ab sofort in neue, vorrangige Fähigkeiten investiert werden, also in Führungs-, Informations- und Kommunikationssysteme, in die Fähigkeit zur weltweiten Aufklärung, in die Fähigkeit zum strategischen und geschützten Lufttransport und zu Mobilität im Einsatz, in die persönliche Ausstattung und Bewaffnung und in weitere Projekte zur Erhöhung der Wirksamkeit im Einsatz. Bedingt durch Änderungen in der Struktur und Personalreduzierungen werden Standortschließungen auch weiterhin nicht vermeidbar sein; Anfang November 2004 hat der Bundesminister der Verteidigung die Schließung von über 100 Standorten öffentlich gemacht.

Kern der Reform ist die neue Kategorisierung in Eingreifkräfte, Stabilisierungskräfte und Unterstützungskräfte. Durch die angestrebte Bündelung von Kräften sollen Struktur, Ausbildung und Ausrüstung auf die tatsächli-

---

57 Jan Marberg; Michael Rüdiger: Klasse statt Masse: Neuer Kurs, in: Y.: Magazin der Bundeswehr, Heft 11, 2003, S. 14.
58 Nachzulesen in: Dokumentendokumentation, 54. Jahrgang, Nr. 12/13, Berlin 15./ 22. März 2004.

chen und wahrscheinlichen Einsätze konzentriert werden. Die Streitkräfte sollen möglichst schon im Standort- und Ausbildungsdienst so zusammengefasst werden, dass sie ohne große Veränderungen und Zusatzausbildungen in die für sie wahrscheinlichen Einsätze geschickt werden können. Und zwar als geschlossene Einheiten. Die Teilstreitkräfte Heer, Luftwaffe und Marine bleiben zwar weiterhin bestehen, aber sie müssen mehr kooperieren, sowohl untereinander als auch mit den Teilstreitkräften anderer Nationen. Bei den Unterstützungskräften wurden Bereiche der Teilstreitkräfte bereits zusammengefasst, wie z.B. weite Teile der Logistik, der Führungsunterstützung und der Ausbildung im Organisationsbereich.[59] Auch wurden fast alle Sanitätselemente aus den Teilstreitkräften herausgelöst und im Zentralen Sanitätsdienst der Bundeswehr konzentriert. Diese Zusammenlegungen sind ein echter Fortschritt für die Bundeswehr, denn sie bedeuten eine Bündelung von Fähigkeiten. Doch auch bei dieser Kategorisierung besteht die Gefahr der Herausbildung einer Zwei-Klassen-Armee, wie im Zusammenhang mit der vorangegangen Kategorisierung erläutert wurde. Allerdings ziehen nun alle Kategorien an einem Strang, nämlich an dem des Krisenmanagements. Landesverteidigung im traditionellen Sinne ist passé; nun soll die gesamte Bundeswehr zum »globalen Militärdienstleister«[60] werden.

Anfang 2004 wurden dann im Rahmen der Reform der Bundeswehr Änderungen der bisherigen Struktur beschlossen. Demnach sollte die Bundeswehr künftig 35.000 Eingreifkräfte, 140.000 Unterstützungskräfte und 70.000 Stabilisierungs-Kräfte umfassen. Am 25. März 2004 fand im Deutschen Bundestag die erste Lesung zum Parlamentsbeteiligungsgesetz statt; es ging um die Frage, wie der Bundestag an der Entsendung der Bundeswehr in weltweite Kampfeinsätze jenseits der Landesverteidigung künftig beteiligt wird (Entsendegesetz).[61] Grundsätzlich genügen in Zukunft einfache Mehrheitsentscheidungen im deutschen Parlament. Neu ist, dass der Gesetzgeber die Entsendemodalitäten eigenständig festlegen kann, wobei Planungs- und Vorbereitungsmaßnahmen als nicht mehr zustimmungsbedürftige Entsendung gelten. Künftig soll der Deutsche Bundestag Entsendeanträgen der Regierung nur noch zustimmen oder ablehnen, aber nicht abändern können. Einsätze »von geringer Bedeutung« – hier bleibt die Formulierung unpräzise – bedürfen lediglich eines vereinfachten Verfahrens parlamentarischer Zustimmung. Die Regierung verkündet dann den Beschluss zum Einsatz, der dann rechtskräftig ist, falls nicht innerhalb von sieben Tagen mindestens fünf Prozent der Parlamentarier widersprechen.

---

59 Rolf Clement: Wandel hat Bestand, in: Y.: Magazin der Bundeswehr, 2/2004, S. 30.
60 Ralf Beste; Alexander Szandar: Globaler Militärdienstleister, in: Der Spiegel 4/2004, 19.1.2004.
61 Vgl. Martin Singe: Bundeswehr – von der Verteidigung zum Angriff, in: Friedensforum, Heft 2, 2004, S. 19.

Im übrigen kann die Bundesregierung bei »Gefahr in Verzug« selbstständig über Kriegseinsätze entscheiden. Dies wird etwa bei der EU-Eingreiftruppe mit 60.000 Mann oder bei der NATO Response Force mit 21.000 Mann der Fall sein. Der Deutsche Bundestag wird dann nach Kriegsbeginn informiert und hat dann lediglich ein Rückholrecht. In diesen Rahmen sind auch die EU-Verfassungsbestimmungen einzuordnen, die einen gegenseitigen militärischen Beistand bei Terrorangriffen vorsehen.

Derzeit sind rund 6300 deutsche Soldaten im Ausland stationiert. Sie beteiligen sich an multinationalen militärischen Einsätzen. Damit kann Deutschland militärisch gesehen als globaler Akteur bezeichnet werden und tritt auch als solcher auf. Dieses ist die Bilanz einer grundlegenden Veränderung in der deutschen Sicherheitspolitik während der letzten fünfzehn Jahre. Eine schleichende Militarisierung hat stattgefunden und damit eine Angleichung an die verbündeten Streitkräfte. Die Bundeswehr wandelte sich zu einer Interventionsarmee, die in verschiedenen Ländern auf unterschiedliche Gegner trifft. Ihre tief greifende Veränderung stößt in der Bevölkerung, die Schritt für Schritt an die neue Lage gewöhnt wurde, auf Akzeptanz. Es gab eine Restrukturierung der Bundeswehr nach der anderen; dabei wurde der Umfang der Streitkräfte innerhalb von vierzehn Jahren halbiert. Außerdem wurden verschiedene Kategorisierungen vorgenommen, die der Anpassung der Streitkräfte an den neuen Auftrag dienen sollten. Eingreifkräfte, Stabilisierungskräfte und Unterstützungskräfte werden die Teilstreitkräfte der Zukunft sein. In ihnen arbeiten Heer, Luftwaffe und Marine stärker zusammen als bisher. Diese neue Struktur scheint geeignet die zukünftigen Aufgabenstellungen der Zukunft befriedigend zu bewältigen. Allerdings bedarf es ihrer konsequenten Implementierung.

Während sich die Bundeswehr umformiert von einer Verteidigungs- in eine Interventionsarmee, wird sie gleichzeitig in Auslandseinsätzen tätig. Statt Heimatverteidigung steht jetzt der Einsatz fern der Heimat auf dem Dienstplan, eben jene Verteidigung Deutschlands »auch am Hindukusch« (Struck). Teure Einsätze und Reform der Truppe, das grenzt an die Quadratur des Kreises. »Wir können leider kein Schild ‚Wegen Umbau vorübergehend geschlossen' an die Kasernentoren hängen«, hatte Scharpings Planungschef Wolfgang Schneiderhahn einmal gescherzt. Diese eigentlich scherzhaft gemeinte Äußerung illustriert die Herausforderung, die darin liegt, die Truppe zu reformieren und gleichzeitig ihre Funktionstüchtigkeit aufrechtzuerhalten.

In diesem Zusammenhang sind auch rüstungswirtschaftliche Aspekte zu berücksichtigen. So wird die Rüstungswirtschaft als Instrument der Außenhandelspolitik, aber auch die allgemeine Industrie- und Technologiepolitik sowie die Wirtschafts- und Strukturpolitik an Bedeutung weiter abnehmen, da sich die primären politischen Funktionen (Instrument der Verteidigungs-, Sicherheits- und Außenpolitik) angesichts der budgetären Rahmenbedingungen langfristig nur noch europäisch und damit weitgehend auf Kosten der nationalen Wirtschaft realisieren lassen werden. Die Herausbildung einer europäischen Sicherheits- und Verteidigungspolitik (ESVP) wird in wachsendem Maße zu einer europäischen Rüstungswirtschaft führen, so wie schon heute zahlreiche Technologieprojekt sich nur noch in einem europäischen Rahmen realisieren lassen. Erschwerend kommt hinzu, dass Bemühungen amerikanischer Unternehmen unter anderem durch Übernahmen auf dem europäischen Markt zu verzeichnen sind.

Die Bundeswehr nutzt derzeit verschiedene Privatisierungsoptionen. Sowohl der Entwicklungs- und Beschaffungsgang Wehrmaterial (EBMat) wie auch der neue CPM (Customer Product Management) 2001 schreiben grundsätzlich vor, für alle System- und Dienstleistungen bereits verfügbare Produkte bzw. Dienstleistungen – daher im Bundeswehrbereich vorhandene oder private Dienstleistungen – vorrangig zu nutzen, soweit dies wirtschaftliche Vorteile verspricht. Optional wird das Leasing insbesondere von in der Anschaffung besonders teuren handelsüblichen Großsystemen, aber auch von Systemen allgemein, von Geräten und Einrichtungen vorangetrieben. Im Rahmen der Pilotvorhaben des Rahmenvertrages »Innovation, Investition und Wirtschaftlichkeit in der Bundeswehr« werden eine Reihe von Privatisierungslösungen in der Praxis erprobt. All diese Konzepte tragen deutlich den neuen Herausforderungen der Streitkräfte Rechnung. Im Ergebnis kann festgestellt werden, dass die Anzahl der Auslandseinsätze der Bundeswehr in verschiedenen Intensitäten eher zu- als abnehmen wird. Daher ist die enge Kooperation zwischen Rüstungswirtschaft und Streitkräften zu intensivieren. Der Verdrängungswettbewerb in der Rüstungsindustrie wird von nationalen Interessen dominiert, doch werden langfristig Staaten teilweise ihre bisherige Rüstungswirtschaft verlieren. Die Kernfähigkeiten der Streitkräfte in der Europäischen Union werden neu geordnet. Den militärischen Aufträgen, vor allem der Kostendruck der Hochtechnologie, werden sich die nationalen Interessen der Politik unterordnen müssen.

Schließlich ist auch die menschliche Seite der neuen Sicherheitspolitik zu berücksichtigen. So verlassen viele Soldaten, die Zeitverträge zwischen zwei und zwölf Jahren mit der Bundeswehr haben, die deutschen Streitkräfte, da sie ihr privates und familiäres Umfeld mit den Auslandseinsätzen der Bundeswehr nicht unter einen Hut bekommen. Wir können das heute schon bei zahlreichen Polizeibeamten beobachten. Die Spiegel-Autoren Andrea Brandt und Andreas Ulrich nehmen hier etwa den Polizisten Burkhard Plichta, 38, als Beispiel, der nach 19 Jahren als Polizist und drei Auslandsmissionen in Bosnien und im Kosovo vor zwei Jahren jetzt gekündigt. Plichta: »Wer Massengräber gesehen hat, dem fällt es einfach schwer, beim Bagatellunfall auf dem Supermarkt-Parkplatz den zerkratzten Seitenspiegel wieder ernst zu nehmen.«[62] Insgesamt gesehen sind bei Soldaten und Polizisten im Auslandseinsatz hohe Scheidungsraten zu beobachten.

Neben der praktischen Seite, Reform und Auftrag zu vereinbaren, muss auch die theoretische Seite berücksichtigt werden. Es bedarf einer soliden ideologischen Basis, damit die Transformation in der Bundeswehr erfolgreich verlaufen kann. Die Bundesregierung betreibt derweil eine Doppelstrategie: Einerseits will sie sich als Friedensmacht hervortun, anderseits will sie zeitgleich ihre Militärmacht ausbauen und die Bundeswehr zu einer weltweiten Interventions- und Einsatzarmee umfunktionieren. Wenn die Bundeswehr eine echte Interventionsarmee sein soll, braucht sie ausreichende finanzielle Ressourcen und den politischen Rückhalt in der Gesellschaft.

Schließlich sollten die eingangs skizzierten beiden Verantwortungsstränge deutscher Sicherheitspolitik nicht vergessen werden. Ziel von Auslandseinsätzen der Bundeswehr soll es sein, instabile Regionen zu befrieden und zu konsolidieren. Zur Erreichung dieses Ziels sind neben den bekannten militärischen Mittel auch andere sicherheitspolitische Mittel mit einzubeziehen. Ohne ein Wiederaufbaukonzept, das alle Dimensionen eines demokratischen Systems berücksichtigt, macht es keinen Sinn, in einem Land militärisch zu intervenieren. Eben diese Lage stellte sich in der Irak-Problematik, weshalb sich Deutschland hierbei von einem militärischen Engagement distanzierte.

Richtschnur der sicherheitspolitischen Neuorientierungen bleiben die beiden zu Beginn benannten Verantwortungsstränge als Lehren aus dem I. und II. Weltkrieg. So dürfen bei allen Neuorientierungen nationale Überlegungen keine ausschlaggebende Bedeutung haben, sondern eben das Bemühen um den Erhalt des Weltfriedens als oberste sicherheitspolitische Prämisse. Dieses Engagement für den weltweiten Frieden und den Frieden in unterschiedlichen Regionen der Erde formt sich aus in multilateralen Aktivitäten Deutschlands zur Krisen- und Konfliktprävention wie im Rahmen von UNSCOM, UNTAC, SFOR, KFOR, UNOMIG, »Enduring Freedom« und ISAF.

---

62 Andrea Brandt, Andreas Ulrich: Auslandseinsätze. Alpträume und Herzflattern. Kosovo, Bosnien, Afghanistan – und bald Irak?, in: Der Spiegel, Nr. 36, 2003, S. 53.

III. Internationale Konflikte, multinationale Auslandseinsätze und der Beitrag der deutschen Bundeswehr

Humanitäre Einsätze der Bundeswehr erfolgen in der Regel in nationaler Eigenständigkeit, wobei meistens andere Staaten ebenfalls an den humanitären Hilfsmaßnahmen in dem jeweiligen Land beteiligt sind. Darüber hinaus gibt es seit der Mitgliedschaft Deutschlands in der NATO eine Vielzahl von NATO-Einsatzübungen ausschließlich mit militärischem Charakter. So trat etwa am 25. Oktober 1960 die Bundesrepublik Deutschland dem italienisch-kanadischen Abkommen über die Benutzung des sardinischen Luftübungsplatzes Decirnornanu bei. In einem gewissen Sinne gibt es also seit 1960 so etwas wie »Auslandseinsätze der Bundeswehr« – nur eben nicht in Bezug auf internationale Konflikte und in multinationalen Auslandseinsätzen. Es folgten Abkommen über die Einrichtung deutscher Depots in Frankreich und die Nutzung französischer Truppenübungsplätze oder das deutsch-britische Abkommen vom 25. Mai 1961 zur Benutzung des Truppenübungsplatzes Castlemartin (Wales) durch die Bundeswehr. Weitere Meilensteine waren die Stationierung eines Luftwaffenausbildungsregiments im niederländischen Budel (22. Juni 1963) und die Bereitstellung von Übungsplätzen, Nachschubeinrichtungen und einem Flugplatz (Beja) durch Portugal. Hierzu gehört auch, dass die deutsche Marine in Florida/USA sowie die deutsche Luftwaffe in USA/Kanada Übungsplätze unterhalten und Trainings durchführen unter Bedingungen, die so in Deutschland oder in Europa nicht gegeben sind. Am 12. Mai 1966 wurde die Raketenschule der Luftwaffe von Aachen nach El Paso/Texas verlegt.

Wenn in den neunziger Jahren und zu Beginn des 21. Jahrhunderts der Aspekt der Multinationalität der Bundeswehr herausgestellt wird, so ist zu realisieren, dass es bereits am 6. Dezember 1961 zur Bildung eines deutsch-dänischen NATO-Kommandos (BALTAP) kam, der sich die Kontrolle der Ostzugänge zur Aufgabe machte. Nach der NATO-Ratstagung im Dezember 1967 wurde die Schaffung einer ständigen NATO-Seestreitmacht Atlantik (STANAVFORLANT) beschlossen, die sich aus nationalen Schiffseinheiten zusammensetzt und in der ständig Multinationalität geprobt werden muss. Hinzu kommt die enge deutsch-französische Zusammenarbeit im Bereich der Luftstreitkräfte, die vor allem auf der Entwicklung, Erprobung und dem Einsatz gemeinsam entwickelter Fluggeräte wie dem Strahlenflugzeug »Alpha-Jet« (23. Juli 1970) basiert. Derartige Aktivitäten mündeten am 22. Januar 1988 in der Einrichtung eines Gemeinsamen Sicherheitsrates durch die Regierungen Deutschlands und Frankreichs sowie in der

Aufstellung einer Deutsch-Französischen Brigade. Ein anderes Beispiel ist die Zusammenarbeit zwischen Großbritannien, Italien, Deutschland und den Niederlanden zur Entwicklung des Strahlflugzeuges »MRCA 75« (Multi Combat Aircraft), der 1975 einsatzbereit seien sollte. Ein weiteres Beispiel für multinationale Zusammenarbeit war die erste gemeinsam entwickelte Artilleriewaffe FH 155-1, an der Italien, Deutschland und Großbritannien mitarbeiteten und die einen maßgeblichen Beitrag zur Standardisierung innerhalb der NATO darstellt.

Versuchen wir das Thema »Auslandseinsätze« näher zu erkunden, so ist der Teilbereich der Marine auszusparen. Wie kein anderer Bereich der Bundeswehr ist die Marine auf allen Weltmeeren präsent oder hat dort Einsätze gefahren. Schon am 18. Dezember 1958 wird das Segelschulschiff »Gorch Fock« in den Dienst gestellt und am 25. Mai 1963 erfolgt die Indienststellung des Schulschiffes »Deutschland«. Bereits nach Abschluss der ersten Aufbauphase der Marine im Januar 1960 kommt sie im Folgejahr beim humanitären Auslandseinsatz für Zypern zum Zuge. Der erste humanitäre Auslandseinsatz der Bundeswehr in Agadir/Marokko 1960 erfolgte unter der Beteiligung von Gebirgsjägern.

Mit der weltpolitischen Wende von 1989/90, den »2+4«-Verträgen und der Wiedervereinigung Deutschlands sowie der Wiederherstellung seiner vollen Souveränität erfuhren die Auslandseinsätze der Bundeswehr eine neue Dimension. Nunmehr ist es Deutaschland möglich, originär militärische Auslandseinsätze zufahren, auch wenn diese überwiegend der Hilfe von Staaten und Menschen dienen. Hiermit trägt Deutschland seiner historischen Verantwortung Rechnung, Eigeninteressen zurückzustellen und sich für ein Weltgemeinwohl im Sinne der christlichen Gesellschaftsprinzipien von Solidarität und Subsidiarität einzusetzen. Diese humanitären und militärischen Auslandseinsätze erfolgen stets im multinationalen und internationalen Rahmen, und zwar in der Regel durch ein Mandat des UN-Sicherheitsrates. Auch wenn bei einigen Auslandseinsätzen deutsche Soldaten zum Einsatz kommen – mitunter in Zivil wie bei der »Kosovo Verification Mission« -, so erfolgen alle diese Einsätze durch internationale Organisationen und sind – auch im Sinne von Immanuel Kant – völkerrechtlich abgesichert.

Das Ende des Ost-West-Konflikts 1989/90 löste international eine gewisse Euphorie aus und verleitete viele zu der politischen Überzeugung, der Weg zu einer Weltinnenpolitik, zu einem »collective engagement« und zur endgültigen Lösung noch bestehender Konflikte sei nun frei.[1] Tatsächlich fiel für viele Konfliktparteien weltweit ein Großteil ihrer finanziellen und militärischen Mittel weg, die während des Kalten Krieges von den beiden

---

1 Vgl. Hans Krech: Vom Zweiten Golfkrieg zur Golf-Friedenskonferenz (1990-1994). Handbuch zur Geschichte der militärischen Kräftebalance am Persischen Golf. Bremen 1996, S. 8.

Großmächten gestellt worden waren im stetigen Bemühen, eine größtmögliche Zahl freundlich gesonnener Staaten auf die eigene Seite zu bringen. Inwieweit der Zusammenbruch des Ostblocks aber tatsächlich zu mehr Sicherheit und Stabilität beigetragen hat, oder vielmehr zu einer Zunahme besonders von Bürgerkriegen und zu einer unkontrollierten Verbreitung von Waffen und Kriegsgerät aus dem Ostblock geführt hat, lässt sich im nachhinein kaum noch überprüfen.[2]

In Westeuropa bestand ganz offensichtlich eine gewisse Angst vor einem wiedervereinigten Deutschland, besonders von Seiten Frankreichs. Diese Angst galt es in der deutschen Europa- und Außenpolitik zu begegnen. In ihrem Verhältnis zu den USA hingegen war die Bundesrepublik in eine Phase außerordentlich guter Zusammenarbeit eingetreten. So vertritt Christian Hacke beispielsweise die Auffassung, nirgendwo sei die Formel »Partnership in Leadership« zwischen den USA und der Bundesrepublik Deutschland so konsequent und angemessen in die Tat umgesetzt worden wie im deutschen Einigungsprozess bei den »2+4«-Gesprächen.«[3] Nach der Auflösung der Nationalen Volksarmee (NVA) der DDR und mit dem Beitritt vieler ehemaliger Soldaten und ziviler Mitarbeiter der NVA in die Bundeswehr wuchs diese zu etwa 585.000 Soldaten und 215.000 zivilen Mitarbeitern auf. Eine Armee solcher Größe in Deutschland war besonders für die Nachbarländer Deutschlands inakzeptabel. Bereits vor der Wiedervereinigung war deshalb bei den »2+4«-Gesprächen und den Wiener Verhandlungen über Konventionelle Streitkräfte in Europa die Reduzierung und Abrüstung der Bundeswehr auf 370.000 Soldaten beschlossen worden.

Sicherheitspolitisch gesehen wurde das bisherige Bedrohungsszenario eines Angriffs aus dem Osten immer unwahrscheinlicher. Wo die neue Bedrohung liegen würde, war hingegen noch nicht eindeutig auszumachen, und der Einsatz von Truppen zu Friedenseinsätzen, wie ihn andere Länder praktizierten, war in Deutschland umstritten und rechtlich fragwürdig. Auch die politischen Auswirkungen, die die veränderte Sicherheitslage für die Verteidigungsplanung und die Bundeswehr haben würden, konnten vor und unmittelbar nach der Wiedervereinigung nicht deutlich abgeschätzt werden.

Allerdings war klar, dass ein größeres internationales Engagement Deutschlands in einem multilateralen Rahmen gefordert war. Die Entscheidung, wie und in welcher Form Deutschland sich an militärischen Auslandseinsätzen beteiligt, liegt bei der deutschen Bundesregierung. Deutlich ist zu Beginn der neunziger Jahre eine große Zurückhaltung Deutschlands erkennbar, sich in militärischen Auslandseinsätzen zu engagieren. Wie im

---

2 Vgl. Egon Bahr: Deutsche Interessen. Streitschrift zu Macht, Sicherheit und Außenpolitik. München 1998, S. 68-69.
3 Christian Hacke: Zur Weltmacht verdammt. Die amerikanische Außenpolitik von J.F. Kennedy bis G.W. Bush. München 2002, S. 462.

Golfkrieg betrieben wurde mit Rücksicht auf die beiden aufgezeigten geschichtlichen Verantwortungsstränge, die mit der deutschen Außen- und Sicherheitspolitik eng verbunden sind, zunächst der »Scheckbuchdiplomatie« von Hans Dietrich Genscher Vorrang eingeräumt, wie ich dies im folgenden Kapitel aufzeige. Wer sich die Höhe dieses finanziellen Engagements der Bundesrepublik vor allem im Golfkrieg 1990/91 ansieht, sollte sich vergegenwärtigen, dass damals von weit höheren Steuereinnahmen des wiedervereinigten Deutschland ausgegangen wurde, als tatsächlich zustande kamen. Doch gerade die Entwicklung der Golfkriegsproblematik zeigte rasch, dass es auch damit nicht getan sein kann: militärische Auslandseinsätze, also die tatsächliche Präsenz von deutschen Soldaten in internationalen Krisenherden, war gefordert. Allein schon aus verfassungsrechtlichen Überlegungen heraus konnte dies selbstverständlich nicht als Kampfeinsatz erfolgen, sondern allenfalls durch sanitäre und logistische Unterstützungsmaßnahmen sowie bei der Radaraufklärung.

Gerade die drei Jahre vor dem Urteil des Bundesverfassungsgerichts 1994 zeigten rasch, dass auch dieses unterstützende Engagement der Bundeswehr im Ausland nur begrenzt möglich sein konnte, und stattdessen ein umfangreiches, alle Waffengattungen umfassendes Auslandsengagement der Bundeswehr von der internationalen Gemeinschaft erwartet wurde. Dabei wurde rasch deutlich, dass eben dieses militärische Auslandsengagement keinesfalls immer mit Erfolg gekrönt sein wird. Bereits im Golfkonflikt und im Kambodscha-Konflikt setzte sich diese Erkenntnis schnell durch – sowohl bei Sicherheitspolitikern als auch bei den deutschen Soldaten als den eigentlich Betroffenen-, wie ich dies in den folgenden beiden Kapiteln aufzeige. Doch kam im Golfkonflikt und in Kambodscha insgesamt noch ein befriedigendes Ergebnis heraus. Der dritte größere militärische Auslandseinsatz der Bundeswehr im multinationalen Kontext vor dem Urteil des Bundesverfassungsgerichts 1994 erwies sich jedoch letztlich als Fiasko: die Beteiligung der deutschen Bundeswehr im Rahmen von UNOSOM II.

1960 wurden Britisch-Somaliland und Italienisch-Somaliland unabhängig und bilden nunmehr die Republik Somaliland. Die traditionelle Clanstruktur verhindert jedoch die Herausbildung einer starken Zentralmacht in Somalia. 1969 kommt es zu einem militärischen Putsch und den Beginn der Diktatur unter Siyad Barres. 1981 erfolgt der Ausbruch eines Bürgerkrieges im Norden Somalias. 1991 wird Siyad Barre gestürzt und es bricht ein Bürgerkrieg in Somalia aus, dessen Kampfhandlungen erst im Sommer 1991 aufhören, dann erneut ausbrechen und im März 1992 enden. Im April 1992 beschließt der Sicherheitsrat der Vereinten Nationen mit der Resolution 751 die Entsendung von 50 Militärbeobachtern und 500 UN-Blauhelmsoldaten nach Somalia. Im September 1992 beschließt der UN-Sicherheitsrat in UN-Resolution 775 die Erweiterung der UN-Schutztruppen auf 3000 Blauhelm-soldaten. Doch die hohe Anzahl an UN-Schutztruppen[4] sowie ihr Mandat vermögen die Sicherheitslage in Somalia nicht zu stabilisieren. Eine Verteilung von Hilfsgütern ist undurchführbar.

Im Dezember 1992 definiert die UN-Resolution 795 die Lage in Somalia als Bedrohung für den Weltfrieden. In der Resolution heißt es, dass alle notwendigen Maßnahmen ergriffen werden sollen, die eine sichere Durchführung von humanitären Operationen in Somalia ermöglichen. Unter der Führung von US-Truppen landen die ersten Einheiten der »United Task Force« im Rahmen der »Operation Restore Hope« am 9. Dezember 1992 in Somalia. Den UNITAF Truppen gelingt es, den Hafen und den Flughafen von Mogadischu zu sichern sowie Sicherheitskorridore zu errichten. Dadurch ist die Verteilung von Hilfsgütern möglich. Gemäß der UN-Resolution 794 sollen die UN-Truppen das Peace Keeping in Somalia übernehmen; daher wird das Mandat der UNOSOM durch die UN-Sicherheitsratsresolution 814 erweitert, womit UNOSOM II beginnt. Im Juni 1993 kommt es beim Versuch pakistanischer UN-Soldaten, den Radiosender Radio Mogadischu zu durchsuchen, zu einem Feuergefecht. 24 pakistanische Soldaten werden getötet. Für den Zwischenfall wird der Clanführer Mohammed Farah Aideed verantwortlich gemacht. Bei einem Feuergefecht im Oktober 1993 werden achtzehn US-Soldaten getötet; es flimmern TV-Bilder durch die Welt, die US-Soldaten zeigen, wie sie von Aufständischen gejagt und erniedrigt werden. Die öffentliche Meinung in den USA zu dem Friedenseinsatz in Somalia kippt. Die USA beschließen daher den Rückzug ihrer Truppen. Weitere beteiligte Industriestaaten – so auch die Bundeswehr – folgen in zeitlichen Abständen.[5]

Vom 28. August 1993 bis zum 23. März 1994 leisten rund 1700 Heeressoldaten der deutschen Bundeswehr logistische Unterstützung für UN-Truppen in Belet Uen. Vom 25. August 1992 bis zum 21. März 1993 unterhält die Bundeswehr eine Luftbrücke von Kenia nach Somalia. An der Luftbrücke sind rund 600 Marinesoldaten sowie 120 Soldaten der Luftwaffe beteiligt. Insgesamt wurden im Rahmen des Bundeswehreinsatzes in Somalia 650 Hilfsflüge durchgeführt, 18.300 medizinische Behandlungen geleistet sowie dreißig Einzelprojekte – vorwiegend entwicklungspolitischer Natur – unterstützt. Ab April 1994 bleiben nur noch einige unzureichend ausgerüstete UN-Truppen in Somalia zurück. Nach dem Abzug der letzten UN-Schutztruppen destabilisiert sich die Sicherheitslage in Somalia erneut dramatisch. Die ganze Somalia-Aktion war im Ergebnis ein Misserfolg. Vor dem Hintergrund dieses Scheiterns ist die damalige innenpolitische Diskus-

---

4 Vgl. Walter Michler: Somalia – ein Volk stirbt. Der Bürgerkrieg und das Versagen des Auslands. Bonn 1993.
5 Vgl. Ron H. Herrmann: Der kriegerische Konflikt in Somalia und die internationale Intervention 1992 bis 1995. Eine entwicklungsgenetische und multidimensionale Analyse. Frankfurt am Main 1997.

sion im Jahr 1994 um Auslandseinsätze der Bundeswehr zu sehen, die mit dem Urteil des Bundesverfassungsgerichts erst einmal einen Abschluss fand und den Weg für neue militärische Auslandseinsätze der Bundeswehr ebnete.

7. Von der »Scheckbuchdiplomatie« zur UNSCOM

Es kann sicherlich festgestellt werden, dass die Golfkrise 1990/91 für Deutschland zu einem ausgesprochen ungünstigen Zeitpunkt stattfand: die Bundesrepublik befand sich mitten im deutschen Einigungsprozess und war im Prinzip damit voll ausgelastet – auch in finanzieller Hinsicht. International wurde vom vereinigten Deutschland erwartet, dass es sich nach dem Ende des Kalten Krieges entsprechend seiner neuen politischen Größe und wirtschaftlichen Stärke aktiv an Aktivitäten zur weltweiten Friedenssicherung beteiligt.

Viele Deutsche hatten die militärische Zurückhaltung, in welcher sich die Bundesrepublik über Jahrzehnte des Kalten Krieges geübt hatte, als politische Überzeugung internalisiert. So beteiligte sich die Bundesrepublik an den multilateralen Anstrengungen, den Aggressor Saddam Hussein zum Rückzug aus Kuwait zu bewegen, zunächst nur zögerlich, dann in erheblichen finanziellen Ausmaßen. Schließlich nahm Deutschland auch aktiv militärisch an der Eindämmung der Krise und der Bewältigung ihrer Folgen teil.

a) Geschichtliche und politische Hintergründe des zweiten Golfkrieges

Der Irak und die Gegend um den Persischen Golf – wie der nahe Osten insgesamt – haben eine sehr wechselhafte Geschichte aufzuweisen, die nicht unwichtig für den zweiten Golfkrieg ist, und hier in ihren Zusammenhängen zunächst beleuchtet werden soll. Mesopotamien, mit Ur und Babylon als Hauptstädten, war ein Reich, das nicht nur das erste Großreich der Geschichte wurde, sondern vor allem durch die biblische Überlieferung bis heute, und bis in entfernteste Winkel der Erde bekannt ist. Die Mongolen, die auch in Europa für Angst und Schrecken sorgten, bereiteten diesem Reich im 13. Jahrhundert ein Ende. Es folgte eine lange Periode des Niedergangs. Mesopotamien kam unter türkische und persische Herrschaft und wurde Teil des Osmanischen Reiches; die Stabilität und Größe von einst erreichte es nie wieder. Die Erinnerung an das verlorene Reich blieb jedoch im Gedächtnis der Menschen erhalten und ein Faktor in der weiteren Geschichte des Landes.

Wie es oft geschieht, wenn einzelne Fraktionen in einem Land den Patriotismus der Bevölkerung, wohlmöglich gegen einen anderen Staat, mobilisieren wollen – erinnert sei an die Reichsidee bei Hitler oder an die Idee des Serbischen Großreiches, die Milosevic für seine Zwecke zu nutzen verstand –, versuchten auch die Baath Partei und Saddam Hussein die Idee des vergangenen Reiches wieder auferstehen zu lassen. Nicht umsonst verglich sich Saddam Hussein mit dem mesopotamischen Herrscher Nebukadnezar.[1]

Die Periode vom Niedergang des osmanischen Reiches, der Streit um den Suez-Kanal und die Auseinandersetzungen um den Seeweg nach Indien durch die strategisch wichtige Golfregion, bei dem auch die Deutschen eine nicht unerhebliche Rolle spielten[2], markieren weitere Etappen des politischen Konfliktes am Golf im Jahr 1990. Von erheblicher Bedeutung für die ganze Golfregion, den Irak, aber auch den irakischen Überfall auf Kuwait war gerade in jüngerer Zeit das Erdöl, das in diesem Gebiet in großen Mengen vorhanden ist. Nachdem Öl als wichtige fossile Ressource von der Wirtschaft stark nachgefragt ist, lässt es sich aus vielen Konflikten – und gar am Persischen Golf – nicht mehr wegdenken. Schließlich ist es als Treibstoff für Kampffahrzeuge auch von militärischer Bedeutung und damit eine Ressource, um die es sich zu kämpfen lohnt und mit der man erheblichen politischen Druck ausüben kann. Öl stellt sich als eine strategische Waffe dar, die Saddam Hussein gebrauchte, als er im Golfkrieg Ölquellen anzündete und Öl in den Golf – mit verheerenden Folgen für die Umwelt – einließ.

Ein gänzlich anderer Aspekt der irakischen Geschichte, auf den hingewiesen werden soll, da Saddam Hussein ihn zur Begründung der Annexion Kuwaits heranzog, war die territoriale Aufteilung des Iraks, und die Grenzziehung durch die Kolonialmacht Großbritannien. Diese habe den Irak, so Helmut Hubel, bewusst mit einem kleinen und verhältnismäßig ungesicherten Meerzugang versehen. Saddam Hussein ließ dementsprechend verlauten, das »historische Unrecht« mit der Annexion Kuwaits berichtigen zu wollen.[3] Tatsächlich sollte auch der strategische Wert Kuwaits für den Irak, das im Gegensatz zum Irak über einen großen Naturhafen verfügt, nicht unterschätzt werden.[4]

Auf eine Zeit als britisches Mandatsgebiet und Quasi-Kolonie folgten für den Irak das Ringen um Macht verschiedener Gruppierungen und Parteien, sowohl politisch als auch mit Hilfe von Militärputschen. Schließlich ging die Baath Partei siegreich aus diesem politischen Ringen hervor. Nach mehreren Rückschlägen kämpfte sich Saddam Hussein an die Spitze dieser Partei und des Staates. Bei all dem machten Folter und Terror, der Kampf ge-

---

1 Christian Hacke: Zur Weltmacht verdammt, S. 481.
2 Vgl. Burchard Brentjes: Der Golf vor den Kriegen (1998), in: Rainer Rupp; Burchard Brentjes und Siegwart-Horst Günther: Vor dem dritten Golfkrieg. Geschichte der Region und ihrer Konflikte. Ursachen und Folgen der Auseinandersetzungen am Golf, Berlin 2002, S. 32-175, S. 58-67.
3 Helmut Hubel: Der zweite Golfkrieg in der internationalen Politik. Mit ausgewählten Dokumenten, Arbeitspapiere zur Internationalen Politik, Bd. 62, Bonn 1991, S. 5.
4 Vgl. Burchard Brentjes: Der Golf, a.a.O., S. 64.

gen Aufständische im Irak, vor allem gegen die Kurden im Nordirak, und gegen den Iran, mit dem sich der Irak von 1980 bis 1988 offen im ersten Golfkrieg bekämpfte, wichtige Elemente der irakischen Zeitgeschichte aus: Diese führten zu einer starken Militarisierung des Landes und zu einer gewissen Abstumpfung der Bevölkerung. Auf beides konnte Saddam Hussein in gewisser Weise bauen, als er den zweiten Golfkrieg begann, und späterhin die kurdischen und schiitischen Aufstände niederschlug. Durch Kuwait war dem Irak nun zuletzt konkret ein »Unrecht« widerfahren: Ölfelder halten sich selten an staatliche Grenzen, und so existierte ein Ölfeld, welches zum Teil auf irakischem, zum Teil auf kuwaitischem Territorium lag. Der Irak bezichtigte nun in der Vorphase der Golfkrise Kuwait, aus diesem Rumaila Ölfeld Erdöl zu stehlen, und forderte eine Wiedergutmachung in Höhe von 2,4 Milliarden US-Dollar.[5]

b) Deutsche Außenpolitik in der Golfproblematik

In der Nacht zum 2. August 1990 marschierten irakische Truppen in Kuwait ein und begannen, es zu besetzen; die Welt reagierte überrascht und bestürzt. In der wissenschaftlichen Forschung wird freilich häufig darauf hingewiesen, dass der Überfall durchaus nicht aus heiterem Himmel kam, sondern sich seit längerem abzuzeichnen begonnen hatte: besonders gegen die USA wird in diesem Zusammenhang vielfach der Vorwurf erhoben, sie hätte dem Irak durch ungeschickte Diplomatie und »schwere Versäumnisse und Fehler in den Beziehungen zum Irak« den Eindruck vermittelt, ein solcher Akt der Aggression gegenüber Kuwait würde nicht geahndet werden.[6]

Für die Bundesrepublik Deutschland kam die Krise zu einem denkbar schwierigen Zeitpunkt. Die Schlussphase der »2+4«-Gespräche hatte mit der dritten Runde am 17. Juli 1990 begonnen und sollte sich noch bis zum 12. September hinziehen.[7] Beamten in beiden deutschen Staaten arbeiteten am Text des Einigungsvertrages, und die Einigung nahm die Politik auf fast allen Ebenen nahezu restlos gefangen. Die Bundesregierung agierte dementsprechend in einem äußerst gedrängten Zeitplan – und wurde von den Ereignissen am Persischen Golf noch unvorbereiteter als andere Regierungen getroffen.[8] Auch der neue Status der vier Siegermächte des Zweiten

---

5 Bassam Tibi: Nach dem Golfkrieg. Die Instabilität des Nahen Ostens gefährdet die gesamte Welt. Wie könnte eine regionale, international getragene Friedensordnung aussehen?, in: Die Politische Meinung. Monatsschrift zu Fragen der Zeit, 257/1991, 36. Jg., S. 4-11, S. 4-5.
6 Christian Hacke: Zur Weltmacht verdammt, a.a.O., S. 474.
7 Hans Georg Lehmann, a.a.O., S. 432.
8 Thomas Kielinger: Der Golf-Krieg und die Folgen aus deutscher Sicht, in: Außenpolitik. Zeitschrift für internationale Fragen, 3/1991, 42. Jg., S. 241-250, S. 243.

Weltkrieges und der Streitkräfte, die sie noch in Ost- und Westdeutschland stationiert hatten, war noch ungeklärt.[9] Dementsprechend vorsichtig war die Bundesrepublik jeder politischen Handlung gegenüber zunächst eingestellt: auf keinen Fall wollte sie in letzter Minute einen der Verhandlungspartner verärgern oder den Eindruck erwecken, eine deutsche Wiedervereinigung würde den Interessen eines der beteiligten Staaten zuwiderlaufen.

Es gibt allerdings auch die andere Sicht der deutschen »Sprachlosigkeit« auf dem Höhepunkt der Golfkrise im Spätsommer 1990: angesichts der »ersten weltpolitischen Krise nach dem Ende des Kalten Krieges«, kritisierte Peter Merseburger ein Jahr später, »verschlossen die Mannen der Regierung tapfer die Augen und tauchten einfach weg.«[10] Merseburger sah dabei die Hauptschwierigkeit darin, dass die Deutschen ein Problem damit gehabt hätten, ihre politischen Interessen klar zu definieren und das eigene Gewicht international ins Spiel zu bringen. Stattdessen verschanzte sich Deutschland im Laufe der Krise hinter dem Argument, das Grundgesetz verbiete jegliche aktive Beteiligung.[11] Wie Eckard Arnold schreibt, durfte ein vereintes Deutschland sich nicht wie eine »große Schweiz, reich und neutral« verhalten, sondern musste beginnen, politische Verantwortung zu übernehmen: »As a »normal« state of its size and wealth it must make its voice heard and its presence felt.«[12] Besonders in der Anfangsphase der Golfkrise schien es weder eine deutsche Stimme, noch eine deutsche Präsenz in der internationalen Politik zu geben.

Die internationale Gemeinschaft wandte sich erstaunlich geschlossen gegen das Vorgehen des Irak: die Sowjetunion signalisierte den USA im Umgang mit dieser Frage eine Bereitschaft zur Zusammenarbeit, die auch für Saddam Hussein überraschend gekommen sein dürfte. Hier zeigte es sich, welche Konsequenzen das Ende des Kalten Krieges weltweit haben könnte.[13] Noch am Tag des Überfalls verabschiedete der Sicherheitsrat der Vereinten Nationen die Resolution 660 (1990), verurteilte darin die Invasion des Irak, rief zum Rückzug der irakischen Truppen auf und forderte von allen Beteiligten, in Verhandlungen miteinander einzutreten.[14]

Zu diesem Zeitpunkt schenkte die deutsche Öffentlichkeit den Vorgängen am Golf wenig Beachtung, da der Prozess der Wiedervereinigung die

---

9 Karl Kaiser, Klaus Becher: Deutschland und der Irak-Konflikt. Internationale Sicherheitsverantwortung Deutschlands und Europas nach der deutschen Vereinigung, Arbeitspapiere zur Internationalen Politik, Bd. 68, Bonn 1992, S. 13.
10 Peter Merseburger: Kritik des Germanismus, in: Die Neue Gesellschaft. Frankfurter Hefte, 4/1991, 38. Jg., S. 351-354, S. 351.
11 Peter Merseburger: Kritik des Germanismus, a.a.O., S. 354.
12 Arnold Eckhart: German foreign policy and unification, in: International Affairs, 3/1991, 67. Vol., S. 453-47, S. 462.
13 Vgl. Karl Kaiser, Klaus Becker: Deutschland und der Irak-Konflikt, a.a.O., S. 13-14.
14 Resolution 660 (1990) des UN-Sicherheitsrats vom 2. August 1990, in: Helmut Hubel: Der zweite Golfkrieg, a.a.O., S. 80.

volle Aufmerksamkeit fast aller Deutschen in Anspruch nahm. Die Regierung hatte die Möglichkeit, erstmalig und eindeutig für das vereinigte Deutschland international Position zu beziehen[15]; ein Minderinteresse der Öffentlichkeit konnte unter Umständen sogar begrüßt werden, sollte ein realistischer, und möglicherweise zunächst wenig öffentlichkeitswirksamer Weg eingeschlagen werden. Nicht zuletzt die USA erwarteten ein klares Zeichen der Solidarität von Deutschland. Und tatsächlich begann die Bundesregierung bald, die USA bei der Entsendung von Streitkräften in die Golfregion zum Schutz Saudi-Arabiens über amerikanische Militäreinrichtungen in Deutschland zu unterstützen.

Am 6. August 1990, vier Tage nach der Invasion Kuwaits, beschloss der UN-Sicherheitsrat angesichts der Tatsache, dass der Irak keine Anstalten machte, sich aus Kuwait zurückzuziehen, mit Resolution 661 (1990) ein Handelsembargo gegen den Irak und Kuwait, welches von Deutschland als einem der ersten Länder durchgeführt wurde.[16] Die Haltung des Irak änderte sich indes nicht. In den folgenden Resolutionen des UN-Sicherheitsrates wurden die Forderungen der Resolution 660 wiederholt. Es wurde im UN-Sicherheitsrat beschlossen, dass die Annexion Kuwaits widerrechtlich sei und als null und nichtig gelte, und alle Staaten wurden gemahnt, sich an das Embargo zu halten und ihre Maßnahmen zu koordinieren.[17]

Dass in der WEU gegen Mitte August 1990 Diskussionen aufkamen, einen Marineeinsatzverband in den Persischen Golf zu verlegen, ist auch vor diesem Hintergrund zu sehen. Bereits am 16. August 1990 wurde ein Minenräumverband der Bundeswehr ins östliche Mittelmeer entsandt; allerdings verständigten sich Kanzler, Außen- und Verteidigungsminister der Bundesrepublik darauf, dass deutsche Streitkräfte verfassungsrechtlich noch nicht an militärischen Zwangsmaßnahmen gegen den Irak teilnehmen dürften. Nicht zuletzt hätte eine Verlegung deutscher Einheiten an den Golf in diesen Wochen den friedlichen Eindruck, den die Bundesrepublik auf jeden Fall auf die Sowjetunion machen wollte, konterkariert. Also erklärte der deutsche Außenminister, Hans-Dietrich Genscher, bei einer Tagung des Ministerrats der WEU am 21. August den anderen Teilnehmern, dass »das Grundgesetz die Entsendung von Truppen in Regionen außerhalb des Bündnisgebietes« – das heißt zum Beispiel in den Persischen Golf – nicht

---

15 Vgl. Karl Kaiser, Klaus Becker: Deutschland und der Irak-Konflikt, a.a.O., S. 14.
16 Resolution 661 (1990) des UN-Sicherheitsrats vom 6. August 1990, in: Helmut Hubel: Der zweite Golfkrieg, a.a.O., S. 82-85.
17 Resolution 665 (1990) des UN-Sicherheitsrats vom 25. August 1990, in: Helmut Hubel: Der zweite Golfkrieg, a.a.O., S. 88-90.

erlaube, wobei die Bundesregierung versuche, eine Ergänzung des Grundgesetzes zu erreichen.[18]

Noch schien jedoch eine Militäraktion in weiter Ferne zu liegen. Die internationale Gemeinschaft war vielmehr gefragt, den besonders vom Embargo gegen den Irak betroffenen Ländern der Region beizustehen und sich – aktiv oder finanziell – an den Streitkräften am Golf zu beteiligen. Auf einen dementsprechenden Aufruf der amerikanischen Regierung – Präsident Bush senior rief sogar Bundeskanzler Kohl persönlich an – reagierte die deutsche Regierung jedoch zunächst überhaupt nicht. Aus einer diplomatisch unklugen Entscheidung heraus, einen eigens erarbeiteten Maßnahmenplan persönlich vorstellen zu wollen, schwieg die Bundesregierung zwei Wochen lang.

Wie Karl Kaiser und Klaus Becher in ihrer Darstellung »Deutschland und der Irak-Konflikt. Internationale Sicherheitsverantwortung Deutschlands und Europas nach der deutschen Vereinigung« (1992) kritisch anmerken, versäumte die Bundesregierung in dieser Zeit der Kritik an Deutschland, auf den »unentbehrlichen Wert, den militärische Einrichtungen in Deutschland für die amerikanischen Militäroperationen hatten und haben würden«, hinzuweisen.[19] Die deutsche Irakpolitik wurde bestimmt durch den innenpolitisch engen Zeitrahmen des Einigungsprozesses und das Bestreben, Solidarität – besonders mit den USA – zu zeigen. Die Regierung versuchte gleichzeitig, stets auf gutem Fuß mit der Führung der Sowjetunion zu bleiben. Denn selbst nach der Wiedervereinigung am 3. Oktober 1990 agierte Deutschland stets in Sorge, die ohnehin angespannte innenpolitische Situation in der Sowjetunion könne durch ein zu selbstbewusstes Auftreten der Bundesrepublik umschwenken und die Gegner der Westpolitik Gorbatschows und Schewardnadses an die Macht bringen: noch standen sowjetische Truppen in Deutschland, noch war das geeinigte Land sehr jung.[20] Besorgt wurden währenddessen Geiselnahmen nicht-arabischer Zivilisten durch den Irak von der internationalen Gemeinschaft registriert. Bereits am 10. August 1990 hatte die Europäische Gemeinschaft in einer

---

18 Vgl. Karl Kaiser: Deutschland und der Irak-Konflikt, a.a.O., S. 14-15, S. 20; Kommuniqué der Tagung des Ministerrates der WEU in Paris vom 21.8.1990, auszugsweise in: Auswärtiges Amt (Hg.): »Deutsche Außenpolitik 1990/91. Auf dem Weg zu einer Europäischen Friedensordnung. Eine Dokumentation«, Bonn 1991, S. 142-143; Bericht des Bundesministers des Auswärtigen, Genscher, vor dem Bundestag über die Tagung der WEU und die EPZ-Sitzung zur Lage am Golf vom 21.8.1990, auszugsweise in: AA: »Deutsche Außenpolitik 1990/91«, Bonn 1990, S. 144-146.
19 Karl Kaiser: Deutschland und der Irak-Konflikt, a.a.O., S. 18.
20 Karl Kaiser: Deutschland und der Irak-Konflikt, a.a.O., S. 7-8.

Erklärung »ihre tiefe Sorge über die Lage der Ausländer in Irak und Kuwait« bekundet.[21] Eine ganze Anzahl wichtiger Persönlichkeiten reiste in der Folgezeit nach Bagdad, um auf die Freilassung der Geiseln hinzuwirken, unter ihnen Willy Brandt.[22]

Bei einer fast unveränderten Situation in Bezug auf Kuwait ermächtigte der UN-Sicherheitsrat am 29. November jegliche »Mitgliedstaaten, die mit der Regierung Kuwaits kooperieren«, nach Ablauf eines Ultimatums bis zum 15. Januar 1991 – bis zu diesem Zeitpunkt hatte der Irak letztmalig die Chance, die Forderungen der Sicherheitsrat-Resolutionen umzusetzen – »alle erforderlichen Mittel einzusetzen«. Alle Staaten wurden aufgefordert, diese »Maßnahmen in geeigneter Weise zu unterstützen«.[23] Das hieß im Klartext, dass, sollte der Irak die Forderungen nicht erfüllen, zu militärischen Mitteln gegriffen werden konnte. Nicht wenige Partnerländer würden dann auch von Deutschland mehr Engagement erwarten.

Sowohl die deutsche Bevölkerung als auch ein großer Teil der deutschen Politiker waren jedoch grundsätzlich kritisch gegen die deutsche Bundeswehr eingestellt – vor allem, wenn es Aktivitäten im Ausland betraf. Nicht zuletzt vor dem Hintergrund der eingangs skizzierten beiden Verantwortungsstränge, also der besonderen Verantwortung, die Politikern aufgrund der jüngeren Vergangenheit tragen, hatte die Bundesrepublik sich zunächst auf eine »Politik der strikten deutschen Abstinenz« von militärischen Maßnahmen – abgesehen vom nationalen Verteidigungsfall – eingerichtet.

Am 14. Januar 1991 erklärte Helmut Kohl vor dem Deutschen Bundestag: »Wenn die Völkergemeinschaft es zulässt, dass die staatliche Existenz eines ihrer Mitglieder gewaltsam ausgelöscht wird, dann hätte dies unabsehbare Folgen auch in anderen Teilen der Welt. Ich denke, gerade wir, die Deutschen, sollten für diesen Zusammenhang besonders sensibel sein. Daher galt, und gilt es, den Anfängen zu wehren und dem irakischen Vorgehen entschiedenen Widerstand entgegenzusetzen.«[24] Kohl sah sich gleichzeitig genötigt, auf das UN-Mandat für einen Einsatz der Alliierten gegen den Irak sowie auf deren »Anspruch auf Solidarität« hinzuweisen.[25] Außerdem bekräftigte Kohl, Deutschland werde weiterhin die befreundeten Länder Ägypten, Jordanien und die Türkei, die unter der Golfkrise und dem Em-

---

21 Erklärung der EG vom 10.8.1990, in: AA: »Deutsche Außenpolitik 1990/91«, S. 141-142, S. 142. vgl. auch besonders Bericht des Bundesministers des Auswärtigen vom 21.8.1990, S. 146.
22 Christian Hacke: Zur Weltmacht verdammt, a.a.O., S. 480.
23 Resolution 678 (1990) des UN-Sicherheitsrats vom 29. November 1990, in: Helmut Hubel: Der zweite Golfkrieg, a.a.O., S. 92-93.
24 Erklärung der Bundesregierung zur Lage in der Golf-Region und in Litauen, abgegeben von Bundeskanzler Helmut Kohl vor dem Deutschen Bundestag am 14. Januar 1991, in: Helmut Hubel: Der zweite Golfkrieg, S. 93-100, a.a.O., S. 94-95.
25 ebd., Erklärung der Bundesregierung am 14. Januar 1991, S. 95-96.

bargo gegen den Irak besonders zu leiden hätten, unterstützen, was ganz offensichtlich finanzielle Belastungen mit sich bringe.[26]

Die Europäische Gemeinschaft versuchte noch im Januar 1991, eine friedliche Lösung des Konfliktes zu erreichen. Auf dringende Bitte Außenminister Genschers hin wurde eine EG-Sondersitzung zur Golfkrise auf den 4. Januar vorverlegt. EG-Regierungen, besonders Frankreich, boten dem Irak weitere Gespräche an, unter anderem zur vom Irak gewünschten Verknüpfung des irakischen Rückzugs mit einer Nahostkonferenz. Währenddessen wurde der amerikanische Druck, nach Ablauf des Ultimatums aktiv zu werden, immer größer, und bald zerbrach die letzte europäische Initiative an der ablehnenden Haltung der Briten und Niederländer. Angesichts der beinahe schon offenen Differenzen sagte die Bundesrepublik finanzielle Hilfen über die versprochenen 3,3 Milliarden DM hinaus für das Engagement der Alliierten im Golf zu.[27] Auf internationale Kritik reagierte die Bundesregierung mit der »Diplomatie des gezückten Scheckbuchs.«[28]

c) *Engagement der Bundeswehr*

Anfang 1991 begann die Bundesrepublik zögerlich, sich mit militärischen Maßnahmen in die internationalen Bemühungen rund um die Golfkrise einzufügen. So beteiligte sie sich zunächst an der Luftkomponente der Alliierten Mobilen Einsatztruppe (AMF) für den Befehlsbereich Europa, welcher auf Bitten der Türkei vom NATO-Rat aktiviert worden war. Die Flugzeugstaffeln sollten der Abschreckung eines möglichen irakischen Angriffes dienen. Die Bundeswehr entsandte dafür vom 6. bis zum 10. Januar 1991 insgesamt 212 Soldaten des Jagdbombergeschwaders 43 aus Oldenburg mit 18 Alpha Jets, zwei SAR (Search and Rescue)-Hubschraubern aus dem Such- und Rettungsdienst der Bundeswehr sowie zwei »Fuchs« Spürpanzer an den Fliegerhorst Erhac in die Türkei, etwa 400 Kilometer von der irakischen Grenze entfernt.[29] Im Februar 1991 wurde der Einsatz durch weitere deutsche Einheiten mit HAWK- und Roland-Flugabwehrraketen zur Absicherung der Flieger ergänzt. Dabei wurden 193 Soldaten mit etwa 8 Waffensystemen Roland (Flugabwehr mit Lenkflugkörpersystem) ebenfalls

---

26 Erklärung der Bundesregierung am 14. Januar 1991, S. 96.
27 Michael Hennes: Die Banalität des Scheiterns. Europas Versagen und der Golfkrieg, in: Gewerkschaftliche Monatshefte, 3/1991, 42. Jg., S. 189-199, S. 194-197.
28 Peter Merseburger:, a.a.O., S. 351.
29 Bundesministerium der Verteidigung (Hg): Einsatz der Bundeswehr im Zusammenhang mit dem Golfkonflikt. Dokumentation der Berichte beteiligter Soldaten, Informationen zur Sicherheitspolitik, Bonn, April 1992, S. 5; vgl. Erklärung der Bundesregierung am 14. Januar 1991, S. 96-97; siehe auch Helmut Hubel: Der zweite Golfkrieg, a.a.O., S. 57; BMVg: Armee der Einheit, S. 13.

nach Erhac verlegt, zwei verstärkte Halbstaffeln HAWK (Raketensystem zur Bekämpfung von Flugzielen in mittleren Höhen) mit 178 Soldaten an den Flugplatz Diyarbakir.[30] Beide Flugplätze liegen in relativer Nähe zu einander im Süd-Osten der Türkei, wobei Diyarbakir etwas südöstlicher und näher an der irakischen Grenze liegt.[31] Dieser Einsatz war umstritten, da es Bedenken gab, sich an einer Stationierung NATO-Streitkräften in einer solchen Nähe zur südlichen Grenzregion der Sowjetunion zu beteiligen. Aber auch der rechtliche Status war ambivalent: es handelte sich schließlich nicht um einen NATO-Bündnisfall, sondern um eine präventive Schutzmaßnahme, was etwa dazu führte, das nicht klar war, inwieweit die Soldaten im Falle eines tödlichen Unfalls versichert gewesen wären.[32]

Bald kamen Diskussionen in Deutschland auf, wie die Bundesrepublik sich im Falle eines irakischen Angriffes auf die Türkei, und somit des NATO-Bündnisfalles, verhalten würde. Die Bundesregierung teilte der amerikanischen Regierung am 14./15. Februar 1991 in Washington mit, Deutschland werde seine Bündnisverpflichtungen auch gegenüber der Türkei erfüllen.[33] Ein politisches Problem, welches sich aus den Diskussionen in Deutschland ergab, war die schwierige Lage, in der sich die Soldaten im Einsatz in der Türkei befanden, da sie oft bei Telefongesprächen mit Angehörigen und Freunden den Sinn ihres Einsatzes erläutern oder gar rechtfertigen mussten. Solche Situationen setzen die deutschen Soldaten zusätzlichem Stress aus und beeinflussten die Stimmung in der Einheit negativ. Erst zwei Jahre später wurde öffentlich, dass Bundeswehrsoldaten auch an Aufklärungsflügen über der östlichen Türkei in Awacs-Aufklärern der NATO teilgenommen hatten.[34]

Zusätzlich zum Einsatz in der Türkei übernahm die Bundeswehr zu einem großen Teil die Deckung von Lücken in der NATO-Verteidigung, die durch die Entsendung alliierter Truppen in den Golf entstanden, und trug

---

30 BMVg: Einsatz der Bundeswehr, S. 5; für nähere Information zu den HAWK- und Roland-Systemen, siehe die Seite Waffensysteme auf den Internetseiten der Luftwaffe, http://www.luftwaffe.de/C1256C770036BB94/CurrentBaseLink/N25HJK4 T065RSOIDE, heruntergeladen am 15.06.04.

31 Eine Karte der türkischen Luftwaffentandorten, wo beide Flugplätze verzeichnet sind, findet sich auf der Internetseite Turkish Air Bases http://www.globalsecurity.org/military/world/europe/airfield-tu.htm, heruntergeladen am 15.06.04.

32 Karl Kaiser, Klaus Becker: Deutschland und der Irak-Konflikt, a.a.O., S. 30; Seiten Chronik 1990-1991 auf den Internetseiten der Luftwaffe, http://www.luftwaffe.de/ C1256C770036BB94/CurrentBaseLink/W25YGAAE266INFODE, heruntergeladen 10.06.04.

33 Kooperation in der Golfkrise. Informationserlass des Auswärtigen Amts vom 19.2.1991 über die deutschen Beiträge, auszugsweise in: AA: »Deutsche Außenpolitik 1990/91«, S. 350-351, S. 350.

34 [kein Verfasser]: Hintergrund. Deutschland im Krieg, in: Stern, 21.03.03, im Internet abrufbar unter: http://www.stern.de/politik/deutschland/index.html?id=505488 &p=2&nv=ct_cb, heruntergeladen am 07.06.04.

so zwar indirekt, aber nicht unerheblich, zu den Aktionen der Alliierten bei. Hierzu gehört, dass der Minenräumverband im Mittelmeer, der bisher hauptsächlich Dienste des Schifffahrtsschutzes für das östliche Mittelmeer geleistet hatte, vom 23. Januar 1991 bis zur Verlegung in den Golf im März 1991 zur Koordinierung der NATO-Minenabwehr im Mittelmeer NATO-Befehl unterstellt wurde.[35] Der Einsatz im Mittelmeer zielte auf den Schutz der zivilen Handelsschifffahrt ab. Die NATO war bestrebt, eine lückenlose Überwachung und direkte Reaktionsfähigkeit sicherzustellen, und konzipierte den Einsatz Streitkräfte übergreifend in Verbindung mit nationalen Luftstreitkräften aus Italien, Griechenland und der Türkei, bei mit einander überlappenden und ergänzenden Verantwortungsbereichen der See- und Seeluftstreitkräfte, sowie vernetzt mit NATO-Frühwarn-Kräften.[36]

Deutschland steuerte im Mittelmeer konkret den Minenabwehrverband Südflanke bei, welcher aus fünf Minenabwehrfahrzeugen und zwei Unterstützungseinheiten bestand. Außerdem kam von September 1990 bis März 1991 ein Zerstörer und eine Fregatte sowie von Oktober 1990 bis März 1991 ein Tanker hinzu. Zudem wurden nach Beginn des Golfkrieges im Januar 1991 noch vier Zerstörer und zwei Unterstützungseinheiten zusätzlich ins Mittelmeer beordert.[37] Da Nachschublieferungen an den Irak über das östliche Mittelmeer, ob von anderen Staaten oder terroristischen Gruppierungen, für möglich gehalten wurden, waren auch zeitweise drei Seefernaufklärungs-Flugzeuge »Bréguet Atlantic« der deutschen Marine von Sardinien aus an Seestreitkräfte-Übungen der NATO beteiligt, die letztlich zur Verhinderung solcher Lieferungen eingesetzt wurden.[38] Insgesamt waren Mitte Januar bis Mitte März 1991 ca. 2200 deutsche Marineangehörige im Mittelmeerraum im Einsatz.[39]

Die deutsche Bundeswehr befand sich hier und in den anderen Einsätzen, an denen sie sich im Zusammenhang mit der Situation im Golf beteiligte, in einer schwierigen Phase des innenpolitischen Umbruchs. Nicht nur, dass gerade erst zwei Armeen aus völlig unterschiedlichen politischen Systemen vereint wurden. Mit einem beginnenden Umdenken in der Außenpolitik Deutschlands wurde die Bundeswehr auch Schritt für Schritt Instrument einer neu gearteten Verteidigungs- und Sicherheitspolitik. »Der traditionelle Zuschnitt der Bundeswehr auf die Landes- und Bündnisverteidigung«, schreibt Alexander Siedschlag in der Zeitschrift Information für die

---

35 Karl Kaiser, Klaus Becker: Deutschland und der Irak-Konflikt, a.a.O., S. 40-41.
36 BMVg: Einsatz der Bundeswehr, a.a.O., S. 5.
37 BMVg: Einsatz der Bundeswehr, a.a.O., S. 5.
38 Karl Kaiser, Klaus Becker: Deutschland und der Irak-Konflikt, a.a.O., S. 41.
39 BMVg: Einsatz der Bundeswehr, a.a.O., S. 5.

Truppe, geriet »fast über Nacht in Konflikt mit neuen Aufgaben bei der Wahrung und Wiederherstellung des Friedens«.[40]

Aufgrund der geographisch-strategischen Lage des Irak und Kuwaits in der Wüste musste ein Angriff der Alliierten mit Bodentruppen noch vor Beginn der sehr heißen und trockenen Sommermonate beginnen und abgeschlossen sein, das heißt der Zeitplan der Alliierten drängte. Die Ungewissheit über den Ausgang der späten Friedensinitiative der EG lässt vermuten, dass die alliierten Angriffe selbst bei einem gewissen Entgegenkommen durch den Irak stattgefunden hätten – und auf ein deutsches Umdenken konnte ohnehin nicht gewartet werden.[41]

Mit dem 15. Januar 1991 lag der Termin, zu dem das Ultimatum an den Irak ablaufen sollte, für die Bundesrepublik denkbar ungünstig: die ersten gesamtdeutschen Wahlen waren gerade vorüber. Es zeichnete sich zwar bereits ab, dass Helmut Kohl Bundeskanzler bleiben würde, die Koalitionsverhandlungen waren jedoch noch nicht beendet.[42] Zudem fand fast zeitgleich mit der Krise am Golf am 13. Januar 1991 die blutige Niederschlagung eines Aufstandes in Litauen durch die Rote Armee statt: die geographisch viel nähere Krise, die zudem wiederum deutsche Sorgen über die Entwicklungen in der Sowjetunion schürte, band die deutsche Aufmerksamkeit.

Da Deutschland sich scheute, offen die militärischen Aktionen der Alliierten gutzuheißen, wuchs von dieser Seite die Kritik an Deutschland, besonders seitens der USA und Großbritanniens. Eine offene Unterstützung durch Bonn wurde gefordert – und im Ergebnis erhöhte die Bundesregierung ihre Finanzhilfen auf insgesamt 13,6 Milliarden DM. Der britische Außenminister Douglas Hurd setzte diese Kritik bei einem Deutschlandbesuch fort, und hielt fest, nach einer Grundgesetzänderung müssten auch die Deutschen aus ihrer Rolle des Zahlmeisters heraustreten und sich aktiv engagieren: darauf versprach die Bundesregierung weitere 800 Millionen DM Hilfe. Diese »Scheckbuchdiplomatie« der Bundesrepublik nahm schließlich solche Ausmaße an, dass die Steuern erheblich angehoben werden mussten.[43] Dass die Bundesrepublik weiterhin, auch während des Krieges, den USA ihr Territorium geöffnet hatte, wurde häufig übersehen, obwohl sie laut Helmut Hubel damit »faktisch und völkerrechtlich« Kriegspartei wurde. Die Bundesrepublik Deutschland leistete gar aktive Hilfe bei den

---

40 Alexander Siedschlag: Bundeswehr Global. Weltweite Einsätze der Bundeswehr, in: Information für die Truppe. Zeitschrift für Innere Führung, 1/2003, 47. Jg., im Internet zu finden unter: http://www.ifdt.de/0301/Artikel/siedschlag.htm, heruntergeladen am 07.06.04.
41 Vgl. Gerhard Wettig: Europa vor einer zweifachen Herausforderung, in: Außenpolitik. Zeitschrift für internationale Fragen, 2/1991, 42. Jg., S. 107-115, S. 107-108, Helmut Hubel: Der zweite Golfkrieg, a.a.O., S. 54.
42 Vgl. Helmut Hubel: Der zweite Golfkrieg, a.a.O., S. 53.
43 Eckhart Arnold: German foreign policy and unification, a.a.O., S. 462.

Vorbereitungen und Verlegungen alliierter Streitkräfte in Deutschland, etwa bei Transport und Bewachung.

Am 17. Januar begann die »Operation Wüstensturm« (»Desert Storm«) – einer multilateralen Allianz aus 26 Nationen gegen den Irak unter Führung der USA – mit massiven Bombenangriffen. Das militärische Ziel war die Vernichtung der irakischen Militärmaschinerie, die Zerstörung militärischer Produktionsstätten und eine Beeinträchtigung der zivilen Infrastruktur. Der Irak reagierte einen Tag später mit Scud-Raketen auf Tel Aviv und Saudi-Arabien. Außerdem wurden Erdöl in den Golf eingelassen und insgesamt ca. 600 Erdölquellen angezündet, was die alliierte Luftoffensive empfindlich beeinträchtigte. Um das Verhältnis zu Israel nach den irakischen Scud-Angriffen wieder zu verbessern, überwies Deutschland relativ eilig 250 Millionen DM zur humanitären Hilfe. Hans-Dietrich Genscher reiste nach Tel Aviv. Außerdem stimmte die Bundesregierung Waffenlieferungen an Israel zu, und zwar von Waffensystemen zur Raketenabwehr und der Finanzierung von zwei U-Booten zu. Beide Entscheidungen verstießen gegen das Prinzip, Waffen nicht in Spannungsgebiete zu liefern. Im Februar kamen zudem 32 israelische Soldaten nach Deutschland, um sich an der ABC- und Selbstschutzschule der Bundeswehr am Spürpanzer »Fuchs« ausbilden zu lassen. Der Spürpanzer »Fuchs« ist auch heute noch so modern, dass er das Hauptwaffensystem der ABC-Abwehrtruppe darstellt.[44] Damit es keine Wiederholung dermaßen kritischer Situationen durch Exporte deutscher Firmen mehr geben konnte, beschloss das Bundeskabinett einen speziellen Maßnahmenkatalog zu Bestrafung und Verfolgung illegaler Exportaktivitäten.[45]

Gleichzeitig wurden auf Drängen des amerikanischen Außenministers James Baker 36 »Fuchs« Spürpanzer trotz erheblicher Bedenken auch innerhalb der Bundesregierung an Saudi-Arabien geliefert. Die genaueren Umstände wurden im Rahmen des Untersuchungsausschusses »Parteispenden« des Deutschen Bundestages zehn Jahre später noch einmal aufgerollt.

---

44 Mariaschin: Wege zum Frieden, S. 18-19; BMVg: Einsatz der Bundeswehr, S. 13; vgl. auch Zur deutschen Haltung im Golfkonflikt. Interview des Bundesministers des Auswärtigen, Genscher, mit dem Deutschlandfunk für die Sendung »Information am Morgen« am 28.1.1991, in: AA: »Deutsche Außenpolitik 1990/91«, S. 318-319. Näheres zum Spürpanzer »Fuchs« auf den Techniksiten des Heeres, http://www.deutschesheer.de/C1256B6C002D670C/CurrentBaseLink/N25GKBXN346RHAHDE, heruntergeladen am 10.06.04.

45 Vgl. Maßnahmen der Bundesregierung zur Verbesserung der Exportkontrollen. Beschlüsse des Bundeskabinetts zur Bestrafung illegaler Exporte und zur Verfolgung krimineller Aktivitäten vom 6.2.1991, auszugsweise in: AA: »Deutsche Außenpolitik 1990/91«, S. 343-346.

Bemerkenswert ist, dass in dieser Zeit des Krieges sich in Deutschland in der Öffentlichkeit Kräfte formierten, die den Kriegsgegnern entgegen traten und ein entschiedenes Auftreten der Bundesrepublik für den Frieden im Nahen Osten, aber auch für die Sache der UNO und der Alliierten forderten. »Die Solidarität des deutschen Volkes darf sich nicht in Worten erschöpfen«, so hieß es am 24. Januar in einer Erklärung des Zentralkomitees der deutschen Katholiken. »Wir müssen die Lasten der Völkergemeinschaft zur Beendigung des Krieges mittragen.«[46] Die Deutsche Bischofskonferenz vertrat dagegen weitgehend die These, das der Krieg letztlich überhaupt nicht zu Frieden in der Region führen würde; vielmehr sollten stattdessen nicht-militärische Mittel voll ausgeschöpft werden und eine gerechtere soziale, wirtschaftliche und demokratische Ordnung im Nahen Osten geschaffen werden.[47]

Ende Januar 1991 konnte Außenminister Genscher sagen: »Wir sind im übrigen das Land, das den größten, nicht nur finanziellen, sondern auch sachlichen Beitrag zur Verfügungstellung von Transportkapazitäten, von Ausrüstung und Munition zur Aktion der alliierten Streitkräfte geleistet hat«.[48] Dass dies nicht von allen Deutschen mit Wohlwollen gesehen wurde, ist klar. Aber es gibt zu denken, dass Genscher selber im Nachhinein einige Rüstungslieferungen, vor allem die »Fuchs«-Lieferungen an Saudi-Arabien, in Frage stellte. Genscher sagte, er sei besorgt gewesen, dass in Moskau Kräfte, die gegen eine Ratifikation waren, im Golfkrieg Auftrieb bekommen könnten, da nicht nur im Dezember 1990 der sowjetische Außenminister Schewardnadse zurückgetreten war, sondern zudem die Sowjetunion als einziger Vertragspartner auch zu diesem Zeitpunkt die Ratifikationsurkunden des »2+4«-Vertrages noch nicht unterzeichnet hatte.

Mitte Februar 1991 beliefen sich die deutschen Leistungen auf rund 17 Mrd. DM oder 11 Mrd. 386 Mio. US-Dollar. Dieser Betrag setzt sich aus den Beiträgen zur militärischen Lastenteilung (14 Mrd. 490 Mio. DM) und Hilfen für befreundete Länder der Region um den Irak, besonders Ägypten,

---

46 Zentralkomitee der deutschen Katholiken: Erklärung zu den kriegerischen Auseinandersetzungen im Nahen Osten, 24. Januar 1991, abgedruckt in: Ortwin Buchbender; Gerhard Kupper: »Spurensuche Frieden. Friedensethische und friedenspolitische Erklärungen der christlichen Kirchen seit dem zweiten Golfkrieg«, Bonn 1996, S. 69-70, S. 69.
47 Deutsche Bischofskonferenz: Wort der Deutschen Bischöfe zum Golfkrieg, 21. Februar 1991, abgedruckt in: Buchbender: »Spurensuche Frieden«, S. 73-77, S. 74-75.
48 Zur deutschen Haltung im Golfkonflikt, 28.1.1991, S. 320.

Jordanien und die Türkei, (2 Mrd. 589 Mio. DM) zusammen.[49] Aus der Einschätzung heraus, die deutsche Bevölkerung würde eine derartige Beteiligung der Bundesrepublik am Krieg nicht gutheißen, machte die Bundesregierung ihre Beträge jedoch bis Ende Januar 1991 kaum öffentlich bekannt.

Am 24. Februar begann die alliierte Bodenoffensive der alliierten Streitkräfte, der so genannte »Krieg der 100 Stunden« im Südirak und in Kuwait. Nach dem Einmarsch kuwaitischer Truppen in Kuwait City am 27. Februar 1991 erklärte sich Saddam Hussein zur Annahme aller UN-Sicherheitsrats-Resolutionen bereit. Am 28. Februar 1991 verkündete Präsident Bush die Einstellung der Kampfhandlungen. Was die Alliierten offensichtlich nicht eingerechnet hatten, war die gärende innenpolitische Situation im Irak. Ab März 1991 kam es zu Aufständen der Schiiten im Südirak und der Kurden im Norden. Beide Aufstände wurden so brutal von der Republikanischen Garde Husseins, die im Krieg von ihm geschont worden war, niedergeschlagen, dass hier geradezu von einem Genozid gesprochen werden kann; über eine Millionen Schiiten sollen zu Tode gekommen sein. Darauf hin kam es zu massiven Flüchtlingsbewegungen in den Iran, in die Türkei und in der Region. Die Situation war sowohl vom humanitären als auch vom Gesichtspunkt der regionalen Stabilität und Sicherheit äußerst beunruhigend.

In Resolution 688 verurteilte der UN-Sicherheitsrat am 5. April 1991 (bei Enthaltung Chinas) diese Unterdrückungsmaßnahmen.[50] Im Rahmen der »Operation Provide Comfort« begannen Anfang April 1991 mehrere tausend amerikanische, britische und französische Soldaten, unterstützt vor allem von Deutschland, Lebensmittel und Hilfsgüter für Flüchtlinge aus dem Irak abzuwerfen, und dann eine Schutzzone für die Kurden einzurichten[51]. Die deutsche Luftwaffe half – Deutschland nahm nicht an der Operation teil, sondern koordinierte sich nur mit ihr – zunächst mit einer Luftbrücke in die türkische Grenzregion des Irak. C-160 Transall-Maschinen der Luftwaffe flogen im Einsatz für die »Operation Kurdenhilfe« Hilfsgüter in die Region, von wo aus Heereshubschrauber den Weitertransport übernahmen. Dabei hatte die Luftwaffe ausdrücklich den Auftrag, mit zivilen Hilfsorganisationen vor Ort zusammenzuarbeiten und sich zudem mit der »Operation Provide Comfort« abzustimmen. Ab Ende April 1991 wurde die Hilfe auf den Iran ausgeweitet, wohin fünf Arzttrupps geschickt wurden und mit dem Aufbau eines Feldlazaretts begonnen wurde. Außerdem errichtete die Bundeswehr ein Zeltdorf für 5.000 Flüchtlinge, wobei die Bundeswehr 250 bis 500 Pioniere sowie Material stellte und die Koordination

---

49 in derselben Quelle werden auch Angaben über Beiträge gemacht, die, zusammengerechnet, eine noch größere Summe von 11,933 $ ergeben. Vgl. Kooperation in der Golfkrise. Informationserlass des Auswärtigen Amts vom 19.2.1991, S. 350-351.
50 Helmut Hubel: Der zweite Golfkrieg, a.a.O., S. 66.
51 Christian Hacke: Zur Weltmacht verdammt, a.a.O., S. 486.

übernahm, während der Iran Personal und Material beisteuerte.[52] Wie auf den Internetseiten der Luftwaffe zu lesen ist, war dies »die größte Versorgungsaktion in der Geschichte der Bundeswehr.«[53]

Allerdings traten auch Schwierigkeiten auf: der Leiter der Unterstützungsgruppe Bakhtaranim Iran, ein Brigadegeneral, wies besonders darauf hin, dass das Einsatzland selbst der Einheit erhebliche Probleme bereitete. So hatte der Iran, der seit Jahren eine Politik der Abschottung gegenüber dem Westen betrieb, sehr lange gezögert, bis er auf das deutsche Hilfsangebot einging (direkte Hilfe der USA wurde beispielsweise überhaupt nicht akzeptiert). Das hatte zur Folge, dass sich die Situation der Flüchtlinge schon erheblich verschlechtert hatte, als die Hilfe letztlich angenommen wurde, und die Hilfsaktion sehr schnell in die Gänge kommen musste.

Zudem waren die Bundeswehrsoldaten, in den Worten des Brigadegenerals, »»NATO-verwöhnt« [und setzten] die über all die Jahre eingeübten und eingefahrenen Verfahren im Gastland [voraus]«. Ein gewisses Vertrauen der Bevölkerung und der Behörden vor Ort, als Arbeitsbasis für die Aktion, konnte nur langsam gewonnen werden, was angesichts der ohnehin unter Zeitdruck laufenden Aktion kritisch war. Diese Provinz des Iran konfrontierte die Soldaten jedoch nicht nur mit anderen Verfahren und Arbeitsbedingungen, sondern war zudem auch direkt von einer Konfliktsituation unabhängig von der Flüchtlingshilfe betroffen, da es im Grenzgebiet zum Irak mehrmals zu Zwischenfällen kam. Die Hilfsaktionen dauerten in der Türkei bis zum 31. Mai, im Iran bis zum 15. Juni 1991 an.

d) Der Einsatz des deutschen Minenräumverbandes im Persischen Golf

Deutschland begann nach dem formellen Ende des Golfkrieges, sich vermehrt aktiver militärisch einzusetzen, nicht zuletzt, um der internationalen Kritik am deutschen Verhalten während der Golfkrise und den Kriegshandlungen zu begegnen. Der Minenräumverband der Bundeswehr wurde im März 1991 aus dem Mittelmeer in den Golf verlegt, um sich an einer Einsatzgruppe zur Beseitigung von Seeminen vor der Kuwaitischen Küste, die von der WEU koordiniert wurde, zu beteiligen. Den rückwärtigen Stützpunkt bildete der Hafen Manamah in Bahrain. Der Einsatz wurde als »humanitäre Mission« deklariert, obwohl noch kein formeller Waffenstillstand herrschte, als die Bundesregierung die Verlegung beschloss, was auch der Opposition ihre Zustimmung erleichterte. Begründet war der Einsatz damit, dass die Räumung der Minen der internationalen Handelsschifffahrt zum Schutz und somit auch der Wiederherstellung des Friedens im Golf gemäß

---

52 BMVg: Einsatz der Bundeswehr, a.a.O., S. 6-7.
53 http://www.luftwaffe.de/C1256C 770036BB94/CurrentBaseLink/W25YGAAE266 INFODE, heruntergeladen 10.06. 04.

UN-Sicherheitsrats-Resolution 678 vom November 1990 diene. Im Golf setzte die Marine erstmalig das Minenabwehrsystem »Troika« ein, das den Einsatz von drei ferngesteuerten »Seehunden« zum Aufspüren und Räumen von Seeminen vorsieht, während die Schiffe bei der Räumaktion außerhalb des Minenfeldes bleiben können.[54]

Interessanter Weise ist einer der Gründe, die ein Kapitän zur See, der Kommandant des Minenabwehrverbandes und WEU-Koordinator war, für die relativ einfache Koordination der verschiedenen nationalen Verbände verantwortlich machte, dass sich die einzelnen Kommandeure bereits persönlich von Manövern, Ausbildungsgängen oder NATO-Dienstposten kannten. Tatsächlich ist die Bundeswehr bemüht, besonders ihre Offiziere auf multinationalen Lehrgängen und Manövern mit Angehörigen anderer Armeen in Verbindung zu bringen, was offensichtlich von hohem Wert bei multinationalen Einsätzen sein kann, an welchen die Bundeswehr seit 1990 vermehrt teilnimmt.

Bei diesem Einsatz wurde von teilnehmenden Soldaten, sowohl von Seiten des Kommandanten wie auch von Seiten der Grundwehrdienstleistenden, explizit darauf hingewiesen, dass die Teilnahme von Grundwehrdienstleistenden an der Operation kein Problem, sondern ganz im Gegenteil von Vorteil für Operation und Soldaten war. Solche Äußerungen sind nicht zuletzt Folge einer in der Bundesrepublik immer neu aktuellen Frage, ob und in wie weit der Wehrdienst als Teil der Bundeswehr erhalten bleiben soll. Auch der Kommandeur des Minenräumverbandes sah ein Problem in der politischen Strittigkeit eines Einsatzes: »Die Kernfrage der Legalität solcher Einsätze muss ausdiskutiert sein, wenn der Soldat von den Politikern den Befehl dazu bekommt. Es kann nicht ihm überlassen bleiben, Partei zu ergreifen und damit die politische Argumentation für den ihm befohlenen Einsatz zu führen.«[55] Zusätzlich zu den Minenräumern entsandte Deutschland zur Bewältigung der Ölkrise im Persischen Golf, die Saddam Hussein ausgelöst hatte, Experten und Material, zwei Marineflugzeuge und

---

54 Thomas Kielinger: Der Golf-Krieg und die Folgen, S. 247; Kaiser: Deutschland und der Irak-Konflikt, S. 15-16, S. 42; Helmut Hubel: Der zweite Golfkrieg, S. 63; BMVg: Armee der Einheit, S. 13; zum Minenabwehrsystem Troika siehe Minensuchboot Klasse 351 (Wilhelmshafen), http://www.pigeier.de/flotte13.html (auf den Internetseiten der Marine ist leider nichts zu diesem Thema zu finden).
55 Kurzvortrag Kapitän zur See ..., Kommandeur Minenabwehrverband »Südflanke« und WEU-Koordinator, abgedruckt in: BMVg: Einsatz der Bundeswehr, S. 16.

ein Ölauffangschiff sowie umfassende finanzielle Hilfe für insgesamt 20 Millionen DM.[56]

Diese Einsätze der Bundeswehr außerhalb des NATO-Gebietes und zu Bedingungen, die denen einer Konfliktsituation doch sehr nahe kamen, markierten, wie Karl Kaiser und Klaus Becher schreiben, »einen weiteren Schritt in der Auslotung der Grauzone einer Nutzung des deutschen Verteidigungsinstrumentariums für Zwecke der internationalen Sicherheit außerhalb des NATO-Kontexts, ohne die Grenze zum tatsächlichen Verteidigungseinsatz zu überschreiten.«[57] Diese Einsätze bildeten erste Schritte auf dem Weg von einer relativ standortgebundenen Abschreckungsarmee in Zeiten des kalten Krieges hin zu einer flexiblen Einsatzarmee.

e) Der deutsche Beitrag an UNSCOM

Am 3. April 1991 wurde vom UN-Sicherheitsrat die Resolution 687 (1991) verabschiedet, die, unter anderem dem Irak Beschränkungen in Bezug auf chemische und biologische Waffen sowie Beschränkungen in Bezug auf ballistische Flugkörper auferlegte. Zudem äußerte sich der UN-Sicherheitsrat besorgt über irakische Versuche, ein Kernwaffenprogramm zu entwickeln. Alle chemischen und biologischen Waffen und Waffenmaterialien, sowie entsprechende Forschungs-, Entwicklungs-, Unterstützungs- und Produktionseinheiten, und Raketen mit einer Reichweite von über 150 Kilometern, sollten unter internationaler Aufsicht vernichtet, beseitigt oder unschädlich gemacht werden.[58] Damit dies geschehen konnte, sollte der Irak binnen fünfzehn Tagen eine vollständige Deklaration der entsprechenden Waffen und Standorte vorlegen, die dann von einer zu bildenden Sonderkommission an Ort und Stelle inspiziert werden sollten, um sie dann zu vernichten oder unschädlich zu machen. Außerdem sollte die Kommission zusätzlich Orte inspizieren, die die irakische Regierung selbst bezeichnen konnte.[59] Der Irak verpflichtete sich bei Annahme der Resolution außerdem, derartige Waffen nicht mehr herzustellen, zu kaufen oder einzusetzen. Die Einhaltung und Überprüfung dieser Bestimmungen sollte einer Sonderkommission obliegen, die zudem mit der Internationalen Atomenergie Behörde zusammenarbeiten sollte.[60] Die Zerstörung aller Massenvernichtungswaffen und die Erfüllung der Resolution wurden zur Bedingung für

---

56 Helmut Hubel: Der zweite Golfkrieg, S. 63; Karl Kaiser, Klaus Becker: Deutschland und der Irak-Konflikt, a.a.O., S. 122.
57 Karl Kaiser, Klaus Becker: Deutschland und der Irak-Konflikt, a.a.O., S. 43.
58 Resolution 687 (1991) des UN-Sicherheitsrats vom 3. April 1991, in: Helmut Hubel: Der zweite Golfkrieg, S. 111-124.
59 Resolution 687 (1991), a.a.O., S. 117.
60 Resolution 687 (1991), a.a.O., S. 117-119.

das Ende der Sanktionen gemacht. Die United Nations Special Commission on Iraq, also die UNSCOM, wurde geschaffen. »No one expected serious problems«, stellte Daniel Byman damals fest.[61]

Tatsächlich erwartete niemand Probleme – auch Saddam Hussein nicht. Er soll mehrfach intern erklärt haben, man werde die Sonderkommission für dumm verkaufen und bestechen, die Sache würde innerhalb weniger Monate ausgestanden sein.[62] Dem entsprechend begannen irakische Verantwortliche sich zu verhalten. Sie behinderten die Inspektionen; häufig wurde ein Programm erst dann offiziell deklariert, wenn die Inspekteure es bereits zweifelsfrei nachgewiesen hatten. Trotz offiziellen Einverständnisses der irakischen Behörden war der Irak erst nach Drohungen mit weiteren Sanktionen durch die UNO, und nachdem die USA den Inspekteuren militärischen Geleitschutz für ihre Hubschrauber angeboten hatten, zur Duldung der UNSCOM-Maßnahmen bereit. Die UNSCOM entpuppte sich nachträglich als ein äußerst schwieriges Unternehmen.[63]

Ab Anfang Juni 1991 beteiligte sich auch die Bundesrepublik an dieser Kommission. Zivile wie auch militärische Experten aus Deutschland arbeiteten bei der Sonderkommission mit. Von Seiten der Bundeswehr gingen etwa Soldaten des Kampfmittelbeseitigungszuges in Munster als erste zur UNSCOM, um bei der Chemiewaffeninspektion mitzuarbeiten; sie halfen, ein Bild der Zerstörungen von Chemiewaffenanlagen durch alliierte Bombenangriffe zu zeichnen. Dabei bewährten sich die deutschen Soldaten in einer Weise, die den Vorsitzenden der UN-Streitkräfte veranlasste, um eine Fortsetzung der Zusammenarbeit mit ihnen zu bitten.[64] Währenddessen waren vor allem die Arbeitsumstände in oft von den alliierten Angriffen zerstörten und somit verseuchten Anlagen schwierig: ABC-Schutzbekleidung musste mehrfach angelegt werden, und das bei Temperaturen von 45° im Schatten.

Später nahmen Deutsche an der Verifizierung von durch den Irak deklarierten C-Waffen, an Verdachtskontrollen durch die UNSCOM und an der langfristigen Überwachung des Irak teil, wobei ein Fregattenkapitän, der bei den Inspektionen als Leiter eines Bereichteams mitwirkte, die Messgeräte und die Expertise der Bundeswehr lobte; allerdings bemängelte er, dass dieses Fachwissen »bisher nur auf einen sehr kleinen Personenkreis be-

---

61 Daniel Byman: A Farewell to Arms Inspections, in: Foreign Affairs, 1/2000, 79. Vol., S. 119-132, S. 121.
62 Byman: A Farewell, a.a.O., S. 121.
63 Siehe die Internetseite der UNSCOM, http://www.un.org/Depts/unscom/index.html, heruntergeladen am 07.06.04; Byman: A Farewell, S. 121; Kaiser: Deutschland und der Irak-Konflikt, S. 45.
64 Kurzvortrag Fregattenkapitän ..., über Einsätze als Mitglied von Inspektionsteams für chemische Waffen (CW-Team) der Vereinten Nationen im Irak, abgedruckt in: BMVg: Einsatz der Bundeswehr, S. 25.

schränkt« sei.⁶⁵ Dieser Inspekteur bewertete die Situation der UNSCOM als kritisch, da der Irak materiell und fachlich gut ein Jahr nach dem Ende des Krieges zumindest wieder voll in der Lage sei, seine militärische und industrielle Infrastruktur in großem Umfang wiederherzustellen. So könnten die im Irak eingesetzten Wissenschaftler und Ingenieure nach einer zeitlich begrenzten Anlaufphase erneut mit der Produktion von Massenvernichtungswaffen beginnen. Für Deutschland war der Einsatz im Rahmen der UNSCOM dennoch politisch bedeutsam; er trug zu mehr Ansehen Deutschlands sowohl bei den Vereinten Nationen wie auch in den Staaten der Region und bei den teilnehmenden Staaten erheblich bei. Auch an Inspektionen im Bereich von biologischen Waffen waren Deutsche beteiligt; so nahm zum Beispiel von 1995 bis 1998 eine Veterinärmedizinerin der Bundeswehr, die sich auf Milzbranderreger spezialisiert hatte, als UN-Waffeninspekteurin an der UNSCOM teil, zum Teil sogar als Chefinspekteurin.⁶⁶

Vom 2. Oktober 1991 bis zum 28. August 1996 transportierten außerdem deutsche Soldaten Inspekteure in CH-53 Transporthubschraubern des Heeres zur Kontrolle irakischer Chemiewaffenanlagen.⁶⁷ Überdies stellte die Bundeswehr auf Anfragen des UN-Sekretariats vom 6. August 1996 an zwei C-160 »Transall«-Transportflugzeuge der Luftwaffe für Vor-Ort-Inspektionen, Rüstungskontroll- und Versorgungsflüge zur Verfügung, die in Bahrain stationiert wurden. Dieser Einsatz dauerte bis zum 30. September 1996.⁶⁸ Für diesen Einsatz wurden die Maschinen weiß gestrichen und mit den UN-Abzeichen ausgestattet. Ihre Piloten waren unbewaffnet und trugen, wie Navigatoren und Bedienungspersonal, neutrale Uniformen. Mit den Kontrollflügen in den Irak konnten zwar nicht alle Anlagen stets voll überprüft werden, aber sie erschwerten zumindest laut Daniel Byman die Arbeit an Programmen für Massenvernichtungswaffen des Irak. Auch in diesem Bereich gab es indes erhebliche Behinderungen der Kontrollen im Irak, da etwa die Flugrouten zusammen mit irakischen Verbindungsoffizieren ausgearbeitet werden mussten, und diese im Zweifelsfall Strecken als nicht sicher genug deklarierten. Wie wichtig dieser Einsatz für den Erfolg

---

65 Kurzvortrag Fregattenkapitän ..., a.a.O., S. 25.
66 Anke Landmesser: »Ganz sicher«. Irak. Oberfeldveterinär Gabriele Kraatz-Wadsack steht als Waffeninspekteurin für die UN bereit, in: aktuell. Zeitung für die Bundeswehr, 37/2002, 38. Jg., S. 5. Im Internet auch zu finden unter: http://www.bundeswehr.de/misc/pdf/service/bundeswehr_aktuell/bwaktuell_0237.pdf, heruntergeladen am 08.06.04, S. 5.
67 BMVg: Armee der Einheit, S. 13; Seiten Chronik 1990-1991 auf den Internetseiten der Luftwaffe, http://www.luftwaffe.de/C1256C770036BB94/CurrentBaseLink/W25YGAAE266INFODE, heruntergeladen 10.06.04; Kaiser: Deutschland und der Irak-Konflikt, S. 44; BMVg: Einsatz der Bundeswehr, S. 7.
68 Seite UNSCOM im Irak (United Nations Special Commission) auf den Seiten Bundeswehr im Einsatz, http://www.einsatz.bundeswehr.de/einsatz_abgeschl/040803_irak.php, heruntergeladen am 07.06.04.

der UNSCOM nichts desto trotz sein konnte, zeigte sich innerhalb weniger Monate, zum Beispiel als an einem einzigen Tag Kommissare von deutschen Hubschraubern aus 16 nicht vom Irak deklarierte Scud-Abschußstellungen entdeckten.

Allerdings gab es bei diesem Einsatz gewisse Schwierigkeiten, aus denen Lehren gezogen werden können. So berichtete einer der teilnehmenden Hubschrauberpiloten von erheblichen Improvisationsleistungen, die im Bereich der Ausrüstung nötig waren: von amerikanischen Heeresfliegern mussten Zusatztanks geliehen werden, um die Reichweite der Hubschrauber zu verdoppeln, und die regional-geographischen Umstände machten es nötig, dass für die Navigationssicherheit über See- und Wüstengebieten Satellitennavigationsgeräte dezentral besorgt sowie aus Betttüchern Schatten spendende »Sonnensegel« für die verglasten Hubschraubercockpits genäht wurden. Zudem waren die Hubschrauber nicht wirklich für einen Wüsteneinsatz geeignet. So fehlten etwa Staubfilter für die Triebwerke, und die Rotorblätter waren zu empfindlich. Vor diesem Hintergrund ist nur allzu verständlich, wenn in der Bundeswehr Rufe nach »Material und Ausrüstung, die für den Einsatz in Ländern mit anderem Klima und anderer Geographie geeignet sind«, laut wurden.[69]

---

69 Vgl. Friedrich-Wilhelm Dieckhoff: Die Lage ist neu. Gedanken zu Auswirkungen des Golfkrieges auf die Bundeswehr, in: Informationen für die Truppe. Zeitschrift für Innere Führung, 5/1991, 35. Jg., S. 53-57, S. 56.

8. Kambodscha, die UNTAC-Mission und der deutsche Beitrag

Die »United Nations Transitional Authority in Cambodia« kann zweifelsfrei als ein Meilenstein in der Geschichte der Vereinten Nationen betrachtet werden. Sie war nicht nur die größte und teuerste UN-Mission, die die Welt bis dahin gesehen hatte, sie betätigte sich auch auf einem völlig neuen Arbeitsfeld. Zum ersten Mal war die Weltorganisation mit der Aufgabe einer treuhänderischen Verwaltung eines ganzen Landes betraut worden, um Kambodscha dadurch auf den Weg in eine friedliche Zukunft zu bringen. Die öffentliche Meinung attestiert der Mission, trotz kleinerer Abstriche, ein erfolgreiches Abschneiden. Dies kam vor allem deshalb zustande, weil die UNTAC dem Land, nach Jahren einer aufgezwungenen Herrschaft durch das grausame und blutrünstige Pol-Pot-Regime, die ersten freien Wahlen bescherte.

a) Der Kambodscha-Konflikt

Das Staatsgebiet Kambodschas umfasst 181.035 km² und besitzt eine Bevölkerung von ca. 14,2 Millionen Menschen. Davon zählen 90 Prozent zu den buddhistischen Khmer. Die zweitgrößte Bevölkerungsgruppe stellen die ab 1979 verstärkt eingewanderten Vietnamesen. Der übrige Anteil setzt sich aus den moslemischen Cham, Chinesen und einigen Bergvölkern zusammen.[1] Bis in die siebziger Jahre, also vor der Zerrüttung des Landes durch Bürgerkrieg und Terrorherrschaft, war Kambodscha aufgrund hoher Edelstein- und Edelholzvorkommen ein Land mit hohem wirtschaftlichem Potential. Ab Mitte der siebziger Jahre gehört Kambodscha jedoch zu den »Least Developed Countries«. 36 Prozent der kambodschanischen Bevölkerung leben unter der absoluten Armutsgrenze.[2] Zum Zeitpunkt der Friedensbemühungen und des Beginns der UNTAC-Operation ist Kambodscha ein Land mit einem vollständig zerrütteten Staatswesen, ohne eine landesweite einheitliche Verwaltung,[3] mit einer völlig desolaten Wirtschaft und

---

1 Frank-Erich Hufnagel: UN-Friedensoperationen der zweiten Generation. Vom Puffer zur neuen Treuhand, Schriften zum Völkerrecht Band 123, Berlin 1996, S. 87.
2 Auswärtiges Amt, Kambodscha: Wirtschaft, http://www.auswaertiges-amt.de/ www/de/laenderinfos/laender/laender_ausgabe_html&type_id=12&land_id=73, 03.02.2004.
3 Frank-Erich Hufnagel, UN-Friedensoperationen der zweiten Generation, a.a.O., S. 87.

einer insgesamt zerstörten Infrastruktur. Weite Flächen des Landes sind vermint, die sozialen Strukturen zerbrochen[4] und es fehlt an einer gebildeten Elite. Die Bevölkerung ist entwurzelt und große Teile von ihr halten sich in Flüchtlingslagern des Nachbarlandes Thailand auf. Kambodscha befindet sich somit nahe an dem, was man als »failed state« (Fukuyama)[5] bezeichnet. Eine Konsolidierung ohne Hilfe von außen ist undenkbar.

Das Reich der Khmer, gegründet 802 durch König Jayavarman II. erlebte seine Blütezeit zwischen dem 9. und 12. Jahrhundert. In dieser Ära umfasste es nahezu das gesamte südostasiatische Festland und es entstand unter anderem die weltberühmte Tempelanlage von Angkor Wat. Mit dem 13. Jahrhundert setzte der Niedergang dieses großen Zeitalters ein und Kambodscha verlor den Großteil seines Staatsgebiets an die Nachbarn Vietnam und Siam (Thailand).[6] 1431 zerstörten die Thai die damalige Hauptstadt Kambodschas und besiegelten damit das Ende dieses Großreiches. In der Folge wurde das Staatsgebiet durch Eroberungen von vietnamesischer und thailändischer Seite weiter stetig verkleinert. Bis in das 19. Jahrhundert hinein stand Kambodscha unter dem Druck der Bedrohung durch seine zwei mächtigen Nachbarn.[7] Vor einer vollständigen Aufteilung zwischen den beiden Staaten konnte sich das Land nur durch einen Protektoratsvertrag mit Frankreich retten.[8]

Im Zuge des französischen Kolonialismus im 19. Jahrhundert stand Kambodscha ab 1863 unter französischem Protektorat. 1887 vereinigte die französische Kolonialmacht das Land zusammen mit Vietnam und Laos in der »Union Indochinoise Francaise«. Im II. Weltkrieg wurden große Teile im Nordwesten Kambodschas durch Japan erobert, das im März 1945 die Unabhängigkeit des Landes verkündete und Prinz Norodom Sihanouk inthronisierte, der seither bis zur Übergabe der Königswürde an einen seiner Söhne im Jahr 2004 immer wieder eine wichtige politische Rolle in Kambodscha spielte. Nach dem Ende des II. Weltkrieges ging das eroberte Gebiet wieder an Frankreich zurück.[9] Die kambodschanischen Hoffnungen auf den Erhalt der Unabhängigkeit wurden zunächst nicht erfüllt, da Frankreich den alten status quo wiederherzustellen gedachte. Unter internationa-

---

4 Peter Bardehle: Kambodscha: Ein Frieden mit Minen/Die UNTAC als Friedensoperator der Superlative. Doknr: LL 1797, Fachinformationszentrum der Bundeswehr, S. 82.
5 Vgl. Francis Fukuyama: Staaten bauen. Die neue Herausforderung internationaler Politik. Berlin 2004.
6 Auswärtiges Amt, Kambodscha: Geschichte, http://www.auswaertiges-amt.de/www/de/laenderinfos/laender/print_htmlßtype_id=9&land_id=73, 03.02.2004.
7 Peter Hazdra: Kambodscha, Thailand: Chronologie einer Krise, Doknr: CB 9894, Fachinformationszentrum der Bundeswehr.
8 Vgl. John F. Cady: Southeast Asia: Its Historical Development, New York, 1964.
9 Peter J. Opitz.; Doris Seemüller: Kambodscha: UNO-Frieden nach Völkermord und Bürgerkrieg?, in: Volker Matthies: Frieden durch Einmischung. Bonn 1993, S. 203.

lem Druck und wegen eigener Schwächen wurde die Kolonialmacht dazu gezwungen, demokratische Zugeständnisse zu machen und sowohl aufgrund des Drängens der Weltöffentlichkeit als auch innerhalb des Landes Prinz Sihanouk 1954 auf der Genfer Indochinakonferenz die uneingeschränkte Souveränität des Landes zu bewilligen.[10]

In der Zeit der Unabhängigkeit Kambodschas bemühte sich Prinz Sihanouk, diese Unabhängigkeit seines Landes zu bewahren und eine größtmögliche Neutralität zu erreichen. Dieser »Kurs der Neutralität« kollidierte bald mit den amerikanischen Interessen, die Kambodscha in ihr asiatisches Sicherheitssystem gegen den vordringenden Kommunismus zu integrieren suchten. Trotzdem gelang es dem Prinzen weitgehend, sein Land aus dem Vietnam-Krieg heraus zu halten. So duldete er beispielsweise die Bombardierung des Nachschubweges für die Vietcong, den »Ho-Chi-Minh Pfad« durch die Amerikaner, brach dann jedoch die diplomatischen Beziehungen zu Washington ab, als US-Flugzeuge kambodschanische Dörfer im Grenzgebiet zu Vietnam zu bombardieren begannen. 1970 wurde der Prinz während einer Auslandsreise durch seinen stellvertretenden Ministerpräsidenten General Lon Nol aus dem Amt geputscht. Häufig wird angenommen, dass diese Absetzung mit amerikanischer Hilfe geschah. Eindeutige Beweise hierfür liegen allerdings bis heute nicht vor. Lon Nol nahm eine drastische Kehrtwende in der Außenpolitik vor. Die Außenbeziehungen zu China wurden abgebrochen, ebenso wie die Kooperation mit Vietnam.[11] Stattdessen verbündete sich Lon Nol mit den USA und dem Regime Südvietnams und involvierte das Land tief in den Vietnam-Krieg. Prinz Sihanouk floh ins Exil nach Peking und schloss ein Bündnis mit der sich bildenden und stark an China angelehnten kommunistischen Befreiungsbewegung »Khmer Rouge«.[12] Diese erkämpfte sich in der Folge über drei Viertel des Landes. Mit Ende des amerikanischen Bombenkriegs auf kambodschanischem Territorium und dem Abzug der US-Truppen im August 1973 wurde das Land seinem Schicksal überlassen. Nach andauerndem Bürgerkrieg konnten die Roten Khmer am 17. April 1975 die Hauptstadt Phnom Penh einnehmen und die Regierung Lon Nol aus dem Amt jagen.[13]

Nach der Machtübernahme in Phnom Penh durch die Roten Khmer wurde das »demokratische Kampuchea« mit einer rein kommunistischen Regierung unter der Führung des Premiers Pol Pot errichtet. Prinz Sihanouk wurde unter Hausarrest gestellt.[14] Mit dem Pol Pot-Regime entstand in Kambodscha eine beispiellose Gewaltherrschaft, die eine grundlegende, to-

---

10 Renate Strassner, a.a.O., 1991, S. 16-17.
11 Peter J. Opitz/Doris Seemüller, a.a.O., S. 203. ff.
12 Frank-Erich Hufnagel, a.a.O., S. 87.
13 Renate Strassner, a.a.O., S. 17 ff.
14 Gerhard Zeh: Die UN-Operation in Kambodscha: Genese, Verlauf und Evaluierung, Doknr: BC 1346, Fachinformationszentrum der Bundeswehr, S. 2.

talitär geprägte Umgestaltung der Gesellschaft intendierte. Das politische Ziel wurde darin gesucht, das Land in eine »nation of peasants in which the corruption and parasitism of city life would be completely uprooted« zu verwandeln.[15] Nach Pol Pots »Vier-Jahres-Plan« sollte aus Kambodscha durch Kollektivierung der Landwirtschaft, der Verstaatlichung der Industrie und eine Finanzierung der Wirtschaft mittels erhöhter landwirtschaftlicher Exporte ein kommunistischer Agrarstaat werden. Zu diesem Zweck wurden die Städte total entvölkert. Mehr als zwei Millionen Kambodschaner wurden unter Missachtung grundlegender Freiheits- und Menschenrechten, wie sie in der Charta der Vereinten Nationen verankert sind, aus ihren Häusern vertrieben[16] und zur Zwangsarbeit auf den Reisfeldern, den sogenannten »killing fields« gezwungen.[17] Als Spielfilm wurden diese menschenverachtenden Grausamkeiten des Pol-Pot-Regimes in dem mit drei Oscars ausgezeichneten Kinostreifen »The Killing Fields« thematisiert; die Menschenrechtsverletzungen Pol Pots konnten dadurch einer breiteren Öffentlichkeit bekannt gemacht werden.[18] Privateigentum, Schulen, Religion, Geld, Post und Kommunikationswesen wurden abgeschafft. Das Pol Pot-Regime markierte das Ende jeglicher außenpolitischer Beziehungen, des Individualismus, der Bewegungsfreiheit und des Familienlebens.[19]

Es erfolgte ein Genozid ohne gleichen. Mutmaßliche »Gegner der Revolution«, größtenteils royalistische, bürgerliche, militärische, intellektuelle und religiöse Eliten, wurden gezielt ermordet oder in so genannte »re-education camps« geschickt, um danach in den Zwangsarbeits-Bataillonen zu dienen.[20] Zudem wurden die so genannten »S-21 interrogation centres« eingeführt, in denen mehr als zweitausend Menschen zu Tode gefoltert wurden. Die Schreckensherrschaft Pol Pots forderte das Leben von mehr als einer Million Menschen durch Ermordung, Misshandlung, Unterernährung, Überarbeitung und Krankheit; insgesamt wurden ein Zehntel der damaligen Bevölkerung Opfer der Machenschaften des Pol-Pot-Regimes. Außenpolitisch verfolgte das »demokratische Kampuchea« einen »extrem nationalis-

---

15 Democratic Kampuchea, 1975-78, basierend auf: Michael Vickery: Cambodia: 1975-82, Boston, 1984 und Elisabeth Becker: When the War Was Over. New York 1986.
16 Pol Pot Biography, wv.essortment.com/polpotbiograp_rxdy.htm.
17 Peter J. Opitz, Doris Seemüller, a.a.O. S. 205.
18 »The Killing Fields« (Großbritannien 1984, Regie: Roland Joffé), ausgezeichnet mit Oscars für »Best actor in a supporting role«, »Best cinematography« und »Best Film editing« sowie nominiert für vier Oscars, und zwar »Best picture«, »Best direction«, »Best actor in a leading role« und »Best writing«, gibt ein wirklichkeitsgetreues Abbild der brutalen Herrschaft Pol Pots im Rahmen der Möglichkeiten eines Kinofilms wieder.
19 David A. Chandler: A History of Cambodia, California 1996, S. 209.
20 Democratic Kampuchea, 1975-78.

tischen und anti-vietnamesischen Kurs.«[21] Die Pol Pot-Regierung machte Vietnam für sämtliche Schwierigkeiten des Landes sowie für jegliche gegenrevolutionäre Aktivitäten verantwortlich. Weiterhin unterstellte Pol Pot den Vietnamesen durchaus nicht unbegründete Expansionsabsichten. Ab April 1975 stand das Land in einem Zustand offenen Konflikts mit Vietnam. Ab 1976 fanden massive Gefechte im kambodschanisch-vietnamesischen Grenzgebiet statt, bei denen die kambodschanische Seite erneut intensiv durch Peking unterstützt wurde.

Die kriegerischen Eskalationen an der gemeinsamen Grenze der Staaten gingen nachweisbar von kambodschanischer Seite aus. Zudem begann die Regierung mit der ethnischen Säuberung des Landes von dort lebenden Vietnamesen. Beides war Ausdruck einer gezielten Politik Pol Pots, der in Phnom Penh an Macht verloren hatte. Pol Pot versuchte, die notwendige Unterstützung für seine Politik zu bekommen, indem er die traditionellen Konflikte mit dem Nachbarland Vietnam neu entfachte, um so seine politischen Gegner als »Marionetten der Vietnamesen zu diskreditieren und ausschalten zu können«.[22] Nach gescheiterten Verhandlungsversuchen, die allerdings von militärischen Aktionen von Seiten der Vietnamesen begleitet wurden, war man im Februar 1978 auf der Seite Hanois zu der Überzeugung gelangt, dass eine friedliche Lösung im Konflikt der beiden Staaten erst nach dem Sturz Pol Pots zu erreichen sei. Vietnam unterstütze nun aktiv den innerkambodschanischen Widerstand. Nachdem dennoch alle indirekten Umsturzversuche scheiterten, entschloss sich Vietnam zur Invasion.[23] Innerhalb weniger Wochen wurden große Teile des Landes unter vietnamesische Kontrolle gebracht. Das Regime Pol Pots fand sein Ende am 7. Januar 1979 mit der Einnahme Phnom Penhs durch vietnamesische Truppen.

Nach der Einnahme des Landes durch die vietnamesischen Truppen installierte Hanoi in Phnom Penh eine »Marionetten-Regierung« und proklamierte am 12. Januar 1979 die marxistisch-leninistische »Volksrepublik Kampuchea« unter Führung von Heng Samrin und Hun Sen. Um die eingesetzte Regierung zu stützen, blieben vietnamesische Truppen als Besatzungsarmee im Land. »Mit der Vietnamisierung ... und der Ansiedlung hunderttausender Vietnamesen in Kambodscha strebte die ‚Sozialistische Republik Vietnam' ein geeintes Indochina unter vietnamesischer Dominanz an.«[24] Die besiegten Khmer Rouge flüchteten in das Dschungelgebiet an der kambodschanisch-thailändischen Grenze. Dort begannen sie damit, ihre militärische Streitmacht wieder aufzubauen und den Kampf gegen die

---

21 Peter J. Opitz, Doris Seemüller, a.a.O., S. 205.
22 Gerhard Will: Vietnam 1975-1979: Von Krieg zu Krieg. Hamburg 1987, S.82-86 und S. 82 ff.
23 Diethelm Weidemann, Wilfried Lulei: Kambodscha. Innere und Äußere Aspekte einer Konfliktregelung. Pfaffenweiler 1998, S. 88.
24 Peter J. Opitz, Doris Seemüller, a.a.O., S. 206.

eingesetzte Regierung aufzunehmen. Neben den Roten Khmer formierten sich die bürgerlich-nationalen Kräfte um Son Sann, dem Nachfolger von Lon Nol, und die Royalisten um Prinz Sihanouk zu Widerstandsgruppen, um gegen die aufgezwungene Regierung vorzugehen. Es entstanden die KPNLF (Kampuchean People's National Liberation Front) unter Son Sann und die ANS (Armée Nationale Sihanoukienne) unter Prinz Sihanouk.

Seit Anfang der achtziger Jahre wurde das Land von einem Bürgerkrieg zwischen der eingesetzten Regierung und den Widerstandskämpfern aus Sihanoukisten, Republikanern und den Khmer Rouge, die ab dem 22. Juni 1982 offiziell, allerdings nur »pro forma«, eine Dreierkoalition bildeten, beherrscht. Widerstandskoalition und Regierung standen sich unversöhnlich in einer Patt-Situation gegenüber, da es weder der amtierenden Regierung gelang, den Widerstand nieder zu schlagen, noch die drei Widerstandsfraktionen zur Bezwingung der Regierung fähig waren. Die Situation schien festgefahren und eine Lösung in absehbarer Zukunft nicht erreichbar. Die Kämpfe im Land entwickelten sich zu einem »Dauerbürgerkrieg«, der hunderttausende Kambodschaner in Flüchtlingslager trieb und dem mehr als 300.000 Menschen zum Opfern fielen.[25]

Der Konflikt zwischen der pro-vietnamesischen Regierung und den Widerstandskräften kann keineswegs nur regional, sondern muss im internationalen Kontext betrachtet werden. Hinter den jeweiligen Parteien standen verschiedene Großmächte, die politische, militärische, und finanzielle Unterstützung boten. Der »Volksrepublik Kampuchea« stand die Sowjetunion zusammen mit Vietnam zur Seite.[26] Die ASEAN-Staaten sowie die USA und China verurteilten die vietnamesische Intervention[27] und unterstützten die Gegner der eingesetzten Regierung. Die USA lieferten mit dem Ziel der Eindämmung der sowjetisch-vietnamesischen Expansion finanzielle Hilfe. Die Volksrepublik China, die eine zunehmende Umklammerung durch die Sowjetunion und durch das stetig an Macht gewinnende Vietnam fürchtete, versorgte den Widerstand mit Waffenlieferungen. Thailand organisierte diese Waffenlieferungen und bot den Guerilla Schutz. Konkret standen ASEAN und die USA hinter den Fraktionen ANS und KPNLF, China und Thailand hinter den Roten Khmer. Durch diese internationale Unterstützung war der Nachschub an Waffen gesichert und folglich konnte es keinem der Kombattanten gelingen, eine militärische Überlegenheit aufzubauen.[28]

---

25 Frank-Erich Hufnagel, a.a.O., S. 88.
26 Peter J. Opitz: Frieden für Kambodscha? Entwicklungen im Indochina-Konflikt seit 1975. Frankfurt am Main 1991, S. 121.
27 Renate Strassner: Der Friedensprozess in Kambodscha, a.a.O., 1992, S. 22-23.
28 Christopher Daase; Susanne Feske: Kambodscha im Jahr Eins nach UNTAC: Bilanz der UNO-Mission und Perspektiven für das Land, Doknr: NN 1214, Fachinformationszentrum der Bundeswehr, S. 112.

Tatsächlich bestand der Konflikt also auf vier Ebenen: Er war erstens ein Bürgerkrieg zwischen den verfeindeten Fraktionen im Land, zweitens ein Regionalkonflikt zwischen Vietnam und Thailand um die Dominanz in Kambodscha, drittens ein Regionalkonflikt zwischen China und Vietnam über die politische Neuordnung Indochinas und viertens ein internationalisierter Konflikt zwischen China/USA und der Sowjetunion um ihren Einfluss in Südostasien. »Der Kambodscha-Konflikt spaltete somit nicht nur Südostasien in zwei Fronten, sondern wirkte sich als »Stellvertreterkrieg« sowohl für den Ost-West- als auch für den Ost-Ost-Konflikt aus.«[29]

b) Kambodscha und die Vereinten Nationen

Die Rechtfertigung von vietnamesischer Seite, dass es sich bei der Eroberung Kambodschas um eine »humanitäre Intervention« handelte, war nicht haltbar. Folglich wurde der Einmarsch auch von der Generalversammlung der Vereinten Nationen verurteilt und die neue Regierung des Landes nicht anerkannt. Der Sitz Kambodschas in der Weltorganisation wurde allerdings nicht für vakant erklärt, sondern blieb bei den Khmer Rouge, bis er 1982 der Dreierkoalition »Demokratisches Kampuchea« – bestehend aus den drei Parteien: der »Front Uni National pour un Cambodge Indépendant, Neutre, Pacifique et Coopératif (FUNCINPEC)« unter Prinz Norodom Sihanouk, einem Sohn von Prinz Sihanouk, der »Khmer People's National Liberation Front« (KPNLF) unter Son Sann und der Partei des "Demokratischen Kampuchea«, offiziell unter der Leitung von Khieu Samphan, tatsächlich wohl unter Pol Pot, zugesprochen wurde.[30] Diese Entscheidung erfolgte durch Berufung auf das so genannte »Legitimitätsprinzip«, nach dem eine Regierung, die durch eine, dem Völkerrecht zuwiderlaufende, Intervention gestürzt wird, weiterhin die legitime Vertretung des jeweiligen Staates darstellt. Die Entscheidung der Weltorganisation fiel damit positiv für das des Völkermord schuldige Pol Pot-Regime und negativ für die Okkupation durch Vietnam aus. Der wesentliche Grund für diese Entscheidung liegt vor allem in der Blockadehaltung der beiden ständigen Sicherheitsratsmitglieder China und USA begründet. Vietnam weigerte sich als Reaktion darauf, die UNO als Konfliktlöser anzuerkennen und sah keine Grundlage für Verhandlungen. Die Weltorganisation war in Kambodscha, wie in nahezu allen Fällen in der Zeit des Kalten Krieges, des Handelns ohnmächtig und zur Lösung des Konfliktes unfähig.

---

29 Peter J. Opitz, Doris Seemüller, a.a.O., S. 205 ff.
30 Patrick Raszelenberg; Peter Schier: The Cambodia Conflict. Search for a Settlement 1979-1991. An Analytical Chronology, Hamburg 1995, S. 53.

Erst Mitte der achtziger Jahre kam Dynamik in die festgefahrene Lage des Kambodscha-Konflikts, obwohl bereits ab 1981 Versuche zur Lösung unternommen worden waren. Diese scheiterten an der fehlenden Kooperationsbereitschaft der internen Akteure und deren Verbündeten. Durch den Amtsantritt Michail Gorbatschows im März 1985 und im Zuge seiner neuen Außenpolitik verbesserte sich das Klima zwischen den beiden »roten Riesen« Sowjetunion und China und die Rahmenbedingungen des Konfliktes änderten sich damit grundlegend.[31] Als Bestandteil des angestrebten Zieles einer Normalisierung der sino-sowjetischen Beziehungen beendete die Sowjetunion die Unterstützung der expansionistischen Politik Hanois in Indochina. Weiterhin wirkte der Umstand, dass Moskau, aufgrund der Krisen sowohl im eigenen Staat, als auch in den sozialistischen Staaten in Osteuropa, seinen Einfluss in Südostasien vermindern musste. Dies betraf vor allem Vietnam und einen Rückgang der Unterstützung für dieses Land, welches für die Sowjetunion finanziell nicht mehr zu realisieren war. Hanoi war somit gezwungen, seine Truppen aus Kambodscha abzuziehen. Dies erfolgte offiziell bis zum 26. September 1989.[32]

Infolgedessen erkannte Peking, das die Unterstützung der Roten Khmer ein Hindernis für eine Entspannung im Verhältnis zur Sowjetunion darstellte und baute diese folglich kontinuierlich ab. Zudem war die Volksrepublik China durch die gewaltsame Niederschlagung der chinesischen Demokratiebewegung im Juni 1989 international in die Isolation geraten und suchte sich durch Zugeständnisse in Bezug auf eine Lösung des Konflikts zu rehabilitieren. Auch die sino-vietnamesischen Beziehungen wurden verbessert. China sah sich durch die Krise des Sozialismus in Europa dazu gezwungen, die Konfrontation mit Vietnam aufzuheben, um weiterhin Einfluss auf die sozialistischen Staaten Südostasiens haben zu können. Im November 1991 normalisierten sich die zwischenstaatlichen Beziehungen der beiden Staaten. Weiterhin entspannten sich im Zuge der Beendigung des Kalten Kriegs die Beziehungen zwischen den USA und der Sowjetunion, was zu einem Positionswandel der beiden Staaten im Kambodscha-Konflikt führte.

Mit dem Schwinden des Druckes, die »weltkommunistische Bedrohung« eindämmen zu müssen, kündigte Washington im Juli 1990 an, das »Demokratische Kampuchea« in Zukunft nicht mehr als rechtmäßige Vertretung Kambodschas bei den Vereinten Nationen anzuerkennen und hob seine Unterstützung für die Widerstandsparteien im Juli 1990 offiziell auf. Dies geschah auch unter dem Gesichtspunkt, dass in der amerikanischen Bevölke-

---

31 MacAllister Brown, MacAllister; Joseph J. Zasloff,: Cambodia confounds the Peacemakers, 1979-1998, Ithaka 1998,S. 34 ff.
32 David A. Chandler, a.a.O., S. 235.

rung das Verständnis für eine Unterstützung der fragwürdigen Dreierkoalition schwand. Weiterhin wurde das über Vietnam verhängte Wirtschaftsembargo aufgehoben, ein Umstand, der wiederum die Kooperationsbereitschaft Hanois förderte. Auch die Regionalmächte Japan und Thailand hatten an den positiven Entwicklungen im Kambodscha-Konflikt großen Anteil, da Thailand seinen Konfrontationskurs mit Vietnam beendete und sich beide Staaten vermittelnd im Konflikt engagierten.[33] Schließlich schuf die dramatisch veränderte Weltlage eine »Atmosphäre, in der sich ... Veränderungen in Kambodscha ergaben«.[34] Die regionalen Akteure mussten aufgrund der globalen Veränderungen, des internationalen Drucks und der damit verbundenen schwindenden Unterstützung der Großmächte, ihre Position überdenken und es kamen ausgedehnte diplomatische Anstrengungen auf allen Ebenen in Gang.[35]

Im Rahmen der nun einsetzenden Verhandlungen fanden 1987 zunächst die so genannten »Cocktail-Gespräche« auf Initiative der ASEAN-Staaten statt. Sie waren informell und sollten für einen Gedankenaustausch zwischen Prinz Sihanouk und Hun Sen sorgen. Im Juli 1988 folgte dann das erste »Jakarta Informal Meeting«, bei dem sich alle vier Konfliktparteien zum ersten Mal an einem Verhandlungstisch gegenüber saßen und dem noch vier weitere Treffen folgten. Zudem veranlasste die ehemalige Kolonialmacht Frankreich im August 1989 eine neue Pariser Kambodscha-Konferenz, die jedoch nach mehreren Wochen ergebnislos zu Ende ging. Alle bisherigen Treffen waren ohne nennenswerte Ergebnisse beendet worden, bis am 24. November 1989 der australische Außenminister Gareth Evans seine so genannte »Canberra-Initiative« einbrachte. Diese »Canberra-Initiative« (oder auch »Evans-Plan«) basierte auf der Idee, die so genannte »Namibia-Formel«[36] der Vereinten Nationen auf Kambodscha anzuwenden und sie enthielt die politische Forderung, die Regierungsverantwortung einer »UN-Interimsverwaltung« zu übertragen. Um dies zu erreichen, sollten die amtierenden Machthaber in Phnom Penh von ihrer Regierungsgewalt zurücktreten und die Widerstandskoalition im Ausgleich ihren Sitz bei den Vereinten Nationen freigeben.[37] Diese Initiative stieß im Allgemeinen auf breite politische Zustimmung und führte dazu, dass in den folgenden zwei Jahren eine Serie von Konferenzen, Treffen und Gesprächsrunden stattfanden.

---

33 Peter J. Opitz, Doris Seemüller, a.a.O., S. 209 ff.
34 Renate Strassner, a.a.O., S. 169.
35 Michael W. Doyle et al.: Keeping the Peace. Multidimensional UN Operations in Cambodia and El Salvador, Cambridge 1997, S. 51.
36 durch die UNTAG-Präsenz sollten freie Wahlen in Namibia garantiert werden und das Land in der Folge in die Souveränität entlassen werden.
37 Renate Strassner, a.a.O., S. 267 ff.

Zunächst wurde die »Canberra-Initiative« auf einem Treffen der stellvertretenden Außenminister der ständigen Sicherheitsratsmitglieder am 15./16. Januar 1990 in Paris diskutiert und allgemein als Grundlage für weitere Schritte anerkannt. Anschließend folgten eine Vielzahl weiterer Tagungen der Sicherheitsratsmitglieder, um Modifikationen der Initiative zu entwickeln, die für alle Konfliktparteien annehmbar waren. Parallel hierzu fanden die weiteren »Jakarta Informal Meetings« statt, an denen ab Februar 1990 erstmals auch die Roten Khmer beteiligt waren und in deren Verlauf weitere Fortschritte hin zu einem Friedensabkommen gemacht werden konnten. Am 28. August 1990 legte der UN-Sicherheitsrat den »Rahmenplan für eine umfassende politische Regelung des Kambodscha-Konflikts« (Framework Document) vor und die Generalversammlung nahm diesen im Oktober formell an. Inhalt des »Rahmenplans« war die Bildung eines »Supreme National Councils« (SNC) unter der Teilnahme aller vier Bürgerkriegsparteien und die Einsetzung einer UN-Übergangsverwaltung in Form eines »großen UN-Kontingents mit ziviler und militärischer Komponente«.

Am 10. September 1990 wurde der »Rahmenplan« von den Konfliktparteien angenommen und über die Zusammensetzung des SNC wurde eine Einigung erzielt. Trotz dieser grundsätzlichen Übereinkunft zögerte sich die Verwirklichung des »Framework Documents« weiter hinaus. Es erfolgten zehn mehrtägige Sitzungen der fünf ständigen Sicherheitsratsmitglieder sowie sieben informelle Zusammenkünfte des SNC. Weiterhin gab es im Juli 1990 eine Kambodscha-Konferenz in Tokio und die bereits genannten »Jakarta Informal Meetings« setzten sich fort. Die hauptsächlichen Problempunkte, die einer Einigung im Wege standen, waren die Fragen nach der Rolle der Roten Khmer im Friedensprozess und bei der Regierungsbildung und nach der Position der amtierenden Regierung in Phnom Penh. Ebenso umstritten war der Vorsitz im SNC und die Entwaffnung aller Streitparteien. Diese »letzten Hürden« konnten bei den informellen Treffen des Supreme National Council im thailändischen Pattaya durch die so genannten »Pattaya-Kompromisse« aus dem Weg geräumt werden. Die Kompromisse gelten als das Ergebnis »globaler und regionaler Pressionen auf die Bürgerkriegsgegner«, da Vietnam und die Roten Khmer von China zur Kompromissbereitschaft veranlasst wurden, Vietnam seine »Klientelregierung« in Phnom Penh dementsprechend ausrichtete und die Permanent Five ihre »globalen Machtbefugnisse gegenüber dem gesamten Nationalrat« anwendeten. So konnte erreicht werden, dass sich Prinz Sihanouk für eine Einbeziehung der Roten Khmer in den Schlichtungsprozess aussprach, die Widerstandskoalition auf ihre Forderung nach Auflösung der Hun Sen-Regierung bereits vor den Wahlen verzichtete und das weitere Bestehen der amtierenden Regierung neben dem SNC akzeptierte. Zudem wurde die Entwaffnung und Demobilisierung der Streitkräfte in einem Stufenplan geregelt und Prinz Sihanouk zum Vorsitzenden des Supreme National Council

(SNC) gewählt. Bei dem zweiten Treffen in Pattaya im August 1991 wurde schließlich das Ende des Bürgerkriegs offiziell verkündet.[38]

Am 23. Oktober 1991 wurde das »Abkommen für eine umfassende politische Beilegung des Kambodscha-Konfliktes« in Paris von den vier Bürgerkriegsparteien unterzeichnet: den Khmer Rouge, den amtierenden »Kambodschanischen Volkspartei« (KVP), der »Front Uni National pour un Canbodge Independant, Neutre, Pacifique et Coopératif« (FUNCINPEC) unter Prinz Norodom Sihanouk und der »Buddhist Liberal Democratic Party« (BLDP) unter Son Sann. Außerdem zeichneten der Generalsekretär der Vereinten Nationen, Javier Pérez de Cuéllar und achtzehn »weiteren direkt und indirekt beteiligten Konfliktparteien« auf der Pariser Kambodscha-Konferenz mit. Das Abkommen beruhte im Wesentlichen auf dem bereits 1990 vorgelegten Rahmenplan für eine umfassende politische Regelung des Kambodscha-Konflikts.

Das Friedensabkommen von Paris sprach den Vereinten Nationen die zentrale Rolle im Friedensprozess für Kambodscha zu. Das Sicherheitsratsmandat der Mission verfolgte das primäre Ziel, »eine neutrale politische Umgebung zu schaffen, um allgemeine, freie und gleiche Wahlen abhalten zu können«. Im Detail ging dieses Mandat weit über die traditionellen Aufgaben der Friedenssicherung hinaus und umfasste ausgedehnte Befugnisse zum gesellschaftlichen Wiederaufbau und der Etablierung einer Demokratie in Kambodscha. Ein derart umfangreiches Mandat hatte es seit dem Bestehen der Vereinten Nationen nicht gegeben und autorisierte die ehrgeizigste und komplexeste Operation in der Geschichte der Vereinten Nationen. So war vorgesehen, ebenfalls eine Premiere für die Weltorganisation, dass die Vereinten Nationen übergangsweise Verwaltung des Landes übernehmen sollten, um im Sinne eines »Kurzzeit-Protektorats« und in Form der »United Nations Transitional Authority in Cambodia« (UNTAC) das Land den Weg in eine sichere und friedliche Zukunft zu weisen.

Daneben sollte der Supreme National Council als das höchste Staatsorgan Kambodschas fungieren und der UNTAC beratend zur Seite stehen. Als »einzige legitime Vertretung« des Landes sollte das Organ »die Souveränität, Unabhängigkeit und Einheit Kambodschas« nach außen hin wahrnehmen.[39] Konkret setzte sich der SNC aus sechs Vertretern der Phnom Penher Regierung und sechs Vertretern der Widerstandskoalition sowie dem Vorsitzendem Prinz Sihanouk zusammen. In Bezug auf das Verhältnis zwischen UNTAC und SNC galt die Entscheidungsbefugnis des UNTAC-Sonderbeauftragten für alle, die Friedensvereinbarung betreffenden Angelegenheiten. Der SNC verfügte über keine eigenen exekutiven Befugnisse. Seine Entscheidungen hatten nur eine beratende Funktion, die für die UN-

---

38 Gerhard Zeh, a.a.O., S. 5.
39 Informationszentrum für die Vereinten Nationen (UNIC): 50 Jahre Friedenssicherung, Bonn 1998.

Mission nur verbindlich waren, wenn sie übereinstimmend beschlossen wurden und mit den Parametern des Friedensvertrages übereinstimmten.[40] Der Maßnahmenkatalog der Operation beinhaltete im Detail die im Folgenden skizzierten sechs zivilen und eine militärische Komponente, bei denen die militärische Komponente in Umfang und Kosten klar dominierte.

Die militärische Komponente hatte die Aufgabe, die insgesamt 450.000 Soldaten der Bürgerkriegsfraktionen zu entwaffnen, sowie den vollständigen und endgültigen Abzug ausländischer Streitkräfte aus Kambodscha und die Beendigung sämtlicher ausländischer Militärhilfe für die Bürgerkriegsparteien sicherzustellen, die Waffenruhe zu überwachen, die im Land vorhandenen Waffen aufzufinden und zu konfiszieren, bei der Befreiung des Landes von Minen, besonders durch Ausbildungsprogramme, zu helfen und das Internationale Rote Kreuz bei der Befreiung der Kriegs- und Zivilgefangenen zu unterstützen. Das Personal betreffend war eine Stärke von 15.900 Soldaten vorgesehen.[41] Im Detail war die militärische Komponente in zwei Phasen aufgespalteten. Phase I sollte den verabredeten Waffenstillstand überwachen. Phase II sollte die Streitkräfte der Bürgerkriegsparteien demobilisieren und sie anschließend in bewachten Lagern kantonieren. Mindestens 70 Prozent der Soldaten sollten bis zu den Wahlen entwaffnet und ins Zivilleben entlassen werden; mit den übrigen 30 Prozent sollte eine nationale Armee für den neuen Staat Kambodscha aufgebaut werden.[42]

Die Wahlkomponente war das Herzstück der UN-Operation und bestand im Kern aus 157 Beamten und 400 Freiwilligen.[43] Sie hatte die Aufgabe, in Eigenverantwortlichkeit die Organisation und Durchführung der, für das Frühjahr 1993, geplanten Wahl von 120 Abgeordneten zu einer verfassungsgebenden Versammlung zu übernehmen, die dann innerhalb von drei Monaten eine Verfassung für Kambodscha verabschieden und eine neue Regierung aufstellen sollte.[44] In diesem Rahmen mussten die rechtlichen Grundlagen in Form eines Wahlgesetzes und eines Verhaltenskodexes für die Parteien geschaffen werden. Weiterhin war eine Aufklärung der Bevölkerung über die Wahl vonnöten. Ebenso mussten internationale und einheimische Wahlhelfer ausgebildet, die Wähler und die politischen Parteien registriert, ein fairer und gleichberechtigter Wahlkampfverlauf gewährleistet, die Wahl selbst durchgeführt und das Ergebnis festgestellt werden. Der UNTAC war im Bereich »Wahlorganisation« ausschließliche Hoheitsgewalt

---

40 Frank-Erich Hufnagel, a.a.O., S. 107 ff.
41 Frank-Erich Hufnagel, a.a.O., S. 145.
42 Gerhard Zeh, a.a.O., S. 7.
43 Frank-Erich Hufnagel, a.a.O., S. 147.
44 Peter Bardehle, a.a.O., S. 83.

eingeräumt worden. Eine Bindung an den SNC, beziehungsweise eine Einbeziehung des Organs war nicht vorgesehen, da dies die Neutralität des Urnengangs hätte beeinträchtigen können.[45]

Für die Zivilverwaltungskomponente waren 260 Mitarbeiter vorgesehen, die ein »neutrales politisches Umfeld« für den gesamten Wahlprozess schaffen sollten. Ihr Mandat war in ein »Drei-Stufen-System« gegliedert. Je nach Bedeutung des jeweiligen Ressorts für die Herstellung eines politisch neutralen Umfelds sollte es unter »direct control«, »supervision and control« oder »supervision« gestellt werden. Im Rahmen von »direct control« sollten verbindliche Verwaltungsvorschriften (»directives«) erlassen werden. Durch »Supervision and control« sollten Anleitungen (»guidances«) mit bindendem Charakter verordnet werden, wobei die »Supervision« die bloße Überwachung umfasste. Die »direct control«, die Stufe der strengsten Überwachung, wurde für die fünf Schlüsselministerien Auswärtiges, Nationale Verteidigung, Finanzen, Innere Sicherheit und Information angeordnet. Im Falle der zweiten Stufe sollten die kambodschanischen Polizeikräfte unter »supervision and control« gestellt werden. Des weitern sollte der UNTAC-Sonderbeauftragte zusammen mit dem SNC vor Ort entscheiden, welche Komponenten der Zivilverwaltung ebenfalls die Neutralität der Wahl negativ beeinflussen könnten und demnach der Überwachung und Kontrolle bedurften. In Bezug auf die dritte Stufe sollten die Verwaltungsteile bestimmt werden, die normal weiterarbeiten und das tägliche Leben in Kambodscha aufrecht erhalten sollten. Die »supervision« dieser Teile sollte dann im Einzelfall angeordnet werden.

Zusätzlich zu diesem Drei-Stufen-Plan wurde der Sonderbeauftragte mit der Berechtigung ausgestattet, in allen Verwaltungsbehörden des Landes Mitarbeiter der UN-Mission einzusetzen, die »ungehinderten Zugang zu allen Vorgängen« besitzen sollten. Ebenfalls sollte er kambodschanisches Verwaltungspersonal entlassen oder versetzen können. Letztlich war die UNTAC mit einem Untersuchungsrecht ausgestattet, auf dessen Basis »corrective steps« vorgenommen werden sollten[46], die das Suspendieren von alten Gesetzen und das Erlassen neuer Gesetze in Konsultation mit dem SNC beinhalteten. Insgesamt sollte die UNTAC durch den Drei-Stufen-Plan, trotz ihrer erheblichen Befugnisse, die Verwaltung des Landes nicht komplett übernehmen. Die Abstufung der Kontrolle sollte die praktische Realisierbarkeit des Mandats garantieren, die Verletzung der Souveränität des Staates Kambodscha in unangemessenem Maße verhindern und die Eigenverantwortlichkeit und Integration der Bevölkerung in dem Stabilisierungs-

---

45 Frank-Erich Hufnagel, a.a.O., S. 111 ff.
46 Frank-Erich Hufnagel, a.a.O., S. 116 ff.

prozess gewährleisten. Weiterhin basierte der Aspekt einer nur teilweisen Fremdverwaltung des Landes auf dem Umstand, dass UNTAC als »Zustimmungsoperation« beschlossen wurde und demnach nicht mit den Mitteln ausgestattet war, gegen den Willen der Bürgerkriegsparteien zu agieren.[47]

Das Mandat der Polizeikomponente der UNTAC sollte 3.600 Mann umfassen und ermächtigte diese zur Überwachung und Kontrolle des Verhaltens der bestehenden lokalen Polizeikräfte[48], um zu sichern, dass »Recht und Ordnung wirksam, unparteiisch und unter Beachtung der Menschenrechte« eingehalten wurden.[49] Die Komponente war zur Ausbildung der örtlichen Polizei in »Polizeitechnik und Recht« autorisiert; weiterhin sollte sie die anderen Komponenten der Mission, besonders die der Menschenrechte und Wahlorganisation, unterstützen. Eine weitere Aufgabe war es, durch bloße Präsenz Flagge zu zeigen und damit das Vertrauen in der Bevölkerung für die UNTAC zu wecken. Eigene Vollzugsbefugnisse wurden der Polizeikomponente der UNTAC nicht zugestanden; diese konnte sie nur indirekt ausführen, wenn sie als Unterstützung der anderen UNTAC-Komponenten mit Hoheitsgewalt arbeitete. Die eigentliche Verantwortung über die Aufrechterhaltung der öffentlichen Sicherheit sollte bei der lokalen Polizei verbleiben.

Durch Artikel 18 des Übereinkommens von Paris war der Menschenrechtskomponente die Aufgabe des »fostering an environment in which respect for human rights shall be ensured« zugewiesen worden. Konkret bedeutete dies die Förderung »eines von den Kambodschanern selbst zu verantwortenden Prozesses«. Zur Verwirklichung sollten sich 34 Mitarbeiter auf drei Ebenen betätigen. Erstens sollte ein Bildungs- beziehungsweise Aufklärungsprogramm in der Bevölkerung durchgeführt werden, welches »das Konzept der Menschenrechte ... verbreiten sollte«. Zweitens hatte die Mission in Rahmen eines »general human rights oversight« die Verantwortung, Teile der öffentlichen Verwaltung zu Menschenrechtsbewusstsein zu »erziehen«. Im Rahmen des »general human rights oversight« sollten die bestehenden Gesetze auf ihre Vereinbarkeit mit den Menschen- und Grundrechten geprüft und eine Reform des Strafvollzugs durchgeführt werden. Drittens war das UNTAC-Personal beauftragt, Verstöße gegen die Menschenrechte, die während der Übergangszeit begangen wurden, zu untersuchen und die mögliche Durchführung oder Anordnung von »corrective action« vorzunehmen. Durch diese Befugnis, »korrigierende Maßnahmen« verbindlich anordnen zu können, war der Menschenrechtskomponente eine

---

47 Frank-Erich Hufnagel, a.a.O., S. 116 ff.
48 Peter Bardehle: Kambodscha: Ein Frieden mit Minen/Die UNTAC als Friedensoperator der Superlative. Doknr: LL 1797, Fachinformationszentrum der Bundeswehr, S. 84.
49 Gerhard Zeh, a.a.O., S. 7.

»quasi-judiziäre« Funktion und damit sogar Hoheitsgewalt zugestanden worden.

Die Komponente der Flüchtlingsrückführung wurde als »Dach für verschiedene Hilfsorganisationen« geschaffen und war aus der eigentlichen UNTAC-Mission weitestgehend ausgegliedert. Die Hauptverantwortung lag in diesem Bereich beim UNHCR, mit dem die UNTAC eng zusammen arbeitete und das dem UNTAC-Sonderbeauftragten verantwortlich war.[50] Die zentrale Aufgabe der Komponente war: »to faciliate the repatriation« der ca. 380.000 kambodschanischen Flüchtlinge aus den thailändischen Lagern[51] und der noch zehntausend weiteren, im Land vertriebenen Menschen.[52] Zur Wiedereingliederung der Flüchtlinge sollten im Vorfeld Landflächen gefunden werden, die dann den wiederkehrenden Kambodschanern zugewiesen werden sollten. Zudem musste dieses Land mit für die Niederlassung notwendigen Hilfs- und Lebensmittel ausgestattet werden, um den Rückkehrern eine Existenzgrundlage zu schaffen.[53]

Der Wiederaufbau des Landes ist in der »Declaration on the Rehabilitation and Reconstruction of Cambodia«, einem eigenständigen Teil des Abkommens von Paris, geregelt. Für die Komponente waren lediglich zehn internationale Beamte und sechs einheimische Mitarbeiter vorgesehen. Grundsätzlich sollte UNTAC bei dieser Komponente nur unterstützend tätig werden: »The main responsibility for deciding Cambodia's reconstruction needs and plans should rest with the Cambodian people and the government ... . No attempt should be made to impose a development strategy on Cambodia.« Dementsprechend sollte sich die Wiederaufbau-Komponente nur mit der »rehabilitation« des Landes befassen. Die »reconstruction« sollte erst nach der Bildung einer neuen kambodschanischen Regierung beginnen. In den Bereich »rehabilitation« fielen laut Mandat Aufgaben der humanitären Hilfe (Versorgung mit Nahrungsmitteln, Medikamenten und Unterkünften sowie der Aufbau von Schulen und der Infrastruktur), die Beendigung der Ausbeutung des Landes (Waldflächen und Bodenschätze) und Maßnahmen zur Wiedereingliederung der demobilisierten Streitkräfte in Form von Berufsausbildungen. In dieser Komponente sollte eine enge Zusammenarbeit mit den Entwicklungshilfe leistenden Staaten, den nichtstaatlichen Akteuren (NGOs) und der UNICEF erfolgen. Die UNTAC sollte als Koordinator der Hilfeleistungen fungieren.

Nachdem die konkreten Ziele und Mittel für die Etablierung des Friedens im Kambodscha durch das Pariser Friedensabkommen abgesteckt worden waren und dieses durch den Sicherheitsrat am 31. Oktober 1991 durch Resolution 718 begrüßt wurde, landete am 16. Oktober 1991 erstes Personal

---

50 Frank-Erich Hufnagel, a.a.O., S. 151.
51 Frank Gerke, a.a.O., S. 36.
52 Gerhard Zeh, a.a.O., S. 7.
53 Frank-Erich Hufnagel, a.a.O., S. 127-128.

der Vereinten Nationen auf kambodschanischem Boden. Bereits auf dem zweiten Treffen von Pattaya wurde von den Beteiligten des Konflikts ein schnellstmöglicher Beginn der UNTAC erbeten. Da ein sofortiges Einsetzen der vielschichtigen Mission aufgrund der immensen Vorbereitungen, die für sie getroffen werden mussten, nicht möglich war, wurde vom UN-Generalsekretär die Empfehlung ausgesprochen, eine »Vorausmission« für die UNTAC aufzustellen. So kam es dazu, dass der Sicherheitsrat am 16. Oktober 1991, schon wenige Tage vor Unterzeichnung des Pariser Abkommens, die Vorfeldmission »United Nations Advanced Mission in Cambodia« (UNAMIC) mittels Resolution 717 autorisierte.

Die erste Vorausmission in der Geschichte der Weltorganisation bestand, wie ihre Folgemission, aus einem militärischen und einem zivilen Teil und sollte bei Ankunft der UNTAC in diese übergehen. Am 9. November 1991 nahm die UNAMIC formell ihre Tätigkeit auf. Sie setzte sich aus einem kleinen zivilen Stab, 50 Verbindungsoffizieren und einigen Fernmelde- und Versorgungskräften zusammen und umfasste insgesamt rund 268 Personen.[54] Die Aufgaben der UNAMIC bestanden wesentlich in der Überwachung des Waffenstillstands, die Vermittlung zwischen den Bürgerkriegsfraktionen und der Aufbau eines Kommunikationsnetzwerks.[55] Durch die Resolution 728 vom 8. Januar 1992 wurde ihr ursprüngliches Mandat zudem um die Aufgabe der Minenräumung und der Aufklärung der Bevölkerung über die Minenverseuchung des Landes erweitert. Mit Einsetzen der UNTAC ging die UNAMIC am 15. März 1992 in diese über.[56]

c) UNTAC

Die UNTAC wurde vom Sicherheitsrat der Vereinten Nationen am 28. Februar 1992 durch die Resolution 745 beschlossen[57] und begann ihre Arbeit offiziell am 15. März 1992. Die Mission stand unter dem Vorsitz des Sonderbeauftragten des Generalsekretärs für Kambodscha, dem Japaner Yasushi Akashi[58] und umfasste militärisches Personal mit einer Stärke von 15.900 Mann, 3.600 Polizeibeamte und 1.020 Zivilverwaltungsfachleute aus insgesamt über 30 Staaten. Weiterhin vervollständigten zivile Wahlhel-

---

54 David W. Roberts: Political Transition in Cambodia 1991-99. Power Eliteism and Democracy, Richmond, Surrey 2001, S. 63.
55 Gerhard Zeh, a.a.O., S. 8.
56 Informationszentrum für die Vereinten Nationen (UNIC), 50 Jahre Friedenssicherung, Bonn 1998.
57 Gregor Schöllgen: Zehn Jahre als europäische Großmacht, in: aus politik und zeitgeschichte B24/2000, http//www.bpb.de/popup_druckversion.html?guid0WZH8SA, 02.02.2004.
58 Frank-Erich Hufnagel, a.a.O., S. 92.

fer, Menschenrechtsexperten und Gesandte des Hohen Flüchtlingskommissariats (UNHCR) das Personal der UNTAC.[59]

Bereits zu Beginn der Mission traten Schwierigkeiten auf. Die Entsendung der Mission nach der Einigung der Kriegsparteien konnte nicht erreicht werden. Konkret lagen zwischen der Unterzeichnung des Pariser Übereinkommens und der Ankunft des ersten UNTAC-Personals fünf Monate. Tatsächlich dauerte es noch einmal fünf bis sechs weitere Monate, bis die Mission wirklich einsatzfähig war; die Sollstärke wurde erst Mitte 1992 erreicht.[60] Die Verzögerung der Mission schuf ein erstes Problem. Zunächst verringerte sich die Glaubwürdigkeit der UNTAC sowohl in der Bevölkerung als auch unter den Konfliktparteien. Den Roten Khmer gab dieser Sachverhalt Anlass, ihre Gesamthaltung zu ändern. Die KVP nutzte die Zeit und bereitete sich darauf vor, einer drohenden zukünftigen Marginalisierung entgegenzuwirken und die eigene Position zu stärken. Dazu begannen sie mit der Verschleierung ihrer Bürokratie und der Erweiterung ihrer militärischen Kontrolle. Die daraus folgenden Behinderungen und Rückschläge begleiteten die Mission durch ihren gesamten Verlauf. Die Roten Khmer entfernten sich am 13. April 1992 aus dem SNC. Im Juni versagten sie der Mission den Zutritt zu den unter ihrer Kontrolle stehenden Teilen des Landes und entzogen sich der Entwaffnung und Kantonierung. Im Sommer des Jahres 1992 hatten sie die Kooperation mit der UN-Operation in vollem Maße abgebrochen.[61] Die Bürgerkriegsfraktion begründete ihr Verhalten damit, dass die UNTAC sich nicht an die Bestimmungen des Pariser Friedensvertrags halte, da die eigentliche Regierungsgewalt noch immer bei der Hun Sen-Regierung liege und sich zudem weiterhin vietnamesisches Militär in Kambodscha aufhalte.

Das erste Argument war durchaus haltbar, da es der Zivilverwaltungskomponente, aufgrund des Umstands, dass das Personal der Hun-Sen-Regierung nie wirklich von seiner Regierungsmacht zurücktrat, kaum gelang, die Oberhand in den Ministerien des Landes zu erringen. In Bezug auf die Präsenz der vietnamesischen Truppen konnten keine Beweise für den tatsächlichen Verbleib dieser im Land erbracht werden.[62] Im Nachhinein wurde jedoch erwiesen, dass sich in der Tat kleinere Einheiten vietnamesischen Personals in Kambodscha aufhielten. Im Grunde ging die Blockadehaltung der Roten Khmer vermutlich darauf zurück, dass die Widerstandsgruppe bald erkennen musste, dass die Nachteile, die der Pariser Friedensvertrag für sie bedeuteten, Überhand nahmen. Mit der Demobilisierung ihrer Streitkräfte sollte der Schleier des Geheimnisses über ihre Guerillaarmee gelüftet werden; zudem steckten sie politisch in der Defensive und

---

59 Peter J. Opitz, Doris Seemüller, a.a.O., S.2 14.
60 Gerhard Zeh, a.a.O., S. 10.
61 Frank-Erich Hufnagel, a.a.O., S. 92.
62 Gerhard Zeh, Die UN-Operation in Kambodscha, S. 9.

konnten bei freien Wahlen nur verlieren. So versuchten sie dies in der Folge durch den Ausbau ihrer Macht mit militärischen Mitteln auszugleichen. Dadurch, dass die übrigen drei Bürgerkriegsparteien teilweise entwaffnet worden und die Blauhelme zur Gewaltanwendung nicht befugt waren, hatten die Khmer Rouge einen entscheidenden militärischen Vorteil, den sie systematisch ausnutzten.

Auch die Wahldurchführung wurde durch die Guerilla nicht mehr akzeptiert. Stattdessen riefen sie zum Boykott und zur gewaltsamen Störung des Urnengangs auf. Es folgte ein systematisches Vorgehen gegen das UN-Personal und eine verstärkte Einschüchterung der Bevölkerung. So fanden, um nur einige der Vorfälle zu nennen, Massaker an vietnamesischen Siedlungen sowie Übergriffe auf Dörfer außerhalb des von den Roten Khmer kontrollierten Gebietes statt. Teile des UN-Personal fielen Kidnapping und Mord zum Opfer und die Mitarbeiter der Wahlkomponente wie auch die Wähler wurden mittels unerbittlicher Einschüchterungstaktiken bedroht. Der Wahlkampf drohte immer wieder aufgrund schwerer Übergriffe abgebrochen werden zu müssen. Als Reaktion auf das Verhalten der Khmer Rouge verringerten auch die anderen Bürgerkriegsparteien ihre Bereitschaft zur Entwaffnung und Kooperation. Im Februar 1993 startete die Regierung eine Großoffensive gegen die Kämpfer der Roten Khmer. Das Verhalten der Khmer Rouge setzte eine Reihe von unvorhergesehenen Entwicklungen in Gang, die den Verlauf des gesamten Spektrums der UNTAC-Komponenten in besonderem Maße behinderten und die das UN-Personal in den meisten Fällen kaum bewältigen konnte. Trotzdem hielten die Vereinten Nationen an ihrem ursprünglichen Zeitplan und der Wahldurchführung fest. Diese fand wie geplant in der Zeit vom 23. bis 27. Mai 1993 statt. Mit der daraus folgenden Konstituierung der Verfassung und der Regierungsbildung ging das Mandat der UNTAC am 15. November 1993 durch den Abzug des gesamten UN-Personals aus Kambodscha zu Ende.

Um den Abzug aller fremden Truppen aus Kambodscha zu sichern und ein erneutes »Einsickern« dieser in das Staatsgebiet zu verhindern, stellte die UNTAC an den Grenzen zu Vietnam und Thailand Kontrollposten auf, die ihre Aufgabe, bis auf einige Teile des Dschungelgrenzgebietes zu Thailand, auch weitgehend zufrieden stellend erfüllten. Zu Anfang der Mission gelang es der militärischen Komponente, die unter der Leitung des australischen Kommandeurs John M. Sanderson stand, Teile der bewaffneten Bürgerkriegsparteien ihrer Waffen zu entledigen. Bis November 1992 begaben sich 55.000 Personen, also etwa ein Viertel der gesamten Kombattanten, zu den UNTAC-Sammelstellen.[63] Die Roten Khmer, die der Operation ihre Zustimmung entzogen hatten, enthielten sich und behinderten den Zugang des UN-Personals in das von ihnen kontrollierte Gebiet, womit sie den Friedensprozess boykottierten. Dementsprechend ging auch die Ent-

---

63 Peter Bardehle, a.a.O., S. 83-84.

waffnung der übrigen Parteien nur schleppend voran und es konnte nur ein Bruchteil der vorgesehenen Zahl an Kombattanten demobilisiert werden. Insofern wurde die geplante Phase II der militärischen Komponente, die Demobilisierung und Kantonierung der ca. 450.000 Streitkräfte der Bürgerkriegsparteien, zu Fall gebracht.[64] Der Sonderbeauftragte Akashi stellte fest, dass »keine Wahlen in einem Klima existentieller Angst durchgeführt werden könnten«.[65] Ein alternatives Vorgehen wurde nötig. Bei den Vereinten Nationen wurde sich nun mit vier mögliche Reaktionsansätze auseinandergesetzt. Denkbar war
- die Durchsetzung des Mandats mit militärischer Gewalt,
- der Abzug der Mission,
- das »Einfrieren« der Operation im status quo und ein Wiedereinsetzen dieser bei Entspannung der Situation sowie
- die Fortsetzung der UNTAC unter Einhaltung des vorgesehenen Zeitplans.

Punkt eins hätte nur durch eine Erweiterung des Mandats realisiert werden können, Punkt zwei hätte einen »Gesichtsverlust« der Weltorganisation bedeuten können, Punkt drei hätte das Budget der Mission bei weitem überschritten, so dass Punkt vier als die einzig realistische Option verblieb und am 21. Juli 1992 mit einer Sicherheitsratsresolution bestätigt wurde. Die Entscheidung für dieses Vorgehen beinhaltete, dass von nun an das Einverständnis aller Bürgerkriegsparteien nicht mehr als unabdingbare Voraussetzung angesehen wurde. Im Rahmen des Vorgehens nach Punkt vier wurden die Ziele der militärischen Komponente auf den Schutz des Wahlvorgangs reduziert. Parallel wurde mittels diplomatischer Bemühungen – Ausschluss von finanzieller Aufbauhilfe, Verhängen eines Erdölembargos, Verbot der Ausfuhr von Tropenhölzern und Edelsteinen – versucht, die Khmer Rouge doch noch zum Einlenken zu bringen. Alle Bemühungen in diese Richtung scheiterten jedoch und der Bürgerkrieg flammte in manchen Gebieten des Landes erneut auf. Bei der Durchsetzung eines dauerhaften Waffenstillstandes und der Entwaffnung und Demobilisierung der Streitkräfte versagte die UNTAC nahezu vollständig. Ein neutrales Umfeld für die Wahlen war nicht mehr gewährleistet.

Erhebliche Schwierigkeiten durch das Fehlen jeglicher demographischer Daten behinderten den Start der Wahlkomponente. Trotzdem gelang es der UNTAC, insgesamt 4,6 Millionen Wahlberechtigte, also nahezu die gesamte Wählerschaft in den frei zugänglichen Gebieten, in der Zeit vom 5. Oktober 1992 bis zum 31. Januar 1993 zu erfassen. Einen weiteren Erfolg der Wahlkomponente bedeutete in diesem Zusammenhang, dass die Kambodschaner durch den Erhalt ihres Wahlausweises erstmals über einen

---

64 Gerhard Zeh, a.a.O., S. 9, 19-20.
65 Peter Bardehle, a.a.O., S. 86.

Nachweis ihrer Staatsangehörigkeit verfügten. Bei der Aufgabe der Parteiregistrierung gelang es der UNTAC, insgesamt 20 politische Parteien zu erfassen, die zu den Wahlen vom 23. bis 27. Mai 1993 antreten durften. Die gewichtigsten darunter waren die der vier Bürgerkriegsparteien: FUNCINPEC der Sihanouk-Unterstützer unter Prinz Ranariddh, die BLP unter Son Sann und die »Kambodschanische Volkspartei« des Premier Hun Sen. Die »Partei der Einheit Kambodschas« der Roten Khmer verkündete am 4. April 1993 den Boykott der Wahlen und behinderte ihre Vorbereitungen mit einer Fülle von Gewaltakten und Einschüchterungsmanövern.

Nachdem die Vorwahlphase von einem Aufflammen der Kämpfe gekennzeichnet war, blieben die angekündigten Gewaltakte an den Wahltagen jedoch aus und mit einer Wahlbeteiligung von 89,6 Prozent konnte der Urnengang als voller Erfolg gewertet werden.[66] Ein überwältigender Anteil der registrierten Wähler hatte durch die Teilnahme an der Wahl »ihr Vertrauen in die UNTAC-Operation und den Willen, dem Friedensplan entsprechend ihre Zukunft mitzubestimmen«, gezeigt.[67] In der starken Wahlbeteiligung und dem Votum gegen das Hun Sen-Regime spiegelte sich der Erfolg wider, den die UNTAC mit ihrem ausgedehnten Informationsprogramm errang. Der UNTAC gelang es, den großen Teil der Bevölkerung davon zu überzeugen, dass »ihre Wahlentscheidung wirklich geheim bleiben würde«.[68] Im Ergebnis entfielen an die FUNCINPEC unter Sihanouks Sohn Ranariddh 45,7 Prozent der Stimmen, die »Volkspartei Kambodschas« erreichte 38 Prozent und die BLP kam auf drei Prozent der Wählerstimmen. Mit einem Prozent der Wählerstimmen gelang es, neben den drei großen Parteien, auch der MOLINAKA, einen Sitz zu erlangen. Die Wahlkomponente ist somit abschließend als der mit Abstand erfolgreichste Teil der UNTAC zu bewerten.

Offiziellen Berichten zufolge hatte die Zivilverwaltungseinheit der UNTAC im Juni 1992 die geplante vollständige Kontrolle über die bestehende Verwaltung des Landes erlangt. Tatsächlich gelang es der Mission nur in stark eingeschränktem Maße, die ihr zugedachten Befugnisse auszuüben. Die amtierende Regierung widersetzte sich dem Konzept, ihre Schlüsselbefugnisse an die Beamten der UNTAC abzugeben und von ihrer bestehenden Macht zurück zu treten. Die Machthaber in der Hauptstadt spielten mit der UNTAC »Katz und Maus«, enthielten den Mitarbeitern wichtige Informationen und verschleierten die Positionen ihres Personals. Auch die anderen Bürgerkriegsparteien, die auf lokaler Ebene Provinzen des Landes kontrollierten, hielten sich in Bezug auf Kooperation mit den Blauhelmen mehr als zurück. Das Hun Sen-Regime hatte, kaum in seinen Mitteln der Machtaus-

---

66 Winrich Kühne: Die Friedenssicherung der Vereinten Nationen in der Krise? Eine Zwischenbilanz, in: Aus Politik und Zeitgeschichte B2/94, S. 18-24 (S. 21).
67 Frank-Erich Hufnagel, a.a.O., S. 113.
68 Gerhard Zeh, a.a.O., S. 15.

übung eingeschränkt, die Möglichkeit, Einschüchterungskampagnen zu führen und die Medien für seine Zwecke als Propagandainstrument zu missbrauchen. Zudem schreckten sie nicht davor zurück, ihr Personal in den Provinzen zu Angriffen auf die Konkurrenzparteien und zu Morden mit politischem Hintergrund zu veranlassen. Um doch noch geringe Einwirkungsmöglichkeiten auf die kambodschanischen Verwaltungsstrukturen haben zu können und den Schwachpunkt der fehlenden Mittel zur Durchsetzung ihrer Position auszugleichen, gingen die Beamten der UNTAC häufig dazu über, mit den stark korrumpierten Beamten des Ancien Régime zusammen zu arbeiten. Dieser »Kurs der Kooperation« brachte der UNTAC teilweise den Ruf ein, nicht neutral zu sein und verstärkte das Misstrauen der Roten Khmer, die die UNTAC als praktischen »Geldgeber der Phnom Penher Regierung« betitelten. Die Zivilverwaltungskomponente ist durch das Unvermögen, die Schlüsselbereiche der Verwaltung unter ihre Kontrolle zu bringen, als gescheitert zu betrachten. Im Verlauf der UNTAC stellte sich heraus, dass die Zivilverwaltung von besonderer Wichtigkeit für ein neutrales Wahlumfeld war. Die UNTAC war nicht in der Lage, Korruption und Einschüchterung während des Wahlkampfes zu unterbinden.

Aufgrund des Umstandes, dass die UNTAC-Polizeikräfte zwar dazu befugt waren, Untersuchungen durchzuführen, die sich mit dem Fehlverhalten der lokalen Polizei beschäftigen, es aber den lokalen Behörden freigestellt blieb, aus den Untersuchungsergebnissen auch Konsequenzen zu ziehen, blieben diese Erkenntnisse meist ohne Folgen.[69] Zudem hatte die Komponente mit dem verspäteten Erreichen ihrer Sollstärke erst Ende Dezember zu kämpfen.[70] Der regierungstreue Polizeiapparat konnte demnach nicht daran gehindert werden, sein Verhalten umzustellen. So wurden kurz vor den Wahlen mehr als hundert Mitglieder der Widerstandsparteien von kambodschanischem Polizeipersonal ermordet, ohne dass sich daraus Folgen jeglicher Art ergaben. Weiterhin blieb das Verhalten der Polizeikräfte laut Berichten trotz UNTAC-Präsenz »übertrieben brutal«. Der Umstand, dass das Polizeipersonal der Mission den stattfindenden Straftaten in den meisten Fällen tatenlos zusehen musste, kostete die Mission immenses Vertrauen in der kambodschanischen Bevölkerung. Es ist festzuhalten, dass UNTAC aufgrund der fehlenden Exekutivbefugnisse vor eine »fast unlösbare Aufgabe« gestellt worden war und nur geringe Erfolge verbuchen konnte.[71]

Durch die Weigerungshaltung der Roten Khmer, UN-Personal in die von ihnen besetzten Gebiete vordringen zu lassen, war es der Menschenrechtskomponente nicht möglich, die Einhaltung der Menschenrechtsstandards in diesen Gebieten zu überwachen und zu gewährleisten. Zudem waren poli-

---

69 Gerhard Zeh, a.a.O., S. 17.
70 Peter Bardehle, a.a.O., S. 84.
71 Gerhard Zeh, a.a.O., S. 17.

tisch motivierte Morde, sowohl durch die Hun Sen-Anhänger als auch von Seiten der Roten Khmer weiterhin an der Tagesordnung. Erfolge wurden allerdings auf dem Feld des Strafvollzugs errungen. Über 200, aus politischen Motiven Inhaftierte konnten befreit werden. Welches Schicksal ihnen nach der Freilassung zuteil wurde, konnte allerdings nicht verfolgt werden. Weiterhin gelang es dem UN-Personal, die Bildung lokaler Menschenrechtsgruppen zu fördern[72]. Es fanden ferner zahlreiche Ausbildungsprogramme für das Personal der Strafverfolgung und der Behörden sowie Vorlesungen zum Thema »Menschenrechte« an den lokalen Universitäten statt. Damit schuf die Mission eine Grundlage für die Manifestierung der Menschenrechte in Kambodscha. Es lässt sich somit sagen, dass es der UNTAC aufgrund personeller und sachlicher Überlastung nicht gelang, durchgreifend gegen die tatsächlichen Verletzungen der Menschen- und Grundrechte in ihrer Mandatszeit vorzugehen. Trotzdem konnte sie eine wichtige Basis für positive Entwicklungen in der Zukunft legen.

Die größte und komplexeste Operation zur Rückführung von Flüchtlingen und Vertriebenen in der UN-Geschichte sah sich mit enormen Schwierigkeiten konfrontiert. Das Hauptproblem bestand darin, dass die Landstriche, an denen die Flüchtlinge wieder angesiedelt werden sollten, weiträumig mit Minen belastet waren. Da die Minenräumung erst verspätet und nur ungenügend durchgeführt werden konnte, war eine Ansiedlung der repatriierten Flüchtlinge zunächst nicht möglich und verzögerte sich. Der UN-Mission selbst kann dies nur bedingt angelastet werden, da sie ihre Aufgabe der Ausbildung von über 1600 Einheimischen zu Minenräumern realisieren konnte. Doch wurden diesen Einheimischen von den Generälen der Bürgerkriegsparteien, denen sie angehörten, zunächst nicht erlaubt, an der Minenräumung teilzunehmen. Ein weiteres Problem stellten die »logistischen Engpässe« dar, die aufgrund starken Geldmangels den Aufbau der für die Rückführung benötigten Infrastruktur behinderten. Ebenso erschwerend wirkten die Versuche verarmter Einheimischer, die nicht zu den Flüchtlingen zählten, trotzdem in den Genuss der UN-Hilfe zu kommen. Trotz der schwierigen Umstände erreichte das UN-Personal jedoch die Repatriierung von über 360.000 geflohenen Kambodschanern zum vorgesehenen Termin Ende April 1993. Trotz dieses offenkundigen Erfolgs kann die Repatriierungskomponente allerdings doch nur als Teilerfolg gewertet werden. Wieder aufflammende Kämpfe im Nordwesten Kambodschas zwangen viele der gerade angesiedelten Menschen, erneut zu fliehen.

Die Komponente des Wiederaufbaus konnte nur geringe Erfolge verbuchen. Aufgrund der andauernden Gefechte durch die Roten Khmer war der Aufbau der Infrastruktur und der nationalen Wirtschaft kaum zu erreichen. Wieder errichtete Brücken wurden von den Guerilla gesprengt, von Minen befreites Gelände wurde häufig erneut vermint, die mit Unterstützung des

---

72 Gerhard Zeh, a.a.O., S. 15.

Sicherheitsrats erlassenen Exportverbote wurden selten eingehalten. Die Roten Khmer finanzierten mit Edelstein- und Tropenholzverkäufen an Thailand ihren Widerstand. Zudem erreichte nur ein geringer Teil der von der internationalen Gemeinschaft versprochenen Entwicklungshilfe in Höhe von etwa 100 Millionen US-Dollar das Land, da die Geberstaaten ihre Hilfe von »weiteren politischen Entwicklungen« in Kambodscha abhängig machten.[73] In Bezug auf das Geld, das durch die UN-Mission selbst ins Land gebracht wurde, ist zu bemerken, dass dieses »die sozialen und wirtschaftlichen Probleme eher vergrößerte«. Von dem kurzzeitigen Florieren der Wirtschaft profitierte nur ein geringer Teil der Bevölkerung in den Städten und mit Abzug der Truppen verschwand dieser Aufschwung zudem wieder. Weiterhin ließ sich ein rapider Anstieg von Kriminalität, Inflation, Korruption und Rauschgiftschmuggel sowie ein Anwachsen des »Arm-Reich-Gefälles« und ein gesteigertes Ungleichgewicht im »sozioökonomischen Gefüge« des Landes verzeichnen. Dies begründet sich dadurch, dass es eine immens große Zahl der Kambodschaner in die Ballungszentren der UN-Truppen zog, um an ihnen verdienen zu können.[74]

d) Der Beitrag Deutschlands und der Bundeswehr

An der UNTAC waren zum ersten Mal in der deutschen Geschichte Soldaten der deutschen Bundeswehr als »langfristiger und integraler Bestandteil« der militärischen Komponente einer Peacekeeping-Operation der Vereinten Nationen beteiligt. Zum ersten Mal entsandte die deutsche Bundesregierung Sanitätssoldaten der Bundeswehr, die zur Selbstverteidigung bewaffnet waren. Bisher schien die deutsche Verfassung einen solchen Einsatz auszuschließen. Erreicht werden konnte die Teilnahme trotzdem, indem die amtierende Regierung die Opposition mit einer speziellen Rechtsauslegung überzeugte. Laut Grundgesetz ist es möglich, Teile der deutschen Streitkräfte in bestimmten Fällen auch zu anderen Aufgaben, als zur Verteidigung zu entsenden. Zu diesen anderen Aufgaben zählen beispielsweise rein humanitäre Einsätze. Nach Auslegung des Verteidigungsministeriums fiel der Kambodscha-Einsatz in dieses humanitäre Betätigungsfeld und umfasste demnach keinen Kampfeinsatz. Für die UNAMIC wurden dann durchschnittlich 12 Sanitätsoffiziere und Unteroffiziere zur Verfügung gestellt, die mit der medizinischen Versorgung des UNAMIC-Personals, der Vorbereitung des Sanitätsdienstes der UNTAC und dem Aufbau eines Militärkrankenhauses in Phnom Penh betraut waren. Für die UNTAC wurden ein ca. 140 Mann starkes Bataillion von Sanitätern sowie 75 Beamte des BGS als Mitglieder von CIVPOL entsandt. Das deutsche Per-

---

73 Frank-Erich Hufnagel, a.a.O., S. 127.
74 Gerhard Zeh, a.a.O., S. 19.

sonal übernahm hauptsächlich die Versorgung der UNTAC-Mitarbeiter und führte ein Feldhospital in Phnom Penh, in dem es, entgegen seines Auftrages, auch etwa 104.000 kambodschanische Zivilisten behandelte.[75] Finanziell beteiligte sich Deutschland mit 210 Millionen US$ an den Kosten der Mission, trug also insgesamt 9 Prozent der Gesamtkosten und war somit der drittgrößte Geldgeber.[76]

Neben der Entsendung von Bundeswehrsoldaten für den militärischen Aspekt der UN-Mission sammelte Deutschland im Rahmen von UNTAC neue Erfahrungen in zwei weiteren Bereichen: So war Deutschland in die »operative Anfangsphase« eingebunden worden, indem eine personelle Beteiligung an der Koordination des Einsatzes im New Yorker Hauptquartier der VN stattgefunden hatte. Zweitens war Deutschland Mitglied des informellen Sondergremiums der Zehner-Gruppe, die über die operative Planung des UN-Einsatzes mit entschied. Die deutsche Regierung sah in ihrer Beteiligung an der militärischen Komponente die Chance, die Rolle Deutschlands in den Vereinten Nationen neu zu definieren und die Bedeutung des Landes für die Weltorganisation zu steigern. Tatsächlich war die politische Bedeutung, die Deutschland in der Operation in Kambodscha angestrebt hatte, jedoch kaum erreicht worden. Obwohl man erstmals stark auch in die operative Seite der Planung des Einsatzes eingebunden war und sich insgesamt neun Deutsche im Kommandostab der Operation befanden sowie ein Deutscher (Dr. Lademann) als Leiter des UNTAC Medical Corps fungierte, befand sich kein deutscher Mitarbeiter im politischen Führungsstab der UNTAC. Dennoch lieferte Deutschland mit seinem Einsatz in Kambodscha den Beweis für die Leistungsfähigkeit des deutschen Personals beim UN-Peacekeeping.[77] Der Einsatz verlief erfolgreich und die Bundeswehrsoldaten erfuhren eine hohe Akzeptanz in der kambodschanischen Bevölkerung und unter dem UNTAC-Personal. Weiterhin wurde durch den Einsatz im Rahmen von UNTAC ein »Gewöhnungsprozess« in der deutschen Öffentlichkeit erreicht, der »psychologisch einen wichtigen Schritt auf Deutschlands Weg zur Übernahme größerer weltpolitischer Verantwortung« darstellte.[78]

---

75 Das deutsche Krankenhaus erhielt aufgrund dessen in der Bevölkerung die Bezeichnung »Haus der Engel«.
76 Ulrich Füßer: Der 3. Indochinakonflikt im Spiegel der wissenschaftlichen Forschung und von vier deutschsprachigen Tageszeitungen, Bonner Beiträge zur Politikwissenschaft, Bonn 1997, S. 220-224 (S. 220).
77 Gerhard Zeh, a.a.O., S. 14.
78 Gerhard Zeh, ebd.

e) Kambodscha nach den Wahlen

Das Wahlergebnis stellte für die Hun Sen-Regierung eine klare Niederlage dar. So weigerte sich diese zunächst, den Wahlausgang anzuerkennen. Um dennoch die vorgesehene Bildung einer verfassungsgebenden Versammlung nicht zu gefährden, erklärte sich Prinz Sihanouk Anfang Juni mit dem Kompromiss einer Übergangskoalition aus der FUNCINPEC und der KVP einverstanden, welcher durch die ablehnende Haltung der FUNCINPEC zunächst nicht realisiert werden konnte. Die KVP, die noch immer über genug politische und militärische Druckmittel verfügte, startete in Reaktion darauf eine »Sezessionsbewegung« und verkündete die Unabhängigkeit einiger Provinzen im Osten des Landes. Trotzdem sich diese Ausrufung autonomer Zonen nur wenige Tage behaupten konnte und bald zusammen brach, beugten sich die Royalisten schließlich dem Druck der KVP und stimmten der Bildung einer Koalitionsregierung unter Beteiligung der BLDP zu, während die KVP im Gegenzug die Gültigkeit der Wahl anerkannte. Auch die Roten Khmer zeigten sich zunächst, vermutlich aufgrund der Angst vor Machtverlust, einer ansteigenden innenpolitischen Isolation und der Gefahr einer militärischen Niederlage gegenüber den vereinten Kräften der übrigen Parteien mit dem Ergebnis der Wahl einverstanden und kündigten ihre Bereitschaft zur Teilnahme an der Neukonstituierung Kambodschas an. Im August 1993 unterbreiteten sie sogar den Vorschlag, ihre 15.000 Kombattanten umfassende Truppe in die neu gebildete Armee Kambodschas einzugliedern. In der Folge stabilisierte sich die Lage des Landes. Die UNTAC selbst verlängerte ihr Mandat von dem eigentlich vorhergesehenen Abzugstermin des 28. August bis zum Zeitpunkt der endgültigen Bildung einer Regierung in Kambodscha.[79]

Am 21. September 1993 wurde die Verfassung verabschiedet und durch diese eine konstitutionelle Monarchie errichtet. Prinz Sihanouk wurde am 24. September zum König des »Königreich Kambodscha« ernannt und die neue Regierung aus FUNCINPEC und KVP gebildet. Unter dem Druck der KVP war eine gleichberechtigte Stellung von Premier Prinz Norodom Ranariddh und Ko-Premier Hun Sen vorgesehen worden. Auch die Roten Khmer wurden in einer Beraterfunktion in die Regierungsarbeit eingebunden. Die UNTAC endete mit der Regierungsbildung, begann im August 1993 mit dem Abzug ihrer Truppen und beendete diesen bis zum 15. November 1993.[80]

Das Konzept der vollständigen »Gewaltenteilung« zwischen der FUNCINPEC und der KVP sah in der Theorie ein »fifty-fifty arrangement« vor. So wie gleichberechtigte Positionen für den ersten Premier Prinz Ranariddh und den zweiten Premier Hun Sen vorgesehen waren, sollte jedes Ministe-

---

79 Gerhard Zeh, a.a.O., S. 11.
80 Frank-Erich Hufnagel, a.a.O., S. 94.

rium mit einer ebenso hohen Anzahl an Ministern und sonstigen Mitarbeitern der FUNCINPEC wie auch der KVP versehen sein. Dieses System sollte auf sämtlichen Ebenen der Regierung sowie auch in den Provinzen verfolgt werden. Dieses Modell fand allerdings in der Praxis keine Verwirklichung. Während die FUNCINPEC als Sieger der Wahlen nominell über ein stärkeres Gewicht durch mehr Sitze in der Nationalversammlung verfügte, dominierte die KVP »throughout the country at lower levels«. Die politischen Strukturen in den Provinzen verblieben unter KVP-Kontrolle. Die seit dem Regierungsantritt 1979 aufgebaute Macht und Reichweite der Partei war kaum beeinträchtigt und so kam es dazu, dass die Entscheidungen, die von der Nationalversammlung getroffen wurden, nicht zwingend auf Lokalebene Verwirklichung fanden.[81] Auch behielt die KVP faktisch die Macht über das Innenministerium inklusive seines korrupten Staatssicherheitsapparats, das Justizministerium, die Streitkräfte und die nationale Bürokratie und somit über nahezu alle wichtigen Politikfelder des neuen Staates. Die Nationalversammlung trat kaum zusammen und wurde zur bloßen »rubber-stamp Assembly« degradiert. Die Regierung konnte nur so lange arbeiten, wie sich die FUNCINPEC nicht den Interessen der KVP in den Weg stellte. In der politischen Realität konnte die Koalitionsregierung also lediglich als »fauler Kompromiss« bezeichnet werden, da sie eigentlich kaum mehr als eine »Konservierung« des alten KVP-Regimes darstellte.

Weiterhin konnte die Integration der Khmer Rouge, die kurz nach den Wahlen noch ihre Bereitschaft zur Kooperation signalisiert hatten, in der Praxis nicht realisiert werden. Die Widerstandskämpfer nahmen kurz nach den Wahlen ihre militärischen Aktionen wieder auf und verfolgten nun die Strategie, sich durch Verhandlungen mit den Regierungsparteien Zeit zu verschaffen, in der sie ihre Truppen neu konsolidieren und die Regierung durch Guerillaattacken weiter schwächen wollten, um auf einen Zusammenbruch dieser zu warten und dann an der Macht beteiligt zu werden. Die Funktionalität der Regierung wurde durch diesen Umstand immens behindert. Statt zusammen zu arbeiten »stritten« FUNCINPEC und KVP um die Gunst der Roten Khmer, um einen Machtvorsprung zu erreichen und ihr politisches Überleben zu sichern. Die Regierungskoalition bestand also nur auf dem Papier und wurde künstlich aufrechterhalten. Die Annahme der Roten Khmer, »the new government will collapse under the pressure of internal conflicts« traf durch den Putsch Hun Sens 1997 zu.[82] In der weiteren Entwicklung des Landes waren die Roten Khmer bereits ein Jahr nach Abzug der UNTAC wieder auf dem Vormarsch, die Regierung blieb zerstritten, die Wirtschaft am Boden und die Bürokratie so korrupt wie eh und je.

---

81 David W. Roberts, a.a.O., S. 122.
82 David W. Roberts, a.a.O., S. 123 ff.

Obwohl sich auf lange Sicht die Situation des Landes in kleinen Schritten verbessern konnte, kommt Kambodscha fast elf Jahre nach UNTAC noch immer nicht zur Ruhe. Wenn auch der Bürgerkrieg mit den Roten Khmer mit der Kapitulation ihrer letzten drei freien Führer und der Integration ihrer übrigen Kombattanten in die kambodschanische Armee 1998/ 1999 offiziell zu Ende ging und in der Zeit nach Abzug der UNTAC zwei weitere Wahlen stattfanden,[83] so befindet sich doch das »Königreich Kambodscha« noch immer weit entfernt von demokratischen Mindeststandards. Beide Wahlen nach dem Abzug der UNTAC waren erneut begleitet von gewalttätigen Demonstrationen, politisch motivierten Morden und Einschüchterungen. Die Regierungsbildung nach den ersten Wahlen 1998 zog sich über Monate hin und konnte nur dadurch realisiert werden, dass es Hun Sen mittels Geld und lukrativer Posten gelang, etwa die Hälfte der FUNCINPEC-Mitglieder davon zu überzeugen, die Koalition mit der KVP fortzusetzen. Die Wahlen im Juli 2003 wurden aufs Neue von blutigen Gewaltakten begleitet. Das Land befindet sich in abermals einer politischen »Patt-Situation«. Eine Lösung des Problems mit demokratischen und dem Wählerwillen entsprechenden Mitteln scheint unwahrscheinlich. Zumindest kann es als ein politisch kluger Schritt bezeichnet werden, dass der alte König im Jahr 2004 die Königswürde an einen seiner Söhne weiterreichte. Damit ist nicht nur auf absehbare Zeit das Königtum in Kambodscha gesichert, sondern die Monarchie und der Buddhismus bilden nach wie vor jene gesellschaftlichen Klammern, die dieses so arg gebeutelte Land politisch zusammenhalten und der Bevölkerung Halt und Identität geben.

---

83 Auswärtiges Amt, Kambodscha: Innenpolitik, http://www.auswaertiges-amt.de/ www/de/laenderinfos/laender/laender_ausgabe_html?type_id=10&land_id=73, 04.02.2004.

9. Einsätze in Bosnien

Auslandseinsätze der Bundeswehr stehen im Brennpunkt der Öffentlichkeit; über die ISAF-Mission in Afghanistan wird nahezu täglich berichtet. Mit den verteidigungspolitischen Richtlinien vom Mai 2003 dienen Auslandseinsätze der Bundeswehr neben der Landesverteidigung auch außen- und sicherheitspolitischen Zielen wie dem Schutz der Menschenrechte und der Bekämpfung des internationalen Terrorismus. Mit dem Schutz der Menschenrechte wird vor allem bezüglich des Einsatzes von deutschen Soldaten im Kosovo argumentiert, während bei Afghanistan die Bekämpfung des internationalen Terrorismus im Vordergrund steht. Der deutsche Einsatz in Bosnien-Herzegowina wurde anfänglich mit sicherheitspolitischen Überlegungen begründet, da vom Milsovec-Regime ein militärisches Gefahrenpotential für ganz Europa ausging. An den schon länger bestehenden Auslandseinsätzen der Bundeswehr wird gegenwärtig Kritik laut. Meine These lautet: der Balkan-Konflikt im Herzen Europas mit seinen verschiedenen geschichtlichen, ethnischen und religiösen Facetten stellt sich als so vielschichtig und schwierig dar, dass auch ein Einsatz über einen längeren Zeitraum mit deutschen Steuermitteln gerechtfertigt erscheint; allerdings bedarf es Lösungen für den Ausstieg der Bundeswehr aus Bosnien-Herzegowina.

9.1. Der Balkan-Konflikt und der SFOR-Einsatz

Die Ursachen für den Balkan-Konflikt[1] heute sind mehrdimensional.[2] In seinen Wurzeln stellt der bis in die Gegenwart wirkende Balkan-Konflikt, von dem Bosnien-Herzegowina und der Kosovo betroffen sind, als eine religiös-machtpolitische Auseinandersetzung zwischen den orthodoxen Serben einerseits sowie den islamischen Türken und Albanern andererseits dar. Dieser Konflikt nahm in der Bundesrepublik Jugoslawien fast rassistische Züge an, die parallele Entwicklungen zum südafrikanischen Apartheid-Regime vor 1994 erkennen lässt. Dass die Diskriminierung von Bosniaken und von Kosovo-Albanern in Jugoslawien so wenig in die westeuropäische Öffentlichkeit gedrungen ist, lässt sich nur damit erklären, dass die kriegerischen Konflikte um die Nachfolgestaaten der ehemaligen Bundesrepublik

---

1 Vgl. Andreas M. Rauch: Balkan-Konflikt und SFOR-Einsatz, in: kas-auslandsinformationen, Heft 6, 2004, S. 104-130.
2 Vgl. Curt Gastegyer: Europa zwischen Spaltung und Einigung 1945-1993. Bonn 1999, S. 302 ff.

Jugoslawien – vor allem in Bosnien-Herzegowina – menschenrechtliche Missstände in dieser Region überschatteten.

a) Die verspätete Nationwerdung Serbiens und christlich-islamische Auseinandersetzungen

Für die Bundeswehr verbirgt sich im Balkan-Konflikt eine hohe politisch-kulturelle Brisanz und daraus resultierend ergeben sich auch Gefährdungen bei der Erfüllung ihres Einsatzauftrages. Militärische Spannungspotentiale gab es seit dem Ende des II. Weltkrieges verschiedentlich in Europa, etwa beim Volksaufstand in der DDR 1953, beim Bau der Berliner Mauer 1961 oder bei der blutigen Niederschlagung der Demonstrationen in der CSSR 1967. Doch in Bosnien-Herzegowina und dann später im Kosovo bestand die Gefahr, dass aus diesen regionalen Auseinandersetzungen ein Konfliktherd entstehen könnte, der ganz Europa in einen Krieg verwickelt. Diese Überlegung spielte eine Rolle bei den NATO-Luftschlägen gegen das Milosevic-Regime im Frühjahr 1999, als in westeuropäischen Medien das mögliche Szenario eines drohenden III. Weltkrieges diskutiert wurde. Tatsächlich lagen schon die Ursachen für den I. Weltkrieg – wie noch zu zeigen sein wird – auf dem Balkan, weshalb unter westeuropäischen Politikern heute eine entsprechend hohe Sensibilität für den Balkan-Konflikt besteht.

Die Schwierigkeiten, politische Verbesserungen auf dem Balkan zu erzielen und damit die Bundeswehreinsätze von SFOR und KFOR im Ergebnis erfolgreich bewerten zu können, liegen in historisch-kulturellen Problemzusammenhängen begründet. Dabei sollte sich vergegenwärtigt werden, dass hier ethnische und religiöse Prozesse eine Rolle spielen, die seit vielen Jahrhunderten andauern und teilweise in das 8. Jahrhundert n. Chr. zurückreichen. Vor diesem Hintergrund, also von über lange Zeiten hinweg verfestigten Strukturen und Konfliktlagen, kann kurzfristig auf dem Balkan mit erfolgreichen politischen Lösungen nicht gerechnet werden.

Ein Ursachenstrang der jetzigen Konfliktlage liegt im Selbstbehauptungswillen einzelner Volksgruppen begründet. Ihre Ursprünge reichen zurück in die Zeit des Frankenreiches, als 748 die Slowenen von den Franken besiegt und christianisiert wurden. Bis 1918 gehörten die Slowenen zum österreichischen Reich; die slowenische Oberschicht sprach wie in anderen Regionen der kaiserlich-königlichen Monarchie fließend deutsch und fühlte sich dem deutschen Kulturkreis zugehörig; zudem gehört sie überwiegend der römisch-katholischen Religionsgemeinschaft an. In der Landwirtschaft und im Handel sowie seit der Neuzeit in Manufaktur und Industrie erzielen die Slowenen hohe wirtschaftliche Erträge.

Auch die Kroaten gerieten im 8. Jahrhundert n. Chr. unter fränkischen Einfluss und wurden christianisiert. Positiv auf das politisch-kulturelle

Selbstverständnis von Serben und Kroaten wirkte zunächst die Übernahme des römischen Herrschaftsgrundsatzes ‚Teile und herrsche' (Divide et impera!) durch die Frankenherrscher und die Habsburger: Serben und Kroaten behielten ein hohes Maß an politischer und administrativer Autonomie; ihre kulturelle und nationale Identität wurde nicht infrage gestellt. Allerdings hatten es die Kroaten schwerer als die Serben: die Kroaten verloren ihre politische Unabhängigkeit als Königreich und wurden dem Königreich Ungarn zugeschlagen. Darüber hinaus stand das kroatische Dalmatien seit Ende des 13. Jahrhunderts unter venezianischem Einfluss und gelangte erst 1814 unter österreichisch-ungarische Herrschaft. Als nach dem Ende des Ost-West-Konflikts 1989 sich für Slowenien und Kroatien die politische Option ergab, ein unabhängiger Staat zu werden, schloss sich hier – ideengeschichtlich gesehen – ein Wirkungskreis, der von der Suche dieser beiden Volksgruppen nach politischer und kultureller Selbstbestimmung bestimmt ist. Heute zählt Kroatien zu den politisch stabilsten Staaten auf dem Balkan und zum Anwärter auf die Mitgliedschaft in der Europäischen Union.[3] Slowenien ist seit 1. Mai 2004 Mitglied in der Europäischen Union.

Die Serben auf der einen sowie die Bosniaken und Albaner auf der anderen Seite bilden heute den Kern des Balkan-Konflikts, der sich bei genauerer Betrachtung als eine christlich-muslimische Auseinandersetzung darstellt. Die Serben wurden durch das oströmische Konstantinopel im Frühmittelalter christianisiert. Im 9. Jahrhundert n. Chr. ließ der byzantinische Kaiser Basileios Mazedon (867-886) das serbische Volk taufen. Schüler der Missionare und katholischen Heiligen Kyrillus (um 827-869) und Methodius (um 830-885) bewirkten einige Jahre darauf durch ihre Missionsarbeit eine Vertiefung des christlichen Glaubens in der Bevölkerung auf dem Balkan. Zunächst gehörten die Serben der byzantinisch-orthodoxen Kirche an, später dann der serbisch-orthodoxen Kirche. Doch diese Einflussnahme in der zweiten Hälfte des 1. nachchristlichen Jahrtausends war mehr als nur die Übernahme einer Religion, sondern eben auch die machtpolitische Internalisierung römischer Staatsideologie.

Im Reiche des römischen Kaisers Konstantin des Großen (305-337) wurde zunächst im Edikt von Mailand 313 jedem Bürger das Recht auf freie Religionsausübung garantiert. Kaiser Konstantin gab den christlichen Bischöfen richterliche Befugnisse und setzte den Sonntag als wöchentlichen Feiertag fest. 325 wurde das Christentum der römischen Religion gleichgestellt. 330 verlegte Konstantin den Regierungssitz von Rom nach Konstantinopel. Unter Kaiser Theodosius (379-395) wurde am 8. November 392 das Christentum römische Staatsreligion; ihr wurde öffentlich zumeist in Tempeln – die ursprünglich den alten Göttern geweiht waren – gehuldigt; das Phanteon in Rom sei hier als klassisches Beispiel angeführt. Für die Serben verband sich mit der Übernahme des christlichen Glaubens auch ein

---

3 Vgl. Barbara Jelavich: History of the Balkans. 2 volumes. Cambridge 1983.

Abglanz römischer Machtfülle. Die Serben identifizierten sich in gewisser Weise mit der Sehnsucht vieler »Oströmer« nach dem einst so mächtigen römischen Reich. Für die »Oströmer« bildeten der politische Wegfall Westroms zu Ende des 5. Jahrhunderts und die Wirren der Völkerwanderung einen einzigen politischen Abgrund. Diese Sehnsucht nach Einheit und Größe wurde eher noch verstärkt, als es zur kirchlichen Trennung (Schisma) von römisch-katholischer und orthodoxer Kirche im Jahr 1045 kam – und ging seither nicht mehr verloren. Bis heute gibt es im politischen Denken vieler Serben und der serbisch-orthodoxen Kirche die Vorstellung von einer engen Verbindung von Staat und Kirche wie im Imperium Romanum in der Zeit nach Kaiser Theodosius. Um 1171 kam es unter Großfürst Stephan Nemanja (1166-1196) zu einer erstmaligen Begründung der serbischen Einheit; sein Sohn Stephan Prvovencani erhält von Papst Honorius III. die Königskrone. Unter dem serbischen König Stephanus Dusan (1331-1355) kam es zur größten territorialen Ausdehnung in der Geschichte des serbischen Volkes – Makedonien, Thessalien, Albanien und Epirus wurden dem serbischen Königreich einverleibt.

Die imperialen Träume der byzantinisch-orthodoxen Serben erfuhren dann in der Auseinandersetzung mit den Muslimen in zweifacher Hinsicht eine harte Zäsur. So war es aus serbischer Sicht schon schlimm genug, dass das byzantinische Reich sich in wachsendem Maße wie einst Westrom auflöste, der ‚muselmanischen' Religion verfiel und sich im Osmanischen Reich neu formierte. Doch wie einst die Bewohner von Byzanz begnügten sich die Osmanen nicht mit dem asiatischen Teil ihres Reiches, sondern wollten wieder zu gewichtigen europäischen Besitzungen gelangen, weshalb sie auf den Balkan vordrangen. Am 28. Juni 1389 (gregorianischer Kalender) kam es auf dem Amselfeld (Kosovo Polje) im heutigen Kosovo durch Sultan Murad I. zu einer katastrophalen Niederlage der zahlenmäßig unterlegenen Serben, weshalb die Serben teilweise unter osmanische Herrschaft gerieten. Dieser Sieg der Osmanen wirkt bis heute wie ein Trauma auf die kulturelle Identität und das politische Selbstverständnis der Serben. 1521 wurde Belgrad von den Osmanen erobert, sodass nunmehr ganz Serbien unter osmanische Herrschaft gelangte; die serbische Oberschicht, der Adel, wurde teils vernichtet, teils islamisiert. Serbien bleibt die nächsten Jahrhunderte unter osmanischer Herrschaft, obwohl es wiederholt zu Aufständen kam. Die Osmanen betreiben eine rücksichtslose islamische Missionierung. Die von den Osmanen islamisierten Albaner rückten in das von den Serben verlassene Kosovo-Gebiet nach und erreichten später im 20. Jahrhundert unter Marschall Tito einen autonomen Status, der 1989 wieder aufgehoben wurde. Doch für die Serben blieb der Kosovo stets »heiliges Gebiet« und seine Bewohnung durch die muslimischen Albaner ein großes politisches Ärgernis.

Als noch schwerwiegender als der christlich-muslimische Konflikt gestaltet sich die Nichterfüllung der imperial-nationalistischen Vorstellungen der Serben. Mit der Auflösung des oströmischen Reiches erreichten die Serben ihre politische und territoriale Selbstständigkeit. Aufgrund militärischer Siege gelang es ihnen zudem, ihr »imperium serbium« im 12. Jahrhundert zeitweilig über Montenegro und Mazedonien bis nach Griechenland auszudehnen. Im Mittelalter gelangten diese Gebiete wieder unter osmanische Herrschaft. 1830 erhalten dann die Serben als Fürstentum politische Autonomie unter osmanischer Oberhochheit. Als Folge des russisch-osmanischen Balkankrieges von 1876-1878 werden Montenegro und Serbien im Frieden von San Stefano (3. März 1878) unabhängig und durch den Berliner Kongress bestätigt; Österreich-Ungarn besetzt Bosnien-Herzegowina. Im Jahr 1882 erfolgt in enger politischer Anlehnung an Österreich-Ungarn die Erhebung Serbiens zum Königreich mit König Milan I. aus dem Haus Obrenovic. Im I. Balkan-Krieg 1912/13 greifen die verbündeten Balkanstaaten das Osmanische Reich an, welches nach seiner Niederlage alle europäischen Besitzungen bis auf einen Gebietsstreifen um Konstantinopel aufgibt. Albanien wird unabhängig. Im II. Balkankrieg 1913 greift Bulgarien seine bisherigen Verbündeten an. Die bulgarische Armee wird aus Mazedonien vertrieben und verliert alle territorialen Zugewinne aus dem I. Balkankrieg.[4] Die Montenegriner erhalten zunächst einen Autonomiestatus unter osmanischer Herrschaft und können dann die Gründung des Königreiches Montenegro 1910 für ihr Gebiet durchsetzen; ihren Status der Autonomie behält Montenegro auch in der späteren Bundesrepublik Jugoslawien. Da die Montenegriner ursprünglich Serben sind, begrüßten sie die politische Idee der Serben nach einem Großserbien, in dem alle serbischen Siedlungs- und Einflussgebiete einschließlich des Kosovo zusammengefasst sind. Am 1. Dezember 1918 erfolgte die Gründung des Königreiches der Serben, Kroaten und Slowenen, welches 1929 in das Königreich Jugoslawien umbenannt wurde.

Vor diesem geschichtlichen Hintergrund erscheint die starrsinnige Haltung von Slobodan Milosevic zumindest politisch erklärbar, konnte er sich doch mit seinen Großmachtträumen über lange Zeit auf breite Teile der serbischen Bevölkerung stützen. Zugleich berührt die totalitäre Ideologie der Milosevic-Regierung unangenehm, wenn diese zu Ende der neunziger Jahre argumentiert, die Deutschen müssten doch Verständnis für die Serben aufbringen, schließlich hätte das deutsche Volk in den Jahren 1933-45 auch versucht, ein Großdeutschland zu verwirklichen. Tatsächlich lässt sich im politischen Denken von Milosevic faschistisch-totalitäres Ideengut im Sinne von Hannah Arendt (1906-1975)[5] auffinden. Im Ergebnis bleiben die Bemühungen der Serben erfolglos, ihre bis in oströmische Zeiten zurück-

---

4 Karlheinz Deschner; Milan Petrovic: Weltkrieg der Religionen. Der ewige Kreuzzug auf dem Balkan. Stuttgart, Wien 1995.

reichende Vorstellungen von einem »großen Reich«, von einem Großserbien zu verwirklichen – was die Serben nicht hindert, rücksichtslos gegen andere Völker auf dem Balkan vorzugehen. Die Serben geben sich als »verspätete Nation« erkennbar, nachdem sie ein Großserbien aufgrund der Osmanenherrschaft, des Habsburger-Reiches sowie des Ost-West-Konflikts dauerhaft nicht umsetzen konnten.

Der serbische Nationalismus und der christlich-islamische Konflikt entfaltet sich besonders wirkungsmächtig auf dem Gebiet des heutigen Bosnien-Herzegowina. Seit dem Frühmittelalter siedeln hier die Volksgruppen der Serben und Kroaten. Doch seit der Eroberung durch das Osmanische Reich im Jahr 1463 traten viele Angehörige beider Volksgruppen zum islamischen Glauben über. Unter der Herrschaft des österreichischen Reiches hatten die Bosniaken als Nicht-Christen mit großen gesellschaftlichen Schwierigkeiten zu kämpfen, mussten sie doch Nachteile in der schulischen Ausbildung in Kauf nehmen; im beruflichen Alltag wurden sie in der Regel lediglich für einfache Arbeiten ausgebildet und eingesetzt. Umso größer war das Verlangen der Bosniaken nach politischer Selbstbestimmung in den neunziger Jahren, um so eine über Jahrhunderte ertragene Unterdrückung und Knechtschaft zu beenden.

Ein weiteres Konfliktpotential entstand durch Makedonien. Die Makedonier, auf deren Territorium die Völker der Serben, Bulgaren und vor allem die Griechen geschichtlich begründete Ansprüche anmeldeten, mussten die Teilung ihres Landes infolge der beiden Balkankriege 1912/13 erleben, wobei der serbische Teil Makedoniens unter dem Kroaten Tito Autonomie als Teilrepublik erhielt mit dem Zugeständnis einer eigenen makedonischen Schriftsprache. Doch insgesamt gesehen waren Makedonien ebenso wie Bosnien-Herzegowina nicht gewillt, Teile eines Großserbien in Form einer Bundesrepublik zu werden; vielmehr plädierten sie mehrheitlich für einen Staatenbund. Nach dem Tod von Marschall Tito 1980 traten diese politischen Gegensätze offen zu Tage und eskalierten in blutigen Konflikten. Im Falle von Makedonien spielte dabei eine entscheidende Rolle, dass die Makedonier nicht gewillt waren, sich in irgendeiner Form von den Serben beherrschen zu lassen, fühlten sie sich doch ohnehin eher dem griechischen Kulturkreis verbunden.[6]

---

5 Vgl. Hannah Arendt: Elemente und Ursprünge totalitärer Herrschaft. München 2001.
6 Ernst Christian Helmreich: The diplomacy of the Balkan wars. Cambridge/Mass. 1938.

b) Die politischen Hintergründe des SFOR-Einsatzes: Eskalationen nach Titos Tod und Ende des Ost-West-Konflikts

Wie gefährlich die serbischen Großmachtträume für ganz Europa waren, zeigte sich 1914, als der serbische Attentäter Gavrilo Princip am 28. Juni den österreichischen Thronfolger Kronprinz Franz Ferdinand (1863-1914) in Sarajewo ermordete und damit eine Kettenreaktion auslöste, die aufgrund der nationalistisch überhitzten Stimmungslage in den I. Weltkrieg mündete. Und wie konsequent die Serben ihr nationalistisches Ideengut in die Tat umsetzten, zeigte sich an der Gründung des serbischen Königreiches, zu dem ehemals osmanische Besitzungen wie Mazedonien und Kosovo und österreichische Gebiete wie Slowenien, Kroatien und Bosnien gehörten. Zudem annektierten die Serben das kleine Königreich von Montenegro. Wie bereits erwähnt erhielt im Jahr 1929 das gesamte von den Serben beherrschte Gebiet des Status eines Königreiches mit dem Namen Jugoslawien, was übersetzt bedeutet: »slawische Länder des Südens«.

Das zentralistische, von der Serben dominierte Königreich Jugoslawien stieß vor allem die Kroaten vor den Kopf, die sich ihrer kulturellen Besonderheiten besonders bewusst waren – aber auch andere Volksgruppen. Das Königreich Jugoslawien, von Beginn an aufgrund von politischen und nationalistischen Widersprüchen gefährdet, fiel nach den ersten deutschen militärischen Vorstößen innerhalb weniger Tage im Frühjahr 1941 in sich zusammen.

Josip Tito organisierte 1941 nach dem deutschen Angriff auf die Sowjetunion eine Partisanenarmee, die gegen die deutsche Wehrmacht kämpfte. In Bosnien konnte sich Tito mit seinen Truppen erfolgreich behaupten. Im November 1942 installierte Tito eine provisorische Regierung. Nach der Befreiung Jugoslawiens durch Titos Partisanen und der Besetzung Belgrads durch die Rote Armee bildete Tito 1944 eine neue Regierung, in der auch bürgerliche Exilpolitiker vertreten waren. Im November 1945 wurde die »Föderative Volksrepublik Jugoslawien« proklamiert. Tito wurde 1945 Ministerpräsident und nach einer Verfassungsänderung ab 1953 bis zu seinem Tode Staatspräsident. Titos eigener außenpolitischer Kurs führte zum Konflikt mit dem sowjetischen Führungsanspruch und 1948 zum Bruch mit Stalin. Außenpolitisch wurde Jugoslawien blockfreier Staat und Tito einer ihrer führenden Sprecher.

Im Unterschied zu den osteuropäischen Staaten war der Balkan nach dem Ende des II. Weltkrieges in der glücklichen Lage, nicht zum großflächigen Aufmarschgebiet der Roten Armee gegen Deutschland geworden zu sein. 1963 erhält Jugoslawien eine neue Verfassung für die »Sozialistische Föderative Republik Jugoslawien«.⁷ Außenpolitisch gesehen hatten die Alliierten kein Interesse am chronischen Unruheherd Balkan. Nachdem bereits die Schweiz, Liechtenstein und Österreich zu blockfreien Staaten wurden, nahm dies auch Tito für sein neu gegründetes Jugoslawien in Anspruch: außenpolitische Neutralität und straffe Ordnung nach innen beinhaltete das politische Konzept von Josip Broz Tito (1892-1980). Mit militärischer und geheimpolizeilicher Gewalt gewährleistete Tito innenpolitisch trotz religiöser und ethnischer Spannungen Ruhe und Sicherheit. Zugleich betrieb er erfolgreich zahlreiche Maßnahmen, die wirtschaftliches Wachstum in Jugoslawien ermöglichten. Ein besonders prosperierender Bereich wurde der Tourismussektor, der aufgrund unschlagbar günstiger Preise und der Besetzung der Marktnische »FKK« auch zum Anziehungspunkt für viele Deutsche wurde. In den sechziger Jahren konnten internationale Kinoproduktionen wie etwa die Winnetou-Verfilmungen mit den Produzenten Artur Brauner und Horst Wendlandt sowie den Schauspielern Pierre Brice und Lex Barker nach Jugoslawien geholt werden; dabei spielten die atemberaubenden Naturschönheiten Jugoslawiens selbst eine Hauptrolle. Überhaupt führten die sechziger und siebziger Jahre in Jugoslawien zu einer Zeit wirtschaftlicher Blüte, der sich in neuen Industrieanlagen, einer boomenden Bauwirtschaft und einer Architektur manifestierte, die Vergleiche mit dem übrigen Europa nicht zu scheuen brauchte.

Nach dem Tod von Tito 1980 spitzten sich die Spannungen zu, als der nach dem Tode Titos eingesetzte Triumvirat es nicht schaffte, die wirtschaftlichen und sozialen Ungleichgewichte zwischen den Teilstaaten und –republiken auszugleichen. Die wohlhabenen Republiken wie Slowenien und Kroatien wollten sich von den armen Regionen trennen und kritisierten die Misswirtschaft der öffentlichen Verwaltung. Slobodan Milosevic, ein zweitrangiger Bürokrat, aber glühend serbischer Nationalist, übernahm die Kontrolle der Kommunistischen Partei Serbiens und entfachte den serbischen Nationalismus neu. Als Reaktion darauf erklärten Slowenien und Kroatien 1991 ihre Unabhängigkeit.⁸ Die letzten Versuche, demokratische Reformen in der jugoslawischen Gesamtrepublik umzusetzen, unternahm der Kroate Ante Markoic – letzter Premierminister des Bundesstaates (1990-1991) –, die jedoch dem Widerstand serbischer und kroatischer Nationalisten zum Opfer fielen – aber auch der Gleichgültigkeit Westeuropas, welches nicht begriff, dass hier die letzte Chance zur Rettung Jugoslawiens vergeben wurde.

---

7 Richard West: Tito and the rise and fall of Yugoslawia. London 1994; L.M. Rees: Keeping Tito afloat. The United States, Yugoslawia, and the Cold War. University Park, Pa. 1997.
8 Matthias Z. Karadi: Die Folgen einer fehlenden Konzeption für die Region. Die NATO auf dem Balkan: Kriegspartei und Protektor zugleich, in: Frankfurter Allgemeine Zeitung, 27. Mai 1999.

Die neuen Territorien und Grenzen der neuen unabhängigen Republiken entsprachen nicht jenen der verschiedenen Volksgruppen, sodass alle neuen Staaten beträchtliche nationale Minderheiten aufwiesen, womit weitere Konflikte vorprogrammiert waren. Die jugoslawische Bundesarmee intervenierte ab Sommer 1991 in Kroatien, offiziell zum Schutz der serbischen Minderheiten im Land. Gleichermaßen folgte auf die Unabhängigkeit Bosniens ein blutiger Bürgerkrieg, der zwischen 1992 und 1995 über 200.000 Tote gefordert haben soll. Im Kern ging es dabei stets um die Gründung und Wiedererrichtung eines großserbischen Reiches.

Im April 1992 gründeten Serbien und Montenegro ein drittes Jugoslawien, das am 4. Februar 2003 aufhörte zu existieren; die neue Staatsgründung erhielt nun den Namen ‚Serbien und Montenegro'. Das von 1992-2002 bestehende Rest-Jugoslawien hatte hauptsächlich die Aufgabe, dass sich das Milosevic-Regime in Belgrad weiterhin als Erbe des ‚großen' Jugoslawien ausgeben konnte, vor allem gegenüber einem immer noch großen Teil der Bevölkerung von Serbien und Montenegro, welches imperialen Ideen nachhing. Doch das Zusammenlegen von Serbien und seinen zehn Millionen Einwohnern mit Montenegro, welches nur 0,65 Mio. Einwohner zählt, war nur möglich, solange die montenegrinischen Führer der politischen Linie von Belgrad folgten. Der Aufstand von Milo Djukanovic nach 1996 zeigte, dass die Bundesrepublik Jugoslawien in Wirklichkeit eine politische Illusion war und auf Dauer keinen politischen Bestand haben würde.

c) Erfahrungsbericht eines Election Supervisors bei den Präsidentschaftswahlen in der Republika Srpska

Am 23. November 1997 fanden im serbischen Teil von Bosnien-Herzegowina, in der Republika Srpska, Präsidentschaftswahlen statt. Nach den Präsidentschafts- und Parlamentswahlen 1996 und den Kommunalwahlen im September 1997 sind dies die dritten Wahlen, die die OSZE gemäß dem Dayton-Abkommen organisiert und überwacht und an denen ich als Wahlüberwacher teilnahm. Der folgende Bericht gibt Aufschluss über die politische Stimmungslage in Bosnien-Herzegowina und über die gesellschaftspolitischen Rahmenbedingungen, in denen sich SFOR bewegt.

Bei den Präsidentschaftswahlen 1997 kamen 1470 internationale Wahlüberwacher (election supervisor) mit weitreichenden Vollmachten zum Einsatz, davon 150 in der Bundesrepublik Jugoslawien und in Kroatien[9]. Unter ihnen befanden sich siebzig deutsche Wahlüberwacher. Die Anzahl

---

9 Andreas M. Rauch: Präsidentschaftswahlen in der Republik Srpska. Ein fragiler Nichtkriegszustand in den Serbenhochburgen Bosnien-Herzegowinas, in: Das Parlament, Nr. 50, 5. Dezember 1997, S. 19.

der internationalen Wahlüberwacher war so gewählt, dass für jede Wahlstation ein Wahlüberwacher zur Verfügung stand. Nach den OSZE-Statuten waren die Wahlüberwacher mit weitreichenden Interventionsmöglichkeiten ausgestattet; sie hatten etwa das »Hausrecht« vor Ort inne und konnten bei entsprechender Sicherheitslage auch ein Wahllokal schließen. Wahlbeobachter gibt es in der internationalen Politik seit den sechziger Jahren, als zahlreiche ehemalige Kolonien ihre Unabhängigkeit erlangten. Doch erst mit dem Ende des Ost-West-Konflikts wurde dieses Instrument in den internationalen Beziehungen vor allem durch supranationale Einrichtungen weitflächig installiert. Die erste bedeutende Wahlbeobachtung nach 1989 gab es in Namibia 1990; andere wie Kambodscha, Südafrika, Mozambique und Haiti folgten. Es bestehen Überlegungen, in Krisenregionen statt einer reinen Wahlbeobachtung eher Wahlüberwachungen durchzuführen; Bosnien-Herzegowina war hier ein erster Testlauf.

Bosnien-Herzegowina gliedert sich in zwei Teile, in die Föderation mit Kroaten und Muslimen und in die Republika Srpska, in der ausschließlich Serben leben. In Srpska sind alle Moscheen zerstört, die Wohnhäuser nichtserbischer Volksgruppen wurden von Serben in Beschlag genommen. Telephonate von hier in die Föderation sind 1997 nicht möglich, ebenso kein Personenverkehr, beispielsweise mit Autos – mit Ausnahme von einzelnen Bussen für den nahen Grenzverkehr. Politisch ist die Republika Srpska in zwei Teile zerfallen. In Banja Luka hatte die westlich orientierte Biljana Plavsic ihr Hauptquartier, in Pale finden sich die Gefolgsleute um den als Kriegsverbrecher gesuchten Karadzic. Zwischen den Bevölkerungsgruppen der von Plavsic und Karadzic beherrschten Landesteile herrscht teilweise erbitterte Feindschaft. Entsprechend ist die Wahlatmosphäre angespannt und frostig. Wiederholt kam es zu Unterbrechungen von Strom und Wasser, die in einigen Fällen wenige Stunden, andernorts aber auch bis zu zwei Tagen andauerten. Aufgrund dieser gespannten Lage entfielen Demonstrationen oder größere Auseinandersetzungen. Allerdings war die Wahlbeteiligung wie bei den vorangegangenen Kommunalwahlen sehr hoch, denn die Wahlen bedeuteten eine demokratische Legitimierung des Status quo. Die Bevölkerung zeigte sich an jeder Form von Normalisierung sehr interessiert.

Die internationalen Wahlüberwacher wurden privat bei serbischen Familien untergebracht, auch weil eine ausreichende Anzahl an Hotels und Pensionen fehlt. Dadurch war ein unmittelbarer Zugang zur serbischen Bevölkerung gegeben. In Gesprächen stellte es sich heraus, dass die einfache serbische Bevölkerung nie einen Bürgerkrieg gewollt hat und alle Anstrengungen in Richtung auf eine normale Alltagssituation unterstützt. Lediglich die Minderheit einiger politischer Führer ist es, die keine Ruhe gibt und das Dayton-Abkommen infrage stellt. Es ist eben auch diese Minderheit von politischen Führern, die eine freie Meinungs- und Pressefreiheit unterbinden wollen, einen freien und fairen Wahlkampf behindern sowie einen ungehinderten Zugang zu den Wahllokalen erschweren.

Die Mitte Oktober 1997 veröffentlichten Ergebnisse der Kommunalwahlen in Bosnien-Herzegowina vom 13./14. September 1997 dokumentieren, dass die tiefen ethnischen Spaltungen des Landes bislang auch nicht ansatzweise überwunden wurden. Die Dominanz der Regierungsparteien blieb insbesondere bei den bosnischen Kroaten und Bosniaken erhalten. Die Karadzic-Partei verlor in der Republik Srpska Stimmen, weniger freilich an moderate als an ultranationalistische Kräfte. Die neu gegründete Partei SNS von Frau Plavsic konnte an den Kommunalwahlen noch nicht teilnehmen; nach den Wahlen liefen jedoch eine Reihe gewählter SDS-Kandidaten zur Plavsic-Partei über. In Grenzen kam es zu einer Stärkung kleinerer Parteien und unabhängiger Kandidaten und einer Diversifizierung des politischen Spektrums. Besonders machte sich dies bei den Stimmen von Flüchtlingen aus weltweit 58 Ländern und von intern Vertriebenen bemerkbar, die dafür sorgten, dass sich in einer begrenzten Anzahl von Gemeinden – unter anderem Srebrenica und Drvar – Wahlergebnisse und aktuelle politisch-ethnische Realitäten diametral widersprechen.

In der Föderation, vor allem in Mostar, bergen die Kommunalwahlergebnisse erhebliches Konfliktpotential für das Verhältnis der bosniakischen Kroaten und der Muslime. So hatte die SDA die Mehrheit der Mandate (14 von 24) im Stadtrat von Mostar gewonnen, obwohl in absoluten Zahlen mehr Stimmen für HDZ-Kandidaten abgegeben wurden. Hintergrund ist, dass die Bosniaken konzentriert in einzelnen Wahlbezirken West-Mostars wählten, von wo sie durch den Krieg vertrieben wurden, während umgekehrt die Kroaten nicht in Ost-Mostar wählten. Deshalb hatte die HDZ-Partei auch zunächst am 14. Oktober 1997 angekündigt, den bosniakischen Wahlsieg in Mostar nicht anzuerkennen, ihn allerdings späterhin akzeptiert.

Insgesamt schnitten die multi-ethnischen Oppositionsparteien enttäuschend ab. Ihren eigentlichen Sieg konnten die multi-ethnisch ausgerichteten Oppositionsparteien mit ihrer »Vereinigten Liste 1997« in Tuzla feiern, wo Bürgermeisterin Beslagic mit ihrer absoluten Mehrheit wieder gewählt wurde. Beobachter, die von den Kommunalwahlen eine Ausweitung und Vermehrung der »Inseln der Rationalität« sich für Bosnien-Herzegowina erhofft hatten, wurden schwer enttäuscht. Tuzla blieb ein Einzelfall. Damit erfüllten sich die in die Kommunalwahlen gesetzten Hoffnungen nicht, die lokalen »warlords« aus ihren Ämtern zu treiben.

d) Außen- und sicherheitspolitische Dimensionen des SFOR-Einsatzes: Ethnische Auseinandersetzungen und Vertreibungen als Problem

Bosnien-Herzegowina war sicherheitspolitisch gesehen bereits für Österreich-Ungarn ein leichter ‚Übernahmekandidat' gewesen, da es dünn und zersiedelt bewohnt ist und wenig Wirtschaftskraft aufweist. Heute leben in Bosnien-Herzegowina rund 1,5 Mio. Serben und rund 2,5 Mio. Bosniaken. Ähnlich wie im Heiligen Land stellt es sich als nahezu unerfüllbare Aufgabe dar, lebensfähige politische Territorien – im Heiligen Land für die beiden so unterschiedlichen Volksgruppen der Israelis und der Palästinenser – zu entwickeln. Vor diesem Hintergrund kam es in Bosnien-Herzegowina zu ethnisch motivierten Auseinandersetzungen nach Ende des Ost-West-Konflikts in den neunziger Jahren, wobei in der Regel die ethnische Minderheit die jeweilige Ansiedelung, das Dorf oder die Stadt verlassen musste oder vertrieben wurde. Entweder zogen in die verlassenen Behausungen der jeweiligen Minderheit Angehörige der entsprechenden ethnischen Mehrheitsgruppe ein oder die Häuser stehen leer oder wurden zerstört.[10]

Aufgrund dieser bürgerkriegsähnlichen Vertreibungsaktionen verhängte der Sicherheitsrat der Vereinten Nationen mit der Resolution 757 ein Handelsembargo gegen die Staaten des ehemaligen Jugoslawien am 25. September 1991. Nachdem dies zu keinen politisch erkennbaren Fortschritten führte, wurde am 30. Mai 1992 zusätzlich durch den Sicherheitsrat der Vereinten Nationen ein nochmals verschärftes Handelsembargo gegen die Staaten des ehemaligen Jugoslawien erlassen. Aber auch dieses erzielte nicht die politisch gewünschte Befriedung der Lage. Vielmehr eskalierten die politischen Verhältnisse in Bosnien-Herzegowina zunehmend. Aber auch Blauhelm-Soldaten der Vereinten Nationen (UNPROFOR) vermochten kaum Abhilfe in Bosnien-Herzegowina zu schaffen, nachdem sie aufgrund der Resolution 947 (30. September 1994) sowie der Folgemandate aufgrund der Resolutionen 982 (31. März 1995) und 998 (16. Juni 1995) des UN-Sicherheitsrates entsandt worden waren. Besonders deutlich wurde dieser Sachverhalt am 11. Juli 1995, als bosnische Serben unter General Ratko Mladic die Moslem-Enklave Srbreniza überrannten, fast 8000 muslimische Jungen und Männer von den Frauen trennten und wahllos töteten oder später erschossen. Diese Hinrichtungen gelten als die schlimmsten Kriegsverbrechen in Europa seit Ende des II. Weltkrieges. Mladic und sein politischer Führer, Radovan Karadzic, sind deshalb vor dem UN-Kriegsver-

---

10 Zoran Djindjic: »Auf dem Balkan gibt es einen bitteren Scherz, der besagt: Nimm die finsterste von allen deinen Prognosen, und du kannst sicher sein, dass sie in Erfüllung geht.« Zoran Djindjic: Serbiens Zukunft in Europa. ZEI-Discussion Paper C10. Bonn 1998, S. 3.

brechertribunal angeklagt; sie befinden sich auf der Flucht.[11] Zugleich wurde Srbreniza zu einem neuen Inbegriff für die begrenzten Wirkungsmöglichkeiten von internationalen Missionen.

Srbreniza bildete jedoch nicht nur ein grausames Einzelszenario von der Schreckensherrschaft der Serben, sondern die Serben begingen zudem noch mannigfaltige Menschenrechtsverletzungen in Bosnien-Herzegowina, die Menschen bis heute traumatisieren. Hierzu zählen auch die vielen Folteropfer der Serben, die »Wunden an Körper und Seele«[12] hinterließen. Ein großer Teil dieser Flüchtlinge gelangte nach Deutschland und werden heute im Ulmer Behandlungszentrum für Folteropfer behandelt. Bis März 1995 gewährte Deutschland mehr als 350.000 der 734.000 Flüchtlinge aus Ex-Jugoslawien eine zeitlich befristete Aufnahme; allein in Berlin fanden 35.000 Bürgerkriegsflüchtlinge Schutz. Die finanziellen Belastungen von Kommunen und Bund für die Flüchtlingsversorgung beliefen sich 1996 auf 3,2 Mrd DM. Nach Deutschland stellt Italien in Europa das zweitgrößte Aufnahmeland mit 54.600 Vertriebenen dar. Ein großer Teil der Vertriebenen musste allerdings aus Deutschland nach Bosnien-Herzegowina nach den Wahlen 1997 und 1998 zurückkehren. Doch noch im Jahr 2000 hielten sich 760.000 ehemalige Einwohner Bosnien-Herzegowinas als Flüchtlinge außerhalb ihrer Landesgrenzen auf und 870.000 Menschen sind weiterhin innerhalb des Landes Bosnien-Herzegowina vertrieben – und dies bei einer Gesamtbevölkerung von etwa 2,2 Mio. Menschen.[13] Und Flüchtlingsbewegungen gibt es weiterhin: in Drvar, einer Stadt in der kroatisch dominierten Herzeg-Bosna, lebten vor Kriegsausbruch 17.500 Serben (98,5 %); nach dem Krieg wurde Drvar mit Kroaten besiedelt. Ab 1997 kehrten rund 4000 Serben zurück, doch offene Diskriminierung zwang viele dazu, erneut zu gehen.

Zu den häufigsten Misshandlungen bei den Bosnien-Flüchtlingen, die sich in Deutschland aufhalten, gehörten im Berichtszeitraum 2000/01 laut dem Behandlungszentrum für Folteropfer in Ulm die Vergewaltigung von Frauen, Schläge auf den Körper, Haft ohne Urteil sowie die Tötung oder Folterung von Angehörigen. Zu den weniger häufigen Menschenrechtsverletzungen von Bosnien-Flüchtlingen zählen Elektrofolter, Wasserfolter, Verbrennungen und Scheinhinrichtungen. Diese brutalen Menschenrechtsverletzungen lassen gegenüber Außenstehenden rasch deutlich werden, dass bei diesen Menschen mit kurzfristigen Therapie-Erfolgen nicht zu

---

11 Hans Krech: Der Bürgerkrieg in Bosnien-Herzegowina (1992-1997); Norbert Mappes-Niediek: Balkan Mafia, Berlin 2003; vgl. zur Diskussion um den Balkan Stabilitätspakt: Ivan Krastev, Ludger Kühnhardt: Europa hört nicht in den Alpen auf, in: Frankfurter Allgemeine Zeitung, 27. Mai 1999.

12 Marieluise Beck: Grusswort. Jahresbericht 2000/2001 des Behandlungszentrums für Folteropfer Ulm. Ulm 2002, S. 5.

13 Vgl. Fadila Memisevic: Die Rückkehrer bleiben aus. Bilanz über das Versagen des Dayton-Vertrages, in: progrom, 2000, S. 206 (hg. von der Gesellschaft für bedrohte Völker).

rechnen ist. Andererseits werden diese traumatisierten Menschen gezwungen, von Deutschland nach Bosnien-Herzegowina zurückzukehren. Angesichts der Schwere der Menschenrechtsverletzungen wird zudem klar, dass eine militärische Friedensmission wie SFOR hier zunächst nur ein Notnagel zu sein vermag.

e) Der Bosnien-Konflikt und SFOR seit dem Dayton-Abkommen

Als serbische Milizen am 11. Juli 1995 die Stadt Srebreniza stürmten, waren die NATO-Bomber zum Zusehen verurteilt ebenso wie die überforderten und befehlslosen Soldaten der UNPROFOR. Ohne die Unterstützung von Bodentruppen – so musste die internationale Gemeinschaft einsehen – ließen sich die serbischen Milizen nicht aufhalten. Eben deshalb waren ursprünglich auch 34.000 Soldaten für UNPRFOR geplant gewesen, doch die UNO entsandte nur 7.600 leicht bewaffnete Mann. Die Zahlungsmoral der UNO-Mitgliedsstaaten und ein genereller Unwille, Blauhelme in gefährliches Terrain zu entsenden, machten den Einsatz von Peacekeeping zum Desaster, welches durch das punktuelle Eingreifen der NATO die Lage nur verschärfte.

»Jedesmal, wenn die NATO einen Luftangriff flog, reagierten die Serben mit Vergeltungsschlägen gegen zivile Ziele, wurden peacekeeper gefangen genommen und als Geiseln festgehalten, wurden schwere Waffen aus den Sammellagern entwendet, Hilfskonvois blockiert und sämtliche Verhandlungen eingestellt.«[14] Unter den Luftschlägen der NATO musste sowohl die bosnische Bevölkerung leiden als auch das in Jugoslawien stationierte UNO-Personal.

Im Juli 1995 einigten sich die Mitglieder der Londoner Konferenz – USA, Russland und die EU – darauf, angesichts der massiven Greueltaten der Serben in Srebreniza und in anderen Schutzzonen eine Eingreiftruppe nach Bosnien-Herzegowina zu entsenden, womit sie die nächste Runde des Krieges einläuteten. Die Serben sahen sich nun nicht mehr nur einer neuerlichen Koalition von Muslimen und Bosniaken sowie einem Haufen wehrloser Blauhelme gegenüber, sondern auch massiven Luftoffensiven der NATO sowie einer sich um Sarajewo formierenden internationalen Eingreiftruppe unter französischer Führung. Die Serben verloren im Dayton-Vertrag nicht nur die Krajina in Kroatien, sondern auch etliche andere Besitzungen in Bosnien-Herzegowina an die neue Allianz. Der Friedensvertrag von Dayton (Ohio/USA) vom Herbst 1995 schrieb im Prinzip die da-

---

14 Marie-Janine Calic: Krieg und Friede in Bosnien-Herzegowina. Frankfurt am Main 1996, S. 18.

malige militärische Lage als status quo fest, was im Grundsatz von allen Kriegsparteien akzeptiert wurde.[15]

Im militärischen Vertragsteil von Dayton verpflichteten sich die Parteien, eine entmilitarisierte Zone einzurichten und alle Kriegsgefangenen freizulassen. Eine starke internationale Armee – daraus wurde IFOR (Implementation Force) mit 60.000 Mann– unter NATO-Kommando soll die Einhaltung des Vertrages überwachen und die Blauhelm-Soldaten der UNO ablösen. Der politische Teil des Vertrages besagt, dass Bosnien-Herzegowina als ein eigener Staat in seinen international anerkannten Grenzen erhalten bleibt. Wie bereits von der Bosnien-Kontaktgruppe im Zweistaaten-Modell vorgeschlagen, sollen 51 % des Territoriums an die Bosniaken und Albaner sowie 49 % an die Serben gehen. Sarajewo, so konnte man sich verständigen, sollte Hauptstadt Bosnien-Herzegowinas sein. Des weitern wurde vereinbart, dass Flüchtlinge das Recht haben, in ihre Heimat zurückzukehren und dass demokratische Wahlen angesetzt würden.

Im Herbst 1995, also fast 4 ½ Jahre nach Beginn des Kampfes um Titos Erbe, wurde der Friedensvertrag von allen unterzeichnet. Die Kriegswunden der Bevölkerung sitzen so tief, dass ein friedliches Beisammensein verschiedener Volksgruppen auf längere Zeit nicht möglich sein wird. Der militärische Teil des Dayton-Abkommens wurde zwar rasch umgesetzt, aber die psychologisch-mentalen Konfliktlagen des Krieges erwiesen sich als beinahe unlösbar. Im Ergebnis brachte Dayton zwar einen militärischen Frieden und beendete nach langen Anstrengungen die zahlreichen Vermittlungsversuche der internationalen Politik. Aber mit dem Vertrag von Dayton beginnt die politische Aufgabe der Weltgemeinschaft, nämlich den »künstlichen« Frieden in Bosnien zu festigen – was tatkräftig auch durch die Aktivitäten von SFOR umgesetzt wird.

f) Die Bundeswehr seit 1992 in Bosnien

Die Bundeswehr beteiligte sich an internationalen militärischen Maßnahmen zur Befriedung des ehemaligen Jugoslawien, sofern diese unterhalb der Schwelle eigener Kampfeinsätze oder einer direkten Stationierung von Bundeswehrsoldaten in Bosnien lagen, auf die zum damaligen Zeitpunkt im Grunde deutsche Soldaten nicht wirklich vorbereitet waren.[16] Seit 1992 unterstützt die Bundeswehr die militärische Umsetzung der Beschlüsse des UN-Sicherheitsrates, wodurch deutsche Soldaten zur Überwachung und Durchsetzung des UN-Embargos in die Adria und auf die Donau abgestellt

---

15 Noel Malcolm: Geschichte Bosniens. Frankfurt am Main 1996.
16 Vgl. die Regierungserklärung der Bundesregierung vom 21. April 1993 sowie Volker Rühe im Deutschlandfunk, 5. Mai 1993, in: Stichworte zur Sicherheitspolitik, Nr. 5/1993, S. 22-24.

wurden[17]. Des weitern stellte die Bundesluftwaffe 40 % des fliegenden Personals von SFOR sowie den Kommandeur der AWACS-Luftraumüberwachung für Bosnien, der durch die VN-Resolution Nr. 781 vom 9. Oktober 1992 und 786 vom 10.11. 1992 gedeckt war. In einer Sitzung des Bundeskabinetts vom 2. April 1993 erklärte sich die Bundesregierung einverstanden, »dass der NATO-AWACS-Verband nunmehr in Übereinstimmung mit Sicherheitsratsresolution Nr. 816 vom 31. März 1993 auch unter deutscher Beteiligung mitwirkt, das Flugverbot durchzusetzen.« Dieser Sachverhalt war für die damalige verfassungsrechtliche Legitimation von Bundeswehreinsätzen insofern problematisch, als mit diesem neuen Mandat Bundeswehrsoldaten zwar keine eigenen Kampfeinsätze geflogen wären, NATO-Abfangjäger aber an Luftraumverletzer herangeführt und die Feuerleitfunktion bei möglichen Luftkämpfen übernommen hätten. Die Bundesregierung war bemüht, ihre verfassungsrechtlichen Bedenken und den innenpolitischen Widerstand gegen eine Teilnahme der Bundeswehr nicht zu einem Problem für eine gemeinsame positive Entscheidung des NATO-Rates zu machen und beließ ihre Mannschaften in den NATO-Truppen. Eine Anrufung des Bundesverfassungsgerichts gegen den Regierungsbeschluss durch die FDP scheiterte. Am 12. Juli 1994 erklärte das Bundesverfassungsgericht schließlich die Blauhelmeinsätze von Bundeswehrsoldaten als Bestandteil kollektiver Sicherheitsbündnisse und Verteidigungssysteme auch außerhalb des NATO-Territoriums als verfassungsgemäß.

Seit dem Ausbruch des Balkan-Konflikts erscheint mit dem Dayton-Abkommen erstmals die Verwirklichung eines übergeordneten bundesdeutschen Zieles möglich, nämlich eine militärische und politische Stabilisierung der Region aufgrund einer gegenseitigen territorialen Anerkennung der Nachfolgestaaten[18]. In einem ersten Schritt sollte das unmittelbare Krisengebiet zunächst einmal militärisch befriedet werden. Mit Abrüstungs- und Rüstungskontrollvereinbarungen sollte das Kriegsgeschehen eingefroren und eine nachhaltige Demilitarisierung erreicht werden. Freie, von der OSZE überwachte Wahlen sollten eine neue politische Legitimation für Bosnien-Herzegowina schaffen; gemeinsame Institutionen zur Verwaltung eines neuen Staates Bosnien-Herzegowina sollten gebildet werden. Schließlich sollte dann der Aufbau einer zivilen Gesellschaft konsolidiert, die Wirtschaft gefestigt und eine Rückführung der Bürgerkriegsflüchtlinge ermöglich werden.

Bereits vor der Unterschreibung des Dayton-Vertrages gab NATO-Oberbefehlshaber General Joulwan an, bei einer möglichen Aufstellung einer NATO-Bosnien-Truppe auch Deutschlands Beteiligung einzufordern: »Dass die Deutschen mitmachen, auch wenn sie nur einen begrenzten Auf-

---

17 Es handelte sich um vier Polizeiboote und 50 Zoll- und Polizeibeamten.
18 Klaus Kinkel: Noch ist Bosnien vom inneren Frieden weit entfernt, in: Frankfurter Allgemeine Zeitung, 21. November 1996.

trag haben, ist für die Solidarität in der Allianz von enormer Bedeutung.«[19] Am 21. November 1995 erklärte Bundesaußenminister Klaus Kinkel die Bereitschaft der Bundesregierung, sich mit eigenen Truppen an der militärischen Absicherung der Beschlüsse beteiligen zu wollen. Das Angebot entsprach den früheren deutschen Zusagen für die Schnelle Eingreiftruppe – also für Sanitäts- und Pioniereinheiten sowie Fernmelde- und Transportkomponenten. Gleichzeitig wurde betont, dass keine deutschen Soldaten nach Bosnien entsandt werden sollten, sondern Soldaten der NATO, und die NATO seien eben auch auf einen angemessenen deutschen Beitrag angewiesen.[20] Mit dieser Argumentation sollte möglichen Problemen aus dem Weg gegangen werden, die sich aus dem militärischen Engagement von Hitler-Deutschland auf dem Balkan im II. Weltkrieg ergeben könnten.

Die Bundesregierung strebt die Verwirklichung von vier großen Zielen im Einsatz dieser multinationalen Friedenstruppe mit deutscher Beteiligung an, und zwar:
- das Trennen der Kriegsparteien, um ein Wiederbeginn der Kämpfe zu verhindern,
- die Sicherstellung des Friedens als Grundlage für eine Respektierung von Menschen- und Minderheitenrechten und damit die Rückkehr von Flüchtlingen,
- die Schaffung der Voraussetzungen für humanitäre Hilfe und den Beginn des Wiederaufbaus und
- Frieden und Stabilität über Bosnien-Herzegowina hinaus für die ganze Balkan-Region.

Nachdem bis Herbst 1996 die militärischen Zielvorgaben der Dayton-Beschlüsse zeitgerecht umgesetzt wurden, ging es um die Frage, ob die Bundesrepublik sich an einem qualitativ neuen Einsatz der Bundeswehr beteiligen würde. NATO-Generalsekretär Solana äußerte im November 1996, dass die Rolle der deutschen Soldaten in Bosnien-Herzegowina »von Bedeutung« sei[21]. Und weiter heißt es beim amerikanischen Bosnien-Beauftragten Holbrooke: »Wir können den Frieden nicht ohne einen deutschen Beitrag sichern.«[22] Klaus Kinkel begründet schließlich den Einsatz von Bundeswehrsoldaten im Rahmen der geplanten SFOR-Mission auch damit,

---

19 Clinton: Frieden in Bosnien näher denn jäh, in: Frankfurter Allgemeine Zeitung, 25. September 1995.
20 Vgl. Bundeskanzler Helmut Kohl angesichts der Unterzeichnung des Friedensvertrages in Paris. Pressemitteilung des Bundespresseamtes vom 14. Dezember 1995, in: Stichworte zur Sicherheitspolitik, Nr. 1/1996, S. 14-15.
21 Solana hofft auf deutsche Beteiligung am IFOR-Folgemandat, in: Frankfurter Allgemeine Zeitung, 7. November 1996.
22 Amerikanische Führung ist unerlässlich für die Wahrung des Friedens, in: Frankfurter Allgemeine Zeitung, 21. Februar 1996.

dass die Verbündeten kein Verständnis mehr für eine Sonderrolle der deutschen Streitkräfte aufbringen.[23]

g) Die Bundeswehr im SFOR-Einsatz

Die Bundesregierung sah die Stationierung eigener Truppen im Krisengebiet auch als Chance, übertriebene internationale Erwartungen an eine finanzielle Rolle Deutschlands abzuwehren und damit Kosten zu sparen. Dies sollte zugleich eine Abkehr der einst von Hans Dietrich Genscher im Golfkrieg eingeführten ‚Scheckbuchdiplomatie' der deutschen Außenpolitik sein, die angesichts der immensen Kosten der deutschen Wiedervereinigung als nicht mehr zeitgemäß erschien.

Die internationale Friedenstruppe SFOR ist seit 1996 in Bosnien-Herzegowina stationiert. Einst umfasste SFOR rund 60.000 Soldaten; dann erfolgte eine erste drastische Reduzierung auf rund 36.000 Soldaten Ende 1999, als eine Entspannung der politischen Lage in Bosnien-Herzegowina eine Truppenreduzierung möglich machte. Inzwischen wurde die Truppenstärke auf etwa 6.500 Soldaten zurückgefahren. Diese drastische Verminderung der Truppenstärke impliziert jedoch nicht, dass ethnisch-religiöse Spannungen nicht weiterhin deutlich präsent sind. Jedoch ist in Bosnien-Herzegowina des Jahres 2004 auch ein gewisser Alltag eingekehrt und ihre Bewohner konzentrieren ihre Kräfte in wachsendem Maße auf den eigenen Überlebenskampf.[24]

Die Bundeswehr ist nach anfänglich rund 4000 Soldaten derzeit mit 1100 Soldaten an SFOR beteiligt, wovon rund 40 Frauen sind; das deutsche Hauptquartier liegt in Rajlovac. Der Auftrag des deutschen Kontingents in der »Stabilization Force – SFOR – Joint Force« besteht in der weiteren militärischen Absicherung des Friedensprozesses im früheren Jugoslawien. Grundlage für den SFOR-Einsatz sind die am 12. Dezember 1996 vom VN-Sicherheitsrat verabschiedete Resolution 1088 sowie der Dayton-Friedensvertrag. Der Deutsche Bundestag stimmte der Entsendung von deutschen Soldaten am 13. Dezember 1996 zu. Im Juni 2003 erfolgte eine Verlängerung des SFOR-Mandates um ein Jahr. Der Auftrag der deutschen Soldaten umfasst vor allem die Abschreckung erneuter Feindseligkeiten, den Schutz internationaler Organisationen und Nicht-Regierungsorganisationen, die Überwachung der Rüstungskontrollabkommen und die Unterstützung von Maßnahmen für eine Implementierung zivil-gesellschaftlicher Strukturen.

---

23 Deutsche Kampftruppen nach Bosnien, in: Frankfurter Allgemeine Zeitung, 16. September 1996.
24 Heeresführungskommando der Bundeswehr: Die Bundeswehr im Einsatz in Kroatien/Bosnien-Herzegowina. Pressedokumentation. Koblenz 1998.

Gemäß Resolution 1088 haben SFOR-Soldaten das Recht auf bewaffnete Nothilfe zugunsten jedermann.

Es ist nicht zu verhellen, dass die deutschen Soldaten Aufgaben wahrnehmen, die eher im Bereich der Polizei angesiedelt sind. Eben deshalb wurden auch schon deutsche Polizei-Einheiten nach Bosnien-Herzegowina entsandt, die sich mit großen Herausforderungen, vor allem auf dem Gebiet der organisierten Kriminalität wie etwa Glücksspiel und Prostitution, konfrontiert sehen. Gegenwärtig arbeiten rund 90 deutsche Polizisten in der Europäischen Polizei-Mission der Europäischen Union (EUPM) mit. Doch geht von Soldaten ein größerer Abschreckungseffekt auf die lokale Bevölkerung und die einzelnen Volksgruppen als eben von Polizisten aus, sodass auch ein zahlenmäßig reduzierter Einsatz von Soldaten sich als wirksamer darstellt als eine vergleichbare Anzahl von Polizisten. Dabei spielt eine Rolle, dass ein Soldat auch ein »Feindbild« besitzt und sich so besser auf Gefahren durch ethnisch-religiöse Konflikte vorbereiten kann, während ein Polizist vorrangig Sicherheit vermitteln soll und zunächst über kein Feindbild in seiner Arbeitsausübung verfügt.[25]

Insgesamt gesehen bleibt der Friedensprozess in Bosnien-Herzegowina bis heute zerbrechlich. Es konnte bisher keine politische Stabilität realisiert werden, die es erlaubt, auf eine militärische Flankierung des Friedensprozesses zu verzichten. Die Hilfsmassnahmen durch SFOR sind daher weiterhin notwendig. Derzeit wird debattiert, inwieweit eine internationale Polizeitruppe der Vereinten Nationen weitere Aufgaben von SFOR – vor allem im Bereich Wach- und Kontrolldienste – übernehmen könnte. Das deutsche Heereskontingent umfasst gegenwärtig Panzeraufklärer und Infanterie sowie Soldaten im Aufklärungs- und Sicherungsbereich. Dazu kommen Sanitäter sowie Stabsoffiziere, die im SFOR-Hauptquartier in Sarajewo Dienst verrichten und an der politisch-militärischen Planung mitwirken. Die deutsche Luftwaffe setzt für SFOR Aufklärungsflugzeuge vom Typ »Tornado« ein. Luftwaffen-Transporter der Typen »Transall« und »Airbus A-310« fliegen regelmäßig Sarajewo an. Die deutsche Marine beteiligt sich mit See- und Seeluftstreitkräften an SFOR-Operationen.[26] Militärisches Großgerät kann auf dem Seeweg über den kroatischen Hafen Ploce mit anschließendem Straßentransport als auch per Bahn transportiert werden.[27]

---

25 Vgl. Bundesministerium der Verteidigung: Bundeswehr 2002. Sachstand und Perspektiven. Bonn, 2002.
26 Vgl. Bundesministerium der Verteidigung: Beteiligung der Bundeswehr an den Maßnahmen zum Schutz und zur Unterstützung des Schnellen Einsatzverbandes im ehemaligen Jugoslawien. Bonn 1995.
27 Vgl. Robert Christian van Ooyen: Out-of-area-Einsätze der Bundeswehr im verfassungsfreiem Raum, in: Internationale Politik und Gesellschaft, (Herausgegeben von der Friedrich-Ebert-Stiftung), 2002, H. 1, S. 90-110.

h) Angespannte Sicherheitslage und politische Misserfolge

Bezüglich der Sicherheitslage sind zwei Faktoren zu berücksichtigen: der politische Friedensprozess in Bosnien-Herzegowina stagniert; viel mehr als die Gemeindewahlen in der Republika Srpska 1997 und 2000 sowie die landesweiten Wahlen 1998 und 2000 hat die OSZE nicht zustande gebracht. Ein weiterer Faktor ist die Verschärfung der Sicherheitslage seit den Terroranschlägen vom 11. September 2001. Die Terroranschläge von New York sind auch für Bosnien-Herzegowina von Bedeutung, da den Anschlägen in den USA ein christlich-islamischer Religions- bzw. westlich-arabischer Kulturkonflikt zugrunde liegt, der eben auch für Bosnien-Herzegowina von politischer Bedeutung ist. Zudem musste Bosnien-Herzegowina nach dem 11. September befürchten, international geächtet zu werden, weil offizielle Regierungsstellen viel zu lange Verbindungen mit internationalen islamischen Netzwerken unterhalten hatten. Das kann aber ein Land, welches derart auf internationale Hilfe angewiesen ist wie Bosnien-Herzegowina, sich nicht leisten. Diese fragwürdigen Kontakte gehen auf die Partei der Demokratischen Aktion (SDA) des ehemaligen Präsidenten Alija Izetbegovic zurück. In das Visier der Untersuchungsbehörden geriet auch die 1996 gegründete »Agentur für Information und Dokumentation« (AID), die die Dienste von fremden, eingebürgerten Kriegsfreiwilligen aus islamischen Ländern annahm. Ihr Direktor Irfan Ljevakovic ist ein früherer Leiter der »Third World Relief Agency«, eines 1987 von den beiden Saudis Fatih und Sukarno al-Hassanein gegründeten Hilfswerkes. An die TWRA flossen mehrere hundert Millionen Dollar, hauptsächlich aus Saudi-Arabien, zu deren Spendern auch der weltweit gesuchte Terrorist Usama Bin Laden gezählt wird. Hinter der humanitären Fassade der TWRA versteckt sich dessen eigentliche Hauptaufgabe, nämlich Waffen nach Bosnien »für den islamischen Krieg« zu liefern.

Es kann also festgehalten werden, dass trotz umfangreicher Bemühungen der OSZE und der EU die Umsetzung des politischen Teils des Dayton-Abkommens weitgehend auf der Strecke blieb, weshalb die Sicherheitslage angespannt ist. So blieb der Aufbau politischer Institutionen der Republik Bosnien-Herzegowina und die Klärung des Verhältnisses der beiden Teilgebiete »Föderation Bosnien-Herzegowina« – also dem Zusammenschluss des kroatischen und des bosniakischen Territoriums – und der »Serbischen Republik« zu einem Gesamtstaat in den ersten Ansätzen stecken. Auch misslang weitgehend die Rückführung von Flüchtlingen, die Durchführung freier und fairer Wahlen für alle registrierten Wähler und damit die Beilegung von Wahlrechtsstreitigkeiten, der Aufbau einer gemeinsamen Verwaltung für die in einem kroatischen und einen bosniakischen Teil getrennte Stadt Mostar sowie das Problem des Brcko-Korridors. Es zeigt sich ganz deutlich, dass der erzwungene Friedensschluss von Dayton etwas zusammenführen will, was nach Meinung von Serben und Kroaten nicht zusammengehört.

So erwies sich die Frage des nur wenige Kilometer breiten Brcko-Korridors, der die Gebiete der »Serbischen Republik« miteinander verbindet, aber im Norden von Kroatien, im Süden von bosniakischem Gebiet begrenzt wird, als so schwierig, dass er aus dem Dayton-Abkommen ausgeklammert und einer Schiedskommission übergeben wurde, die im Februar 1997 den status quo für ein weiteres Jahr festschrieb. Bis heute steht Brcko unter internationaler Kontrolle; in der Stadt leben Serben, doch wird die Stadt von den Bosniaken beansprucht. Ähnlich schwierig gestaltet sich das Problem Mostar. Der von der EU geleitete und finanzierte Versuch des Aufbaues einer gemeinsamen Administration der geteilten Stadt ist gescheitert. Multi-ethnische Konzepte werden in der Republik derzeit nur von den Bosniaken akzeptiert, während Serben und Kroaten auf Trennung setzen. Auch die Lebensfähigkeit der Korridorlösungen ist fraglich. Neben dem serbischen Korridor Brcko gibt es noch den bosniakischen Korridor von Gorazde, der sich tief in serbisches Gebiet schiebt und leicht durchtrennt werden kann.

Eine weitere Problemebene stellt die Direktwahl des dreiköpfigen Staatspräsidiums durch jede Volksgruppe dar, die sich nicht am Staatsganzen, sondern an der Sicherung der Machtbasis der jeweiligen Volksgruppe orientiert. Notwendig erscheint die Abschaffung der nebeneinander existierenden bosniakischen, kroatischen und serbischen Armee, denn nur dann gibt es nach einem SFOR-Abzug die Chance für einen dauerhaften Frieden.[28] Derzeit gehören von den bosnischen Gesamtbevölkerung rund 43 % den muslimischen Bosniaken, 30 % den orthodoxen Serben und 18 % den katholischen Kroaten an. Der Vorsitz im dreiköpfigen Staatspräsidium wechselt alle 8 Monate. Das am 5. Oktober 2002 gewählte Präsidium besteht derzeit aus dem Kroaten Dragan Covic, dem muslimischen Bosniaken Sulejman Thihic und dem serbischen Borislav Paravac. Paravac folgte im März 2003 dem direkt gewählten Mirko Sarovic nach, der vom Hohen Repräsentanten wegen seiner politischen Verantwortung für illegale Waffenteilexporte in den Irak aus dem Amt entfernt worden war. Die Zentralregierung des Gesamtstaates muss als schwach charakterisiert werden.

i) Die Beziehungen Deutschlands zu Bosnien-Herzegowina

Die bilateralen Beziehungen zwischen Deutschland und Bosnien-Herzegowina haben sich seit der Aufnahme diplomatischer Beziehungen Mitte 1994 kontinuierlich entwickelt. Deutschland war an den Dayton-Friedensbemü-

---

28 Vgl. Gerd Langguth: Neue Hoffnung für Bosnien?, in: Die Welt, 9. Oktober 2000.

hungen aktiv beteiligt, unter anderem auch durch seine Initiativen in der Bosnien-Kontaktgruppe. Die Wirtschaft von Bosnien-Herzegowina erlitt von 1992-1995 kriegsbedingt massive Rückschläge. Gemessen an den Handelsströmen war Deutschland vor dem Krieg der bedeutendste Wirtschaftspartner der damaligen Sozialistischen Republik Bosnien-Herzegowina. Eine starke Rolle spielten dabei deutsche Gemeinschaftsunternehmen und Kooperationsbeziehungen; 1990 betrug das bilaterale Außenhandelsvolumen 2,0 Mrd DM. Begünstigend für die wirtschaftliche Entwicklung in Bosnien-Herzegowina wirkte sich der Umstand aus, dass die deutsche Mark im Prinzip bis zur Einführung des Euro als Zahlungsmittel eingesetzt und dies auch von staatlichen Stellen toleriert wurde. Im Rahmen der seit 1997 einsetzenden Belebung der Wirtschaft in Bosnien-Herzegowina haben die bilateralen Handelsbeziehungen an Umfang gewonnen, ohne jedoch das Vorkriegsniveau erreicht zu haben. 2002 betrug der Wert des Warenaustausches zwischen Bosnien-Herzegowina und Deutschland € 566,4 Mio. Deutschland stellt heute den viertwichtigsten Handelspartner Bosnien-Herzegowinas dar. Im Oktober 2001 wurde ein bilaterales Investitionsförderungsabkommen unterschrieben, welches die rechtlichen Ausgangsbedingungen für deutsche Investoren verbessert. Ausfuhrgewährleistungen des Bundes für Bosnien-Herzegowina werden derzeit im Rahmen von Hermes-Deckungen vergeben. Dass Bosnien-Herzegowina in der OECD-Länderkategorie 7 (von 7) eingestuft ist, belegt, dass seitens der Wirtschaft die Entwicklung in Bosnien-Herzegowina äußerst kritisch – eben als labil – angesehen wird.

Die kulturellen Beziehungen zwischen Deutschland und Bosnien-Herzegowina sind vergleichsweise eng aufgrund der geographischen und geschichtlichen Nähe. Die Erfahrungen, die Gastarbeiter aus dem ehemaligen Jugoslawien und die ca. 300.000 zurückgekehrten Bürgerkriegsflüchtlinge miteinander gemacht haben, stellten einen wichtigen Anknüpfungspunkt dar. Dabei wurde eine positive Wahrnehmung von Deutschland als einer helfenden Nation im Bewusstsein der Weltöffentlichkeit verfestigt. Das Interesse an deutscher Sprache und Kultur ist groß, besonders unter der serbischen Volksgruppe. Es gibt insgesamt drei DAAD-Lektoren in Sarajewo, Banja Luka und in Mostar sowie mehrere Gastdozenten aus Deutschland. Im Rahmen des Stabilitätspaktes werden auch in Bosnien-Herzegowina Projekte gefördert, die eine rasche Verbesserung der Ausbildungsqualität an den Hochschulen zum Ziel haben. Mit Goethe-Institut Inter Nationes in Sarajewo wird deutsche Kultur in Bosnien-Herzegowina präsentiert und es werden Sprachprogramme durchgeführt. Das Goethe-Institut Inter Nationes, das Institut für Auslandsbeziehungen, der Deutsche Musikrat und die deutsche Botschaft Sarajewo fördern Veranstaltungen im Bereich Musik und Theater. Außerdem sind zahlreiche deutsche Künstler auf diversen Festivals in Bosnien-Herzegowina vertreten. Im Rahmen des Lehrerentsendeprogramms sind ein Fachberater und drei Programmlehrkräfte der Zentralstelle für das Auslandsschulwesen in Sarajewo, Mostar und Banja Luka tätig, wodurch vor allem Deutsch als Pflichtfremdsprache unterstützt werden soll. In Sarajewo entsteht ein staatlich anerkanntes Prüfungszentrum für das deutsche Sprachdiplom. Die Konrad-Adenauer-, Friedrich-Ebert-, Heinrich-Böll- und Friedrich-Naumann-Stiftung sind in Sarajewo mit eigenen Büros vertreten und engagieren sich auf dem Gebiet der politischen Erwachsenenbildung. Die Deutsche Welle hat Rebroadcasting-Verträge mit 37 bosnisch-herzegowinischen Fernsehstationen abgeschlossen. Seit Juni 2000 produziert die Deutsche Welle aus Mitteln des Stabilitätspaktes für Südosteuropa ein halbstündiges TV-Magazin in bosnischer Sprache.

Im Ergebnis lässt sich festhalten, dass die politische und wirtschaftliche Lage in Bosnien-Herzegowina weiterhin als fragil anzusehen ist, jedoch erste Annäherungen und Engagements im Verhältnis Deutschlands zu Bosnien-Herzegowina zu verzeichnen sind. Die Sicherheitslage auf dem Balkan bleibt weiterhin unsicher und der Einsatz von SFOR und EUFOR oder anderen internationalen Sicherheitskräften wird noch über einen längeren Zeitraum notwendig sein. Ein Abzug deutscher Sicherheitskräfte aus dem Balkan wäre zum gegenwärtigen Zeitpunkt unvernünftig, da dann erneut offene Konflikte ausbrechen würden. Dadurch wären die hohen Investitionen, die Deutschland bislang aufgrund des Balkan-Konflikts getätigt hat, binnen kürzester Zeit zunichte gemacht. Deshalb wäre es auch aus wirtschaftlichen Überlegungen sinnvoll, den Einsatz deutscher Sicherheitskräfte auf dem Balkan weiter fortzuschreiben, begleitet von Bemühungen um eine Stärkung der politischen und administrativen Kräfte in dieser zutiefst kulturell-religiös und geographisch zerissenen Region, die doch auch als ein Spiegelbild europäischer Geschichte und Kultur anzusehen ist.

9.2. Deutsches Engagement in Bosnien-Herzegowina im Rahmen der NATO-Missionen

Im Gegensatz zu anderen Staaten erreichte in Deutschland die Diskussion um die Teilnahme deutscher Soldaten an einer militärischen Friedensmission »out of area«, daher außerhalb des NATO-Gebietes, eine besondere Intensität und Qualität, da ein solcher Schritt einen Traditionsbruch und somit einen tiefen Einschnitt in die Geschichte der deutschen Außenpolitik nach 1945 darstellte.

Aufgrund der beiden eingangs skizzierten »Verantwortungsstränge«, denen sich die Bundesrepublik Deutschland bei der Gestaltung ihrer Außen- und Sicherheitspolitik stellen muss, also dem imperialistischen Größenwahn und radikalen Nationalismus des Kaiserreiches (1871-1918) und dem rassistischen Lebensraumkrieg des »Dritten Reiches« (1933-1945), blieb Deutschlands Außenpolitik bis 1989 in beträchtlichem Maße reaktiv geprägt, was sich in einer Abneigung gegenüber allen machtpolitischen und militärischen Interessen zeigte. Die Vokabel »Macht« wurde weitgehend aus dem politischen Vokabular gestrichen und durch »Verantwortung« ersetzt.[1] Mit der friedlichen und auf zivilem Weg erreichten Wiedervereinigung wurde der unmilitärische und zivilisatorische Charakter Deutschlands stärker denn je betont, so dass die Deutschen im Herbst 1990 geradezu einen Höhepunkt an außenpolitischer »Unschuld« erreichten und wieder in ihre »Lieblingsrolle« schlüpften: Angst vor der Übernahme von Verantwortung in Fragen der internationalen Politik.[2]

Das wiedervereinigte Deutschland war damit denkbar schlecht gerüstet, um den neuen außenpolitischen Krisen und Konflikten angemessen zu begegnen, daher im eigenen Interesse und zum Wohle anderer bedrohter und unterdrückter Staaten und Völker zu agieren. Dem Land fehlte es an politischem Führungswillen. Deutschland zeigte sich entschlusslos, ohnmächtig und selbstmitleidig. In den USA und der Europäischen Union wurde mit Unverständnis und Enttäuschung registriert, dass Deutschland nicht zur Übernahme von mehr internationaler Verantwortung bereit war. Stattdessen wurden Verbündete hingehalten – immer im Namen der Legende vom »entgleisten Deutschen«.[3] Am deutlichsten zeigte sich diese Haltung während des Golfkrieges 1990/91: Deutschland, so hieß es damals, könne sich wegen seiner historischen Belastungen nicht an einem militärischen Einsatz

---

1 Vgl. Christian Hacke: Die Außenpolitik der Bundesrepublik Deutschland. Weltmacht wider Willen? Berlin 1997, S. 389.
2 Vgl. ebd., S. 389 f.
3 Vgl. ebd., S. 389 f., 436 f.

beteiligen.⁴ Doch diese Argumentation erwies sich nur kurzfristig als zugkräftig.

Erst die Entwicklungen auf dem Balkan führten – vom UN-Einsatz in Somalia abgesehen – zu einem Umdenken in der deutschen Öffentlichkeit. Die Entwicklung in Jugoslawien war Prüfstein und zugleich politische Kulisse für die Notwendigkeit einer Neuorientierung der Außen- und Sicherheitspolitik. Die offensive Politik der frühzeitigen Anerkennung Sloweniens und Kroatiens, die fast zu einer Isolierung Deutschlands in Europa führte sowie die Forderung nach einem Bundeswehr-Einsatz auf dem Balkan, wurden vorwiegend aus dem Deutschen Bundestag heraus betrieben.⁵ Das AWACS-Urteil des Bundesverfassungsgerichts von 1994 schuf die rechtliche Grundlage für derartige Einsätze, da nun die Bundeswehr auch »out of area« nach Kapitel VII der UN-Charta agieren durfte, sofern dies im Rahmen eines kollektiven Sicherheitssystems geschieht und der Bundestag zustimmt. Deutschland verließ – wenngleich in einer langwierigen und tiefgehenden öffentlichen Debatte – nunmehr seine »geistige Nische«, in der es sich nach 1945 eingerichtet hatte und begründete interessanterweise die deutsche Beteiligung an Auslandseinsätzen mit dem gleichen Argument, mit dem bis dahin die Nichtteilnahme gerechtfertigt wurde: Deutschland müsse sich vor seiner Geschichte verantworten, indem es sich künftig an der Sicherung des Friedens und an der Bekämpfung von Unterdrückung und Bedrohung anderer Völker und Staaten beteilige.⁶

So entwickelten sich die beiden Balkan-Missionen IFOR und SFOR zu Schlüsselphasen im »Normalisierungsprozess« der deutschen Sicherheitspolitik, zu sich schrittweise steigernden Meilensteinen, welche die Grundzüge der heutigen Sicherheitspolitik, die Rolle deutscher Streitkräfte, den Auftrag und die Struktur der Bundeswehr und die deutsche Position zur Rolle, Funktion und Struktur der NATO nachhaltig geprägt haben. Hinzu trat ein weiterer Paradigmenwechsel im Bündnis: die »Neue NATO« richtete ihre »strategic direction« nicht länger nach Osten aus, sondern auch nach Süden und Südosten. Es erfolgte eine Schwerpunktverlagerung von »deterrence« und »large scale collective defence« (Art. 5 Nordatlantikvertrag) hin zu »article 5 crisis response, regional collective defence« sowie »conflict prevention, cooperation and partnership«, also zu Krisenreaktion und Verhinderung von Bürgerkriegen mit ethnisch motivierter Flucht und Vertreibung. Krisen- und Konfliktgebieten sollten künftig durch robuste

---

4 Vgl. Helga Haftendorn: Deutsche Außenpolitik zwischen Selbstbeschränkung und Selbstbehauptung. 1945-2000, Stuttgart / München 2001, S. 443.
5 Vgl. Christian Schmidt: Der Bundestag als Feldherr – Die parlamentarische Beteiligung bei Einsätzen der Bundeswehr in der Praxis, in: Rafael Biermann: Deutsche Konfliktbewältigung auf dem Balkan. Erfahrungen und Lehren aus dem Einsatz. Baden-Baden 2002, S. 104 f.
6 Vgl. ebd., S. 180 ff.

und abschreckende Militärpräsenz auf Grundlage einer UN-Resolution nach Kapitel VII der UN-Charta stabilisiert werden.[7]

Abschließend kann somit der Paradigmenwechsel in der deutschen Außenpolitik seit der Wiedervereinigung mit einem Zitat des Politikwissenschaftlers Karl Kaiser treffend zusammengefasst werden: »Deutschland ist wieder eine große Macht geworden, und als große Macht ist sie nicht mehr Konsument von Ordnung, sondern Mitproduzent ... (von Ordnung), denn sie kann es nicht allein.«[8]

a) IFOR-Mission

Unter diesen Voraussetzungen erklärte sich nunmehr auch Deutschland bereit, an der im Dayton-Abkommen vorgesehenen Bosnien-Friedenstruppe IFOR teilzunehmen. Nachdem der UN-Sicherheitsrat am 15. Dezember 1995 durch Resolution 1031 das entsprechende Mandat erteilt hatte, begann der Einsatz fünf Tage später. Der Deutsche Bundestag hatte seine Zustimmung unter dem Vorbehalt eines UN-Mandates bereits am 6. Dezember erteilt. Die Aufgabe der auf ein Jahr befristeten Friedenstruppe bestand vor allem in der Erfüllung der Aufgaben gemäß Annex 1A des Dayton-Abkommens, also der Veranlassung zur Einstellung der Feindseligkeiten und die Bewahrung der Waffenruhe, Trennung der Armeen der muslimisch-kroatischen Föderation und der Republik Srpska, Sicherstellung des Rückzugs der Truppen innerhalb vereinbarter Fristen und der Errichtung von Trennungszonen. Weitere Aufgaben bestanden in der Kontaktaufnahme zu lokalen militärischen und zivilen Behörden sowie anderen internationalen Organisationen und der Unterstützung des Abzugs der nicht unterstellten UN-Blauhelme. Ferner hatte die IFOR die Gebiete der Föderation und der bosnischen Serbenrepublik festzulegen und das Straßennetz sowie den Flughafen von Sarajewo wieder aufzubauen.

Die militärischen Aufgaben konnten innerhalb eines Jahres weitgehend erfüllt werden: Der Rückzug von schweren Waffen und die Kasernierung der Soldaten war erfolgt, die Truppen selbst wurden umfassend notifiziert. Andererseits blieb die Föderation noch äußerst zerbrechlich, die Bewegungsfreiheit wurde weiter eingeschränkt und die Kriminalität stieg weiter an. Nach der weitgehenden Erfüllung der militärischen Bestimmungen konnte nun verstärkt mit dem zivilen Aufbau begonnen werden, also mit der Herstellung eines sicheren Umfeldes, dem Straßen- und Brückenbau, der Instandsetzung von Gebäuden und medizinischer Hilfe. Eine Truppenreduzierung kam wegen der nun anstehenden Wahlen jedoch noch nicht in Frage. Eine innere Friedensdynamik war noch nicht erkennbar, denn die

---

7 Vgl. ebd., S. 60 f.
8 Zit. nach Haftendorn (wie Anm. 56), S. 443.

Fortschritte in der Implementierung basierten zumeist auf Zugeständnissen an die internationale Gemeinschaft. Hass und Angst überwogen nach wie vor; auch Zerstörungen wurden fortgesetzt.

Diese weiterhin unsichere Atmosphäre ließ sich vor allem auf die Haltung der ehemaligen Konfliktparteien zurückführen: Die Bosniaken hatten mit der Bildung eines multiethnischen Staates Bosnien-Herzegowina das wichtige Ziel der staatlichen Existenzsicherung erreicht. Sie wollten die Föderation erhalten, aber auch dominieren und unterhielten zunehmend engere Beziehungen zu anderen islamischen Staaten. Für die bosnischen Serben hingegen war die Bildung der Republik Srpska nur eine Zwischenetappe auf dem Weg zu einem geschlossenen serbischen Staats- und Siedlungsgebiet. Sie hegten kein Interesse an einer Integration in den bosnischen Staatsverband und vertraten stets eine Eigenständigkeit der Serbenrepublik gegenüber internationalen Organisationen. Ähnlich, wenn auch nicht derart rigoros, verhielten sich die bosnischen Kroaten: Die »ungeliebte« Koalition mit den Bosniaken wollten sie durch ein hohes Maß an Selbstverwaltung und durch enge Beziehungen zu Kroatien überwinden. Diese recht unterschiedlichen Interessenlagen der einzelnen Völker erschwerten die Implementierung des Dayton-Abkommens enorm und stellen bis heute das größte Problem beim Erreichen einer »selbsttragenden Stabilität« dar.

Ein weiterer Problempunkt stellte die Flüchtlingsproblematik dar. Nach dem Krieg lebten Flüchtlinge in 110 verschiedenen Ländern, wodurch eine bedeutende Kriegslast »exportiert« wurde: Flüchtlinge im Ausland fielen nicht der Staatskasse zur Last und hätten bei einer schnellen Rückkehr die Arbeitslosenzahlen nochmals drastisch erhöht. Was sollte zudem geschehen, wenn die Rückkehrer auf ihre Peiniger träfen? Wie würden sich die beteiligten Seiten über die Rückgabe oder Entschädigung von enteignetem Besitz einigen? Würden die Kriegserlebnisse zu einer politischen Radikalisierung führen? All dies waren Fragen, welche das enorme politische Gefahrenpotential verdeutlichten, das von der Flüchtlingsproblematik ausging. Wie noch zu zeigen ist, sollte sich die Rückkehr der Kriegsflüchtlinge auf den Friedensprozess in der Tat negativ auswirken.

Die erste Bewährungsprobe für die IFOR-Truppen waren die Wahlen vom September 1996. Da in den USA im November Präsidentschaftswahlen stattfanden, brauchte Amtsinhaber Clinton für seine Wiederwahl dringend einen außenpolitischen Erfolg, was ihn zu übertriebener Hast bei der Durchführung des bosnischen Urnenganges verleitete – ein folgenschwerer Entschluss, wie sich zeigen sollte, da die in Dayton vereinbarten Rahmenbedingungen für »freie, faire und demokratische Wahlen«, vor allem die Freizügigkeit des Personenverkehrs, noch nicht erzielt worden waren. Doch mit gewisser Berechtigung hielt man Wahlen im September 1996 für das kleinere Übel, da günstigere Bedingungen wohl so rasch nicht zu erzielen waren. Die Lokalwahlen hingegen, welche gleichzeitig stattfinden sollten, wurden wegen Unzulänglichkeiten und Manipulationen zunächst auf November, dann auf Juni bzw. September 1997 verschoben.

Schwierigkeiten bereitete vor allem der komplizierte Wahlmodus: Flüchtlinge, die ihr Stimmrecht nicht persönlich in der früheren Heimatgemeinde ausüben konnten, konnten dies per Briefwahl tun, was dem »multiethnischen Prinzip« entsprach. Wer aber am neuen Wohnort bleiben wollte, konnte hier persönlich abstimmen – dies widersprach dem oben genannten Prinzip zwar nicht, öffnete aber der Zementierung der Vertreibungen insoweit die Tür, als es der organisierten Ansiedelung Vertriebener Vorschub leistete. Bei den Muslimen ging die Tendenz eher dahin, von der Briefwahl Gebrauch zu machen, während die Serben – auch die nicht in der Republik Srpska wohnhaften – eher ihren »neuen Aufenthaltsort« als Ort der Abstimmung bevorzugten. Vom Ergebnis her brachten die Wahlen keine Überraschungen, da die jeweiligen Nationalparteien und ihre Spitzenkandidaten, also Izetbegovic bei den Moslems, Krajisnik bei den Serben und Zubak bei den Kroaten, mit großer Mehrheit siegten. Überraschend war aber, dass in 97% aller Wahllokale keine Beanstandungen festgestellt wurden und es damit nicht zu größeren Unkorrektheiten oder Zwischenfällen gekommen war. Mit Erleichterung nahm man in den USA zur Kenntnis, dass die Gefahr eines Referendums in der Serbenrepublik zur Abspaltung von Bosnien-Herzegowina nun wohl »vom Tisch« war.

Nach den geglückten Septemberwahlen beendete IFOR ihre Mission der Implementierung der militärischen Bestimmungen von Dayton. Da allerdings klar war, dass bei der Implementierung der zivilen Aspekte noch viel zu tun sei und die politischen Verhältnisse weiter instabil und unsicher sein würden, beschlossen die Verteidigungsminister der NATO-Staaten auf einem informellen Treffen in Bergen/Norwegen, dass die NATO erneut darüber zu entscheiden habe, wie der Aufbau eines stabilen Friedens nach dem Ende des IFOR-Mandats im Dezember 1996 weiter unterstützt werden könne. Im November und Dezember 1996 wurde in Paris ein Konsolidierungsplan für zwei Jahre aufgestellt, auf dessen Basis die NATO-Außen- und Verteidigungsminister übereinkamen, dass eine reduzierte Truppenpräsenz notwendig sei, um für die notwendige Stabilität zu sorgen, welche für die Konsolidierung des Friedens nötig war. Ferner beschlossen sie, dass die NATO eine zweijährige »Stabilisation Force« (SFOR) organisieren sollte, welche am Tag der Beendigung des IFOR-Mandats, dem 20. Dezember 1996, ihre Arbeit aufnehmen sollte. War es die Aufgabe der IFOR, den Frieden zu implementieren, sollte es die Aufgabe der SFOR sein, den Frieden zu stabilisieren.[9]

---

9 www.nato.int/sfor/organisation (16.12.2003).

b) Das erste SFOR-Mandat (1996-1998)

Am 12. Dezember 1996 erteilte der UN-Sicherheitsrat durch Resolution 1088 ein zweijähriges Mandat für die SFOR-Mission. Sechs Tage später stimmte der NATO-Rat der Entsendung der Friedenstruppe mehrheitlich zu. Bei Einsatzbeginn betrug die Truppenstärke etwa 32.000, was gegenüber der IFOR-Truppe ungefähr einer Reduzierung um die Hälfte entsprach. Alle sechs Monate sollten die Fortschritte bei der Umsetzung des Friedensabkommens überprüft und in Abhängigkeit davon Umfang und Aufgaben der Friedenstruppe schrittweise verringert werden. Das Einsatzgebiet gliedert sich in drei Verantwortungsbereiche: Ein Sektor Nord mit amerikanisch geführtem Stab und Sitz in Tuzla, ein Sektor Süd-West mit einem britisch geführten Hauptquartier und Sitz in Banja Luka sowie ein Sektor Süd-Ost mit einem multinationalem Stab unter französischer Führung mit Sitz in Mostar; letzterem sind die deutschen Streitkräfte unterstellt.[10]

Schon an der Jahreswende 1996/97 zeichnete sich ab, dass die Anfangserfolge der IFOR rasch verpufften. Da nach der weitgehend erfolgreichen militärischen Implementierung die zivile Aufbauarbeit zunehmend in den Vordergrund rückte, bildete diese von Anfang den Schwerpunkt des SFOR-Mandats. Diese zivile Implementierung erfolgt durch zahlreiche internationale Organisationen unter der Koordination des Hohen Repräsentanten mit Unterstützung der SFOR. Vor allem die Organisation für Sicherheit und Zusammenarbeit in Europa (OSZE) führt zahlreiche Projekte durch, wozu auch das UN-Kriegsverbrechertribunal in Den Haag gehört. Seit 1997 hat SFOR etwa 30 mutmaßliche Kriegsverbrecher festgenommen, jedoch scheiterte die Festnahme des ehemaligen Führers der bosnischen Serben, Radovan Karadzic, Ende Februar 2002.[11]

Des weitern unterstützt SFOR die politischen Parteien bei der Umsetzung von Rüstungskontrollvereinbarungen und das UNHCR, das Flüchtlingshilfswerk der UNO, bei der Rückkehr von Bürgerkriegsflüchtlingen. Für die Implementierung der zivilen Aspekte des Dayton-Abkommens unterhält SFOR die »Civil Military Task Force (CMTF)«, welche aus rund 350 Soldaten besteht und Hilfestellung gibt in den Bereichen Rechtswesen, Wirtschaft, Landwirtschaft, Industrie, Wohnungs- und Straßenbau, Bildungswesen und politische Fragen. Besonders die zivilen Hilfskräfte wurden zu Beginn ihres Einsatzes mit der ganzen Bandbreite einer zerstörten gesellschaftlichen Ordnung konfrontiert: unübersichtliche, weitgehend un-

---

10 Deutsche Beteiligung an Friedenstruppen zur Unterstützung des Friedensprozesses auf dem Balkan, hrsg. vom Bundesministerium der Verteidigung, Führungsstab der Streitkräfte I 1, Bonn 2000, S. 6.

11 Vgl. Detlef Buwitt: Internationale Polizei in VN-Missionen auf dem Balkan – Erfahrungen aus den Einsätzen in Bosnien und Herzegowina und im Kosovo, in: Rafael Biermann, a.a.O., S. 214.

geklärte und schnell veränderliche politische Konstellationen, in denen »alte Garden« ihre Position zu behaupten versuchen; mit Parteigängern fehlbesetzte und meist korrupte öffentliche Verwaltungen, die aus Mangel an Perspektive und Angst vor Veränderung selten kooperationsbereit waren sowie eine Vielzahl demobilisierter ehemaliger Polizisten, die das durch die weitgehend zerstörte Infrastruktur entstandene Übermaß an Arbeitslosigkeit noch weiter anschwellen lassen. Arbeitslosigkeit, Mangelwirtschaft und Inflation führen zu grauen und schwarzen Märkten und oft unfreiwillig zunächst in Kleinkriminalität und später zu Formen von organisierter Kriminalität (OK), die durch den hohen zivilen Bewaffnungsgrad nochmals verschärft wird.[12]

Im Bereich der zivilen Implementierung liegt der Nachholbedarf erheblich höher als bei der militärischen Implementierung, was auf materielle und politische Ursachen zurückzuführen ist. Das Militär verfügt über geschlossene, über Jahre eingeübte und im Einsatz gut und einheitlich ausgerüstete Verbände. Die zivile Implementierung setzt sich hingegen aus einer Vielzahl von Mitarbeitern höchst unterschiedlicher Ausbildung, Herkunft und Sprache zusammen, die im Zusammenwirken meist unerprobt sind, oft über keine gemeinsame kompatible Ausrüstung verfügen und unterschiedlichen Kulturkreisen entstammen. Auch wurden sie im Gegensatz zum Militär kaum von der Öffentlichkeit beachtet. Dies ist gefährlich, da gerade in den ersten Monaten nach Kriegsende die Weichen für die Zukunft des Landes gestellt wurden: mangelnde Präsenz internationaler Organisationen lud Rechtsbrecher geradezu ein, rechtsfreie Räume zu besetzen und Rechtsbeugung zu betreiben. Dabei nehmen die Probleme der öffentlichen Sicherheit fast täglich zu. Die örtlichen Sicherheitsorgane sind aufgrund ihres ungezügelten und unkontrollierten Anwachsens während des Krieges regelmäßig mit einem Vielfachen der offiziell angegebenen Stärken präsent. Hinzu kommen starke Anteile bewaffneter Milizen und staatliche wie private Geheimdienste. Des weiteren sind erhebliche Teile vor allem der Kriminalpolizei weiterhin als »Schattenpolizisten« tätig, teilweise in privaten Sicherheitsunternehmen, aber auch in Strukturen der organisierten Kriminalität, so dass im April 1999 weite Landstriche Bosniens von Strukturen der organisierten Kriminalität beherrscht wurden, in denen nachweislich ehemalige Polizeibeamte führende Rollen spielten. Das »monitoring« der CIVPOL, also der internationalen, zivilen Polizei, erfasst aber nur die sichtbaren, also uniformierten Polizisten, während die für das Sicherheitsgefühl der Bürger wichtigeren Polizeikomponenten, also Kriminalpolizei, Spezial- und Geheimpolizei, nicht erfasst wurden und daher weitgehend ungehindert operieren können.

---

12 Vgl. ebd., S. 214 f.

Auch in anderen Bereichen blieb die zivile Implementierung weit hinter den Erwartungen zurück, was vor allem auf die Machtkontinuität der alten nationalistischen Eliten zurückzuführen ist. Das Land befindet sich in einer tief greifenden Identitätskrise, da es seit Kriegsende in politischer, wirtschaftlicher und psychologischer Hinsicht zutiefst gespalten ist. Bosnien fehlt eine nationale Identität, da man sich eher als Serbe, Kroate oder Bosniake denn als »Bosnier« im staatsbürgerlichen Sinn begreift. Auf allen politischen Ebenen dominieren national orientierte Kräfte, die im Widerspruch zum Dayton-Abkommen das Zusammenwachsen des ethnisch zerrissenen Staates behindern. Trotz der noch unter Leitung der IFOR durchgeführten Septemberwahlen 1996 blieb der Aufbau der gesamtbosnischen politischen Institutionen weit hinter den Erwartungen zurück: Präsidium, Ministerrat und Parlament traten zwar 1996 zusammen, waren jedoch kaum arbeits- und entscheidungsfähig, da partikulare, daher ethnische Machtinteressen dominierten. Im Februar 2000 scheiterte beispielsweise das Parlament an der Verabschiedung eines Wahlgesetzes, welches von OSZE und Hohem Repräsentanten vorbereitet worden war. Darüber hinaus gelang es ebenso wenig, die nebenstaatlichen und verfassungswidrigen Institutionen »Kroatische Gemeinschaft Herceg Bosna« sowie die bosniakisch dominierte »Republik Bosnien-Herzegowina« zu beseitigen. Diese hätten nach dem Dayton-Abkommen schon 1997 aufgelöst werden müssen, bestanden aber Anfang 2000 immer noch. Ebenso konnte die ethnische Homogenisierung der Staatsorgane wie Polizei oder Justiz nicht rückgängig gemacht werden.

Im Herbst 1997 hatte die SFOR schließlich erstmals Wahlen zu beaufsichtigen, da die bosnische Serbenrepublik einen neuen Präsidenten wählte. Im Vorfeld unterstützte SFOR massiv die gemäßigte Präsidentin Plavsic und bekämpfte die »Hardliner« in Pale durch Unterbindung des Medienmissbrauchs gegen den Geist und Buchstaben von Dayton, durch eine Informationskampagne zur Korruption der Pale-Führung und ihrer Verantwortlichkeit für die katastrophale Wirtschaftslage sowie durch politische Isolierung Krajisniks und seiner politischen Umgebung. Der Konflikt zwischen den »Pragmatikern« mit Schwerpunkt in der Universitätsstadt Banja Luka und dem »Bergdorf Pale« drohte gar eine Spaltung der Republik Srpska heraufzubeschwören. Nach ihrem Wahlsieg nahm Präsidentin Plavsic ihren Sitz in Banja Luka ein, während Parlament und Regierung in Pale verblieben. Obgleich Plavsic bislang Parteigängerin des extremistischen Flügels um Karadzic war, zeichnete sich bei ihr ein Gesinnungswandel ab: Sie entließ den Innenminister, der ein Anhänger Karadzics war und ordnete Neuwahlen zum Parlament an, worauf sie aus ihrer Partei SDS ausgeschlossen wurde. Jedoch scheiterte ihre Absetzung als Präsidentin an einer fehlenden Zweidrittelmehrheit im Parlament. Stattdessen beantragte die Regierung beim Verfassungsgericht erfolgreich die Aufhebung der Parlamentsauflösung. Plavsic beharrte auf Neuwahlen zum 12. Oktober 1997 und wurde zur »Verräterin« gestempelt, da sie die Erfüllung des Dayton-Abkommens propagierte und wiederholt mit SFOR zusammenarbeitete.

Diese Spaltung ergriff in bürgerkriegsähnlicher Form die Polizei, wobei Kräfte von SFOR und der zivilen »International Police Task Force (IPTF)« die Präsidentin unterstützten. Ende August 1997 eskalierte die Lage, als in der Nähe von Brcko amerikanische SFOR-Einheiten bei einer erneuten Aktion, die »Loyalität« der Polizei vor allem in Orten mit Fernseh-Relaisstationen umzudrehen, vor einer aufgebrachten, von Pale gesteuerten Menge zurückwichen und die 200 Mann der IPTF evakuiert werden mussten. Erst als SFOR entschlossen war, jene Relaisstationen zu zerstören, welche Hetzsendungen verbreiteten und zum Widerstand gegen die SFOR aufforderten, lenkte die Karadzic-Gruppe ein. Hatten manche im Sommer 1997 gehofft, eine Machtausdehnung der Präsidentin Plavsic würde zu einer Stabilisierung beitragen, so dass an einen Abzug der UN-Truppen Mitte 1998 gedacht werden könne, erwiesen sich diese Überlegungen als illusorisch. Ende September 1997 gab allerdings Milosevic westlichem Drängen nach: Er akzeptierte Plavsic und vermittelte zwischen ihr und Krajisnik, worauf man sich auf Wahlen für den 22./23. November 1997 einigte. Plavsic gründete eine neue Partei mit Namen »Serbisches Volksbündnis« – SNS RS, errang aber bloß 15 Mandate, während Karadzics SDS auf 24 Mandate fiel. Diese Wahl läutete das Ende des »Pale-Regimes« ein. Milorad Dodik wurde zum Ministerpräsident ernannt und bildete eine »gemäßigte« Regierung ohne SDS und SRS.

Am 18. Januar 1998 erhielt Dodik eine knappe Parlamentsmehrheit als neuer Ministerpräsident der Republik Srpska. Allerdings hatte er im Beamtenapparat sowie im Parlament wenig Rückhalt. Auch die nationalistisch orientierte Bevölkerung stand ihm teilweise ablehnend gegenüber, so dass er auf die internationale Gemeinschaft und auf den wirtschaftlichen Wiederaufbau angewiesen war. Sein Programm bestand in der Erfüllung des Dayton-Vertrages einschließlich der darin enthaltenen Vereinbarungen zur Flüchtlingsrückkehr und einer wirtschaftlichen Ordnung innerhalb eines einheitlichen Territoriums der Serbenrepublik mit Banja Luka als Hauptstadt. Ihm gelangen schnell Personal-Rochaden innerhalb der Polizei und Verwaltung; während Plavsic den Generalstabschef der Armee auswechselte. Zugleich wurde die Regierung stark mit internationalen Vorschußlorbeeren bedacht. Blockierte Kredite wurden freigegeben und es herrschte ein allgemeiner Optimismus über den »Schwung und frischen Wind«, den Dodik im Vergleich zu anderen Politikern, namentlich der Föderation, verbreitete. Die Regierung trat aus ihrer selbstgewählten Isolation heraus. Es zeigte sich jedoch, dass die Versprechen kaum einzuhalten waren, zumal ihre baldige Umsetzbarkeit mit Rücksicht auf die nationalen Ressentiments in der Bevölkerung ohnehin in Frage gestellt war. Kaum einlösbar schien das in Washington gegebene Versprechen, bis September 1998 die Rückkehr von 70.000 Bosniaken bzw. Kroaten in die Republik Srpska zu bewerkstelligen; auch bei Auslieferung von Kriegsverbrechern machte Dodik einen Rückzieher, wenngleich das Haager Tribunal ein Büro in Banja Luka eröffnen durfte.

c) Die SFOR-Folgeoperation »Deliberate Force«

In diesem eher zwiespältigen und insgesamt unbefriedigendem Klima fand am 9. und 10. Dezember 1997 die Konferenz des Friedensimplementierungsrates in Bonn statt. Die Teilnehmer stellten fest, dass der Friedensprozess bisher nicht zufrieden stellend verlaufen sei und stärkten massiv die Rechte des Hohen Repräsentanten, der nunmehr in Implementierungsfragen, bei denen sich die Staatsorgane nicht einigen können, selbst entscheiden durfte. Hiervon hat er auch massiv Gebrauch gemacht, beispielsweise als die Verantwortlichen vor Ort keine Einigung über die Staatsflagge, die Kfz-Kennzeichnung und über das Pass- und Ausweiswesen erzielen konnten. Die Konferenz drückte aufgrund dieses trüben Eindrucks, der die Situation in Bosnien bot, den Willen zur Fortsetzung des Friedensprozesses aus. Die Teilnehmer beschlossen eine Verlängerung des SFOR-Mandats über den ursprünglich geplanten Abzugstermin 1998 hinaus auf unbestimmte Zeit, was der NATO-Rat am 20. Februar 1998 bestätigte. Die Reduzierung der Streitkräfte sollte erst nach den allgemeinen Wahlen im Herbst 1998 erfolgen. Danach würden halbjährliche Beratungen über Änderung des Mandatumfangs und der Organisation erfolgen.

Am 15. Juni 1998 billigte auch der UN-Sicherheitsrat durch Resolution 1174 die Verlängerung des SFOR-Mandats für weitere zwölf Monate; vier Tage später stimmte der Deutsche Bundestag einer Verlängerung des Bundeswehreinsatzes im Rahmen der SFOR zu. Die Aufgaben der SFOR-Folgemission blieben im wesentlichen die gleichen, jedoch sollte jetzt baldmöglichst eine sich selbst tragende Stabilität erreicht werden, mit der eine schrittweise Reduzierung der SFOR-Truppen bis hin zu ihrem vollständigen Abzug einhergehen sollte.

Der Kompetenzzuwachs für den Hohen Repräsentanten drückte sich nach der Bonner Implementierungskonferenz in einer stark gestiegenen Machtfülle aus. Er konnte beispielsweise Gemeinden »kommissarisch« verwalten, Bürgermeister und Polizeichefs absetzen, Abgeordnetenmandate und Gesetzesartikel suspendieren lassen, so dass immer mehr von einem »Protektorat« gesprochen wurde, was aber völkerrechtlich falsch war.

Der Hohe Repräsentant gewann mehr und mehr an Autorität; zunehmend wurde er von den Parteien zur Schlichtung und Entscheidung angerufen. Der Ausblick, der sich dem Hohen Repräsentanten an der Schwelle des Jahres 1998 bot, war nicht restlos entmutigend: Auf dem Wege der Versöhnung brachten die Lokalwahlen Fortschritte, während die Flüchtlingsrückkehr in die so genannten Minderheitsgebiete zumindest in der Föderation einzusetzen begann. Andererseits kam es zu einer partiellen Polarisierung zwischen Kroaten und Muslimen, und die Verhaftung von mutmaßlichen Kriegsverbrechern zeigte fast keine Fortschritte. Die Schlüsselfrage war aber, ob sich die ultranationalen Führungen in der serbischen Entität behaupten würden, wobei die Frage entscheidend war, ob und in welchem Umfang die serbischen Flüchtlinge in der Serbenrepublik überhaupt willens waren, in ihre ursprünglichen Wohnorte in der Föderation oder in Kroatien zurückkehren zu wollen. Zudem war offen, in welchem Umfang die Serben »ihre Republik«, daher die Republik Srpska, erhalten wollten. Wenn die meisten Flüchtlinge dort verblieben und das Gros der in der Serbischen Republik verbliebenen Flüchtlinge bestenfalls in die Serbenrepublik wollte, gab es folglich keinen Platz für kroatische oder muslimische Rückkehrer. Es blieb unklar, wann überhaupt ein Nicht-Serbe gefahrlos in die Republik Srpska zurückkehren konnte; hier versprach man sich »Wunder« von der neuen Regierung Dodik.

Am 12. und 13. September 1998 fanden erneute Wahlen in der Föderation statt. Diesmal nahm sich die OSZE starke Rechte heraus: Gesamtbosnisch und multiethnisch orientierte Kräfte sollten politisch gefördert werden. Parteien, welche dem Geist des Dayton-Abkommens widersprachen, konnten hingegen von der Wahl ausgeschlossen werden. Hiervon wurde mehrfach Gebrauch gemacht; dennoch kam es zu keinem wirklichen Machtwechsel, denn es gab kaum gesamtbosnische Parteien im Wahlkampf. Zwar setzte sich der Trend zur Pluralisierung der Parteienlandschaft fort, aber die Nationalisten blieben auf allen Ebenen stärkste politische Kraft: Die nationalkonservative bosniakische »Koalition für ein einziges und demokratisches Bosnien-Herzegowina« erreichte 49% der Stimmen, die kroatische Mehrheitspartei HDZ erhielt 20%. Dagegen standen zwei sozialdemokratische Parteien mit nur 14 bzw. 4% Stimmanteil sowie die HDZ-Gegnerin »Neue Kroatische Initiative« mit 3%. Die politische Landschaft blieb folglich ethnisch zerklüftet.

Bei den Präsidentschaftswahlen auf gesamtstaatlicher Ebene blieb Izetbegovic klarer Sieger auf bosniakischer Seite, während der Kroate Ante Jelavic enorme Einbußen hinnehmen musste und nur knapp wieder gewählt wurde. Auf serbischer Seite wurde der Karadzic-Anhänger Krajisnik abgewählt und durch Zivko Radisic ersetzt, der als Kandidat eines Parteienbündnisses von Dodik, Plavsic und den Sozialisten kandidierte. Die Präsidentschaftswahlen in der Republik Srpska brachten einen schweren Rückschlag für die Politik der Staatengemeinschaft: Der serbisch-radikale Kandidat Nikola Poplasen, der sich für die Abtrennung der serbischen Entität von Bosnien-Herzegowina stark gemacht hatte, gewann vor der bisherigen Präsidentin Plavsic. Es brach eine tiefe Regierungskrise aus, da es zur Frontstellung zwischen Präsidentschaft und Parlament kam. 1999 wurde Poplasen schließlich durch den Hohen Repräsentanten abgesetzt. Schon zuvor führte der Konflikt um die geteilte Stadt Brcko mit ihrem wichtigen Hafen an der Sawe zu einer Radikalisierung auf serbischer Seite, da die Stadt nicht der Republik Srpska, sondern dem Staat Bosnien-Herzegowina direkt unterstellt wurde. Ein weiterer Grund war der beginnende Kosovo-Krieg gegen die Serben, welcher zum Boykott der gemeinsamen Institutionen Bosniens durch die serbischen Mitglieder führte.

Die Ursache für die Erfolge nationalistischer Parteien liegt in den strukturellen Gegebenheiten vor Ort begründet: Die Menschen haben aufgrund der immer noch unbefriedigenden Sicherheitslage Angst vor rassistischen Übergriffen, denn Gesamtstaat und Entitäten können kaum für Recht, Ordnung und persönliche Sicherheit sorgen. Kaum jemand glaubt an den Fortbestand des Staates nach Abzug der internationalen Gemeinschaft, so dass die Bürger daher auf nationalistische Parteien vertrauen, die – so glauben sie – langfristig besser für ihre Sicherheit sorgen können. Zudem wird die Macht allein von den ethnisch orientierten Vertretern in den Regionen verkörpert, welche sich durch persönlichen Einfluss und politische Loyalitäten ausformt. Nicht die Parteien, sondern die ethnischen Nomenklaturen treffen wesentliche politische Entscheidungen; darüber hinaus werden politische, wirtschaftliche und soziale Posten meist in Personalunion besetzt.

Ende 1999 ging der Hohe Repräsentant dazu über, Amtsträger, welche die Umsetzung von Dayton behindern, von ihren Posten abzusetzen, was eher einen Ausdruck von Hilflosigkeit darstellte. Im November 1999 erklärten der Hohe Repräsentant und die OSZE in einer gemeinsamen Aktion 22 Funktionäre für abgesetzt, um dem Land »die Gelegenheit zu geben, politische, rechtsstaatliche Institutionen zu entwickeln«. Jedoch räumten nicht alle ihre Posten; andere Institutionen wurden monatelang handlungsunfähig. Anfang 2000 saß die institutionelle Krise tiefer denn je.

Die Wahlen vom November 2000 brachten wiederum keine Änderung der politischen Machtverhältnisse. In der Republik Srpska gewann der Kandidat der Karadzic-Partei SDS, Mirko Sarovic, vor dem gemäßigtem Milorad Dodik, so dass die Hoffnungen der internationalen Gemeinschaft, der »Machtwechsel« in Belgrad von Milosevic zu Kostunica würde auch das Wählerverhalten in der bosnischen Serbenrepublik beeinflussen, sich als falsch erwiesen. Dies verwundert auch nicht weiter, da Kostunica stets ein »Freund« der Republik Srpska war und auch die übrigen Belgrader Regierungsorgane in »nationalen Anliegen« keine Nachgiebigkeit zeigten. Überraschender war eher, dass sich der neue Präsident Sarovic zum Dayton-Abkommen und zur Stärkung gesamtstaatlicher Institutionen bekannte.

In der Föderation hingegen verlor die muslimische SDA weiter an Stimmen zugunsten der Sozialdemokraten, wenngleich sie immer noch stärkste Partei blieb. Die Partei war zuletzt Korruptionsvorwürfen ausgesetzt und galt mit ihrem Führer Izetbegovic als »verbraucht«, da sie seit dem Krieg die Hauptlast der Verantwortung getragen hatte. Die internationale Gemeinschaft stempelte sie hingegen als »Nationalpartei« und unterstützte die Sozialdemokraten. Auch auf kroatischer Seite war die »Nationalpartei« HDZ eindeutiger Wahlsieger.

Die militärische Implementierung des Dayton-Abkommens ist trotz der genannten Anfangserfolge noch lange nicht vollständig abgeschlossen. Bis heute besitzt Bosnien-Herzegowina offiziell zwei, faktisch jedoch drei Armeen, die sich als Gegner betrachten: die Armee der Republik Srpska sowie die Streitkräfte der Föderation, die sich aus der bosniakischen und der kroatischen Armee zusammensetzen. Zudem besitzen alle drei Armeen eine hohe Personalstärke und die Verteidigungsausgaben befinden sich unvermindert auf einem hohen Niveau, was auf eine andauernde Kriegsbereitschaft der politischen Eliten hindeutet. Bei 3,2 Mio. Einwohnern verfügt Bosnien über 70.000 Soldaten (1999) – hätte Deutschland eine proportional ebenso große Armee, müsste es 1,4 Mio. Mann haben. 1999 wurden 39% des Budgets für Militär ausgegeben – etwa 5,9% des Bruttosozialproduktes; bei den NATO-Staaten liegen die Ausgaben bei rund 2,2% des Bruttosozialprodukts. Die Armeen werden weiterhin von ihren Nachbarstaaten unterstützt, was den Aufbau einer gesamtstaatlichen Armee konterkariert: Allein Kroatien stellte bis 2000 ca. 100 Millionen Dollar jährlich für die kroatische Verteidigungskomponente in Bosnien zur Verfügung.

Die wirtschaftliche Situation kann als desolat bezeichnet werden: Die zehn größten Unternehmen im Land erwirtschafteten zur Jahrtausendwende zusammen einen Gewinn von weniger als 500.000 Dollar jährlich. Die meisten anderen Betriebe fahren nur Verluste ein. Die Arbeitslosenrate liegt bei 60%, Privatinvestitionen betrugen gerade 5% der ausländischen Wirtschaftshilfe. Die Gründe dafür sind vielschichtig: Die Balkanstaaten sind untereinander zerstritten, die öffentlichen Verwaltungen – einschließlich Zoll- und Steuersystem – funktionieren kaum und erweisen sich meist als schwach und korruptionsanfällig. Lokale Märkte sind somit klein, relativ abgeschottet und als Produktionsstandorte oft ungeeignet; Konkurrenten aus Niedriglohnländern außerhalb des Balkans haben oft bessere Standortbedingungen.[13]

---

13 Vgl. Klaus Joachim; Wolfram Erhardt: Ein nachhaltiges Reformklima tut not. Wirtschaftliche Stabilisierung auf dem Balkan, in: Internationale Politik 3 (2001), S. 13-20.

Einige der Balkanländer haben klare komparative Vorteile im Bereich des Tourismus und der Landwirtschaft aufgrund der Böden, des Klimas und der Lohnkosten. Ob die Balkanländer diese Potentiale nutzen können, hängt stark von der EU-Agrarpolitik und deren Importquoten ab. Beim Tourismus hingegen sind sie der Konkurrenz durch etablierte Reiseländer ausgesetzt. Der Zerfall des Warschauer Paktes und des ehemaligen Jugoslawien haben sich in gravierendem Maße nachteilig auf die Wirtschaft ausgewirkt, was bisher nicht durch veränderte Formen der regionalen Zusammenarbeit ausgeglichen werden konnte, da die Interessen der politischen Führung eher auf eigenen Machterhalt denn auf das Wohlergehen der eigenen Völker ausgerichtet sind. Viele Hoffnungen richten sich auf einen EU-Beitritt, der aber auf absehbare Zeit als unrealistisch erscheint, denn die Reform des Bankensektors, die Privatisierung der Großunternehmen, eine Reform der wirtschaftspolitischen Rahmenbedingungen sowie des Wettbewerbs- und Konkursrechts sind in den meisten Balkanländern bislang kaum vorangekommen.

Auch bei der Flüchtlingsrückkehr ergibt sich kein besseres Bild, die zudem Ende der neunziger Jahre wieder ins Stocken geriet. Ende 1998 lebten immer noch etwa 375.000 Flüchtlinge im Ausland, was auf verschiedene Ursachen zurückzuführen ist. Häufig sind die Rückkehrer zahlreichen Repressionen der lokalen Machthaber ausgesetzt, die durch illegale Registrierstellen, durch Erhebung von Sondersteuern, Verweigerung von Personaldokumenten oder mit Hilfe fragwürdiger Eigentumsgesetze, nach denen nur etwa 3% aller Rückkehrenden ihren früheren Besitz zurückerhalten konnten, die durch den Krieg geschaffenen »ethnisch reinen« Regionen erhalten wollen. Hinzu kommen die gefährliche Sicherheitslage, die schwache wirtschaftliche Erholung, fehlende Unterkünfte und die hohe Arbeitslosigkeit.

Angesichts dieser geringen Fortschritte beschloss die Europäische Union im Juni 1999 einen »Stabilitätspakt« für den Balkan, der nach dem Kosovo-Krieg am 30. Juli 1999 in Sarajewo feierlich bekräftigt wurde. Der Pakt, dem mittlerweile 44 Staaten und 36 internationale Organisationen angehören, soll die Länder der Region »bei ihren Bemühungen um die Förderung des Friedens, der Demokratie, der Achtung der Menschenrechtes sowie des wirtschaftlichen Wohlstandes stärken.« Doch auch hier klaffen Anspruch und Wirklichkeit auseinander: Schnell machten sich Schwerfälligkeit und Bürokratismus auf der Geberseite breit, so dass die Umsetzung vieler Projekte im Sande verlief. Der »Westbalkan«, daher Albanien, Bosnien-Herzegowina, Kroatien, Mazedonien und Serbien-Montenegro, soll bis 2006 insgesamt 4,65 Milliarden Euro erhalten, während 230 Millionen Euro für den Kosovo reserviert sind – alles in allem sind dies keine überragenden Summen, um dauerhafte Stabilität zu erreichen. So blieben trotz des

Stabilitätspaktes die Fortschritte weiterhin gering, so dass die Situation in Bosnien-Herzegowina weiterer entschlossener Lösungen bedarf.

Versucht man nun eine Bilanz zu ziehen, so kann diese nur eine Zwischenbilanz sein, da die Mission weiterhin andauert – zwar nicht als NATO-Mission, aber eben noch als EU-Mission. Insgesamt gesehen ist bis heute eine Exit-Strategie bezüglich Bosnien-Herzegowina nicht in Sicht ist. Es besteht immer noch die Gefahr, dass ein Abzug der internationalen Friedenstruppe neue Auseinandersetzungen, möglicherweise auch bewaffnete, nach sich ziehen könnte. So kann ein vorläufiges Resümee nur zwiespältig ausfallen: Es gelang zwar, den Frieden weiter zu stabilisieren und den Völkern in der Region zumindest eine Zukunftsperspektive zu eröffnen. Gleichzeitig haben sich aber auch Passivität und eine Nehmermentalität breit gemacht. Viele scheinen demnach zu glauben, dass die Probleme Bosniens eher von der internationalen Staatengemeinschaft gelöst werden sollten als von ihnen selbst. Mittlerweile gibt es keinen politischen, wirtschaftlichen oder militärischen Bereich mehr, der nicht von internationalen Akteuren kontrolliert und gesteuert wird.

Es bleibt mehr als fraglich, wann Bosnien-Herzegowina in der Lage sein wird, ohne massive Unterstützung von außen und vor allem ohne internationale Truppenpräsenz als selbständiger Staat zu funktionieren. Diese Unsicherheit ist durch den Kosovo-Konflikt noch gesteigert worden. Offensichtlich gab es und gibt es bei den maßgeblichen Politikern in Bosnien keine Bereitschaft, das Dayton-Abkommen tatsächlich in allen wesentlichen Teilen umzusetzen – etwa die Verpflichtung, Flüchtlinge auch in Minderheitengebiete zurückkehren zu lassen, an der Etablierung effektiver zentralstaatlicher Institutionen mitzuwirken oder auch Kriegsverbrecher zu verhaften und sie nach Den Haag zu überstellen. Eine Kultur des politischen Kompromisses und damit das Einüben von Formen des demokratischen Umganges sind überwiegend nicht ausgeprägt.

Etwas überspitzt lässt sich die heutige Situation somit durchaus als »gefährlich und dramatisch« beschreiben, obwohl scheinbar gar nichts passiert und niemand den Eindruck macht, einen neuen Krieg oder sonstige gewaltsame Auseinandersetzungen heraufbeschwören zu wollen. Gerade deshalb aber ist die Lage besonders gefährlich, da sich eine immer tiefer gehende Apathie ausbreitet – ohne Perspektive und ohne wirtschaftlichen Fortschritt. Hinzu kommt noch ein subkutaner Prozess der Islamisierung, der vor allem die politischen Beobachter zutiefst erschreckt. Der Grund dafür liegt in einem wachsenden saudi-arabischen Einfluss auf der religiösen und finanziellen Ebene: Das Waffenembargo zu Kriegsbeginn mobilisierte arabische Staaten, ihren »Brüdern und Schwestern« zu helfen, denn ohne saudische Unterstützung hätte die bosnische Armee nicht so schnell aufgebaut werden können. Jetzt gehören einige religiöse Fundamentalisten zu den engen Ratgebern des Präsidenten, denn Bosnien gilt als das Tor des Islams nach Europa, eines anti-europäischen Islams, der jede Berührung mit der nicht-islamischen Welt meidet. Auf den Straßen sieht man immer mehr verschleierte Frauen und Mädchen, Männer pflegen einen bestimmten Bartwuchs, Kinder werden in Koranschulen erzogen, immer neue und prächtigere Moscheen werden gebaut. Dies erschreckt nicht nur die Bosnier und entfremdet sie ihrer Heimat; auch die internationale Gemeinschaft muss begreifen, dass eine ethnische Isolierung diese muslimisch-radikalen Strömungen verstärkt.

Andererseits müsste die internationale Gemeinschaft erkennen, dass die breite Bevölkerung heute durchaus bereit ist, dass Zusammenleben in einer multi-kulturellen und einer multi-ethnischen Gesellschaft wie in der Vergangenheit wieder aufzunehmen – wenngleich nicht in derselben Form wie vor dem Krieg, aber in der Erkenntnis, dass man wirtschaftlich aufeinander angewiesen ist. Die Einführung einheitlicher Autokennzeichen durch den Hohen Repräsentanten führte zu mehr Kontakten unter den verfeindeten Nachbarn und führte zu Besuchen in der »alten Heimat«, die sehr oft friedlicher verliefen als angenommen. Dies könnten durchaus Signale für die Zukunft sein, für den Weg zu einem friedlichen Miteinander der ehemaligen Konfliktparteien. So lässt sich abschließend festhalten, dass vor allem der Antagonismus der drei Volksgruppen ein Zusammenwachsen des Staates weiterhin behindert.

Diese Kernprobleme werden auch nicht dadurch abgeschwächt, dass am 2. Dezember 2004 die »European Force« (EUFOR) mit der Operation »Althea«, eine 6900-Mann-Truppe der Europäischen Union, die »Stabilization Force« (SFOR) der NATO ablöste. Unter dem Kommando des britischen Generalmajors David Leakey trat Europa erstmals ohne Amerika in die Fußstapfen der NATO. Aus 33 Staaten kommen die Soldaten, wovon 22 Länder EU-Mitglieder und 11 Nicht-Mitglieder sind. Deutschland, Italien und Großbritannien sind die größten Truppensteller. Die Aufgaben und Probleme blieben im Prinzip die gleichen: den Frieden in Bosnien-Herzegowina und damit den Dayton-Prozess militärisch abzusichern und den Hohen Repräsentanten bei seiner Aufgabe zu unterstützen, Bosnien-Herzegowina eine europäische Perspektive zu eröffnen. Für die NATO bedeutete dies, eine schwierige Mission beenden zu können. Von einem etwaigen Antagonismus von NATO und EU in Sicherheitsfragen kann gerade anhand der Bosnien-Problematik nicht gesprochen werden, allenfalls von einer Aufgabenteilung. Für die Europäische Union bietet Bosnien-Herzegowina die Chance der Bewährung auf einem neuen, außenpolitischen Betätigungsfeld. Unter dem Kommando von General Schook unterhält die NATO weiter ein Hauptquartier in Sarajewo, welches Bosnien-Herzegowina bei seiner Verteidigungsreform unterstützen soll. Das Ziel ist die Schaffung einheitlicher Streitkräfte.

Zur politischen Wirklichkeit in Bosnien-Herzegowina heute gehört, dass sich Vertreter der drei Volksgruppen in den paritätisch besetzten Gremien des Staates, also Staatspräsidium, Regierung und Parlament, gegenseitig blockieren. Zwei Monate konnte etwa das Staatspräsidium, welches immer mit je einem Moslem, einem Serben und einem Kroaten besetzt ist, nicht arbeiten, da der Kroate Dragan Covic im März 2005 vom Hohen Repräsentanten der Internationalen Staatengemeinschaft, Lord Paddy Ashdown, wegen Korruptionsvorwürfen seines Amtes enthoben worden war. So rückte erst am 19. Mai 2005 der Kroate Ivo Miro Jovic nach. Am selben Tage scheiterte eine Reform des Polizeiwesens – laut Ashdown am Widerstand der Serben. Die ethnische Dimension des Balkan-Konflikts wird noch lange einer politischen Befriedung harren. Daneben stellt die großflächige Verminung des Landes in Bosnien-Herzegowina ein weiteres, großes Problem dar. So gehen Experten von über 800.000 Sprengkörpern aus, die in der Erde noch lauern. Beim bisherigen Tempo der Minenräumung würde es noch rund 80 Jahre dauern, bis Bosnien-Herzegowina minenfrei ist.

10. Die Bundeswehr im Kosovo

Der Balkan-Konflikt widerlegt die These, dass sich mit der Modernisierung von Gesellschaften die Bedeutung von Volksgruppen und ihr Bestreben nach Wahrung von kultureller Identität zurück entwickeln[1]. Der Terminus des »ethnic revival« von Friedrich Heckmann beschreibt in zutreffender Weise jene politische Entwicklung, die im Kosovo seit Ende des Krieges 1999 auch weiterhin einem friedlichen Zusammenwachsen der Volksgruppen im Wege steht. Im Kern handelt es sich bei der Kosovo-Problematik als einen Teil des Balkan-Konflikts um eine multi-ethnische Auseinandersetzung. Dabei kommt eine facettenreiche Komplexität aufgrund geschichtlicher, sozialer, kultureller und religiöser Ursachen zum tragen, die hier in ihrer ganzen Verschiedenheit mit geballter Wucht aufeinander treffen. So ist etwa das politische Denken Slobodan Milosevics tief verankert in ein serbisches Hegemonialdenken, welches sich an oströmische Traditionen anknüpfend seit dem 18. Jahrhundert über den Mord am österreichischen Kronprinzen in Sarajewo (1914) und bis heute beobachten lässt. Auch scheint das Trauma der serbischen Niederlage bei der Schlacht auf dem Amselfeld 1389 noch in der Gegenwart nachzuwirken. Denn nach wie vor wird eine unüberwindliche Rivalität zwischen den orthodoxen Serben und den islamischen Albanern und Türken deutlich, die vom versöhnlichen Miteinander der Ökumene wenig inspiriert ist.[2]

Zu einem wichtigen Bestandteil des bereits referierten Balkan-Konflikts gehört die massive Unterdrückung und Entrechtung der Kosovo-Albaner durch Belgrad vor dem Krieg – so sind etwa die Restriktionen bei der Einstellung von Kosovo-Albanern in den öffentlichen Dienst oder in serbische Staatsunternehmen zu nennen – ein Verhalten, welches an die südafrikanische Politik der Apartheid in den Jahren vor 1986 erinnert. Diese Politik verdichtete sich in »ethnischen Säuberungen« während des Kosovo-Krieges, was zu einer »ethnischen Mobilisierung« führte, die eine Stärke und Wiederbelebung der Gruppenkultur als eine Art Schutzmechanismus gegen äußere Diskriminierung zur Folge hatte. Eine logische und in diesem Kontext nachvollziehbare Begleiterscheinung des geförderten ethnischen Gemeinschaftsglaubens sind die intern bindenden und extern politisch auf Ablehnung stoßenden Komponenten. Gemeint ist, dass mit der stärkenden

---

1 Andreas M. Rauch; Christa Reichard: Der Soldat im Kosovo-Einsatz – Ein Beispiel aus dem Kosovo, in: Paul Klein (Hg): Der Soldat an der Schwelle zum 21. Jahrhundert. Baden-Baden 2000, S. 123-130.
2 Andreas M. Rauch. Kosovo: Die OSZE und der Wiederaufbau, in: Die Neue Ordnung, 53 Jg., Heft 4, August 1999, S. 315.

Bindung innerhalb der Volksgruppe zumindest eine genauso starke Abgrenzung gegenüber äußeren Einflüssen und anderen ethnischen Gruppen einhergeht. Die religiöse Komponente ist im Kosovo-Krieg zwar kein ausschlaggebender Faktor gewesen, doch verstärkte sie die internen und externen Komponenten zusätzlich und könnte zu einer weiteren Politisierung und Radikalisierung ethnisch-kultureller Differenzen und zu einer Steigerung der Gewalt führen. Das zeigt sich sehr deutlich an der Tatsache, dass Serben nur unter strengem Polizeischutz zurückkehren konnten und in Enklaven leben müssen, die durch die internationale Schutztruppe bewacht werden. In den meisten Fällen ist die Behauptung nicht zutreffend, dass Serben bis zu Kriegsbeginn friedlich mit ihren muslimischen Nachbarn Haus an Haus im Kosovo lebten; vielmehr kam es seit Anfang der achtziger Jahre permanent zu Unruhen, Spannungen und Ausschreitungen.

Der Balkan-Konflikt stellt sich wie dargestellt als äußerst vielschichtig dar; Ethnisierung, Nationalisierung und religiöse Differenzierung sind seine Hauptcharakteristika. Zumindest bis zum Zeitpunkt der Internationalisierung des Konflikts passen diese Faktoren in vielerlei Hinsicht ins Schema des »Kampfes der Kulturen«, so wie es Samuel P. Huntington[3] entworfen hat. Huntington geht von einem starken Rückgang zwischenstaatlicher Konflikte aus und sieht die zukünftigen kriegerischen Auseinandersetzungen von zahlreichen unterschiedlichen Akteuren bestimmt, wobei er hierfür die Welt in Kulturkreise einteilt, die die Kombattanten der Zukunft darstellen sollen. Die Problematik dieser Einteilung ist von zahlreichen Kritikern verdeutlicht worden und soll hier nicht behandelt werden. Für den Leser sind in diesem Kontext der islamische und der westliche Kulturkreis relevant, zwischen denen Huntington ein großes Konfliktpotential ausmacht. Bei Konflikten auf lokaler Ebene wie im Falle des ehemaligen Jugoslawien spricht Huntington von Bruchlinienkonflikten »zwischen Gruppen, die wie in der früheren Sowjetunion und im früheren Jugoslawien, den Versuch unternehmen, neue Staaten auf den Trümmern der alten zu errichten ...«. Diese Konflikte werden laut Huntington in den meisten Fällen zwischen Muslimen und Nichtmuslimen ausgetragen. Wenn diese These auch auf den Balkan-Konflikt und den Kosovo zutrifft, so war die religiöse Zugehörigkeit der Kriegsgegner nicht das auslösende Kriterium, sondern lediglich eine verschärfende Komponente für die kriegerische Auseinandersetzung. Trotzdem lässt sich mit Einschränkungen die Theorie von Huntington auf den Kosovo-Konflikt anwenden.

---

3 Samuel P. Huntington: Kampf der Kulturen. Neugestaltung der Weltpolitik im 21. Jahrhundert. München 1998, S. 19.

a) Die menschenrechtliche Dimension

Die Grausamkeit und Härte, mit der die serbischen Polizeikräfte und Militärs bei ihren »Säuberungsaktionen« vorgingen, war seit dem Ende des II. Weltkrieges in Europa einzigartig schon deshalb, weil das serbische Agieren eindeutig totalitär geprägt ist und faschistische Züge aufweist. So erreichten die Organisation der Vertreibungen, der Massenvergewaltigungen und Hinrichtungen im Balkan-Konflikt eine Angst einflössende Dimension. Auf politischer Ebene waren die Einschätzungen über das Ausmaß der Menschenrechtsverletzungen im Kosovo durchaus unterschiedlich. Während beispielsweise deutsche Politiker sehr häufig den Begriff »Völkermord« verwendeten, wurde von VN-Sprechern dieser Begriff, der im Grunde einen völkerrechtlichen Tatbestand bezeichnet, bis Ende März 1999 ausdrücklich nicht verwendet. Sowohl in den Medien wie in der Politik wurden die Vorgänge im Kosovo oft als »ethnische Säuberung« umschrieben, was wiederum einen verharmlosenden Charakter angesichts der blutigen Realität besitzt.

Nach Schätzungen der NATO waren auf dem Höhepunkt des Kosovo-Krieges ca. 570.000 Menschen innerhalb des Kosovo auf der Flucht. Gemessen an der Zahl der Gesamtbevölkerung von 2,15 Mio. Menschen in dieser Region eine sicherlich dramatische Zahl. Die meisten Flüchtlinge versteckten sich aus Angst vor den serbischen Sicherheitskräften in unwegsamen Berg- und Waldregionen. Eine unzureichende medizinische Versorgung sowie Nahrungsmittelknappheit und ungenügender Schutz vor den widrigen Witterungsverhältnissen waren die Folge. Über 300 Ortschaften sollen bis Ende Mai 1999 zerstört worden sein. Die Bundeswehr führte in den Flüchtlingslagern vor allem in Mazedonien ab April 1999 Befragungen von Vertriebenen durch. Diese wurden anschließend von einer Arbeitsgruppe des Bundesministeriums der Verteidigung (BMVg) und der Organisation für Sicherheit und Zusammenarbeit in Europa (OSZE) ausgewertet und weitgehend selbstständig überprüft. Ziel dieser Untersuchung war es, sich ein möglichst umfassendes Bild vom Ausmaß der Zerstörung und der serbischen Gräueltaten zu machen. Außerdem sollten die Kriegsverbrechen und Völkerrechtsverletzungen dokumentiert werden. Teilweise konnten die Berichte durch Bilder der Luftaufklärung dokumentiert werden.

Anhand zweier Berichte lassen sich beispielhaft die fatalen Auswirkungen dieses »Nachbarschaftskrieges« für die Zeit nach 1999 zeigen. Der erste Fall hat international sehr großes Aufsehen erregt und verschärfte den Konflikt in ungewöhnlicher Form. Im Zentralkosovo gelegenen Racak kam es am 15. Januar 1999 zu Feuergefechten zwischen serbischen Sicherheitskräften und Soldaten der UCK. Auf Betreiben der OSZE wurden die Kampfhandlungen am selben Tag abgebrochen. Am darauf folgenden Tag besichtigte der Leiter der Kosovo Verification Mission (KVM), Botschafter

Walker, zusammen mit einigen Journalisten den Ort. Es wurden die Leichen von 45 Zivilisten gefunden. Nach der Besichtigung machte Walker die serbischen Sicherheitskräfte für das Massaker verantwortlich, bevor entsprechende Untersuchungen überhaupt angelaufen waren, geschweige denn erste Ergebnisse vorlagen. Es gibt bis heute keine gesicherten Erkenntnisse über den Hergang der Tat. Nach Augenzeugenberichten wurden die Bewohner zusammen getrieben und hingerichtet. Die serbische Regierung sprach von regulären Kampfhandlungen zwischen Polizei und UCK. Unabhängig davon diente das Massaker von Racak als Instrument für eine »... Eskalation in Gestalt der Erhöhung des Drohpotentials der NATO ...«.

Was in vielen anderen Berichten auffällt, ist die Tatsache, dass die Täter oft ortsbekannte Serben waren. Dies belegt ein Bericht von Flüchtlingen aus Sapi. Dort drangen am 2. April 1999 serbische Polizeikräfte in den Ort ein, raubten die ansässigen Albaner aus und forderten diese auf, in Richtung Albanien zu fliehen. Dem Bericht der Flüchtlinge nach beteiligten sich ortsansässige Serben aktiv an den Plünderungen. Dass es sich dabei nicht um Einzelfälle handelt, zeigen die Menschenrechtsberichte von amnesty international bis hin zur OSZE. Mir drängt sich hier der Vergleich mit der nationalsozialistischen Ära in Deutschland auf, als jüdische Mitarbeiter von ihren Nachbarn denunziert wurden oder Zivilisten sich an Progromen beteiligten, weshalb ich das serbische Verhalten als faschistoid einstufe[4], wenngleich sicherlich die NS-Ära die ihr eigenen geschichtlichen Charakteristika aufweist.

b) Diplomatische Bemühungen

Der Friedensvertrag von Dayton im Herbst 1995 war ein denkbar schlechter Start für die Verhandlungen über eine politische Lösung im Kosovo. Der Vertrag zur Beendigung des Bosnien-Krieges sah keine schlechte politische Ausgangssituation für den Kosovo vor, nämlich gar keine: die serbische Provinz war nämlich nicht Teil des Abkommens von Dayton! Dennoch waren internationale Organisationen schon Anfang der neunziger Jahre im Kosovo tätig. Die OSZE – damals noch KSZE – war im August 1992 im Kosovo aktiv und sollte unter anderem den Dialog zwischen Staat und regionalen Vertretern fördern und Menschenrechtsverletzungen dokumentieren. Die Mission wurde jedoch im Juni 1993 beendet. Erst im Jahre 1998/99 sollte die OSZE wieder eine Rolle im Kosovo spielen. Die Vereinten Nationen (VN) reagierten im März 1998 auf die Verschärfung des Kosovo-Konflikts mit der Resolution 1160. Der exzessive Machtmissbrauch der jugoslawischen Sicherheitskräfte gegenüber den Kosovo-Albanern sowie die ter-

---

4 Vgl. Heinz Loquai: Der Kosovo-Konflikt – Wege in einen unvermeidbaren Krieg. Hamburg 2000, S. 46.

roristischen Aktionen der UCK wurden verurteilt. Die VN verlangte in ihrer Resolution die Aufnahme von politischen Verhandlungen und verhängte darüber hinaus ein Waffenembargo über die Bundesrepublik Jugoslawien. Jugoslawien erfüllte teilweise die Auflagen der UN-Resolution 1160, während die UCK sie weitgehend missachtete und das Waffenembargo praktisch nicht einhielt. Gegen Ende des Jahres verschärfte sich das Flüchtlingsdrama zunehmend. Mit Blick auf den anstehenden Winter zeichnete sich eine humanitäre Katastrophe ab. Die serbische Regierung entschied sich zudem für die gewaltsame Zerschlagung der albanischen Rebellen im Kosovo und nahm durch ihr Vorgehen ein militärisches Eingreifen der NATO in Kauf. Die Antwort der NATO war zunächst die Resolution 1199 vom 24. September 1998, in der eine Beendigung der Kampfhandlungen gefordert wurde. Alle Aktionen gegen die Zivilbevölkerung seitens der jugoslawischen Sicherheitskräfte sollten eingestellt werden und beide Seiten sollten sich für eine friedliche Lösung des Konflikts einsetzen. Der Druck auf die Bundesrepublik Jugoslawien wurde nun massiv erhöht. Ein militärisches Eingreifen der NATO wurde immer wahrscheinlicher. Die USA spielten beim Aufbau dieser einseitigen Drohkulisse eine entscheidende Rolle, während die UCK nicht annährend so stark unter Druck gesetzt wurde. Der amerikanische Diplomat Richard Holbrooke begann zusammen mit dem amerikanischen Botschafter in Mazedonien Hill im Oktober 1998 eine letzte Verhandlungsoffensive. Am 13. Oktober lenkte der jugoslawische Präsident Milosevic ein und erklärte, er wolle die Resolution 1199 anerkennen und einer unbewaffneten Verifikationsmission der OSZE und einer Luftüberwachung durch die NATO zustimmen. Dieser Teilerfolg wurde von den USA beinahe im Alleingang errungen. Es sollte sich jedoch herausstellen, dass man die internationale Drohkulisse, die eine explizite Kriegsdrohung gegen die Bundesrepublik Jugoslawien beinhaltete, auch auf die UCK hätte ausweiten sollen.

Die Kosovo Verification Mission (KVM) wurde durch die VN-Resolution 1203 legitimiert. Sie sollte überprüfen, ob und inwiefern sich alle Parteien im Kosovo an die Resolution 1199 halten. Die VN-Resolution enthielt drei Elemente:
1. die Aufstellung der OSZE-Kosovo-Verification-Mission mit geplanten 2000 und zuletzt tatsächlich vorhandenen 1300 Verifikateuren mit diplomatischer Immunität,
2. die Luftüberwachung der NATO und
3. eine einseitige politische Verpflichtungserklärung Belgrads.

Die Zusammenarbeit mit der Bundesrepublik Jugoslawien schien überraschend reibungslos und kooperativ zu verlaufen. Dennoch hatte die KVM einige gravierende Schwächen. Die beiden wichtigsten waren die unzureichende Menge an qualifiziertem Personal sowie die Tatsache, dass aufgrund fehlender Ausrüstung und logistischer Vorbereitung die Sicherheit der im Kosovo agierenden Beobachter nicht gewährleistet werden konnte. Für viele Politiker und Experten war außerdem von Anfang an klar, dass die KVM keine zufrieden stellende Lösung für das Kosovo-Problem sein würde und man dadurch lediglich etwas Zeit gewinnen würde.

Weder das Einlenken Belgrads noch die durchgesetzte OSZE-Mission hielt die UCK davon ab, die von den jugoslawischen Sicherheitskräften aufgegebenen Gebiete in Beschlag zu nehmen. Außerdem konnte sich die UCK von den Kämpfen erholen und sich mit neuen Waffen und Soldaten verstärken. Es kam zu gewaltsamen Zwischenfällen und kleineren Kampfhandlungen. Am 15. Januar 1999 drohte die Situation aufgrund des bereits erwähnten Ereignisses in Racak zu eskalieren. Während die Amerikaner nun genug Anlass für eine Bombardierung der Volksrepublik Jugoslawien sahen, setzte die deutsche Diplomatie eine letzte Verhandlungsoffensive in Rambouillet durch, zu der Vertreter der jugoslawischen und albanischen Seite eingeladen wurden. Es war dabei zu beobachten, dass ein Drittel der albanischen Delegation und sogar deren Verhandlungsführer UCK-Mitglieder waren. Die vormals »albanischen Terroristen« hatten sich in der internationalen Öffentlichkeit zur Befreiungsarmee gewandelt und wurden als vollwertiger Verhandlungspartner anerkannt. Das allein war schon ein herber Rückschlag für die Regierung in Belgrad. Die Kriegsdrohung wurde hauptsächlich auf Betreiben der USA vor und während der Verhandlungen von der NATO aufrechterhalten. Als unverhandelbar galt die Absicht der NATO-Staaten, eine Implementierungstruppe unter Teilnahme der OSZE im Kosovo einzusetzen. Während die Kosovo-Albaner mit einer solchen Truppe gut leben konnten, sah die jugoslawische Seite ihre Souveränitätsrechte in Frage gestellt und war in dieser Hinsicht zu keinem Kompromiss bereit.[5]

Nachdem die letzte Chance auf eine friedliche Lösung in Rambouillet gescheitert war, bereitete sich die NATO auf die Luftangriffe vor. Die KVM wurde am 19. März 1999 offiziell abgezogen. Vier Tage später erteilte NATO-Generalsekretär Solana die Weisung, mit den Luftangriffen gegen die Bundesrepublik Jugoslawien zu beginnen. Dem deutschen Verteidigungsminister zufolge sollten die Luftschläge die jugoslawische Armee kampfunfähig machen und sämtliche gewaltsamen Übergriffe auf die albanische Bevölkerung beenden. Gleichzeitig sollte der Regierung in Belgrad die Möglichkeit für ein politisches Einlenken offen gehalten werden. Ob diese Ziele tatsächlich erreicht wurden, bleibt fraglich. Denn die serbische Regierung lenkte nicht wegen der Angriffe auf ihre Streitkräfte ein, sondern weil aufgrund der Ausweitung der Luftschläge auf zivile Ziele wie Brü-

---

5 Vgl. Günter Joetze: Der letzte Krieg in Europa? Das Kosovo und die deutsche Politik. Stuttgart, München 2001, S. 84.

cken, Kraftwerke und Fabriken der serbischen Bevölkerung zunehmend ihre Lebensgrundlagen beraubt wurden.

c) Erfahrungen eines KVM-Mitglieds

Die Mitglieder der Kosovo Verification Mission (KVM) sollten als internationale Gäste mit diplomatischen Status in der Bundesrepublik Jugoslawien den Wiederaufbau des Kosovo überwachen. Doch im Frühjahr 1999 bestand die Gefahr, dass die KVM im Falle eines Krieges als Schutzschild missbraucht werden könnte.[6]

Ich war stationiert in Mitrovica, eine Kleinstadt, 30 Kilometer nördlich von Pristina, der Hauptstadt des Kosovo. Seit Titos Tod 1980 befindet sich Mitrovica im wirtschaftlichen Niedergang und gehört heute zu den ärmsten Regionen des Kosovo. Zuerst strich Belgrad die Subventionen für Mitrovica, dann setzte die Verfolgung der Kosovo-Albaner durch die Serben ein. Schon seit Anfang der neunziger Jahre dürfen Kosovo-Albaner nicht mehr im Staatsdienst oder in Staatsbetrieben arbeiten. Diese "Apartheidspolitik" wurde seit 1998 durch willkürliche Verhaftungen und Morde der serbischen Polizei verstärkt.[7]

Am 19. März 1999 erreichte diese Entwicklung ihren traurigen Höhepunkt. T-72- Panzer der serbischen Armee, die stärksten Landwaffen, die das jugoslawische Militär zu bieten hat, kommen am Hauptbahnhof von Mitrovica an. Es geht darum, die zu 90 Prozent albanische Bevölkerung von Mitrovica aus der Stadt und über die Grenze nach Albanien zu vertreiben oder sie niederzumetzeln. Schon eine Woche zuvor hat es wieder einmal einen Bombenanschlag auf dem albanischen Markt in Mitrovica gegeben, bei dem fast zwei KVM-Missionsmitglieder ums Leben gekommen wären. Um 19.00 Uhr an jenem 19. März findet eine Krisensitzung im Regionalzentrum Mitrovica der OSZE statt. Der örtliche OSZE-Missionschef Leif Windmar, ein lang gedienter schwedischer Militär und Diplomat, teilt den versammelten 152 internationalen OSZE-Bebobachtern – darunter zahlreichen deutschen Soldaten und italienischen Polizisten – mit: »Morgen früh um 3.00 Uhr, also in acht Stunden, müssen wir evakuieren. Wenn wir jetzt nicht das Kosovo verlassen, riskieren wir Leib und Leben. Unten warten schon serbische Polizisten auf uns, um OSZE-Beobachter festzunehmen – gegen alle diplomatischen Spielregeln. Es wird für sechs Uhr eine Großoffensive des serbischen Militärs auf Mitrovica erwartet. Wenn wir noch länger blei-

---

6 Andreas M. Rauch: Vertreibung oder Tod, in: Rheinischer Merkur, Nr. 13, 54 Jg., 26. März 1999, S. 2.
7 Andreas M. Rauch: Erfahrungen eines Mitarbeiters vor Ort. Kosovo: Neue Aufgaben für OSZE, in: Das Parlament, 49 Jg., April 1999, S. 159/160.

ben, könnten wir als lebende Schutzschilde und Geiseln gegen die geplanten NATO-Einsätze missbraucht werden.«

Windmar erklärt, dass die Frontlinie zwischen kämpfenden UCK-Einheiten und serbischen Soldaten immer näher rückt und bald Mitrovica erreichen wird. Schon in den vergangenen Nächten war ständig Artelleriefeuer zwischen albanischen UCK-Kämpfern und serbischen Militärs aus den umliegenden Bergen zu hören gewesen. Die OSZE-Beobachter kehren in ihre Wohnungen zurück, um ihr Gepäck zu holen. Einige lassen Kleidung für die Not leidende albanische Bevölkerung zurück. In den Straßen von Mitrovica eskaliert derweil die Lage. Serbische Polizisten patrouillieren mit entsicherten Maschinenpistolen durch die Stadt. Die Straßenlampen sind meist kaputt oder von UCK-Kämpfern zerschossen, damit sich diese sicher in der Dunkelheit der Nacht bewegen können. Eine gespenstische Ruhe herrscht in der ganzen Stadt. Herzergreifende Szenen spielen sich ab. Viele albanische Frauen weinen, schreien und kreischen abwechselnd in dieser Nacht in Mitrovica, als die OSZE-Beobachter sich von ihnen verabschieden. In Todesangst klammern sich Frauen an die Kleidung von KVM-Mitgliedern und wollen diese partout nicht loslassen – bis sie endlich von anderen zurückgestoßen werden. Für diese Frauen ist klar: Jetzt kommt es noch schlimmer! Denn nun droht ihnen Vertreibung oder Tod.

Verzweifelt betteln einige Frauen, bei den OSZE-Beobachtern im Auto mit nach Mazedonien fahren zu dürfen. Doch damit riskieren die OSZE-Beobachter ihr eigenes Leben und das ihrer Kollegen. Deshalb gibt es die strikte Anweisung: Nur OSZE-Missionsmitglieder dürfen in OSZE-Autos das Land verlassen.

20. März, drei Uhr morgens: Im Licht von Halogenscheinwerfern sind 75 orangefarbene Mitsubishi Landcruiser der OSZE – vormals Eigentum der französischen Streitkräfte – vor dem Regionalzentrum in Mitrovica vorgefahren und abfahrbereit. Eilig werden Notrationen von Wasser und Militärproviant an die OSZE-Beobachter ausgeteilt. Die gesamte OSZE-Büro-Einrichtung ist in Kisten gepackt und auf den OSZE-Fahrzeugen verstaut.

Unterdessen setzt sich der Konvoi von OSZE-Autos in Richtung mazedonische Grenze in Bewegung. In Polizeipanzern beobachten serbische Sicherheitskräfte im Abstand von zwei bis fünf Kilometern den Abzug der OSZE-Beobachter auf den ansonsten leergefegten Straßen. Die Zivilbevölkerung hat sich in ihre Wohnungen verkrochen: nirgendwo dringt Licht aus den Wohnungen, um keine Zielscheibe für serbische Polizisten und Militärs abzugeben. Nach einer knappen Stunde schließen sich diesem Konvoi die Fahrzeuge des OSZE-Hauptquartiers aus Pristina an. Fernsehkameras filmen den Konvoi von OSZE-Fahrzeugen. Es ist gegen sechs Uhr morgens, als die Grenze nach Mazedonien erreicht wird. Der Chef der KVM, Botschafter Walker, überwacht höchstpersönlich die Abfertigung der Fahrzeuge an der jugoslawischen Grenze. Die Visa der OSZE-Beobachter, die für mehrfachen Eintritt nach Jugoslawien ausgestellt waren, werden entgegen internationalem Recht von den Grenzbeamten annuliert.

Dann großes Aufatmen: Wir sind auf mazedonischem Staatsgebiet angelangt und die innere Anspannung lässt deutlich nach. In Skopje, der Hauptstadt Mazedoniens, werden alle OSZE-Beobachter registriert. Dann fahren die 152 OSZE-Beobachter vom Regionalzenrum Mitrovica weiter in das 150 km südlich gelegene Ohrid, das im Grenzgebiet von Albanien und Griechenland liegt. In Ohrid sind die OSZE-Beobachter sicherer als im an der Grenze zu Jugoslawien gelegenen Skopje, da serbische Übergriffe auf mazedonisches Territorium befürchtet werden. Hier werden sie in zwei der vielen Urlauberhotels untergebracht, welche eilends geöffnet werden, da die Touristensaison erst am 1. Mai beginnt. Es ergeht die Warnung, nicht Personen im Kosovo anzurufen, da dadurch der Angerufene aufgrund seines vermeintlich staatsfeindlichen Kontaktes in Lebensgefahr gebracht werden könnte.

Am nächsten Tag, den 21. März 1999, trifft Walker in Begleitung des US-Fernsehsenders CNN im Hotel ein und hält eine Ansprache an die OSZE-Beboachter. Der Missionschef: "Die OSZE-Mission wird erstmal eine Woche lang aus Mazedonien operiern. Die Evakuierung war unerlässlich, da für die unbewaffneten OSZE-Beobachter die Gefahr bestand, voll zwischen die Kriegsfronten zu geraten. Die serbische Propaganda gegen die OSZE hat ein unerträgliches Maß angenommen, in der ich sogar der Zusammenarbeit mit den angeblich terroristischen UCK-Kämpfern beschuldigt werde. Mit NATO-Angriffen müsse stündlich gerechnet werden, doch sei der Widerstand von Russland und China im UN-Sicherheitsrat groß." Unterdessen zog Russland an diesem Tag seine KVM-Mitglieder aus Mazedonien ab. Der Aufenthalt der KVM in Mazedonien war nicht unproblematisch. 70 Prozent der Bevölkerung ist serbisch; zudem befürchtete das erst 1992 unabhängig gewordene Mazedonien damals, durch den Kosovo-Konflikt möglicherweise seine Souveränität zu gefährden. Zudem bestehen soziale Spannungen, da Mazedonien und Albanien wirtschaftlich auf schwachen Füßen stehen; es herrscht eine hohe Arbeitslosigkeit in der Bevölkerung.[8] Die überwiegend aus dem »reichen«, westlichen Ausland kommenden KVM-Verifikateure werden in der Bevölkerung von Mazedonien kritisch beäugt.

Tatsächlich bedeutete diese Evakuierung de facto das Ende der KVM. Das war vor allem ein harter Schlag für die zahlreichen soldatischen Mitglieder der KVM, die in dieser OSZE-Mission in Zivil operiert hatten, deren logistische Kenntnisse vor allem beim Aufbau der KVM ganz gezielt genutzt wurden und die sich auf ein längeres Wirken in der KVM eingestellt hatten. Lediglich eine personell stark verkleinerte Übergangmission befasste sich noch mit der Registrierung von Flüchtlingen und der Beobach-

---

8 Rauch, Kosovo: Die OSZE und der Wiederaufbau, a. a .O., S. 316.

tung der albanisch-mazedonischen Grenzen. Die Schätzangaben für die Kosovo-Flüchtlinge 1999 schwanken zwischen 350.000 und 850.000 Personen. Die nun rasch nach Mazedonien strömenden Nichtregierungsorganisationen läuteten nach einer ersten Nothilfe die Phase des Wiederaufbaus der Region ein.[9] Zugleich kehrten zahlreiche Mitglieder der KVM traumatisiert nach Hause.

d) Der KFOR-Einsatz

Die Kampfhandlungen wurden am 10. Juni 1999 mit In-Kraft-Treten der VN-Resolution 1244 beendet. Gleichzeitig wurde der KFOR-Einsatz legitimiert und ca. 42.500 NATO-Bodentruppen in das Kosovo entsandt. Das Kosovo wurde in fünf verschiedene Zonen aufgeteilt, die bis heute von multinationalen Brigaden (MNB) verwaltet werden und denen je eine Führungsnation vorsteht; mir drängen sich hier unwillkürlich geschichtliche Parallelen zur Zonenverwaltung der vier Siegermächte des II. Weltkrieges in Deutschland auf. Die Führungsnationen im Kosovo sind Frankreich, Italien, Großbritannien, die USA und Deutschland. Die MNB-Süd, in der Deutschland die Führung in Anspruch nahm, wurde nach kurzer Zeit mit den MNB-West der Italiener zusammengelegt. Seitdem wechseln sich beide Staaten mit der Führung in bestimmten Zeitabständen ab. Aus dem Aufgabenspektrum der VN-Resolution 1244 lassen sich folgende Punkte als Kern des Auftrages der NATO-Friedenstruppe benennen: die Beendigung von Gewalt und Unterdrückung, die Schaffung eines sicheren und lebensfreundlichen Umfeldes für alle Bürger des Kosovo, eine Garantie für eine sichere Heimkehr der Vertriebenen und Flüchtlinge, die Gewährleistung des ungehinderten Zugangs humanitärer Hilfsorganisationen zum Kosovo sowie deren Unterstützung, die Entwaffnung des Kosovo einschließlich der UCK und der Aufbau einer internationalen zivilen Übergangsverwaltung (UNMIK).

Zunächst musste KFOR die Grundversorgung der zurückkehrenden Flüchtlinge sicherstellen. Das hieß: medizinische Vorsorge gewährleisten sowie die Ausstattung der Flüchtlinge mit Zelten, Decken und Nahrungsmitteln. Im weiteren Verlauf wurde die beinahe vollkommen zerstörte Infrastruktur im Kosovo wieder aufgebaut. Straßen wurden instand gesetzt, Schulen wieder errichtet und geöffnet sowie die Strom- und Wasserversorgung wieder hergestellt. Die Reintegration in die ehemaligen Wohnhäuser gestaltete sich schwierig. Häuser und Infrastruktur waren zerstört und ganze Ortschaften nach Abzug der Serben vermint. Aber nicht nur Wohn-

---

9 Andreas M. Rauch: Kosovo: 3 Mrd. DM bis zum Jahr 2000 für den Wiederaufbau, in: Das Parlament, 6.8.1999; vgl. ders: Kosovo: Wie teuer wird der Wiederaufbau?, in: Deutschlandmagazin, 31. Jg., Nr. 6, Juni 1999, S. 38/39.

häuser fielen den Serben zum Oper. Auch viele Moscheen und andere albanische Kulturdenkmäler wurden beschädigt oder zerstört. Auch einige serbische Kirchen und Klöster waren beschädigt. Mit massiven Angriffen auf christlich-orthodoxe Bauwerke musste man aber erst nach Ende des Konflikts rechnen. Wahrung der eigenen religiösen Identität und die gewaltsame Unterdrückung der jeweils anderen Volksgruppe sind zwei wichtige Motive während des Krieges gewesen und sind es bis heute auf dem Balkan geblieben. Das zeigen nicht zuletzt die gewaltsamen Unruhen im Kosovo, vornehmlich in Mitrovica und in Prizren. Besonders in Prizren fielen serbische Klöster und Kirchen dem aufgebrachten Mob zum Opfer. Neben der Bewachung serbischer Kulturdenkmäler und christlicher Bauwerke ist es weiterhin notwendig, Ortschaften mit serbischem Bevölkerungsanteil zu überwachen und durch militärische Präsenz Sicherheit zu gewährleisten.

Von den anfangs 42.500 Soldaten waren im Mai 2005 noch ca. 17.000 Soldaten aus 34 Ländern im Kosovo stationiert, wobei die Anzahl der Soldaten weiter zurückgefahren werden soll. Die Eskalation der Gewalt im März 2004 macht einen weiteren Truppenabzug in naher Zukunft jedoch unmöglich. Der Kommandeur der internationalen Friedenstruppe im Kosovo, General Kammerhof, bestätigte dies in einem Interview: »Ich sehe auf absehbare Zeit keine Möglichkeit, die KFOR-Truppen zu reduzieren. Kurz und mittelfristig sehe ich sogar das Gegenteil, nämlich die Notwendigkeit zusätzlicher Kräfte.« Was also letztlich fehlt ist ein Ausstiegskonzept aus KFOR – und damit für die Bundeswehr aus dem Kosovo.

e) Die Bundeswehr in Prizren

Wofür wird eine internationale Friedenstruppe, die aus Soldaten besteht, nach mehr als vier Jahren nach Beendigung des Kosovo-Krieges in der ehemaligen Krisenregion noch gebraucht? Nachdem bereits über den Auftrag der KFOR-Truppen einiges gesagt wurde, soll jetzt anhand des Beispiels der Bundeswehr in der Prizren-Region eine Art Zustandsbeschreibung eines zwar befriedeten, aber keineswegs ruhigen Gebiets erfolgen. Dabei gilt die Aussage des KFOR-Kommandanten Kammerhoff: »Die Lage ist sicherer geworden... . Wir sitzen immer noch auf einem Pulverfass.«[10]

Um mit diesem Pulverfass umgehen zu können, ist es wichtig, ein Vertrauensverhältnis zur Bevölkerung zu entwickeln. Das gilt in besonderem Maße für die ausländischen Militärmächte, die rasch in den Verdacht einer Besatzungsmacht geraten können. Diese Tatsache ist eine der wenigen allgemeingültigen Aussagen, die sich bezüglich KFOR machen lässt. Es zeigt sich, dass jede Nation, die bei KFOR vertreten ist, anders mit der Bevölke-

---

10 Reymer Klüver: Ernüchterndes aus der Fledermaushöhle, in: Süddeutsche Zeitung, 8. Dezember 2003, S. 3.

rung umgeht und dementsprechend anders aufgenommen wird. Ein ganz wichtiger Aspekt ist hierbei das Auftreten der Soldaten in der Öffentlichkeit. Amerikanische Soldaten im Einsatz sind beispielsweise außerhalb ihres Stützpunktes in voller Soldatenuniform anzutreffen, was heißt, das sie grundsätzlich Splitterschutzweste, Helm und ein durchgeladenes Sturmgewehr tragen. Dieses Auftreten fördert sicherlich nicht das Vertrauen der einheimischen Bevölkerung in die amerikanischen Truppen und lässt vielleicht sogar am Status einer friedlichen Schutztruppe zweifeln. Soldaten der Bundeswehr versuchen im Vergleich dazu schon vom äußeren Erscheinungsbild her deeskalierend zu wirken. Mit Ausnahme von Nachtpatrouillen schreibt die Bundeswehr das Barett als Kopfbedeckung vor und die Splitterschutzweste soll lediglich griffbereit sein, beispielsweise im Patrouillenfahrzeug. Das Sturmgewehr »am Mann« bleibt zwar; trotzdem hat diese Art des Auftretens eine positivere, da Sicherheit vermittelnde Wirkung auf die Bevölkerung. Darüber hinaus pflegt die Bundeswehr einen relativ intensiven Kontakt mit den Einheimischen durch soziale Projekte.

Das Lager der deutschen Bundeswehr liegt direkt am Stadtrand von Prizren, in direkter Nachbarschaft zu Wohngebieten. Aus militär-taktischer Sicht ist diese Lage mehr als bedenklich, zumal es von umliegenden Hügeln auch noch einsehbar ist. Aber es hat zumindest einen integrativen Vorteil: aufgrund der räumlichen Nähe zur Bevölkerung findet ein reger Austausch zwischen Soldaten und Zivilisten statt. Einheimische arbeiten im deutschen Lager und vereinzelt kommt es zum Austausch von Waren im Sinne der Förderung der ansässigen Wirtschaft. Hier sei wieder der Vergleich zum amerikanischen KFOR-Kontingent gezogen, welches weit außerhalb der Stadt Urosevac einen Berg mehr oder weniger eingeebnet hat und auf diesem Weg Kontakt zur einheimischen Bevölkerung weitgehend vermeidet.[11]

Der verstärkte Umgang mit den Menschen kann in den alltäglichen Stress-Situationen, denen die deutschen Soldaten auf ihren Patrouillen ausgesetzt sind, durchaus von Nutzen sein. Oftmals reicht das deutsche Hoheitsabzeichen auf den Uniformen, um beispielsweise bei Hausdurchsuchungen eine Eskalation zu verhindern. Wie wichtig ein sensibler Umgang mit den einheimischen Sitten, Gebräuchen und Mentalitäten ist, zeigt das Beispiel des italienischen Kontingents, das sich bei der Bevölkerung nachhaltig unbeliebt gemacht hat. Nachdem aus feierlichem Anlass Salutschüsse abgefeuert wurden, haben italienische Truppen eine muslimische Hochzeit abgebrochen und jeden Hochzeitsgast nach Waffen durchsucht, einschließlich der verhüllten Braut. Dem Auftrag im Rahmen des KFOR-Einsatzes, die Entwaffnung des Kosovo, sind die Soldaten zwar gerecht geworden. Die rücksichtslose Missachtung der muslimischen Tradition hat jedoch einen bleibenden schlechten Eindruck in den Köpfen der Menschen

---

11 Joachim Käppner: Ratlos vor den Flammen des Hasses, in: Süddeutsche Zeitung, 29. März 2004, S. 3.

hinterlassen, der sich in breiten Teilen der Bevölkerung festsetzte. Derartige Vorfälle traten gehäuft bei den Italienern auf, doch wurden sie wenig publik. Trotzdem sind derartige Berichte bekannt.

Was den Erfolg von Reintegrationsmaßnahmen angeht, so ist die Bundeswehr nicht erfolgreicher als andere KFOR-Truppen. Bis zum Frühjahr 2004 stabilisierte sich die Lage in Prizren und Umgebung zunehmend und es wurden immer mehr militärische »checkpoints« abgebaut, um einen politischen Normalisierungsprozess in Gang zu bringen. Dennoch gab es in dieser Region noch einige Brennpunkte, welche die Präsenz der Bundeswehr unabdingbar machten. Im Rahmen eines »Resettlement«-Programms versuchte man in Prizren Stadt serbische Flüchtlinge wieder in die Bevölkerung zu integrieren – mit bescheidenem Erfolg. Aus Gefahr vor Übergriffen seitens der überwiegend albanischen Bewohner muss der Stadtteil, in dem die Serben angesiedelt wurden, bis heute von KFOR-Truppen bewacht werden. Ähnlich sieht es bei einem »Resettlement«-Projekt in der Ortschaft Novake außerhalb von Prizren aus, wo ebenfalls angesiedelte serbische Flüchtlinge in einer von KFOR-Soldaten bewachten Enklave leben müssen.

Der UNHCR-Bericht brandmarkt albanische Übergriffe auf serbische Wohnhäuser im Ort Rahovec. Die ansässigen Serben weigern sich mit den dortigen Polizeikräften zusammenzuarbeiten, da ihnen der serbische Anteil in der multiethnischen Polizeitruppe als zu gering erscheint. Trotz der vorhandenen Schwierigkeiten war die Lage in Prizren relativ stabil. Dann explodierte die Gewalt im Norden des Kosovo. In Mitrovica, wo Serben und Albaner durch einen Fluss getrennt in verschiedenen Stadtteilen leben, kam es nach dem ungeklärten Tod zweier Kinder zu gewaltsamen Übergriffen der albanischen Bevölkerung. Die erschreckend gute Organisation der dann folgenden Ausschreitungen, die sich in hoher Geschwindigkeit auf das ganze Kosovo ausbreiteten, lässt auf präzise vorbereitete Aktionen schließen. In Prizren eskalierte die Gewalt gegen serbische Einwohner und Einrichtungen ähnlich heftig wie in Mitrovica. Die deutschen Soldaten wurden mit zum Teil jugendlichen Demonstranten konfrontiert, die zwar nicht direkt angriffen, sich aber nicht von den KFOR-Truppen aufhalten ließen. Es ist wohl dem besonnen Verhalten der deutschen Soldaten zu verdanken, dass es in Prizren keine Todesopfer gab. Die deutschen Soldaten mussten jedoch tatenlos zusehen, wie mehrere Kirchen und Klöster von den aufgebrachten Albanern zerstört und geplündert wurden. Die Arbeit der Bundeswehr und darüber hinaus der KFOR-Truppen im ganzen Kosovo hat in den Tagen des Aufruhrs schweren Schaden genommen. Ein deutscher Offizier: »Wir haben vielleicht in ein paar Stunden verloren, was wir in vier Jahren aufgebaut haben.«

Ob die letzten Jahre umsonst waren, wird sich noch zeigen. Fest steht, dass man in vielen Bereichen wieder von vorne anfangen muss. Eine Folge der Ereignisse ist unter anderem, dass die Bundeswehrsoldaten das deutsche Lager nur in voller Soldatenuniform – also wie die Amerikaner in Splitterschutzweste, Helm und durchgeladenem Gewehr – verlassen dürfen. Die Frage nach der Notwendigkeit der Bundeswehr in dieser Balkan-Region beantwortet sich von selbst: um Sicherheit in der Region zu gewährleisten, ist ihre Präsenz dringend erforderlich. Es wird in Zukunft wohl mehr als ein guter Ruf und ein hohes Ansehen bei der Bevölkerung nötig sein, um den militärischen Auftrag politisch erfolgreich zu meistern.

Viel habe ich über den politisch-historischen Kontext des Balkan-Konfliktes ausgeführt, in dem sich die Auslandseinsätze der Bundeswehr bewegen. Doch wie steht es um die tatsächliche Akzeptanz der Auslandseinsätze in der deutschen Bevölkerung? Gibt es Unterschiede zwischen den alten und den neuen Bundesländern bezüglich der Bewertung dieser Einsätze? Gibt es positive Impulse aus dem Bekanntenkreis von Soldaten bezüglich der Frage von Auslandseinsätzen? Wie erleben die Soldaten ihre Vorgesetzten im Auslandseinsatz?

Das Sozialwissenschaftliche Institut der Bundeswehr führt im Auftrag des Bundesministeriums der Verteidigung neben einer jährlichen Soldatenbefragung auch eine jährliche Bevölkerungsumfrage durch. Ergebnis dieser Bevölkerungsumfragen in den Jahren 1999 und 2000 ist, dass die Akzeptanz der Bundeswehrbeteiligung an den KFOR-Einsätzen[12] in der deutschen Bevölkerung auf einem sehr hohen Niveau verweilt, und zwar sowohl im Jahr der Stationierung der Soldaten als auch im darauf folgenden Jahr. Allerdings liegt das Echo in den neuen Bundesländern deutlich niedriger als in den alten. Hierbei gilt es zu berücksichtigen, dass die Bundeswehr und die NATO allgemein als die Feindbilder der DDR fungierten. Von daher greift für viele ehemalige DDR-Bürger das multilaterale Argument nicht, dass es sich bei der NATO um eine supranationale Einrichtung handelt. Darum ist es schon bemerkenswert, dass trotz dieser geschichtlichen Erblast beiden Organisationen – NATO und Bundeswehr – in den neuen Ländern heute von einer deutlichen Mehrheit der Bevölkerung Vertrauen entgegen gebracht wirkt.

Für die Motivation der Bundeswehrsoldaten ist von entscheidender Wichtigkeit, dass die Auslandseinsätze in der deutschen Bevölkerung einen hohen Rückhalt genießen und sich dieser Sachverhalt auch im persönlichen Umfeld der Bundeswehrsoldaten niederschlägt. Allerdings lässt sich beobachten, dass die westdeutschen Soldaten eine breitere soziale Unterstützung bezüglich ihres Auslandseinsatzes erfahren als ihre ostdeutschen Kameraden. Während 41 Prozent der Soldaten aus den alten Ländern berichten, dass der KFOR-Einsatz der deutschen Streitkräfte bei ihren Bekannten auf Zustimmung stößt, liegt dies nur bei 32 Prozent der befragten Soldaten in den neuen Ländern.

12 Heiko Biehl: Wendepunkt Kosovo? Sicherheitspolitische Einstellungen in den alten und neuen Ländern. (SOWI-Arbeitspapier Nr. 128). Strausberg (Mai) 2001.

Ein weiterer Aspekt von Auslandseinsätzen stellt deren Bewertung durch ihre Akteure dar.[13] Diese Überlegung lässt sich an der Frage festmachen, wie zufrieden die Soldaten mit ihren unmittelbaren Vorgesetzten sind und welches Vertrauen sie in ihre Vorgesetzten haben. Dabei wurde auch berücksichtigt, ob es bei den beiden KFOR-Einsatzkontingenten sowie vor und im Einsatz signifikante Unterschiede in der Wahrnehmung der Vorgesetzten durch die Soldaten gibt. Dabei zeigte es sich, dass das Vertrauen in den unmittelbaren Vorgesetzten in verschiedenen Einsatzkontingenten zu unterschiedlichen Zeitpunkten mit 60 Prozent stets recht hoch war. Dabei dürfte eine Rolle spielen, dass Gemeinsamkeiten und das Verbundenheitsgefühl mit dem unmittelbaren Vorgesetzten hoch sind, eben auch, weil Aufträge gemeinsam bewältigt wurden und werden. Hier spielen Solidarisierungseffekte eine Rolle, da der Vorgesetzte sowohl als Mensch wie auch als Kamerad erlebt wird. Auch wenn es Kritik von Soldaten in Auslandseinsätzen gibt – etwa hinsichtlich Dauer, Ausstattung und Bezahlung –, so scheint es auf einer sozialen Ebene ein hohes Maß an Zufriedenheit zu geben.

Diese Erkenntnis wird auch durch Veröffentlichungen von im Einsatz erfahrenen Offizieren gestützt. Dabei spielt eine wichtige Rolle, dass militärische Einsätze der Bundeswehr – etwa in Bosnien-Herzegowina und im Kosovo – auch mit humanitären Aufgaben verknüpft sind. So hebt etwa Brigadegeneral Peter Goebel die Beteiligung der Bundeswehr am Wiederaufbau in Bosnien-Herzegowina besonders hervor, da für die Soldaten im Einsatz dadurch eine zusätzliche Sinn- und Legitimationsfunktion für ihre Auslandsmission gegeben wird.[14]

Ob im Kosovo je wieder eine multi-ethnische Gesellschaft in harmonischer oder zumindest friedlicher Koexistenz bestehen kann, ist angesichts der tief greifenden Spannungen fraglich. Die KFOR-Truppen stoßen hier an den Rand ihrer Möglichkeiten. Ihr größter Einflussfaktor ist ihre Präsenz. Sie brachte dem Kosovo nach einer Phase von Krieg, Zerstörung und "ethnischen Säuberungen" Stabilität und Sicherheit. Die Erfolge des KFOR-Einsatzes sind überall im Kosovo sichtbar. Zerstörte Häuser sind größtenteils wieder aufgebaut, die Infrastruktur wurde ebenfalls weitgehend instand gesetzt. Die Sicherheitslage hat sich in den vergangenen Jahren deutlich verbessert, obschon die Anzahl der Friedenstruppen inzwischen halbiert worden ist. Doch das ändert nichts daran, dass ein Ausstiegskonzept für KFOR bislang noch gefunden werden muss. Hier handelt es sich um eine politische Aufgabe, die von den Vereinten Nationen erfüllt und möglichst in naher Zukunft umgesetzt werden muss, um einen wirklichen Wie-

---

13 Reinhard Mackewitsch: Der Vorgesetzte im Einsatz. Erfüllt er grundsätzliche Anforderungen? (SOWI-Arbeitspapier Nr. 130) Strausberg (September) 2001.
14 Peter Goebel: Beteiligung der Bundeswehr am Wiederaufbau in Bosnien-Herzegowina, in: Peter Goebel (Hg): Von Kambodscha bis Kosovo. Auslandseinsätze der Bundeswehr. Frankfurt am Main, Bonn 2000, S. 316-328.

deraufbau des Landes zu gewährleisten. Ein ausgereiftes politisches Konzept würde auch die Gesprächsbereitschaft der ehemals verfeindeten Parteien sicherlich fördern, wenn es klare völkerrechtliche Vereinbarungen und Gesetze für den Kosovo gäbe. Denn der politische Dialog kann und muss die richtige Voraussetzung für eine erfolgreiche und friedliche Lösung im Kosovo sein.

11. Der UNOMIG-Einsatz in Georgien

Mit dem Zusammenbruch der Sowjetunion befinden sich die Nachfolgestaaten teilweise in einem politischen Auflösungsprozess. In Georgien zeigten sich bereits während der Glasnost-Ära seit 1986 unter Michael Gorbatschow nicht nur nationale Bestrebungen, sondern auch erste Autonomiebestrebungen der nationalen Minderheiten der Adscharen, Abchasen und Osseten.[1] Zu Beginn der neunziger Jahre entstand durch die Ereignisse um die abchasischen Separationsbemühungen und den georgischen Präsidenten Swiat Gamsachurdia ein Bürgerkrieg, welcher bis in die heutige Zeit immer wieder aufflammt. So wurde etwa der adscharische Präsident Abadschidse, der die Teilrepublik Adscharien rund zehn Jahre autoritär regierte, am 6. Mai 2004 gestürzt.

Im Jahr 1993 handelten die gegnerischen Parteien einen Waffenstillstand aus. Im Rahmen dieser Vereinbarungen wurden erste UN-Kräfte zur Überwachung dieses Abkommens nach Georgien entsandt. Militärische Einheiten aus Russland und den GUS-Staaten und westliche Militäreinheiten sind seither im Land, um Stabilität herzustellen und die Region zu befrieden. Warum Russland Truppen nach Georgien entsandt hatte, hängt zweifellos mit der politischen Haltung und dem militärischen Anspruch der Russen zusammen, immer noch wichtigste Macht in diesem Raum zu sein. Zudem hat Russland, ähnlich den westlichen Nationen, die sich in Georgien engagieren, geo- und machtpolitische sowie wirtschaftliche Interessen in Georgien. So ist zu bedenken, dass Georgien Nachbar des russischen Krisenherdes Tschetschenien ist, reiche Ölvorkommen im kaspischen Becken gefunden wurden und enorme Erdgasvorkommen in der Region vorhanden sind, was Georgien energiewirtschaftlich zu einem wichtigen Lieferanten für Russland, die GUS-Staaten, Europa und auch die USA macht.

Es stellen sich Fragen: was sind die Ursachen für die Konflikte, die in Georgien ausbrachen und worin liegen sie begründet? Aus welcher Motivation heraus ist die Bundesrepublik Deutschland bereit, für eine Mission der Vereinten Nationen wie UNOMIG (United Nations Observer Mission in Georgia) Soldaten bereitzustellen? Wie kam es überhaupt zum Engagement der Vereinten Nationen (VN), schließlich könnte man diesen Konflikt den Staaten der GUS zur Lösung überlassen? Fragen muss man auch nach den Aufgaben, den entstandenen Kosten und einem absehbaren Erfolg, den die deutsche Beteiligung an UNOMIG hat. Zwar ist der UNOMIG-Einsatz der Bundeswehr noch nicht abgeschlossen, eine Bilanz zu ziehen ist den-

---

1 Vgl. Rudolf A. Mark: Die Völker der ehemaligen Sowjetunion. Die Nationalitäten der GUS, Georgiens und der baltischen Staaten. Opladen 1992.

noch möglich, muss aber ausdrücklich als eine Zwischenbilanz angesehen werden.

a) Geschichte

Georgien liegt südlich des Kaukasus am Schwarzen Meer und grenzt an Russland, Aserbaidschan, Armenien und die Türkei. Das Land ist etwa 69.700 km² groß, also etwa so groß wie Bayern, und beherbergt etwa 5,1 Mio. Einwohner. Die Hauptstadt Tbilissi (deutsch: Tiflis) liegt im südöstlichen Teil des Landes nahe der Grenze zu Armenien und Aserbaidschan. Etwa 1,25 Mio. Menschen leben in der georgischen Hauptstadt. Die Bevölkerung setzt sich zusammen aus etwa 70% Georgiern, 6% Russen, 8% Armeniern, 6% Aseris (Aserbaidschan) und weiteren 7% anderer Volksgruppen. Die Landessprachen sind Georgisch und Russisch sowie Abchasisch und Ossetisch in den autonomen Republiken Abchasien und Südossetien. Die Georgier, Adscharen und Abchasen sprechen kaukasische Sprachen. Die Armenier, Osseten (3 % der Bevölkerung), Russen und Griechen sprechen eine indoeuropäische Sprache und die Aseri eine Turksprache. Neben den kleineren Glaubensgemeinschaften der Armenier, Muslime, Katholiken, Protestanten und Juden bilden die Anhänger der »Georgischen Orthodoxen Apostelkirche« die größte Gruppe mit einem Anteil von etwa 65%. Die Staatsform in Georgien ist eine demokratische Republik mit Präsidialsystem. Georgien ist unter anderem Mitglied in der OSZE (seit 1992), dem IWF (ebenfalls 1992), den Vereinten Nationen (1992), der GUS (1994) und dem Europarat (1999) sowie der WTO (2000).

Georgien ist reich an Bodenschätzen wie etwa Mangan, Kupfer, Zink und Gold. Das Klima ist im Westen warm und subtropisch-feucht und im Osten trocken und gemäßigt, wodurch eine weit verbreitete Landwirtschaft möglich wird. Diese produziert hauptsächlich Tee, Wein, Obst, Gewürze, Getreide und Tabak. Die Nahrungsmittel-, Metall- und Maschinenindustrie sowie die chemische Industrie bilden die wichtigsten Industriezweige Georgiens. Haupthandelspartner sind Russland, die Türkei, Aserbaidschan und die Bundesrepublik Deutschland. Batumi in Adscharien und Poti sind die wichtigsten Schwarzmeerhäfen. Tiflis verfügt über einen internationalen Flughafen. Ein in Zukunft wichtiger werdender Wirtschaftsfaktor wird der Fremdenverkehr sein. Georgien bietet an seiner Schwarzmeerküste einige Badeorte und Wintersportmöglichkeiten im Kaukasus. Zudem gibt es gute klimatische Verhältnisse.

Das Land leidet allerdings unter noch immer nicht endgültig geklärten Rahmenbedingungen für die Minderheiten in den Teilrepubliken und dem autonomen Gebiet von Südossetien. Eine endgültige Verwaltungsstruktur ist nach dem Zusammenbruch der Sowjetunion bis heute nicht eingeführt.

So sind Abchasien im Nordwesten – Hauptstadt Suchumi – und Adscharien im Südwesten – Hauptstadt Batumi – autonome Republiken. Der Autonomiestatus von Südossetien wurde von Georgien zwar 1990 aufgehoben, doch wurde die Region bis heute nicht gänzlich wiedereingegliedert. So werden das autonome Gebiet Südossetien im Norden – »Hauptstadt« Cchinvali – und Abchasien nicht von der georgischen Regierung kontrolliert. Adscharien steht seit der Amtsenthebung des dortigen Präsidenten Abadschidse Anfang Mai 2004 wieder unter der Kontrolle der Zentralregierung. Die Bestrebungen um nationale Eigenständigkeit in den genannten Gebieten begannen nicht erst nach dem Zusammenbruch des Kommunismus, sondern bereits Jahre zuvor. Es zeigte sich in den Jahren 1992/93, dass die Autonomiebestrebungen von Abchasien am heftigsten vorangetrieben wurden. Im Zuge des blutigen Konflikts wurden etwa 250.000 Georgier aus Abchasien vertrieben. Abchasien hat sich de facto von Georgien gelöst.

Zum Verständnis der inneren Probleme Georgiens ist es notwendig, die Geschichte dieses Landes im Hinblick auf seine politischen Konfliktpotentiale zu untersuchen. Wie bereits deutlich wurde, liegt das Konfliktpotential Georgiens vor allem in der stark ausgeprägten Heterogenität der Gesellschaft und der ethnischen Strukturen im Staatsgebiet. Überwiegend homogene Volksgruppen leben in Gebieten, die bereits seit vielen Jahren praktisch eigene Länder sind, jedoch ohne den Status eines Staates international für sich in Anspruch nehmen zu können. Diese Regionen waren und sind nach dem Zusammenbruch der UdSSR bestrebt, sich von Georgien abzuspalten. Ethnische und geographische Konfliktelemente bestimmen die innenpolitische Tagesordnung und führen zu bürgerkriegsähnlichen Spannungen. Diese durch die Geschichte geformten Landesteile stellen für die dort lebenden Menschen ein regionales Selbstidentifikationsmittel dar; sie sehen sich selbst mehr als Abchasen denn als Georgier.

Dazu trägt die Tradition der dezentralen Verwaltung in Georgien bei. Aus dieser Tradition und der starken Selbstidentifikation mit der Region resultieren gleich mehrere Probleme. Zunächst bestehen das Problem der Schaffung eines modernen und effektiven Verwaltungsmodells und zum anderen die nicht gelingende Reintegration von einzelnen Regionen in den Staatsbestand Georgiens. So ist ein föderaler Staat gewünscht und nicht das Auseinanderbrechen Georgiens in Regionen, wie George Khubua vom Staatsrechtlichen Institut der Akademie der Wissenschaften in Tiflis meint: »Da Georgien seine territoriale Einheit noch nicht wiederherstellen konnte, sind Probleme des Föderalismus in georgischer Wirklichkeit aktueller, als der Regionalismus. Föderalismus bedeutet Vereinigung des Geteilten; Regionalismus dagegen die Teilung des Ganzen.«[2] Die separatistischen Bestrebungen vor allem Abchasiens, welches sich nach dem Bürgerkrieg

---

2 George Khubua: Regionalismusprobleme in Georgien, in: Eugenie Trützschler von Falkenstein (Hg): Regio' 98. Erfurt 1998, S. 57.

1992/93 zur Republik erklärte, stellen den georgischen Föderalismus vor ernste Probleme. Für Georgien wäre der Verlust dieses Gebietes mit tief greifenden wirtschaftlichen Einbußen, einer Verkleinerung des Staatsgebietes und einer Verminderung der Bevölkerungszahl verbunden. Des Weiteren hätte diese Abspaltung einen gewissen Vorbildcharakter und könnte die Separationsbestrebungen in Adscharien und Südossetien vorantreiben.[3]

Woher stammt die Tradition der dezentralen Verwaltung in Georgien? Woher stammen die Beweggründe für die starken Separationsbestrebungen in Georgien? Seit dem 15. Jahrhundert zerfielen die Königreiche, die sich auf dem Staatsgebiet des heutigen Georgiens befanden, in zahlreiche kleine Fürstentümer auseinander. Diese Fürstentümer waren vom 16. – 18. Jahrhundert teils von der Türkei, teils von Persien, politisch und wirtschaftlich abhängig. Gegen die Zusicherung nationaler Integrität kam Georgien 1783 unter russische Oberherrschaft. 1801 wurden die Teile Georgiens, die zum damaligen Zeitpunkt unter türkischer Herrschaft standen, von Russland erobert und russische Provinz. Die russische Annexion von 1801 bereitete den georgischen Monarchien ein gewaltsames Ende. Dennoch hat Georgien von der Eingliederung in das russische Reich profitiert. Denn bis dahin war Georgien geprägt von einer vormodernen Agrargesellschaft, die zudem durch eine ausgeprägte regionale Zergliederung gekennzeichnet war. Unter der russischen Herrschaft erhielt das Land seine territoriale Einheit.

Nach dem Zusammenbruch des Russischen Zarenreiches in der Oktoberrevolution 1917 erklärte sich Georgien 1918 für unabhängig. Die Bolschewiki eroberten 1921 Georgien und formten es in ein sozialistisches Bruderland – die Grunisische Sowjetrepublik – um. Bis zum Zusammenbruch der Sowjetunion blieb Georgien Teil der UdSSR. Nach den ersten freien Wahlen 1990 wurde der Sprecher des Oppositionsbündnisses »Runder Tisch-Freies Georgien«, Swiat Gamsachurdia 1991 erster Staatspräsident. Nach einer Volksabstimmung setzte Gamsachurdia die Verfassung von 1918 wieder in Kraft und erklärte die Unabhängigkeit der Republik. Gamsachurdia wurde 1992 gewaltsam gestürzt, was das Land in einen Bürgerkrieg stürzte. 1993 starb Gamsachurdia. Bereits 1992 wurde der ehemalige sowjetische Außenminister Eduard Schewardnadse neues Staatsoberhaupt. Die Autonomiebestrebungen einzelner Regionen traten während des Bürgerkrieges offen zu Tage. Viele Jahre blieb die Situation angespannt, da Schewardnadse zwar eine gewisse politische Autonomie zuließ, eine Loslösung von Georgien unter anderem mit Hilfe von russischen Truppen jedoch unterband. Am 23.11.2003 trat Eduard Schewardnadse zurück. Dazu führte der Machtkampf zwischen Regierung und Opposition wegen Manipulationen bei den Parlamentswahlen. Mehrwöchige Demonstrationen mündeten in einen größtenteils friedlichen Wechsel an der Spitze des georgischen Staates. Mit

---

3 Jürgen I.C. Gerber: Nationale Opposition und kommunistische Herrschaft seit 1956. Baden-Baden 1997.

etwa 95% der Stimmen wurde Michaili Saakaschwili, Vorsitzender der Partei »Nationale Bewegung«, im Januar 2004 zum neuen georgischen Präsidenten gewählt.

b) UNOMIG

Die administrative territoriale Neuaufteilung der Gebiete im Kaukasus in der sowjetischen Ära, ließ die ethnische Zugehörigkeit der Bevölkerung völlig außer Acht. Sie rief in der Folge vermehrte multiethnische und politische Konflikte hervor. Einige Gebiete forderten nach dem Zusammenbruch ihre politische Selbstbestimmung und wirtschaftliche Eigenständigkeit. Georgien allerdings bestand immer auf seiner staatlichen Souveränität. Hauptursache der Konflikte ist die ungeklärte Frage über den zukünftigen Status der abspaltungswilligen Gebiete Abchasien und Südossetien. Die seit Jahrzehnten andauernden Separationsbestrebungen, die seit dem Zusammenbruch der Sowjetunion offen zu Tage traten, versuchte die georgische Zentralregierung zunächst abzuwehren. Doch immer mehr geriet Georgien in einen Bürgerkriegszustand, der zu Interventionen und Vermittlungsversuchen von Seiten Russlands und der OSZE geführt hat. Auch die Vereinten Nationen beteiligten sich an den Friedensbemühungen mit ihrer United Nations Observer Mission in Georgia (UNOMIG).

In erster Linie wurde UNOMIG im August 1993 eingerichtet, um die zwischen Georgien und Abchasien installierte Sicherheitszone zu überwachen, welche sich um das Gebiet von Zugdidi -von Anaklia am Schwarzen Meer bis ins nördlichere Jvari – erstreckt. Dieser Auftrag wird von bis zu über 200 Militärbeobachtern aus 23 Staaten erfüllt. Die Arbeit der UNOMIG besteht im Wesentlichen in Patrouillentätigkeit und dem Knüpfen von Kontakten mit der Bevölkerung und den zuständigen Behörden. Die UN lehnt es nach wie vor ab, eine durch kriegerische Auseinandersetzungen erzwungene Separation nachträglich zu sanktionieren und unterstützt daher ausdrücklich die Souveränität und territoriale Integrität Georgiens innerhalb der international anerkannten Grenzen.[4]

Doch warum engagieren sich die Vereinten Nationen in Georgien? Um diese Frage zu beantworten, ist es notwendig, mehr über das Selbstverständnis der Vereinten Nationen zu erfahren und sich etwas mit dieser multilateralen Weltorganisation auseinander zu setzen. Die Vereinten Nationen stellen die Nachfolgeorganisation des 1920 gegründeten Völkerbundes dar. Dieses internationale Staatenbündnis zur Sicherung des Weltfriedens hatte seinen Sitz in Genf und bestand von 1920 bis 1946. Der Völkerbund ging auf eine Anregung des US-Präsidenten Woodrow Wilson zurück. Seine

---

4 Vgl. Ernst Koch (Hg): Die Blauhelme. Im Einsatz für den Frieden. Bonn 1991.

Vierzehn Punkte stellten ein Programm für den Weltfrieden dar und entstanden unter dem Eindruck des I. Weltkrieges. Doch der II. Weltkrieg und seine Begleitumstände demonstrierten wirkungsmächtig das Versagen des Völkerbundes. Im Kontext dessen, was ich eingangs bezüglich des zweiten Verantwortungsstranges ausführte, bemühte sich US-Präsident Franklin D. Roosevelt um eine Neuorganisationen der internationalen Beziehungen durch die Gründung der Vereinten Nationen in New York. Die Wahrung und Schaffung des Friedens in der Welt ist Grundfundament für die Arbeit der Vereinten Nationen. Dazu schreiben Gareis/Varwick[5], dass das grundlegende Prinzip, auf dem die Bemühungen der Vereinten Nationen um die Wahrung des Weltfriedens aufbauen, das der »kollektiven Sicherheit« sei.

Bis 1945 war die Anwendung von Gewalt bei der Durchsetzung von Staatsinteressen ein Kennzeichen der internationalen Beziehungen. Durch diese Gewaltanwendung kommt es allerdings in einer durch Verflechtungen auf politischer, wirtschaftlicher und kultureller Ebene immer »kleineren« Welt zu Schäden in unterschiedlichster Hinsicht. Die betroffenen Staaten erlitten Schäden im Hinblick auf die Bevölkerung, die Wirtschaft und die politische Stabilität. Vor allem haben das Fehlen international akzeptierter Verbotsnormen und machtvoller Instanzen zur Aufrechterhaltung einer auf diesen Normen aufbauenden Friedensordnung den Staaten unter Berufung auf ihre Souveränität bis dahin immer wieder den Rückgriff auf die ultima ratio regnum , also den Krieg, erlaubt. Das Prinzip der kollektiven Sicherheit sieht in der Abtretung von Hoheitsrechten und der Zurückstellung ihrer partikularen Interessen und Bedürfnisse an eine internationale Organisation den Schlüssel zum Weltfrieden. Ein solches System der kollektiven Sicherheit richtet sich mit seinen Verpflichtungen und Sanktionsdrohungen an die in ihm selbst organisierten Staaten und soll demnach stabilisierend nach innen wirken. Sinnvoll ist dies nur dann, wenn alle Staaten der Erde in diesem System zusammengeschlossen sind. In der Praxis ist diese Art »Weltstaat«, ausgerüstet mit Gewaltmonopol und exekutiver Macht, allerdings noch nicht vollkommen verwirklicht, wenngleich die Schaffung der Vereinten Nationen mit seinem Sicherheitsrat gerade dieses im Sinne von Kants »Ewigem Frieden« intendiert. In der Praxis bleibt es de facto bei einer freiwilligen Selbstbindung der Staaten auf der Grundlage völkerrechtlicher Verträge, wenngleich der mit politischer und militärischer Gewalt ausgestattete Sicherheitsrat der Vereinten Nationen einen ersten Schritt in die richtige Richtung darstellt.

In Artikel 2 Ziffer 7 der VN-Charta wird die unantastbare Souveränität der Staaten als Grenze für das Wirken der Vereinten Nationen deutlich. Innerstaatliche Konflikte und Menschenrechtsverletzungen sind durch das in diesem Artikel festgeschriebene Souveränitätsprinzip der Zuständigkeit

---

5 Sven Bernhard Gareis; Johannes Varwick: Die Vereinten Nationen. Aufgaben, Instrumente und Reformen. Opladen 2003.

und dem Zugriff der Vereinten Nationen entzogen. Tätig werden können die Vereinten Nationen nur, wenn sie von der Regierung des Staates zur Beilegung innerer Konflikte als Vermittlungspartner oder ähnlichem aufgefordert werden. In Georgien liegt dieser Fall vor. Die Militärbeobachter sind unbewaffnet und sind zur Überwachung des Waffenstillstands in einem klar abgesteckten Raum im Einsatz, womit sie ganz klar ins Aufgabenfeld der Vereinten Nationen fallen. Bedingungen für den Einsatz dieser Friedenstruppen, die dem Sicherheitsrat unterstellt sind, ist die Zustimmung der Konfliktparteien. UNOMIG, also die Entsendung von Militärbeobachtern nach Georgien, wurde durch die Resolution 858 (1993) vom 24. August 1993 mandatiert. Diverse Resolutionen folgten, unter anderem Resolution 937 (1994), die eine Anhebung des UNOMIG-Personals auf 136 Militärbeobachter beinhaltete. Im Juni 1994 wurde das Personal auf über 200 Militärbeobachter aufgestockt. Die Mission wurde auch immer wieder durch weitere Resolutionen zeitlich verlängert.

c) Die deutsche Beteiligung an UNOMIG

Die Vereinten Nationen sind in Georgien vertreten, weil die Schaffung von Frieden in dieser Region stark stabilisierend wirkt. Ihr Antrieb ist die Erhaltung und Schaffung des Weltfriedens und Georgien, mit seinen ethnisch-territorialen Problemen, geschüttelt vom Bürgerkrieg und von Instabilität, stellt einen wichtigen Ort der Bewährung für die Vereinten Nationen dar.

Russland und die USA verfolgen eigene Interessen in Georgien; es geht dabei um Erdöl, Erdgas oder um tschetschenische Kämpfer, die sich im georgischen Pankisi-Tal verschanzen, wo neben Schmugglern und Al-Qaida-Kämpfern auch Flüchtlinge aus Tschetschenien leben. Jedoch steht Georgien auch für Europa und Deutschland in energiepolitischer Hinsicht auf einem hervorgehobenen Podest. Die Ölfunde im kaspischen Becken und die Erdgasvorräte, welche die Rolle Georgiens als ein alternativer Lieferant – bisher ist dies im großen Maße Russland – Europas stärken werden, lassen auch deutsche Interessen nicht unberührt. Der Abtransport dieser Bodenschätze ist auf drei Wegen denkbar. Die Verlegung von Pipelines in Richtung Europa über Russland, über den Iran, oder über den Schwarzmeerraum einschließlich Georgiens.

Die USA verfechten eine strikte Ausklammerung der Iran- sowie der Russland-Lösung. Diese Haltung ist aus wirtschaftlichen, aber wohl in erster Linie politischen Gründen verständlich. Die Ablehnung der USA im Iran ist groß und die Monopolisierung der Energieförderung durch Russland ist für die USA wohl auch nicht wünschenswert. Die USA üben einen starken politischen Einfluss in Georgien aus. Deutschland ist viertgrößter Handelspartner Georgiens nach der Türkei, Russland und Aserbaidschan.

Aber es sind nicht nur wirtschaftliche Bande zwischen Deutschland und Georgien geknüpft. Als erstes Land hatte Deutschland Georgien nach der Unabhängigkeit 1991 anerkannt und eine Botschaft eröffnet. Auch die entwicklungspolitischen Leistungen Deutschlands – in den vergangenen zehn Jahren etwa 200 Mio. EUR – werden anerkannt und der Einsatz des ehemaligen Außenministers und Ex-Präsidenten Eduard Schewardnadse im Rahmen der deutschen Wiedervereinigung ist unvergessen. Im Januar 1994 ersuchten die Vereinten Nationen die Bundesrepublik Deutschland um einen Beitrag zur Unterstützung von UNOMIG. Am 22. März 1994 wurden dann ein Arzt und ein Sanitätsfeldwebel zur medizinischen Versorgung der internationalen Beobachtermission nach Georgien entsandt. Etwa drei Monate später unterstützte die Bundeswehr UNOMIG erstmals in seiner Geschichte eine VN-Mission mit Militärbeobachtern. Der Oberstabsarzt wurde beim Abschuss eines Transporthubschraubers getötet. Von den weltweit rund 6.300 Soldaten der Bundeswehr, die sich im Auslandseinsatz befinden, sind derzeit elf Bundeswehrsoldaten in Georgien.[6]

Die Überwachung des Moskauer Abkommens von 1994 stellt die Hauptaufgabe der Bundeswehrsoldaten dar. Das Abkommen begründet die Schaffung einer Sicherheitszone und einer Verbotszone für schwere Waffen. Die Militärbeobachter arbeiten eng mit den Friedenstruppen der GUS-Staaten zusammen, um die Einhaltung des Abkommens zu kontrollieren. Bei Verstößen gegen das Abkommen berichtet UNOMIG an den Generalsekretär der Vereinten Nationen, Kofi Annan. Außerdem unterstützt die Mission humanitäre Hilfsorganisationen bei der Verbesserung der Lebensverhältnisse vor Ort. Dabei stehen die Soldaten unter dem besonderen Schutz des Völkerrechts. Sie befinden sich etwa sechs Monate im Einsatz; wie bei anderen Auslandseinsätzen der Bundeswehr auch ist seit 2004 auch ein Einsatz von vier Monaten möglich. Aufgabe der Mission ist nicht nur die Überwachung des Moskauer Abkommens und der GUS-Truppen, sondern auch die Kontaktpflege zu den Konfliktparteien, um die Wiederherstellung von Sicherheit und Ordnung zu fördern und die Rückkehr von Vertriebenen zu ermöglichen.

Die deutschen Soldaten sind für die medizinische Versorgung aller eingesetzten Missionsmitglieder verantwortlich. Das Personal wird in speziellen Ausbildungsprogrammen für den Einsatz vorbereitet. Dem Missionspersonal stehen neben Patrouillen- und Transportfahrzeugen auch gegen Minen geschützte Fahrzeuge der Typen Scout und Nyala aus südafrikanischer Produktion zur Verfügung. Waffen werden nicht mitgeführt.

Bei UNOMIG ist ein Beschluss des Bundestages zur Entsendung der deutschen Soldaten nicht notwendig gewesen, da es sich um einen unbewaffneten Einsatz handelt. Unter den 23 Staaten, die sich an UNOMIG be-

---

6 Das medizinische Personal umfasst drei Ärzte, fünf Sanitätsfeldwebel und drei Militärbeobachter.

teiligen, stellt Deutschland mit 11 Personen das größte Einzelkontingent. Der Einsatz von Bundeswehrpersonal in einem Einsatz wie UNOMIG ist nicht unumstritten. Der rechtliche Rahmen ist dennoch gegeben. Von entscheidender Bedeutung für Auslandseinsätze ist Artikel 24 Absatz 2 GG. Dieser erlaubt ausdrücklich der Bundesrepublik, sich in ein System gegenseitiger kollektiver Sicherheit einzubringen, aus dem sich Rechte als auch Pflichten ergeben.

Die deutsche militärische Führung liegt beim Zentrum für Verifikationsaufgaben (ZVBw) in Geilenkirchen. Die Verbindung nach Deutschland erfolgt über eine SatComAnlage (Satellitentelefon) und über die Post, welche über die deutsche Botschaft in Tiflis oder Bundeswehrpersonal läuft. Der Auftrag besteht in der Sicherstellung der medizinischen Versorgung für alle Mitarbeiter der VN vor Ort. Für die deutschen Soldaten heißt das, dass sie die Versorgung nach deutschem Standart leisten sollen, was unter den Umständen in den Einsatzgebieten ohne Krankenhaus oder MEDEVAC-System[7] unrealistisch ist. Jedoch konnte das deutsche Sanitätskontingent (German Medical Team) immer die allgemeine, medizinische Grund- und Notfallversorgung sicherstellen. Die gängigen medizinischen Geräte wie etwa ein Defibrillator und insgesamt sechs Fahrzeuge sowie ein Hubschrauber und Handfunkgeräte stehen zur Verfügung. Immer wieder wird auch notfallmedizinische Hilfe an der Zivilbevölkerung geleistet – mit eindeutiger Beschränkung auf den Notfall! Die einheimische Bevölkerung soll sich nicht auf die VN-Versorgung verlassen können. Die Zusammenarbeit mit dem Sanitätsdienst der GUS-Staaten verläuft reibungslos. Jedoch sind große Mängel am Gesundheitssystem ganz offensichtlich. Eine Versorgung, wie die deutschen Soldaten sie in Deutschland gewohnt sind, lässt sich in Georgien nur schwer bewerkstelligen. Der UNOMIG-Einsatz wird wohl noch lange etabliert bleiben müssen, obschon er insgesamt gesehen erfolgreich ist, da das Moskauer Abkommen eingehalten wird und die Bürgerkriegszustände nicht mehr aufflammen.

Georgien hat nach dem Zusammenbruch der UdSSR ein tiefes Tal mit vielen politischen Problemen durchschritten. Die in erster Linie ethnisch bedingten Konflikte bilden eine hartnäckige Quelle immer wieder aufflammender Probleme. Vorrangiges Interesse der Vereinten Nationen ist, einen Beitrag zum Weltfrieden in diesem Land zu leisten. Die USA und Russland engagieren sich aus wirtschaftlichen und machtpolitischen Erwägungen in Georgien. Und Deutschland versucht vor dem Hintergrund seiner beiden geschichtlich bedingten Verantwortungsstränge, sich in einem positiven Sinne in die internationale Politik einzubringen.

Dieser Einsatz kostete allein von Juli 2003 bis Juni 2004 etwa 32,1 Mio. US$, wovon Deutschland als ein großer Einzahler in die Vereinten Natio-

---

7 Es handelt sich dabei um ein verlagerungsfähiges Krankenhaus nach deutschem Standart wie etwa ein MEDEVAC-Flugzeug.

nen[8] einen großen Teil schultert. Deutschland leistet mit diesem Einsatz einen sicherheitspolitischen Beitrag zur politischen Konsolidierung auf dem Kaukasus. Die Bundesrepublik trägt hohe Kosten[9], stellt das größte Kontingent bei UNOMIG und engagiert sich auch politisch. Der neu gewählte Präsident Georgiens Saakaschwili stattete seinen ersten Auslandsbesuch im Januar 2004 Deutschland ab und bat um deutsche Unterstützung bei der Entwicklung Georgiens zu einem demokratischen Staat. Saakaschwili sagte auch, dass er Georgien in die NATO einbinden und sein Land näher an die EU rücken wolle. Dies zeigt, dass das europäische und das deutsche Engagement stabilisierende und einende Wirkungen aufweisen. Der Einsatz im Rahmen von UNOMIG zeigt, dass die Bundeswehr auf gutem Wege ist, den Anforderungen im multilateralen Bereich gewachsen zu sein. Der Multilateralismus als Handlungsmaxime der deutschen Außenpolitik offenbart sich als fruchtbarer Weg zur Durchsetzung deutscher Interessen, sowohl in sicherheitspolitischer[10] als auch wirtschaftlicher Hinsicht. Es ist der Bundesrepublik Deutschland im Verbund mit ihren Partnern gelungen, den Konflikt in Georgien zu entschärfen; die Bundeswehr kann demonstrieren, dass sie sich in Auslandseinsätzen in einem multilateralen Kontext bewährt. Die UNOMIG stellt bisher für die Bundesrepublik Deutschland ein gelungener Einsatz dar.

---

8 Etwa 9 % des VN-Haushaltes bestreitet Deutschland mit seinem Beitrag.
9 UNOMIG, VN, humanitäre Hilfsleistungen durch Nichtregierungsorganisationen.
10 Vgl. Gerhard Kümmel; Heiko Biehl: Anforderungen an die deutsche Außen-, Sicherheits- und Verteidigungspolitik an der Schwelle zum 21. Jahrhundert, in: Peter Klein; Dieter Walz (Hg): Die Bundeswehr an der Schwelle zum 21. Jahrhundert. Baden-Baden 2000, S. 11-15.

12. Enduring Freedom

Jedem politisch Interessierten stehen noch die Bilder vom 11. September 2001 vor Augen, als zwei Linienflugzeuge in das World Trade Center einschlagen und die beiden Gebäude zum Einsturz bringen. Wir werden wohl die Bilder der von Todesangst gezeichneten Menschen, die aus den brennenden Gebäuden stürmen, den ruhmvollen Einsatz der vielen Feuerwehrleute und das Gefühl eines weltweiten Schocks nie mehr aus unserem Gedächtnis streichen können.

Was nach diesen verheerenden Terroranschlägen passiert, gestaltet sich als bislang einmalig in den internationalen Beziehungen. Vergessen sind Rivalitäten aus der Zeit des Kalten Krieges. Vielmehr solidarisieren sich ehemalige Ostblocksstaaten mit den Vereinigten Staaten von Amerika. Arabische Staaten – bis auf den Irak – sagen ihre Unterstützung zu und ganz Europa steht geschlossen hinter den USA. Denn nahezu jedem Politiker wurde klar, dass hier sittliche Grenzen in der Politik überschritten sind, die auch andere Regierungen und Politiken in existentielle Schwierigkeiten stürzen könnten. Es entsteht ein Bündnis im Kampf gegen den weltweiten Terrorismus unter der Führung der USA, welches bis heute aktiv ist.

a) Die Operation »Enduring Freedom«

Am 7. Oktober 2001 startet die Militäroperation »Enduring Freedom«[1]. Auf ihren Fahnen steht die Bekämpfung des internationalen Terrorismus, wobei der Zerstörung des Terrornetzwerkes von »al-Qaida« von Osama Bin Laden oberste Priorität eingeräumt wird. In diesem Zusammenhang stellen sich Fragen: Welche rechtlichen Ursprünge hat das Bündnis gegen den weltweiten Terrorismus? Welche Einsätze hat es seither gegeben? Gibt es Probleme innerhalb der Koalition und woraus resultieren sie? Welche Stellung nehmen die deutschen Streitkräfte bei dieser Operation ein?

Hilfreich sind in diesem Zusammenhang politikwissenschaftliche Publikationen von Christian Hacke[2], Kai Hirschmann[3] und Ernst-Otto Czem-

---

1 Enduring freedom = grenzenlose Freiheit.
2 Christian Hacke: Die weltpolitische Rolle der USA nach dem 11. September 2001, in: Aus Politik und Zeitgeschichte, B 51/2001, Seite 16-23.
3 Kai Hirschmann: Terrorismus in neuen Dimensionen. Hintergründe und Schlussfolgerungen, in: Aus Politik und Zeitgeschichte, B 51/2001, Seite 7-15.

piel[4]. Des weitern verhalf der NATO-Brief über die Bekämpfung neuer Sicherheitsfragen[5] und das vom Bundesministerium des Innern herausgegebene Papier über den 11. September und seine Folgen[6] zu grundlegenden Erkenntnissen.

Am 7. Oktober 2001 eröffnen Streitkräfte der USA und Großbritanniens die Operation »Enduring Freedom« mit Angriffen gegen das internationale Terrornetzwerk. Das Ziel dieser langfristig ausgelegten Operation besteht darin, den weltweiten Terrorismus einzudämmen und zu vernichten. Um dieses Ziel zu erreichen, sollen Ausbildungseinrichtungen für Terroristen ausgeschaltet werden. Außerdem sollen Terroristen aufgespürt, verhaftet und vor Gericht gestellt werden. Es soll dafür gesorgt werden, dass Dritte dauerhaft abgehalten werden, die Terroristen und ihre Aktivitäten zu unterstützen.

Geführt wird die Operation Enduring »Freedom« vom amerikanischen Regionalkommando »Uscentcom« (Central Command), eines von neun US-Führungskommandos, deren Leitung seit dem 7. Juli 2003 in den Händen von General John Abiziad[7] liegt. Um den Informationsfluss zwischen dem eigenen Verteidigungsministerium und dem Central Command herzustellen, haben viele der etwa 70 beteiligten Staaten der ‚Anti-Terror-Allianz' Verbindungsoffiziere zu USCENTCOM entsandt.[8] Neben den USA bildet Großbritannien den Kern dieser Koalition. Die Gründe für diese enge Zusammenarbeit liegen in den gemeinsamen Erfahrungen aus zwei Weltkriegen, dem Kalten Krieg und drei Golfkriegen. Ferner gehören die NATO-Partner sowie Australien und Japan zu dieser Allianz.

Um nicht den Eindruck einer Ost-West-Konfrontation entstehen zu lassen, werden vom ersten Moment an die arabischen und islamischen Staaten mit einbezogen. Auch Russland und die Volksrepublik China werden beteiligt, damit der UN-Sicherheitsrat, dem die beiden Staaten als ständige Mitglieder angehören und somit ein Veto-Recht besitzen, als handlungsfähiger Partner der internationalen Koalition auftreten kann.[9]

---

4 Ernst-Otto Czempiel: Weltpolitik im Umbruch. Die Pax Americana, der Terrorismus und die Zukunft der internationalen Beziehungen. Bonn 2003.
5 Direktor des Informations- und Pressedienstes, NATO Office of Information and Press, (Hg.): NATO-Brief. Bekämpfung neuer Sicherheitsgefahren, Winter 2001/2002, Jahrgang 49, Brüssel 2001/2002.
6 Bundesministerium des Inneren (Hg): Der 11. September 2001 und seine Folgen. Dokumentation aus dem Bundesministerium des Innern. Berlin 2002.
7 General John Abiziad führte bereits die Operation DESERT STORM von 1991 und überwachte auch das Flugverbot über dem Irak.
8 http://www.einsatz.bundeswehr.de/einsatz_aktuell/oef/ueberblick/print/ucentcom.php (Stand 31.12.2003).
9 Vgl. Christian Hacke: Die weltpolitische Rolle der USA nach dem 11. September 2001, in: Aus Politik und Zeitgeschichte, B 51/2001, S. 16-23, S. 19.

Bei den Staaten, die um diesen ersten Ring gruppiert sind, handelt es sich um Nationen, die zum Beispiel durch die Öffnung ihres Luftraumes das »militärische Vorgehen gegen die Terroristen in Afghanistan erleichtern.«[10] Den äußersten Ring in dieser Koalition bilden Staaten, die sich entweder durch wirtschaftliche oder humanitäre Hilfe beteiligen, ihre Geheimdienstinformationen weitergeben oder die Vereinigten Staaten von Amerika in irgendeiner Weise politisch oder diplomatisch unterstützen. Das »Einsatzgebiet ist das Gebiet (...) gemäß Artikel 6 des Nordatlantikvertrages, die arabische Halbinsel, Mittel- und Zentralasien und Nord-Ost-Afrika sowie die angrenzenden Seegebiete.«[11] Insgesamt umfasst die Allianz etwa 70 Staaten, die sich entweder direkt – mit dem Einsatz von Truppen – oder indirekt mit der Erteilung von Überflugrechten oder der Bereitstellung von Infrastruktur beteiligen.

Am Morgen des 11. September 2001 werden vier Passagierflugzeuge, die sich auf US-Inlandsflügen befinden, von 19 Terroristen entführt. Zwei Flugzeuge stürzen in die zwei Türme des World Trade Centers in New York. In Folge dessen geraten die Türme in Brand und stürzen ein. Ein weiteres Flugzeug mit über 60 Personen an Bord schlägt in das amerikanische Verteidigungsministerium, das Pentagon in Washington ein. Das vierte Flugzeug hält ebenfalls Kurs auf Washington, stürzt aber zuvor südlich von Pittsburgh ab. Vermutlich verhindert ein Kampf zwischen Passagieren und Entführern, dass die Boeing bis nach Washington kommt.[12]

Die Zahl der Opfer wird nach diesen Terroranschlägen auf insgesamt über 3000 geschätzt. Neben den zahlreichen Opfern und neben dem hohen Schaden von mehreren Milliarden Dollar, bleibt eine »in ihrem Selbstbewusstsein und absolutem Sicherheitsgefühl empfindlich getroffene amerikanische Öffentlichkeit«[13] zurück. Zwar hat es schon vor dem 11. September 2001 Anschläge islamischer Extremisten auf amerikanische Einrichtungen gegeben, wie zum Beispiel auf die US-Botschaft in Nairobi (Kenia) 1998 oder auf den US-Zerstörer Cole in Aden (Jemen) im Oktober 2000[14]. Doch betritt der internationale Terrorismus mit dem Anschlag auf das US-Verteidigungsministerium und das Welthandelszentrum in New York eine neue Dimension des Schreckens. Denn was zuvor keine Nation gewagt hat,

---

10 Hacke ebd.
11 Bundesregierung, Antrag der Bundesregierung auf Einsatz bewaffneter deutscher Streitkräfte vom 7. November 2001, unter: www.bundesregierung.de/artikel,-62015/ Antrag-der-Bundesregierung-auf.htm (Stand 1.1.2004).
12 Vgl. Mario von Baratta (Hg): Der Fischer Weltalmanach 2003, Frankfurt/Main 2002, S. 849.
13 Kai Hirschmann: Terrorismus in neuen Dimensionen. Hintergründe und Schlussfolgerungen, in: Aus Politik und Zeitgeschichte, B 51/2001, S. 7 – 15, S. 7.
14 Zielscheibe USA. Chronologie der Anschläge islamischer Extremisten, in: Die Zeit, 38/2001, unter:http://zeus.zeit.de/text/archiv/2001/38/200138_chronologie_dpa. xml (Stand 27.12.2003).

wagt nun ein einzelner, gesellschaftlicher Akteur. Osama bin Laden greift Amerika nicht von außen, sondern von innen an. Es sind keine Soldaten, die diese Anschläge auf das Welthandelzentrum und das Verteidigungsministerium ausgeübt haben, es sind Zivilisten.[15] Es ist seit 1814 das erste Mal, dass ein Angriff auf die Amerikaner innerhalb Amerikas stattfindet. Aber es ist gerade bei den Anschlägen vom 11. September mehr als das: es ist ein direkter Angriff auf amerikanische Kultur und Identität, eben auf den American Way of Life.[16]

b) Osama bin Laden und der Kampf gegen den Terrorismus

Am Morgen des 5. Oktober 2001 kann jeder Engländer in der »Independent« nachlesen, dass Osama bin Laden und seine Organisation »al-Qaida« für die Anschläge, ihre Planung und die Durchführung des 11. September verantwortlich gemacht werden. Zwar liegen keine Beweise im Sinne eines Strafverfahren vor, doch lässt Tony Blair keine Zweifel daran, dass auf Grund der Informationslage keine andere Schlussfolgerung möglich ist.[17]

Die terroristische Organisation »al-Qaida« wurde 1988 von Osama bin Laden gegründet, der sie bis zum heutigen Tag anführt. In ihrem Heiligen Krieg (»Dschihad«) gegen die Amerikaner und ihre Verbündeten ist es ein Ziel, amerikanische Staatsbürger zu töten. Bezeichnend für dieses Vorhaben sind die folgenden Worte, in denen es heißt, dass »alle Verbrechen und Sünden, die von den Amerikanern begangen wurden, ... eine offene Kriegserklärung an Gott, seinen Propheten und alle Muslime (sind). Es wird festgestellt, dass die individuelle Pflicht eines jeden Muslim ist, in jedem Land der Welt und wo immer möglich die Amerikaner und deren Verbündete zu töten.«[18]

Osama bin Laden agiert seit 1996 von Afghanistan aus. Die Verbindungen der Organisation gehen jedoch in die gesamte Welt. Neben den Ausbildungscamps gehören Kommunikationseinrichtungen und Unternehmen zu dem Netzwerk der »al-Qaida«. Aus diesem Bereich zieht die Organisation auch ihr Geld für terroristische Vorhaben. Mit den afghanischen Taliban verbindet sie ein gegenseitiger Nutzen. Während die Taliban von militärischer und finanzieller Unterstützung des Terrornetzwerkes profitieren, gestatten sie im Gegenzug Osama bin Laden, seine Ausbildungscamps zu er-

---

15 Vgl. Ernst-Otto Czempiel: Weltpolitik im Umbruch. Bonn 2002, S. 39 f.
16 Vgl. Christian Hacke: Zur Weltmacht verdammt. Die amerikanische Außenpolitik von J.F. Kennedy bis zu G.W. Bush. München 2001, S. 642.
17 Vgl. Udo Ulfkotte: Propheten des Terrors. Das geheime Netzwerk der Islamisten. München 2001, S. 231.
18 Peter Heine: Terror in Allahs Namen. Extremistische Kräfte im Islam. Freiburg i. Breisgau 2001, S. 153.

richten und geben ihm Rückendeckung. Zusätzlich ziehen beide ihre Gewinne aus dem afghanischen Rauschgifthandel.[19]

Zwar hat es einen islamischen Fundamentalismus in der einen oder anderen Form schon immer gegeben, so etwa im 13. Jahrhundert die islamische Sekte der Hashishiyan oder Assassinen. Und auch im Christen- und Judentum gab es zwar keine terroristischen, aber doch militante Bestrebungen wie etwa die Kreuzzüge oder die Inquisition. Neu in der Weltgeschichte ist aber die starke Betonung des »Dschihad« und die Überzeugung, dass der Islam nicht eine unter vielen religiösen Lehrmeinungen ist, sondern die Lehrmeinung schlecht hin[20]. Vielen politischen Beobachtern mutet diese Art politischer Wahrnehmung totalitär an, da sie Menschen ganz und völlig unkritisch für die eigene Religion vereinnahmt.

Stefan Aust und Cordt Schnibbes gehen noch weiter, wenn sie sagen, dass »der religiös motivierte Terror, der sich am 11. September gesteigert hat zum Massenmord an 3000 Menschen ... neue Antworten der Weltpolitik (fordert), weil er noch irrationaler und skrupelloser ist als der sozialrevolutionär motivierte Terror des 20. Jahrhunderts.«[21] Ähnliches ist in dem Aufsatz Kai Hirschmanns zu lesen. Denn bei der für die Anschläge verantwortlich gemachten »al-Qaida« Osama bin Ladens handelt es sich um eine Terrororganisation neuer Art. Die Vorgehensweise und Qualität dieser Terroristen ist nicht vergleichbar mit uns bekannten klassischen Terrorgruppen wie der Irischen Untergrundbewegung IRA, der Baskischen Befreiungsorganisation ETA oder der Roten Armee Fraktion RAF.

Das Ziel des internationalen Terrorismus, durch Gewaltakte die Aufmerksamkeit der Weltöffentlichkeit zu erlangen, hat sich als nur bedingt erfolgreich erwiesen. Vielmehr charakterisiert den neuen Terrorismus vor allem, dass er direkt auf die Wirtschaftsmechanismen der westlichen Welt wirken will und somit die westlichen Gesellschaften an ihren schwächsten Stellen getroffen werden. Die Vernichtung der beiden Türme des »World Trade Center« steht hier als wirkungsmächtige Symbole dieser neuen Form des Terrorismus. Das Gefährliche an diesem Terrorismus liegt weniger in den tatsächlichen, materiellen Schäden an Wirtschaft und Infrastruktur, sondern an den psychologischen Folgen auf das Politik- und Wirtschaftsgefüge moderner Gesellschaften: Gefühle der Ohnmacht und das Schüren von Angst tragen nicht eben zu einer wirtschaftlichen Belebung bei.

Da es zu den Hauptzielen der Vereinten Nationen gehört, »den Weltfrieden und die internationale Sicherheit zu wahren«[22], wird bereits einen Tag

---

19 Udo Ulfkotte: Propheten des Terrors. München 2001, S. 232.
20 Vgl. Walter Laqueur: Krieg dem Westen. Terrorismus im 21. Jahrhundert. München 2003, S. 45.
21 Stefan Aust; Cordt Schnibben (Hg): 11. September. Geschichte eines Terrorangriffs, Stuttgart,München,Hamburg 2002, S. 9.
22 Wichard Woyke (Hg.): Handwörterbuch Internationale Politik. Bonn 2000, S. 496.

nach den Terroranschlägen die Resolution 1368 des Sicherheitsrates der Vereinten Nationen veröffentlicht, die als Grundlage der Operation »Enduring Freedom« angesehen werden kann. In dieser Resolution werden die terroristischen Gewalttaten vom 11. September 2001 auf das Schärfste verurteilt und die Absicht geäußert, »die Bedrohung des Weltfriedens und der internationalen Sicherheit«[23] mit allen Mitteln zu bekämpfen. Zu diesem Zwecke wird unter Punkt drei der Resolution jeder Staat aufgerufen, mit den Vereinten Nationen und den USA zusammenzuarbeiten, um die »Drahtzieher und Förderer dieser terroristischen Anschläge vor Gericht zu bringen«[24]. Auch weist der VN-Sicherheitsrat darauf hin, dass »diejenigen, die den Tätern, Drahtziehern und Förderern helfen, sie unterstützen oder ihnen Zuflucht gewähren, zur Rechenschaft gezogen werden.«[25]

Eine Ergänzung zu der Resolution 1368 stellt die am 28. September 2001 vom VN-Sicherheitsrat verabschiedete Resolution 1373 dar. In ihr werden die Mitgliedstaaten aufgerufen, den internationalen Terrorismus über die militärischen Mittel hinaus mit politischen, wirtschaftlichen, polizeilichen und gesetzgeberischen Maßnahmen zu bekämpfen. Außerdem werden in Absatz drei dieser Resolution noch einmal alle Staaten aufgefordert, »Wege zur Intensivierung und Beschleunigung des Austauschs optionaler Informationen zu finden«[26], damit eine effektive Terrorbekämpfung möglich wird.

In seiner ersten Rede nach dem 11. September spricht US-Präsident Georg W. Bush von einem »act of war«. Mit dieser Aussage fordert er deutlich die NATO-Mitglieder auf, Amerika Beistand zu leisten, denn in NATO-Artikel 5 steht, »dass ein Angriff gegen eine oder mehrere von ihnen in Europa oder Nordamerika als ein Angriff gegen sie alle angesehen wird.«[27] Schon am 12. September 2001 beschließt der NATO-Rat, dass die Angriffe bewiesenermaßen von außen gegen die Vereinigten Staaten von Amerika gerichtet waren, sie demnach als Angriffe auf alle Bündnispartner zu betrachten sind und Artikel 5 in Kraft tritt. Am 2. Oktober legen die USA im NATO-Rat dar, dass bewiesene Angriffe von außen gegen die Vereinigten Staaten von Amerika gerichtet waren, woraufhin der NATO-Rat zwei Tage später die Beistandspflicht gemäß NATO-Artikel 5 bekräftigt und präzi-

---

23 Vgl. Resolution des Sicherheitsrates der Vereinten Nationen 1368 vom 12. September 2001, in: Bundesministerium des Inneren (Hg): Der 11. September 2001 und seine Folgen. Dokumentation aus dem Bundesministerium des Innern. Berlin 2002, S. 45.
24 Resolution des Sicherheitsrates der Vereinten Nationen, S. 6.
25 Resolution des Sicherheitsrates, ebd.
26 Resolution 1373 (2001) verabschiedet auf der 4385. Sitzung des Sicherheitsrats am 28. September 2001 in: Bundesministerium des Inneren, ebd., S. 47.
27 Nordatlantikvertrag vom 4. April 1949, unter: www.nato.int/docu/other/de/treaty_de.htm (Stand 1.1.2004)

siert. Es ist erstmalig seit Bestehen des Verteidigungsbündnisses nach über fünfzig Jahren, dass ein Verteidigungsfall nach Artikel 5 festgestellt wird.[28]

Auf Ersuchen der USA werden noch am gleichen Tag acht Maßnahmen zur Ausführung dieses Beschluss getroffen und das Spektrum der Optionen, die im Kampf gegen den Terrorismus zur Verfügung stehen, erweitert. Als ein wichtiger Punkt in Hinblick auf die Bekämpfung des Terrorismus soll die Zusammenarbeit der Nachrichtendienste sowohl auf bilateraler Ebene verbessert werden als auch eine Weiterleitung der Erkenntnisse in die dafür zuständigen NATO-Gremien gewährleistet sein. In einem weiteren Punkt wird solchen Staaten der Schutz entweder einzelner Nationen oder der Bündnispartner zur Seite gestellt, die in Folge des Kampfes gegen den internationalen Terrorismus einer größeren Terrorgefahr ausgesetzt sind.[29]

Des Weiteren werden Vereinbarungen getroffen, damit amerikanische Einrichtungen und die anderer Verbündeter auf dem eigenen Hoheitsgebiet besser geschützt werden. Ferner werden Überflugrechte gewährleistet, der Zugang zu Häfen und Flugplätzen garantiert und NATO-Mittel, die für Operationen im Rahmen der Terrorismusbekämpfung dienlich sind, wieder aufgestockt oder ersetzt. Schließlich wird verabredet, dass die NATO einen Teil ihrer ständigen Flottenverbände in den Mittelmeerraum und fünf AWACS-Flugzeuge in die Vereinigten Staaten verlegen, damit diese die Antiterroroperationen unterstützen können.

Obwohl es zu den erklärten Zielen der Vereinten Nationen gehört, Krieg und Gewalt aus den internationalen Beziehungen herauszudrängen, gibt es doch Artikel in der Satzung der Vereinten Nationen, die das Allgemeine Gewaltverbot durchbrechen. Einer davon ist der Artikel 51 dieser Satzung. In ihm heißt es, dass »diese Charta ... im Falle eines bewaffneten Angriffs gegen ein Mitglied der Vereinten Nationen keineswegs das naturgegebene Recht zur individuellen oder kollektiven Selbstverteidigung (beeinträchtigt), bis der Sicherheitsrat die zur Wahrung des Weltfriedens und der internationalen Sicherheit erforderlichen Maßnahmen getroffen hat.....«[30] Da es sich bei den Anschlägen des 11. September um eine unzulässige Gewaltanwendung gegen die Vereinigten Staaten von Amerika handelt, ist es ihnen erlaubt, Selbstverteidigung gegen diesen bewaffneten Angriff auszuüben.

Bereits kurz nach den Anschlägen verurteilt Bundeskanzler Gerhard Schröder die Anschläge auf Amerika und garantiert den Vereinigten Staa-

---

28 Vgl. Wie werden die Nato-Partner den Vereinigten Staaten beistehen?, in: Die Zeit, 38/2001 unter: www.zeus.zeit.de/text/archiv/2001/38/200138_dlfinterview_0918. xml (Stand 27.12.2003).
29 Vgl. Christopher Bennett: Amerika unterstützen, in: Direktor des Informations- und Pressedienstes, NATO Office of Information and Press (Hg): NATO-Brief. Bekämpfung neuer Sicherheitsgefahren. Winter 2001/2002, Jahrgang 49, Brüssel 2001/2002, S. 6/7, S. 6.
30 Sven Gareis; Johannes Varwick: Die Vereinten Nationen. Aufgaben, Instrumente und Reformen. Bonn 2003, S. 320.

ten von Amerika uneingeschränkte Solidarität. Er sieht in den Gewalttaten eine »Kriegserklärung gegen die gesamte zivilisierte Welt«[31]. Nachdem am 19. September auch der Bundestag die Terroranschläge als menschenverachtend eingestuft und auf das Schärfste kritisiert hat, kommt es am 7. November 2001 zum »Antrag der Bundesregierung auf Einsatz bewaffneter deutscher Streitkräfte«.[32] Mit diesem Antrag soll ein Kontingent von 3.900 Soldaten bereitgestellt werden, das zum größten Teil – etwa 1.800 Soldaten – als Seestreitkräfte oder Seeluftstreitkräfte eingesetzt werden soll. Des weiteren sollen deutsche Soldaten innerhalb der Operation »Enduring Freedom« als ABC-Abwehrkräfte, Sanitätskräfte, Spezialkräfte und als erforderliche Unterstützungskräfte verwendet werden. Als völkerrechtliche Grundlage sieht die Regierung die Resolution 1368 des VN-Sicherheitsrates, Artikel 5 des Nordatlantikvertrages und Artikel 51 der VN-Satzung. Verfassungsrechtlich gründet die Bundesregierung ihren Antrag auf Artikel 24 Absatz 2 des Grundgesetztes, in dem es heißt, dass »der Bund ... sich zur Wahrung des Friedens einem System gegenseitiger kollektiver Sicherheit einordnen (kann) ...«[33]. Die deutschen Soldaten, die bei der Operation »Enduring Freedom« eingesetzt würden, handelten demnach bei der Bekämpfung des weltweiten Terrorismus und bei dem Kampf zur Wiederherstellung der internationalen Sicherheit im Rahmen eines solchen Systems gemäß Grundgesetz.

Zudem erklärt die Bundesregierung, dass durch den Beschluss des Deutschen Bundestages vom 19. September 2001 und der damit verbundenen Bekräftigung des NATO-Artikel 5 eine Bereitstellung deutscher Streitkräfte in Aussicht gestellt wurde, die es zu erfüllen gilt.[34] General Dieter Stöckmann, der zum Zeitpunkt der Terroranschläge auf Amerika stellvertretender NATO-Oberbefehlshaber in Europa war, sieht für die deutsche Solidaritätsbekundung noch einen weiteren Grund. Seiner Meinung nach hatten »wir Deutschen (...) im Kalten Krieg den größten Nutzen und den Schutz dieses Bündnisses genossen.« Somit sind »wir auch in besonderer Weise verpflichtet (...), nunmehr diese Solidarität deutlich zu machen, nicht nur durch Lippenbekenntnisse.«[35] Am 7. November stimmt das Kabinett der Bereitstellung von Soldaten zu, nachdem es im Vorfeld zu heftigen Dis-

---

31 Erklärung des Bundeskanzlers, in: Die Zeit 37/2001, unter: www.zeit.de/2001/37/Politik/flugzeugkatastrophe_schroeder.html (Stand 27.12.2003).
32 Vgl. www.bundesregierung.de/artikel,-62015/Antrag-der-Bundesregierung-auf.htm (Stand 1.1.2004).
33 Dieter Hesselberger: Das Grundgesetz. Kommentar für die politische Bildung, 11. überarbeitete Auflage. Bonn 2000.
34 Vgl. www.bundesregierung.de/artikel,-62015/Antrag-der-Bundesregierung-auf.htm (Stand 1.1.2004).
35 http://zeus.zeit.de/text/archiv/2001/38/200138_dlfinterview_0918.xml (Stand 27.12.2003).

kussionen innerhalb der Regierungskoalition gekommen war[36]. Am 16. November 2001 beschließt der Bundestag mit 336 Stimmen, also mit zwei Stimmen mehr als für die absolute Mehrheit nötig, dass sich deutsche Streitkräfte an der Operation »Enduring Freedom« beteiligen dürfen. Gerhard Schröder hatte zuvor die Abstimmung mit der Vertrauensfrage verbunden, was dazu führte, dass CDU und CSU, sowie die PDS – sie ist generell gegen einen Kriegseinsatz – gegen den Einsatz stimmen. Da das Mandat lediglich auf zwölf Monate beschränkt ist, kommt es am 15. November 2002 zu einer Mandatsverlängerung. Bei der erneuten Mandatsverlängerung vom 14. November 2003 wird die Obergrenze von 3900 Soldaten auf 3100 Soldaten – 800 ABC-Abwehrkräfte werden aus dem Mandat gestrichen – gesenkt.[37]

Neben »Enduring Freedom« ist auch die »Operation Active Endeavour« im Kampf gegen den Terrorismus zu erwähnen. Die »Operation Active Endeavour« (OAE) stellt einen noch andauernden multinationalen NATO-Beitrag zur Sicherung des Mittelmeerraumes im Kampf gegen den Terrorismus dar. Die rechtliche Grundlage für »Operation Active Endeavour» liegt in der UN-Resolution 1368 sowie im Inkrafttreten des NATO-Bündnisfalls unter dem Art. 5 begründet. Der Auftrag der Operation umfasst die aktive Präsenz der multinationalen Einsatztruppen, den Schutz des zivilen Verkehrs vor Übergriffen und die Demonstration internationaler Solidarität und Entschlossenheit. Am 26. Oktober 2001 beginnt die Operation mit Patrouillen im östlichen Mittelmeer. Am 10. März 2003 wird OAE um die »Operation Street of Gibraltar« (STROG) erweitert. Insgesamt sind rund 260 deutsche Kräfte im Einsatz. Als Erfolge ist die Rettungsaktion von 84 Zivilisten von einer Bohrinsel am 4. Dezember 2001 zu nennen sowie eine Rettungsaktion von 254 schiffbrüchigen Flüchtlingen vor Kreta am 2. Januar 2002. Im Prinzip wurde mit beiden Operationen von »Enduring Freedom« und »Avtive Endeavour« aus einem militärischen Beitrag im Kampf gegen den internationalen Terrorismus aufgrund der begrenzten Mittel ein humanitärer Einsatz. Die beiden Operationen sind von Beginn an als eine präventive Maßnahme mit abschreckender Wirkung und mit symbolischem Charakter angelegt worden. Ein derartiger multinationaler Einsatz entspricht zwar den Herausforderungen des 21. Jahrhunderts, der jedoch nicht alleine durch Prävention und Kooperation, sondern eben auch durch eine

---

36 Für die Abgeordneten der Grünen stellt diese Abstimmung eine Grundsatzentscheidung dar, da sie durch diese erneute Zustimmung zum Kampfeinsatz (zuvor hatten sie schon die für den Kosovo-Einsatz gegeben) eventuell nicht mehr als Friedenspartei dastehen. Deshalb ist für einige Abgeordnete die Entscheidung für den Kampfeinsatz gleichzusetzen mit einem »Todesurteil für die Partei«. Thorsten Denkler, Die Grünen und der Kriegseinsatz, unter: http://www.sueddeutsche,de/deutschland/artikel/124/7117/print.html (Stand 1.1.2004)

37 Enduring Freedom, unter: http://www.spiegel.de/politik/deutschland/ 0,1518,273 910,00.html (Stand 25.12.2003).

effektive Weiterentwicklung des Völkerrechts in der Internationalen Politik zu bewältigen ist.

26 Tage nach den Anschlägen auf das World Trade Center und das Pentagon beginnt Amerika seinen Kampf gegen den Terrorismus. Gemeinsam mit Großbritannien werden am 7. Oktober die ersten Militärschläge gegen Afghanistan durchgeführt, die gegen die Taliban-Hochburg Kandahar, gegen den Flughafen Kabuls sowie die Stadt Dschalabad gerichtet sind. Afghanistan ist deshalb ins Fadenkreuz des amerikanischen Militärs geraten, weil das dort agierende Taliban-Regime sich unter anderem weigerte, Osama bin Laden und seine Gehilfen ohne vorherige Vorlage von Beweisen seiner Urheberschaft an den Anschlägen auszuliefern. In seiner Rede am Abend der ersten Militärschläge betonte Georg W. Bush noch einmal, dass er vor mehr als zwei Wochen Forderungen gestellt habe, deren Erfüllung einen Militärschlag verhindern hätten können. Doch Afghanistan weigert sich, die Ausbildungslager für Terroristen zu schließen, die Führer des »al-Qaida«-Netzwerkes auszuliefern und die zu Unrecht im Land festgehaltenen Ausländer freizulassen.[38]

Innerhalb kürzester Zeit machen die amerikanischen und britischen Truppen in Zusammenarbeit mit der afghanischen Nordallianz große Fortschritte. Bereits Mitte November 2001 ziehen sich die Taliban aus Kabul, der Hauptstadt Afghanistans zurück und knapp einen weiteren Monat später auch aus ihrer Hochburg Kandahar[39]. Während der gesamten Zeit kommt es nur zu einer schweren Niederlage der Amerikaner. Geleitet von der Doktrin, so wenig Soldaten wie möglich zu verlieren, überlassen sie es örtlichen afghanischen Verbündeten, die Übergänge zu Pakistan abzuriegeln. Das Resultat ist, dass Osama bin Laden und Mullah Omar entkommen, denn es ist anzunehmen, dass der Ehrgeiz der Verbündeten, Osama bin Laden zu fassen, weniger stark ausgeprägt war, als der der Amerikaner[40]. Zwar gibt es bis zum heutigen Tag noch vereinzelte Gefechte in den Bergen nahe der Grenze Pakistans, doch der Krieg gegen die Taliban scheint vorerst gewonnen.

Bis zu der Festnahme Saddam Husseins Mitte Dezember 2003 »war der Irak-Krieg«, so der Harvard-Politiologe David Gergen, »ein Satz ohne Punkt.«[41] Auch der Entschluss zum Einsatz war nicht so eindeutig wie beim Afghanistan-Einsatz. Nachdem Georg W. Bush im Januar 2002 den Irak

---

38 Vgl. Wortlaut der Ansprache Georg W. Bush am 7.10.2001, »Nun werden die Taliban einen Preis zahlen«, in: Die Zeit, 41/2001, unter: http://zeus.zeit.de/text/archiv/2001/41/200141_angriff2.xml (Stand 3.1.2004).

39 Vgl. Mario von Baratta: Der Fischer Weltalmanach 2003, Frankfurt/Main 2002, S. 848-851 und 55.

40 Vgl. Harald Müller, Supermacht in der Sackgasse? Die Weltordnung nach dem 11. September, Bonn 2003, S.128.

41 Susanne Fischer, Thomas Kleine-Brockhoff: Das Ende des Allgegenwärtigen, in: Die Zeit vom 17.12.2003, S. 11-16, S. 12.

und Nordkorea einer »Achse des Bösen« zuordnet, die es nun zu bekämpfen gilt, schränkt Bundeskanzler Schröder die zu Anfang »uneingeschränkte Solidarität« mit den Worten, ›ohne dabei Risiken eingehen zu wollen‹, ein. Das unter anderem ist der Grund dafür, warum die Bundesregierung ihre Zusage bei dem Kampf gegen Saddam Hussein unter die Voraussetzung stellt, dass zuvor ein zweites VN-Mandat verabschiedet werden muss, damit ein militärisches Eingreifen im Irak völkerrechtlich legitimiert ist. In den folgenden Monaten wird Amerikas Willen zum Krieg immer deutlicher. Schon unmittelbar nach den Anschlägen sprach Georg W. Bush von einem Kreuzzug gegen den Terrorismus und damit auch gegen den Irak. Die Vereinten Nationen hingegen versuchen auf friedlichem Weg zwischen den Vereinigten Staaten von Amerika und dem Irak zu vermitteln. Anfang März 2002 lässt der britische Premierminister Tony Blair verlauten, dass Großbritannien an der Seite Amerikas stehe. Fünf Monate später kommt der Irak den Forderungen der Vereinten Nationen nach, in dem er seine Zustimmung zu Waffeninspektionen gibt.

Obwohl die Waffeninspekteure unter der Leitung von Hans Blix keine Massenvernichtungswaffen finden, legt der amerikanische Außenminister Colin Powell am 5. Februar 2003 vor dem VN-Sicherheitsrat Beweise für die Massenvernichtungswaffen im Irak vor, die den endgültigen Startschuss für den bewaffneten Einsatz geben. Am 20. März 2003 fliegen amerikanische Streitkräfte die ersten Luftangriffe gegen Regierungseinrichtungen und militärische Ziele. Die internationale Unterstützung, wie sie noch bei dem Einsatz in Afghanistan vorhanden war, gibt es bei diesem Kriegseinsatz nicht.

Neben der Bundesrepublik Deutschland versagen noch Frankreich, Belgien und Luxemburg ihre direkte militärische Unterstützung. Lediglich acht europäische Staaten bekunden in einem offenen Brief an den amerikanischen Präsidenten ihren Beistand. Zu diesen Ländern gehören neben Großbritannien, Italien, Spanien und Portugal auch Staaten aus dem »neuen Europa«, wie Polen und Ungarn. Nach schwereren Kämpfen als zuvor angenommen ziehen am 9. April 2003 die alliierten Truppen in Bagdad ein und obwohl Saddam Hussein in einem Erdloch aufgespürt gefangen genommen wird, reißen die Angriffe auf die Besatzer bis zum Tag der Übergabe der Macht an eine Übergangsregierung am 1. Juli 2004 nicht ab; fast täglich kamen und kommen bei Sprengstoffanschlägen viele Menschen im Irak ums Leben. Im Grunde stellen die hohen Verluste von US-Soldaten und irakischen Zivilsten ein einziges Fiasko dar, welches über den 1. Juli 2004 hinaus andauert.

Bereits im Oktober 2001 geht Theo Sommer davon aus, dass die Koalition für die internationale Sicherheit und gegen den weltweiten Terrorismus auf Zerfall angelegt ist. Als Grund dafür nennt er, dass dieses Bündnis, im Gegensatz zum Beispiel zur NATO, lediglich ein reines Zweckbündnis sei,

»ein punktueller Zusammenschluss, heikel verkittet durch viel Heuchelei; obendrein in weiten Teilen eher ein Stillhalteverein als ein Aktionsverband.«[42] Dass er mit dieser Annahme nicht völlig falsch gelegen hat, sieht man, wenn man einen genaueren Blick auf die Allianz heute wirft. Schon während des Afghanistanfeldzuges machte Amerika seine Führungsrolle deutlich, indem es mit Großbritannien mehr oder minder im Alleingang das Land eroberte und die Taliban vertrieb. Und was sich bei dem Afghanistankrieg andeutete wird bei dem Irak-Krieg mehr als deutlich. Obwohl der VN-Sicherheitsrat ein Veto gegen den militärischen Einsatz im Irak gestellt hat, rücken die USA in das Land ein. An diesem Tag wird noch einmal die »weitgehende Trennung und Unabhängigkeit ihres (der US-amerikanischen) politischen Handelns von multilateralen Bindungen«[43] unterstrichen.

In den Augen Amerikas wird der Sicherheitsrat der Vereinten Nationen lediglich »als Konsultativkörperschaft zur Legitimationsbeschaffung gesehen, deren Zustimmung zu militärischen Aktionen aber keinesfalls zwingend notwendig«[44] ist. Daraus erklärt sich auch, warum der Sicherheitsrat in der »Interpretation der US-Administration« seine Aufgabe dadurch versäumte, »dass er den Krieg nicht legitimierte, der in ihrer paradoxen Logik der alleinige Garant eines zukünftigen Friedens im Mittleren Osten sein soll«.[45] Nicht alleine der Sicherheitsrat der Vereinten Nationen verliert in diesen Tagen an Ansehen, auch die Uneinstimmigkeit innerhalb der Europäischen Union lässt erkennen, dass es noch ein weiter Weg ist, bis eine wirkliche Weltgemeinschaft entstanden wird.

c) Deutschlands Beitrag zu »Enduring Freedom«

Seit dem 26. November 2001, nachdem der Deutsche Bundestag sein Mandat erteilt hat, sind deutsche Bundeswehrsoldaten im Rahmen der Operation »Enduring Freedom« involviert. Bis zum Januar 2002 fliegen deutsche Flugzeuge in mehr als 130 Einsätzen von der amerikanischen Luftwaffenbasis Ramstein ins türkische Incirlik. Dieser Einsatz, in dem ausschließlich Versorgungsgüter sowie humanitäre Hilfsgüter transportiert werden, dient vor allem zur Entlastung der amerikanischen Luftwaffe. In gegenseitigem Einverständnis wird die Lufttransportunterstützung am 10. Januar 2002 eingestellt. Nur einen knappen Monat später beginnt der, für die Operation

---

42 Theo Sommer: Einen Blitzsieg gibt es nicht, in: Die Zeit, 42/2001, unter: http://zeus.zeit.de/text/archiv/2001/42/200142_1._leiter.xml (Stand 3.1.2004).
43 Norman Paech: Die Rolle der UNO und des Sicherheitsrates im Irakkonflikt, in: Aus Politik und Zeitgeschichte, B 24-25/2003, S. 35-44, S. 35.
44 Harald Müller: Supermacht in der Sackgasse, Bonn 2003, a.a.O., S. 234.
45 Norman Paech: Die Rolle der UNO und des Sicherheitsrates im Irakkonflikt, S. 35.

»Enduring Freedom« bereitgestellte, deutsche Marineverband – der etwa 1.300 Soldaten umfasst – mit der Überwachung des Arabischen Meers und der Seegebiete um das Horn von Afrika. Nachdem Deutschland seit Anfang Mai 2002 die Führung des multinationalen Marineverbandes (Task Force 150) am Horn von Afrika übernommen hat, gibt der deutsche Flottiladmiral Gottfried Hoch diese am 30. Oktober 2002 an Spanien weiter.

2004 schrumpfte der deutsche Beitrag von etwa 1300 auf 560 Soldaten und Oktober 2005 auf 260 Soldaten im Einsatz. Dennoch ist diese Mission, die dafür sorgen soll, dass für Terroristen die Fahr- und Nachschubwege zwischen Afrika und der arabischen Halbinsel abgeschnitten werden, für die Marine der größte Auftrag seit ihrem Bestehen. An der militärischen Konfrontation im Nahen Osten im Frühjahr 2003 ist Deutschland nur indirekt beteiligt. Die Gründe dafür liegen in der klaren Absage Gerhard Schröders im August 2002. Zwar gewährt die Bundesrepublik im Rahmen der NATO-Verpflichtungen Überflug- und Transitrechte; die ABC-Abwehrkräfte in Kuwait erhalten Verstärkung und zum Schutz der Türkei werden »Patriot«-Luftabwehrraketen verlegt sowie Angehörigen der Bundeswehr die Teilnahme an der Luftüberwachung mit AWACS-Flugzeugen gestattet – doch eine direkte militärische Beteiligung Deutschlands bleibt aus.

Trotz über zweijährigem Kampf gegen den internationalen Terrorismus ist seine Gefahr noch nicht gebannt. Immer noch werden Flüge gestrichen oder ganze Krankenhäuser abgeriegelt. Der Schock über den 11. September 2001 und nachfolgende Terroranschläge wie zum Beispiel in der tunesischen Touristenhochburg Djerba ist noch nicht überwunden. Zwar hat die internationale Koalition gegen den Terrorismus unter der Führung der USA bereits große Erfolge gegen das internationale Terrornetzwerk erzielt, doch die Angst bei Politikern und in der Bevölkerung ist geblieben. Mit dem Krieg gegen Afghanistan und den Irak hat die Koalition gegen den internationalen Terrorismus aus der Sicht der USA vorerst große Erfolge erzielt, doch ist die Frage einer politischen Nachkriegsordnung noch nicht entschieden. Zwar hat sich in Afghanistan die Loya Jirga auf eine gemeinsame Verfassung geeinigt. Ob das allerdings auch so bleibt und die Verfassung in der politischen Wirklichkeit Afghanistans Bestand haben wird, nachdem die Internationale Schutztruppe für Afghanistan (ISAF) abgezogen ist, bleibt fraglich.

Noch schlechter sehen die Prognosen für den Irak aus. Es ist den Alliierten Truppen gelungen, den Diktator Saddam Hussein zu fassen und zu verhaften; dennoch gehen die Attentate auf die Besatzer weiter und der Unmut gegen sie steigt kontinuierlich. Es bleibt also Ernst-Otto Czempiels Frage im Raum stehen, ob es sinnvoll war das »neue ... Phänomen des Mordanschlags auf das Welthandelszentrum und das amerikanische Verteidigungsministerium mit der alten Strategie des zwischenstaatlichen Krieges zu (be)antworten«[46] oder ob es nicht Ziel gerichteter wäre, im Rahmen des »nation-buildings« und der Verbesserung der humanitärem Lage in Entwicklungsländern und Krisenregionen den Terroristen den sozialen Nährboden zu entziehen. Denn diese Erkenntnis drängt sich geradezu auf: solange Hunger und politische Instabilität existieren, wird es immer Menschen geben, die diese Schieflage sich politisch zu Nutze machen, um ihre zerstörerischen Ideen zu realisieren.

---

46 Ernst-Otto Czempiel, a.a.O., S. 41.

13. Der Afghanistan-Konflikt und ISAF

Ebenso wie beim Balkan-Konflikt und dem Georgien-Konflikt lässt sich der Auslandseinsatz der Bundeswehr in Afghanistan im Rahmen von ISAF nur analysieren, wenn auch die Hintergründe des seit vielen Jahrhunderten bestehenden Afghanistan-Konflikts ausgeleuchtet werden. Es bedarf der ideengeschichtlichen Auseinandersetzung mit dem geschichtlichen Erbe Afghanistans, um zugleich zu verdeutlichen, welche kurze Zeitspanne und welchen kleinen Wirkungsgrad so ein Auslandseinsatz im Gesamtzusammenhang des Afghanistan-Konflikts ausmacht.

Der rote Faden im Afghanistan-Konflikt besteht ebenso wie im Balkan- und Georgien-Konflikt in seiner multi-ethischen Konfliktlage. So setzt sich die Bevölkerung Afghanistans heute aus verschiedenen ethnischen Gruppen zusammen. Fast alle Afghanen sind inzwischen Muslime, zumeist sunnitischen Glaubens. Vier Volksgruppen sind von besonderer Bedeutung: Die Paschtunen, hauptsächlich im Süden Afghanistans angesiedelt sowie im Osten des Landes; mit 8,9 Millionen Menschen bilden sie die größte Volksgruppe Afghanistans. Etwa 5,8 Millionen Afghanen sind Tadschiken und ihr Hauptsiedlungsraum liegt im Norden und umfasst das Gebiet südlich von Herat bis nach Kabul, der Hauptstadt Afghanistans. Hier haben auch rund 1,4 Millionen Usbeken ihr Zuhause. Weitere 4,4 Millionen sind Hazara, also Menschen mongolischer Herkunft und zumeist Bauern schiitischen Glaubens. Die Amts- und Geschäftssprachen mit zahlreichen Varianten sind Dari und Paschtu.

Auf der gesellschaftlichen und wirtschaftlichen Ebene ist anzuführen, dass Afghanistan zu den ärmsten Ländern der Welt gehört und nahezu völlig von der Landwirtschaft abhängig ist. Dabei können nur 10-15 Prozent der Fläche des Landes für Ackerbau und Viehzucht genutzt werden; Wälder sind praktisch nicht mehr vorhanden, zum einen wegen der Höhenlage, zum anderen weil frühere Generationen Bäume abholzten, um ihre Ofen zu füllen, aber nicht Wiederaufforstung betrieben, sodass zahlreiche Landstriche Afghanistans – wie in anderen Entwicklungsländern auch – verkarstet und verödet sind.

a) Geschichte

Afghanistan hat sich von Beginn an als ein Reich erwiesen, welches sich als nahezu unregierbar erweist; zu zerklüftet sind seine Gebirgsregionen und zu selbständig und selbstbewusst sind die einzelnen Volksstämme. In den Jahren 522-486 v. Chr. führt Darius der Große das Achaemenidische Reich

(Persien) zu seinem Höhepunkt, als er den größten Teil Afghanistans erobert hat. Nach dem Sieg über Persien wird in den Jahren 329-326 v. Chr. Afghanistan von Alexander dem Großen besetzt. Alexander konnte zwar Afghanistan erobern, doch scheitert er bei dem Versuch, das Volk dauerhaft zu unterdrücken und für sich zu gewinnen, sodass es zu kontinuierlichen Revolten und Aufständen gegen Alexander den Großen kommt[1].

550 n. Chr. übernehmen die Perser die Kontrolle über alles, was das heutige Afghanistan umfasst. Es finden wiederum Revolten diverser freiheitsliebender, afghanischer Volksstämme statt. 652 n. Chr. führen die Araber den Islam ein; in den Jahrhunderten zuvor konnte der christliche Glaube in Afghanistan ebenso wie in ganz Asien nicht Raum greifen, eben weil das Einflussgebiet des Imperium Romanum und des Byzantinischen Reiches auf den Nahen Osten beschränkt blieb. Eine staatspolitische Bedeutung erlangte der Islam mit der Ghaznavid Dynastie (962-1140), in der sich Afghanistan zu einem Zentrum islamischer Macht und Kultur entwickelte. Diese wirtschaftliche und kulturelle Hochphase wird unterbrochen durch das Eindringen des berühmten Mongolenfürsten Dschingis Khan nach Afghanistan, der das damals bestehende, fortschrittliche Bewässerungssystem zerstört und fruchtbare Erde in dauerhafte Wüste verwandelt – mit ökologischen Schäden bis heute! In den Jahren 1504-1519 übernimmt Babur, der Gründer der Mogul Dynastie, die Kontrolle des Landes in Kabul. Der afghanische Kriegsdichter Khushal Khan Kattak (1613-1689) beginnt einen nationalen Aufstand gegen die fremde Mogul Regierung.

1747 beginnt die Gründung des modernen Afghanistan durch Ahmad Ahah Adali. Es folgen die Herrscher Timur Shah (1773-1793), Zaman Shah (1793-1801), Mahmood (1801-1803), Shah Shujah (1803-1809) und wieder Mahmood (1809-1818). Alle genannten Herrscher müssen sich kontinuierlich mit inneren Revolten der afghanischen Bevölkerung auseinandersetzten; keiner auch der nachfolgenden Herrscher kann für sich behaupten, das Land wirklich zu hundert Prozent zu regieren. Außenpolitisch gesehen befindet sich Afghanistan die kommenden zwei Jahrhunderte in einem beständigen Kampf zwischen Selbstbestimmung und Fremdbestimmung, wobei es vor allem die Engländer sind, die versuchen, Afghanistan unter ihre Herrschaft zu bekommen. In Folge des ersten anglo-afghanischen Krieges (1839-1842) wird Shah Shuja von den Briten als »Marionetten –König« aufgestellt; 1842 wird Shah Shuja als Symbol britischer Fremdherrschaft über Afghanistan von Afghanen umgebracht. Akbar Khan besiegt die Briten und Amir Dost Mohammad Khan übernimmt den Thron (1843-1863). Von 1878-80 findet der zweite anglo-afghanische Krieg statt. Abdur Rah-

---

1 Vgl. Helena Schwarz: Afghanistan. Geschichte eines Landes. Essen 2002. Zur Lebensgeschichte des Alexander vergleiche die Kinofilme »Alexander der Große« (USA 1956) und »Alexander« (Regie: Oliver Stone, USA 2004) mit Colin Farrell in der Hauptrolle.

man nimmt den Thron von Afghanistan als Amir in Anspruch. Außenpolitisch erhält das Land den Status eines britischen Protektorats in Abhängigkeit von Britisch-Indien, festgeschrieben im Duran-Vertrag vom 12. November 1893. Als 1901 Abdur Rahman stirbt, wird sein Sohn Habibullah König. Es folgen erste Schritte der Modernisierung. 1919 wird Habibullah ermordet. Ermordungen von afghanischen Herrschern durchziehen die Geschichte Afghanistans und spiegeln sein hohes innenpolitisches Konfliktpotential wieder.

Habibullahs Sohn Amanullah – der Reformkönig – übernimmt wieder den afghanischen Thron. 1919 findet der dritte anglo-afghanische Krieg statt, in dem die Briten erneut besiegt werden; Afghanistan übernimmt die ganze Kontrolle über seine auswärtigen Angelegenheiten. 1929 wird König Amanullah Khan von Habibullah Kalakani gestürzt, der wiederum nach neun Monaten vom Thron verjagt wird. Der ihm nachfolgende Nadir Khan wird 1933 ermordet; sein Sohn Zahir Shah erbt den Thron und amtiert als König bis 1973.

1953 wird Prinz Mohammad Daoud afghanischer Premierminister. 1963/64 verlangt Zahir Shah Daouds Rücktritt. Schließlich wird Dr. Hohammed Yussuf Premierminister. 1964 wird eine neue Verfassung verabschiedet und Afghanistan eine konstitutionelle Monarchie. Dann schafft der entmachtete Daoud die Monarchie ab und ernennt sich selbst zum Präsidenten (1973-1978), womit die Republik Afghanistan gegründet wurde. 1978 wird Daoud umgebracht und Taraki wird Präsident 1979 wird Taraki ermordet und Hafizullah Amin übernimmt die Präsidentschaft.[2] Amin wird hingerichtet und von Karmal ersetzt, der wiederum 1986 von Najibullah aus dem Amt gejagt wird. Im Dezember 1979 erfolgt der Einmarsch der Sowjetunion in Afghanistan. Aufgrund des Vertrages von Genf vom 15. April 1988 beginnt der Abzug der sowjetischen Truppen, nachdem sie schwere Verluste in Afghanistan erlitten und zudem das Land nicht in ihre Gewalt bringen konnten. Der Rückzug der Sowjetunion ist 1989 abgeschlossen.

Die Mudschahedin, die islamischen Konservativen im Lande, werden zunehmend stärker und zu einer echten Bedrohung für Najibullah. 1992 erfolgt der Rücktritt Najibullahs. Im Friedensabkommen von Islamabad vom 7. März 1993 geht die Macht de facto an zehn Mujaheddingruppen über. Gulbuddin Hekmatyar wird als Ministerpräsident vereidigt. In Kandahar werden die radikal-moslemischen Taliban im gleichen Jahr gegründet, die dann am 27. November 1996 die Führung in Kabul unter Leitung von Mullah Mohammad Rabbani übernehmen. Im Oktober 1997 rufen die Taliban die »Islamische Emirat Afghanistan« aus. Am 11. September 2001 erfolgt der Anschlag auf das World Trade Center in New York und das Pentagon in Washington. Am 7. Oktober 2001 beginnen die USA die Bombardierung

---

2 Vgl. Sarajuddin Rasuly: Die politischen Eliten Afghanistans. Frankfurt am Main 1997.

Afghanistans. Am 17. November 2001 zieht die Nordallianz in Kabul ein. Am 27. November 2001 kommt es zu den Afghanistangesprächen auf dem Petersberg bei Bonn unter der Schirmherrschaft der UNO; es werden nur vier Gruppierungen eingeladen (Rom-, Zypern-, Peschawargruppe und Nordallianz). Am 3. Dezember 2001 wird das Bonner Abkommen unterzeichnet. Die Verhandlungspartner erzielten einen politischen Konsens über eine Interimsregierung unter Leitung von Hamid Karzai; er ist seit Juni 2002 durch die Loya Jirga für 18 Monate bestätigt worden. Im Dezember 2004 wird Karzai zum Ministerpräsidenten gewählt. Am 18. April 2002 kehrt Zahir Schah nach einem über 30-jährigen Exil in Rom nach Kabul zurück. Im Dezember 2003 wird die neue Verfassung in der Loya Jirga für Afghanistan verabschiedet.

b) Deutsch-afghanische Beziehungen

In diesen geschichtlichen Kontext sind die besonderen deutsch-afghanischen Beziehungen im 20. Jahrhundert einzuordnen[3]. So wird im September 1914 eine deutsch-türkische Expedition geplant, die von Oskar von Niedermayer und Werner Otto von Hentig durchgeführt wird. Im damaligen Deutschen Reich von Kaiser Wilhelm II. herrschte eine gewisse Orientbegeisterung[4] vor, die sich auf die gesamte arabische Welt erstreckte. Besonders Ägypten mit seiner uralten Pharaonen- und Pyramidenkultur erfreute sich im deutschen Reich großer Beliebtheit, weshalb dann auch in Kairo eine Außenstelle des Deutschen Archäologischen Instituts eingerichtet wurde. Das Land am Nil stand sowohl als gesellschaftliches wie als künstlerisches Thema – etwa in der Ölmalerei jener Zeit – im Focus des öffentlichen Interesses. Arabische Kultur- und Lebensform wurde als irgendwie faszinierend wahrgenommen, vielleicht auch, weil sie eine so ganz andere Wirklichkeit darstellte als der deutsche, vom Preußentum geprägte Alltag des wilhelminischen Kaiserreiches. Bestandteil dieser Orientbegeisterung war auch die hohe Beliebtheit etwa der Palmenpflanze oder orientalischer Möbelstücke, die sich nahezu in jedem gutbürgerlichen Haushalt jener Zeit finden.

---

3 Matthias Friese, Stefan Geilen (Hg): Deutsche in Afghanistan. Die Abenteuer des Oskar von Niedermayer am Hindukusch. Köln 2002.

4 Diese Orientbegeisterung ist einzuordnen in den nationalen Drang Deutschlands nach Kolonien und »einem Platz an der Sonne«, eine Sehnsucht, die sich auch im geflügelten Wort »Majestät brauchen Sonne« ausdrückt; in diesen Kontext gehören auch die Kolonialwarenhändler mit ihren Kolonialwaren. Etwas ganz besonderes war es, wenn sich eine Familie einen »Mohren«, also einen schwarzen Diener, leisten konnte; weniger Betuchte hatten lediglich einen »Mohren« aus Porzellan. Diese koloniale Begeisterung für den »Mohren« machte sich der Schokoladenhersteller Sarotti zu eigen, als er den Mohren in sein Firmenemblem übernahm.

Als erstes Land der Welt erkannte Deutschland, im Vorgriff auf spätere Autonomiebestrebungen, die Unabhängigkeit Afghanistans an. Nach seiner Thronbesteigung strebte der junge König Amanullah eine enge wirtschaftliche, technische und kulturelle Zusammenarbeit mit westlichen Industriestaaten an, vor allem mit Deutschland. Deutsche Einzelpersonen, Geschäftsleute, Techniker, Ausbilder und Diplomaten schaffen in Afghanistan die Basis für eine diplomatische Vertretung Deutschlands und eine deutsche Kolonie in Kabul. 1921 begannen die Regierungen beider Staaten mit gegenseitigen Delegationsbesuchen. Im Dezember 1923 wurde die deutsche Gesandtschaft in Kabul eröffnet. Ab 1922 konnten junge Afghanen im Rahmen von staatlich geförderten Programmen zu Ausbildungszwecken nach Deutschland kommen. 1923 erfolgt die Gründung der »Deutsch-Orientalischen Handelsgesellschaft AG«, die 1925 in die »Deutsch-Afghanische Compagnie AG« umbenannt wird. 1924 wurde die bis heute bestehende deutschprachige Amani Oberrealschule eröffnet. Im II. Weltkrieg erklärte Zahir Shah die Neutralität Afghanistans.

Seit 1956 engagiert sich die Bundesrepublik Deutschland[5] mit finanzieller und technischer Hilfe im Entwicklungs- und Modernisierungsprozess Afghanistans. Die Hochtief AG und Siemens AG gehören zu den bedeutendsten ausländischen Privatinvestoren in Afghanistan. In Afghanistan sind gegenwärtig folgende deutsche Einrichtungen tätig: das Rote Kreuz, das Technische Hilfswerk, der Malteser Dienst, die Gesellschaft für Technische Zusammenarbeit und die Kreditanstalt für Wiederaufbau. Seit 2002 sind das Goethe-Institut und seit 2003 die deutsche Botschaft in Kabul vollständig wiedereröffnet. Als erster ausländischer Diplomat überreichte der deutsche Botschafter der afghanischen Regierung sein Beglaubigungsschreiben. Im Winterschulprogramm der Bundesregierung wurden in Zusammenarbeit mit afghanischen Stellen, mit deutschen Soldaten und afghanischen Baufirmen 15 Schulen in Kabul instand gesetzt und ausgestattet. Es gibt ein Sommerkurs-Programm für die Ausbildung afghanischer Hochschul-Lehrkräfte. Die Schwerpunkte der deutschen Förderung umfassen heute die Ernährungssicherung, den Aufbau eines Gesundheitswesens, die Gründung von Bildungseinrichtungen, die Rekonstruktion der Strom- und Wasserversorgung, die Minensuche, den Wiederaufbau der Verwaltungsstruktur, insbesondere der Polizei, und die Bildung zivilgesellschaftlicher und demokratischer Strukturen.

c) Erfahrungen eines deutschen UN-Beobachters (1991)

Ich war im Auftrag der Vereinten Nationen im September 1991 in Afghanistan, um einen Bericht über die politische Lage in Afghanistan zu schrei-

---

5 Vgl. Matin Baraki: Die Beziehungen zwischen Afghanistan und der Bundesrepublik Deutschland 1945-1978. Frankfurt am Main 1996.

ben und eine Bewertung darüber abzugeben, inwieweit internationale Gelder – so auch aus Deutschland – für Entminungsarbeiten weiter frei gegeben werden sollten. Im Sommer 1991 hatten Moskau und Washington die Einstellung aller Waffenlieferungen nach Afghanistan zu Jahresende vereinbart[6]. Diese Nachricht hatte in Kabul Angst und Schrecken erzeugt, da ungewiss war, ob auch die bisherigen Nahrungsmittellieferungen aus der Sowjetunion weitergeführt, eingeschränkt oder gestrichen werden sollten. Für die Einwohner Kabuls ging es damals um das Überleben in einer Stadt, die ebenso wie heute ökonomisch, sozial und kulturell ausgebrannt ist. Für Najibullah nahte das Ende seiner Herrschaft. Was im Mai 1991 in Äthiopien passierte, war eine Lehre für ihn: Nach siebzehnjähriger Herrschaft musste Mengistu Haile Mariam, der 1973 Kaiser Haile Selassie absetzte, sich selbst an die politische Führung des Landes brachte und jahrelang von Moskau protegiert wurde, ins Ausland fliehen.

Das große menschliche Leid und der wirtschaftliche Niedergang in Afghanistan kann als ein entscheidender Grund für den wachsenden Einfluss des Islam angesehen werden, vor allem von extremen Gruppierungen. Fast eine Million Afghanen waren seit 1979 in dem damals noch andauernden Bürgerkrieg umgekommen; hunderttausende wurden zu Krüppeln, rund 700.000 zu Witwen und Waisen. Ein Drittel aller Dörfer in Afghanistan waren zerstört, zwei Drittel aller Straßenverbindungen konnten nicht mehr genutzt werden. Afghanistan war von den Sowjets und den Mudschahedin mit so vielen Minen versehen worden, dass ganze Landesteile für Jahrzehnte eine wirtschaftliche und menschliche Wüste sein würden. Millionen Afghanen haben ihr Land verlassen, darunter fast die gesamte geistige (Bildungs-) Elite. Heute ist das gebirgige Afghanistan größtenteils eine Steinwüste. Lediglich dort, wo es noch menschliche Behausungen gibt, finden sich kleine Grünflächen und vereinzelt Bäume. Trotzdem leben Millionen von Menschen in diesem Land, denen der Islam einziger Trost ist.

Neben der Erdgasproduktion und dem Interesse an einer Re-Islamisierung Afghanistans gewinnen Rauschgifte in diesem Land an wirtschaftlicher Bedeutung. Aus dem Verkauf von Haschisch, Opium und Heroin wird ein Großteil des Kampfes der Mudschahedin finanziert. Ihnen ist es gelungen, ein hochwertiges Heroin zu produzieren, welches gegenüber dem Heroin aus dem »Goldenen Dreieck« konkurrenzfähig ist. Afghanistan hat sich zum zweitgrößten Opium- und Heroinlieferanten Asiens entwickelt – und nimmt diese Position bis heute (2006) ein. Empirisch gesicherte Zahlen über den Drogenanbau in Afghanistan liegen nicht vor, doch UNDCP (United Nations International Drug Program) schätzt, dass fünfzig Prozent des Opiums für Deutschland aus Afghanistan stammt. Zwar ist der Opiuman-

---

6 Vgl. Andreas M. Rauch: Minen versperren noch den Weg in die Zukunft. Hoffnung auf Frieden und Wiederaufbau in Afghanistan, in: Bonner General-Anzeiger, 29. November 1991, S. 35.

bau seit Ende der fünfziger Jahre verboten, doch war der Anbau durch die Zentralregierung in Kabul schon früher nicht zu kontrollieren. Festzuhalten ist, dass der afghanische Opiumbauer selbst nur einen geringfügig höheren Gewinn hat, wenn er statt Weizen Opium anbaut. Doch ist die Opiumpflanze im rauen Klima und auf dem kargen Boden Afghanistans weitaus beständiger als jede Weizensorte. UNDCP versucht den Drogenanbau zu bekämpfen, indem es durch die Förderung von Landwirtschaftsprogrammen den Farmern Ersatz für den Opiumanbau bietet. Angesichts der Kriegswirren und der instabilen politischen Lage in Afghanistan bleibt jedoch die Wirksamkeit dieser Maßnahmen begrenzt. Auch die Arbeit des UN-Wiederaufforstungsprogramms FAO (Food and Agriculture Organisation) erweist sich als ziemlich erfolglos. So konnte zwar eine Hügelseite bei Kabul aufgeforstet werden und es wurden auch einige Bäume in der Stadt Kabul gepflanzt. Doch Infrastrukturprojekte von UNDP (United Nations Development Program) etwa im Straßenbau und bei Bewässerungssystemen wurden durch den Bürgerkrieg teilweise wieder zerstört, weshalb auch das FAO-Programm in Afghanistan nicht recht weiter kommt.

Kabul im Herbst 1991 hinterlässt bei den wenigen ausländischen Besuchern[7] einen bedrückenden Eindruck. Das Jahrzehnt der Besetzung und Unterdrückung Kabuls durch die Sowjetunion, seine jahrelange Isolation von der Außenwelt, ist überall spürbar. Die Straßen sind in schlechtem Zustand, viele Menschen laufen zerlumpt herum. Rechts und links der Straße vom Flughafen zur Innenstadt stehen große Bauruinen, an denen aber keine Bautätigkeit zu beobachten ist. Das Flughafengebäude ist wegen seiner Baufälligkeit abgesperrt und kann praktisch nicht benutzt werden. Kabul kann zwar von Neu-Delhi aus angeflogen werden, doch werden keine Touristen- und Geschäftsvisa erteilt. Die Ausländer, die in Kabul anzutreffen sind, arbeiten entweder bei den Vereinten Nationen, beim Roten Kreuz oder in einer der noch geöffneten Botschaften. Für Mitarbeiter der UN und des Roten Kreuzes, die es in Kabul nicht mehr aushalten, steht ein Flugzeug bereit, mit dem sie jederzeit die Stadt verlassen können. Gelegentlich ist ein Journalist auf Stippvisite in Kabul. Geschäftsleute sind rar. Die deutsche Hoechst AG will schließen; der deutsche Manager ist bereits außer Landes. In der Innenstadt von Kabul gibt es eine Einkaufsstraße, die wegen ihres großen Fleischangebots »Chicken Street« genannt wird. Das Warensortiment ist vielfältig, doch die Preise sind für die einheimische Bevölkerung unerschwinglich. Das Fladenbrot und der grüne Tee kosteten 1991 rund 50 Afghani; das Monatsgehalt eines afghanischen Arbeiters lag bei 2000 Afghani. Der Hintergrund der Preisentwicklung ist, dass die Waren entweder nach Kabul eingeflogen oder durch Gebiet der Mudschahedin transportiert

---

7 Andreas M. Rauch: »Traue niemals den Russen«, warnte der »Eiserne Emir«. Der Zerfall des Najibullah-Regimes setzt in Afghanistan widerstreitende Kräfte frei, in: Frankfurter Allgemeine Zeitung, 7. November 1991, Nr. 259, S. 10.

werden, in denen hohe Zölle entrichtet werden müssen. Diese Praxis illegaler Zölle besteht auch in vielen Landesteilen Afghanistans im Jahr 2006. Pro Tag schlugen 1991 rund zwanzig bis dreizig Geschosse der Mudschahedin in Kabul ein. Mit ihren Granat- und Raketenwerfern vermögen sie aber nicht richtig zu zielen. Deshalb gehen die Geschosse überall in der Stadt nieder, wobei meist Zivilisten getroffen werden: Hauptziel der Attacken ist der Flughafen, der aber nur wenige Einschläge aufweist, sodass weiter Flugzeuge landen und starten können. Die Mudschahedin verfügen dem Anschein nach in Kabul über keine große Anhängerschaft, wenngleich Werbematerial von ihnen in den Straßen Kabuls verteilt wird.

In Kabul steht alles Deutsche hoch im Kurs. Ob Schuhputzer im Basar oder Angehöriger der städtischen Intelligenz, ob Regierung oder bewaffnete Opposition, die meisten Afghanen sind germanophil. So lässt man an gebraucht gekauften Reisebussen die deutsche Beschriftung stehen oder malt sie gar nach, damit jeder sieht, woher der Bus kommt. Jahrzehntelang unterrichteten 40 deutsche Lehrer an der Armani-Schule in Kabul sechs Fächer in deutscher Sprache, bis sie im Februar 1985 des Landes verwiesen wurden; inzwischen ist die Schule wieder in Betrieb und es wird 2004 an einem Erweiterungsgebäude gearbeitet. In der deutschen Botschaft in Kabul wacht 1991 eine Ortskraft darüber, dass die Residenz nicht geplündert wird. Der »German Club« in Kabul, der auch über ein Schwimmbad verfügt, ist in Betrieb.

Nach dem Abzug der sowjetischen Streitkräfte aus Afghanistan hat die UNO hoffnungsvoll die »Operation Salam« ins Leben gerufen, um sich für eine reale Überlebensperspektive des von ausländischen Invasoren und durch Bruderkrieg zerstörten Landes einzusetzen. Die »Operation Salam« wird verwaltungsmäßig durch die UNOCHA (United Nations Co-Ordinator for humanitarian and economic assistance programmes relating to Afghanistan) umgesetzt. Von Mai 1988 bis Dezember 1990 war Prinz Saddruddin Aga Khan Leiter der Operation Salam, seit Januar 1991 hatte Benon Sevan dieses Amt inne. Die Aufgaben der UNOCHA liegen vorrangig im Bereich der Programmerarbeitung, in der Koordination der Arbeit einzelner UNO-Agenturen sowie in der Evaluierung des UNO-Programms für Afghanistan. Eine Aufgabe – die der Minenräumung Afghanistans – hat UNOCHA selbst übernommen. So unterhält es ein Programm zur Erkennung von Minen (MCPA), eine Trainingsschule zur Minensäuberung sowie ein Programm zur manuellen und zur mechanischen Untersuchung und Überwachung der Minensäuberung. Hierfür gibt auch Deutschland Finanzmittel. Die Aufgabe der Minenräumung ist gefährlich; immer wieder kommen Menschen ums Leben oder werden schwer verletzt. Auf dem Papier scheint der Arbeitsfortschritt der Minenarbeiter ungenügend. Bislang wurden erst 40 Quadratkilometer Land abgesucht (1991). Eine Ursache hierfür ist, dass zwar über 14.000 Minensucher von der UNO ausgebildet wurden, aber tatsächlich nur 400 eine Anstellung gefunden haben.

Um die Arbeit eines Minenteams vor Ort zu erleben[8], begleitet der Autor eine UNO-Mission und ein Fernsehteam des WDR von Kabul über Dir und Shidral in die afghanische Bergprovinz Badakkschan, die nördlich der pakistanischen Grenze liegt. War es in Shirdal noch sommerlich warm – im September 1991 –, so fällt das Thermometer auf den letzten fünfzig Kilometern zur afghanischen Grenze um mehr als 30 Grad. Badakkschan befindet sich mitten im Hindukusch, mit Bergen von über 8000 Metern Höhe. Die Luft ist dünn, selbst in den Sommermonaten friert es bei Nacht. Auf dem Weg nach Afghanistan begegnen wir kilometerlangen Eselkolonnen; jeder Esel ist mit zwei oder mehreren Raketen bestückt. Die Mudschahedin decken sich mit soviel Waffen für den Winter ein, dass sie bis zum Frühjahr ihre Stellungen behaupten können – das ist noch heute gängige Praxis. Ab November sind praktisch alle Bergpässe zugeschneit.

Beim UNO-Minenräumteam herrscht eine militärische Ordnung. Die Minenarbeiter leben in grünen Militärzelten, ein Fluss, der aus einem Gletscher gespeist wird, ermöglicht die notwendige Wasserversorgung. Ein Arzt, ein Rot-Kreuz-Zelt und ein Rot-Kreuz-Jeep sollen eine medizinische Versorgung im Notfall garantieren. Vor Wochen wurde einem Minenarbeiter ein Arm weggerissen; er wurde mit dem Jeep nach Pakistan ins nächste Krankenhaus gefahren. Letzte Woche verlor ein Minenarbeiter durch eine Minenexplosion ein Auge, das zweite Auge konnte mit Mühe gerettet werden. Da für die Landung in Afghanistan eine Flugerlaubnis notwendig ist – andernfalls ist die Gefahr eines Angriffs durch die Luftwaffe groß –, dauerte die Rettung des schwer verletzten Arbeiters mehr als zwei Tage. Eine Ausnahme bildet die UN-Maschine des UN-Generalsekretärs, die der Autor benutzen durfte und vormals Christian Onassis gehörte; dieses Flugzeug fliegt einmal die Woche die Strecke Islamabad-Kabul-Islamabad und transportiert Post sowie UN-Mitarbeiter und UN-Angehörige. Als Ausgleich zum hohen Unfallrisiko ist der Lohn der Minenräumer für afghanische Verhältnisse hoch: umgerechnet € 250.- € 350.- im Monat bei freier Verpflegung, Unterkunft und Kleidung. Mit diesem Geld kann eine ganze afghanische Großfamilie ernährt werden. Gearbeitet wird in den UN-Minencamps fünf Stunden pro Tag, außer am Freitag. Die bereits entminten Felder werden gekennzeichnet. In den Gebirgsebenen wird fast ausschließlich mit manuellen Minensuchgeräten gearbeitet. Findet das Suchgerät einen metallischen Gegenstand, so ertönt ein lautes Summen. Der Minenräumer legt

---

8 Andreas M. Rauch: Das Geld aus Moskau kam nie an. Der Bürgerkrieg geht weiter, auch wenn sich Washington und Moskau auf einen Waffenlieferstopp geeinigt haben. Ein Augenzeugenbericht aus Kabul und aus den Gebieten der Mujaheddin, in: Rheinischer Merkur, Nr. 38, 20. September 1991, S. 10.

sich dann flach auf den Boden, um zu erkunden, ob es sich um eine Bombe oder einen sonstigen Metallgegenstand handelt.

Während die UN-Beobachtergruppe und das WDR-Team hinter einer Felsenecke verschwinden, um die Arbeit der Minenräumer genauer zu inspizieren, bleibe ich noch eine Weile im Minencamp zurück, um abzuwarten, bis das Frühstück fertig ist. Als ich dann den anderen Bescheid geben will und um die Felsenecke biege, liegen alle am Boden, scheinbar im Gebet versunken. Plötzlich schlägt eine Bombe in 250 Meter Entfernung von mir ein, Steine fliegen, eine Rauchwolke steigt auf, ein Mann bekommt einen Schreikrampf. Dann explodiert die nächste Bombe, 50 Meter von der ersten entfernt. Einige Männer, darunter der deutsche UN-Mitarbeiter Wolfgang von Erffa rennen in Todesangst hinter die Felsblöcke. Die Bomben sind aus etwa zehn bis zwölf Kilometer Höhe – über dem Meeresspiegel – geworfen worden, so dass wir die Flugzeuge – in der Regel ein Aufklärer und zwei mit Bomben bestückte Maschinen – kaum hören konnten. Nadschibullahs Luftwaffe hat wieder einmal eines der UN-Minencamps angegriffen, die auch mit deutschen Steuergeldern finanziert werden. Diesmal wurde keiner verletzt oder getötet. Ich kam aber noch zwei weitere Male in Afghanistan in Lebensgefahr. Einmal fuhren wir mit einem UN-Jeep einen Gebirgspass rasch hoch und überwanden dabei eine so große Höhe, dass ich höhenkrank wurde; ich dachte, ich hätte aufgrund der anstrengenden Fahrt mit dem Jeep nur Kopfschmerzen, doch die afghanischen Begleiter sagten glücklicherweise, das sei Sauerstoffmangel im Gehirn, und wir müssten sofort wieder auf eine niedrigere Ebene. Dies hat mir das Leben gerettet: Wäre ich länger auf dem hohen Gebirgspass geblieben, hätte ich das wohl nicht überlebt. Das dritte Mal geriet ich in Lebensgefahr, als ich mit einer UN-Maschine von Kabul nach Islamabad flog. Wegen des Bürgerkrieges musste sehr hoch geflogen werden, damit das Flugzeug nicht abgeschossen werden konnte. Plötzlich öffnete sich die hintere Flugzeugtüre und Außenluft drang ein; die Sauerstoffmasken, die herunter fielen, erwiesen sich als löchrig, sodass sich kaum Sauerstoff einatmen ließ. So musste das Flugzeug niedriger fliegen, was uns wiederum in Todesgefahr wegen eines möglichen Raketenabschusses vom Boden aus brachte. Doch letztlich, nach einer halben Schreckensstunde, konnten wir pakistanisches Staatsgebiet unter uns wahrnehmen. Afghanistan – das ist bis heute ein sehr gefährliches Land geblieben – auch für die Mitglieder von ISAF. Bis Sommer 2004 haben 54 deutsche Soldaten im Auslandseinsatz ihr Leben verloren.

d) ISAF

Wie dem vorherigen Bericht zu entnehmen ist, gab es schon vor ISAF zahlreiche multilaterale Bemühungen, vor allem im Rahmen der Vereinten Nationen, die eine Befriedigung des Afghanistan-Konflikts intendierten. Hierzu gehört auch die VN-Mission in Afghanistan von 1996 bis 1997, die von dem deutschen Diplomaten Holl als »Special Representative of the Secretary General« geleitet wurde. Holl war zuvor mehrere Jahre lang Leiter des Afghanistan-Referates des deutschen Auswärtigen Amtes in Bonn gewesen. In diesem Zusammenhang ist auch die VN-Resolution 55/243 zu nennen, die die Zerstörung von Kulturgütern durch das Taliban-Regime verurteilte und die zu einem gewichtigen Maße von Deutschland initiiert und mit großer Mehrheit in den UN-Generalversammlung verabschiedet wurde. Doch erst mit dem Ende der Taliban-Herrschaft im Jahr 2001 konnten wirksame politische und militärische Schritte zur Stärkung der gesellschafts- und sicherheitspolitischen Lage Afghanistans unternommen werden[9]. So wird die seit dem 22. Dezember 2001 befindliche afghanische Übergangsregierung in Berlin durch einen Botschafter vertreten und Deutschland konnte auch seine auswärtigen kulturpolitischen Aktivitäten in Afghanistan wieder aufnehmen. Hierzu gehören der Erhalt des kulturellen Erbes Afghanistans und die Sicherung von Kulturgut in Kabul und Umgebung. So wurde etwa am 22. September 2003 das Goethe-Institut Kabul offiziell eröffnet und zeitgleich werden auch die Renovierungsarbeiten an der Amani-Oberrealschule in Kabul abgeschlossen.

Nach Absetzung des Taliban-Regimes fand vom 27. November bis 5. Dezember 2001 die Petersberger Konferenz bei Bonn statt, die am 20. Dezember 2001 im Sicherheitsrat der Vereinten Nationen zur Verabschiedung der Resolution 1386 führte. Inhalt dieser Resolution ist die Einrichtung einer internationalen Sicherheitsbeistandstruppe für einen Zeitraum von zunächst sechs Monaten, um die afghanische Interimsbehörde bei der Aufrechterhaltung der Sicherheit in Kabul und seiner Umgebung zu unterstützen, damit die afghanische Interimsbehörde wie auch das Personal der Vereinten Nationen in einem sicheren Umfeld tätig werden können. Am 22. Dezember 2001 erteilt der Deutsche Bundestag das Mandat für die deutsche Beteiligung am Einsatz auf Basis der VN-Resolution 1386.

Als Basis für das multilaterale Engagement[10] in Afghanistan gilt neben ISAF auch die Mission »Enduring Freedom«. Seit Januar 2002 sind bis zu 100 Kräfte der Kommando Spezialkräfte (KSK) aus Deutschland im Rahmen der Operation »Enduring Fredom« in Afghanistan zur Unterstützung der dort operierenden US-Spezialkräfte im Einsatz. Bei den Kommando Spezialkräften handelt es sich um für besondere Aufgaben ausgerüstete, organisierte reguläre militärische Kräfte der Bundeswehr, die insgesamt eine

---

9 Vgl. Mark Sedra (Hg): Confronting Afghanistans's Security Dilemma. Reforming the Security Sector. (BICC Brief 28). Bonn (September) 2003 (BICC = Bonn International Center for Conversion).
10 Vgl. Karl W. Haltiner, Paul Klein (Hg): Multinationalität als Herausforderung für die Streitkräfte. Baden-Baden, 2004.

Stärke von etwa 1000 Mann haben. Zu ihren Aufgaben gehören etwa die Gewinnung von Schlüsselinformationen in Krisen- und Konfliktgebieten für die strategische und operative Führungsebene sowie deren gesicherte und verzugsarme Übermittlung, der Schutz eigener Kräfte und der Schutz von Personen in besonderen Lagen, der Rettungs- und Evakuierungseinsatz – etwa deutscher Staatsangehöriger –, die Abwehr terroristischer Bedrohung, der Kampf gegen subversive Kräfte, die verdeckte Operation im Aufgabenspektrum der Streitkräfte und Kampfeinsätze mit dem Ziel der Lähmung und Zerstörung wichtiger Objekte.[11]

Am 19. März 2002 übernimmt Deutschland die taktische Führung der multinationalen Brigade in Kabul, während Großbritannien die Führung der Gesamtoperation behält. Am 23. Mai 2002 beschließt der Sicherheitsrat der Vereinten Nationen mit der Resolution 1413 eine Verlängerung des ISAF-Mandates bis zum 20. Dezember 2002. Am 14. Juni 2002 verlängert der deutsche Bundestag das Mandat für die Beteiligung der Bundeswehr an ISAF bis zum 20. Dezember 2002. Am 27. November 2002 beschließt der UN-Sicherheitsrat mit der UN-Resolution 1444 eine Verlängerung des ISAF-Mandates über den 20. Dezember 2002 hinaus für ein Jahr. Am 20. Dezember 2002 beschließt der deutsche Bundestag eine Verlängerung des ISAF-Mandates in Kabul. Gleichzeitig wird beschlossen, ab Februar 2003 gemeinsam mit den Niederländern die Führung von ISAF zu übernehmen[12] und das deutsche Kontingent auf bis zu 2500 Soldaten zu verstärken.

Am 10. Februar 2003 erfolgt die Übernahme der Lead-Nation-Verantwortung durch Deutschland und die Niederlande. Mit »Lead Nation« wird eine Nation bezeichnet, die einen vom VN-Sicherheitsrat autorisierten Einsatz eines internationalen Truppenkontingents leitet. Kommandeur von ISAF wird der deutsche Generalleutnant Norbert van Heyst. Am 17. Juli 2003 übergibt van Heyst das Kommando an die multinationale Brigade Kabul vom deutschen Brigadegeneral Werner Freers an den kanadischen Brigadegeneral Peter J. Devlin. Am 11. August 2003 übernimmt im Beisein von Bundesverteidigungsminister Peter Struck und Generalleutnant Friedrich Riechmann General Götz Gliemeroth das Kommando über ISAF von General van Heyst. Am 13. Oktober 2003 beschließt der UN-Sicherheitsrat die Ausweitung des ISAF-Mandates für die Gebiete außerhalb von Kabul. Gleichzeitig wird das ISAF-Mandat für weitere zwölf Monate verlängert. Am 24. Oktober 2003 beschließt der Deutsche Bundestag die Ausweitung

---

11 Vgl. Kees Kingma, Mark Sedra: Reorienting the Mujahidin: Prospects for Demobilization in Afghanistan, in: BICC Conversion Survey. Baden-Baden 2003, S. 93-111.
12 Vgl. Ulrich vom Hagen: Militärische Organisationskultur und integrierte Multinationalität im Deutsch-Niederländischen Korps, in: Karl W. Haltiner, Paul Klein, a.a.O., S. 97-118.

des Mandates für die Gebiete außerhalb Kabuls. Gleichzeitig wird eine Verlängerung des deutschen Mandates für weitere zwölf Monate beschlossen.

Während der Einsatz von deutschen Bundeswehrsoldaten im Kosovo politisch mit dem Schutz der Menschenrechte[13] begründet wurde, stand beim Bundeswehreinsatz in Afghanistan die Bekämpfung des internationalen Terrorismus[14] im Vordergrund. Damit sind die Voraussetzungen für die »Provincial Reconstruction Teams« (PRT) gelegt, wobei ein erstes PRT-Projekt in der ISAF-Insel Kunduz[15] geschaffen wird. Mit der Entscheidung des VN-Sicherheitsrates vom 13. Oktober 2003 wird die politische Idee der Vereinigten Staaten umgesetzt, PRTs zu bilden. Die deutsche Initiative in diesem Zusammenhang war, die PRTs von »Enduring Freedom« zu trennen und unter ISAF-Leitung zu stellen, denn die Aktivitäten zur Bekämpfung des Terrorismus und dem Wiederaufbau Afghanistans sollten koordiniert und abgestimmt in einer Hand stattfinden. Als Pilot-Projekt wurde das PRT in Kunduz von Deutschland gestartet und mit ziviler Anwesenheit erweitert; so genannte »Impact Projects« – etwa beim Brunnenbau – begleiten als zivile Säule die Aktion von bis zu 450 deutschen Soldaten in Kunduz, wobei die ersten 27 Bundeswehrsoldaten am 25. Oktober 2003 eintrafen.[16]

Der ISAF-Einsatz ist einzuordnen in die Risikopotentiale, denen sich die Weltgemeinschaft seit einigen Jahrzehnten gegenüber sieht. So lassen sich Risiken in den unterschiedlichsten Bereichen beobachten wie Energie, Ernährung, Seuchen, Veränderung des Klimas, Bevölkerungsstruktur, Migration, Urbanisierung, Ungleichverteilung von Lebensbedingungen, Bildungschancen und wirtschaftlichen Gütern sowie die Marginalisierung von Staaten und einzelnen Bevölkerungsgruppen im Prozess der Globalisierung. In Afghanistan kommen Risikopotentiale wie Staatszerfall – ansonsten vor allem in Afrika zu beobachten –, Fundamentalismus und eine kulturelle Integration verschiedener Volksgruppen zum tragen. Grundsätzlich birgt die Ungleichzeitigkeit verschiedener gesellschaftlicher Entwicklungen ein hohes Maß an politischem Sprengstoff. So befindet sich Afghanistan überwiegend noch in einer Agrargesellschaft, während große Teile Asiens sich bereits in der Phase einer Industriegesellschaft oder gar einer postindustriellen Informations- und Wissensgesellschaft – etwa in Japan und

---

13 Vgl. Thomas Hoppe: Schutz der Menschenrechte. Zivile und militärische Intervention. Berlin 2004.
14 Vgl. Mark Juergensmeyer: Terror im Namen Gottes. Ein Blick hinter die Kulissen des gewalttätigen Fundamentalismus. Freiburg im Breisgau 2004; Barabra Victor: Shahidas: Die Töchter des Terrors. München 2005.
15 Madeleine Coorey: Projekte auf die Beine stellen. Afghanistan. Das PRT in Kunduz sieht seine Aufgabe darin, sich möglichst bald überflüssig zu machen, in: aktuell. Zeitung für die Bundeswehr, 40 Jg., Nr. 28, 12. Juli 2004, S. 1.
16 Vgl. Anja Manuel, P.W. Singer: A New Model Afghan Army, in: Foreign Affairs, Vol. 81, Nr. 4, S. 44-59; Amnesty International (Hg): Afghanistan: Police reconstruction essential for the protection of human rights. London 2003.

Taiwan – bewegen. Jede Gesellschaftsform prägt in dem Aufeinandertreffen dieser Risikopotentiale ihr spezielles Kriegsbild; so gestaltet sich der Krisenherd Afghanistan auf andere Weise als etwa in Israel oder im Irak. Es kommt zu einer asymmetrischen Vorgehensweise von Terroranschlägen und Selbstmordattentaten, mit denen auch durch die Anhäufung von Hochtechnologie nur bedingt begegnet werden kann.

Die Dramatik der skizzierten Risikopotentiale und die Veränderungen im Akteursspektrum, mit denen sich eine multilaterale Mission wie ISAF konfrontiert sieht, liegt in den qualitativen Veränderungen des politischen Akteursspektrum begründet. Lag das Gewaltmonopol bis zum Ende des 20. Jahrhunderts noch fast ausschließlich in den Händen von Staaten und Regierungen, so gewinnen seit vielen Jahren inzwischen nicht-staatliche Akteure und Netzwerke deutlich an Gewicht. Es lässt sich ein Übergang des vormals staatlichen Gewaltmonopols zu einem offenen »Gewaltmarkt« in Regionen wie Afghanistan beobachten. Dabei spielt die Ideologisierung – gerade im Afghanistan-Konflikt – eine wichtige Rolle. Mit der Instrumentalisierung kultureller oder religiöser Inhalte zur Mobilisierung der Massen wird Krieg als gewollte Lebensform inszeniert. Kulturen und Religionen werden als politische Waffe missbraucht, der gesellschaftliche Raum wird zum Schlachtfeld. In so einem politischen Kontext wird die »Feindbestimmung« für die Soldaten der ISAF-Mission ungemein schwieriger als dies in früheren multilateralen Einsätzen gegeben war. Damit einher geht eine Entgrenzung des Krieges und der Konfliktfelder, indem Massenmedien oder das Internet als »Waffe« mit in den terroristischen Kampf eingebunden werden. Hinzu treten massive menschenrechtliche Probleme auf, indem in Afghanistan, aber auch in anderen Staaten wie Ruanda, Nepal oder dem Sudan Kinder als Soldaten, Attentäter, Kuriere, Informanten, Zwangsarbeiter oder Sklaven eingesetzt werden.[17]

Die Sicherheitssituation hat sich in Afghanistan im Jahre 2003 in alarmierender Weise verschlechtert. Selbst hochrangige Regierungsmitglieder warnen vor Besuchen in Afghanistan. So betonte der afghanische Außenminister Abdullah während einer Reise nach Washington im Juli 2003, dass Afghanistan wieder zu einem »failed state« werde und von »Drogenbossen, Kriegsherren und Kräften der Dunkelheit regiert und durch Terrorismus destabilisiert wird«.[18] Damit bestehen im Kern jene Spannungen fort, wie ich sie für das Jahr 1991 bereits skizziert habe. In diesen Zusammenhang gehören drei Ereignisse:
- während eines Erkundungsfluges über Kabul kommen am 21. Dezember 2002 beim Absturz ihres CH-53-Hubschraubers sieben deutsche Soldaten ums Leben

---

17 United Nations Office on Drugs and Crime (UNODC): The Opium Problem in Afghanistan: An International Problem. New York 2003.
18 Mark Sedra, a.a.O., S. 4.

- am 29. Mai 2003 fährt bei einer Erkundungsfahrt ein deutsches Fahrzeug auf eine Mine, wobei ein Soldat ums Leben kommt und ein weiterer verletzt wird und
- am 7. Juni 2003 wird ein deutscher Konvoi, der sich auf der Fahrt zum Kabul International Airport befindet, durch ein Selbstmordkommando angegriffen und mittels einer in einem Taxi gezündeten Bombe ein deutscher Bus zerstört; vier Soldaten verlieren ihr Leben und 29 Soldaten werden zum Teil schwer verletzt.

Die Gründe für den Mangel an Sicherheit sind zahlreich und reichen von den Aktivitäten mächtiger Kriegsherren (warlords) über das Wiederaufleben von Gruppen wie den Taliban, die den gegenwärtigen Konsolidierungskurs sabotieren wollen, über den Drogenhandel und die allgemeine Kriminalität bis hin zur Einmischung von Nachbarstaaten wie etwa Pakistan. Die afghanische Übergangsregierung verfügt außerhalb Kabuls bislang über keine nennenswerte Autorität. Jenseits der Hauptstadt bestimmen nach wie vor Kriegsherren, Milizen und kriminelle Banden das Geschehen. Hierbei herrschen nicht eins oder zwei Gruppen in den restlichen Landesteilen von Afghanistan vor, sondern es kommt zu einem ständigen Verändern von Machtverhältnissen, die oftmals wenig übersichtlich bleiben. Durch dieses permanente Verändern von Einflusszonen bestehen auch nur geringe Chancen, etwa durch Verhandlungen zu einer politischen Stabilisierung im Lande zu gelangen.

Eine wichtige Problemebene bildet dabei der Kampf gegen Drogen, der wie in den neunziger Jahre kaum Fortschritte zeitigt. So bestimmt eine wenig transparente Schattenwirtschaft bis nach Kabul hinein das ökonomische Geschehen in Afghanistan. Hinzu kommt, dass Pläne zur Reform des Militärs und der Polizei in Afghanistan deutlich hinter der Zeitplanung zurückliegen. Ein zugkräftiger Plan zur Entwaffnung, Demobilisierung und Reintegration von ehemaligen Kombattanten muss erst noch implementiert werden. Ebenfalls verzögern sich die Maßnahmen zum Aufbau einer funktionierenden zivilen Verwaltung. Die Menschenrechtslage gestaltet sich nach wie vor als äußert unbefriedigend, vor allem für die schwächsten Mitglieder der Gesellschaft wie Kinder, Frauen und Behinderte. Zudem bleibt die breitflächige Verminung Afghanistans als ein großes Hindernis bestehen, um eine Normalisierung des Lebens vor allem in ländlichen Regionen umzusetzen.

Vor dem Hintergrund dieser politisch schwierigen Rahmenbedingungen in Vorbereitung der Wahlen in Afghanistan will die NATO ISAF von 6.500 Mann (2004) auf 10.000 Mann (2006) aufstocken. Deutschland will sich hierbei mit Bataillonen mit bis zu 2.300 Mann beteiligen. Zugleich mehren sich Meldungen, nachdem afghanische Lieferanten für die deutsche und amerikanische Basis entführt sowie Menschen bei Bombenanschlägen getötet oder verletzt werden. Neben diesen äußeren Konfliktlagen treten interne Probleme auf. Während insgesamt die Zusammenarbeit bei den integrierten, multinationalen Einsätzen Fortschritte zeitigt, so etwa beim deutsch-niederländischen Korps[19], so kommt es eben gerade beim deutschniederländischen Korps in Afghanistan zu Spannungen in der Zusammenarbeit – zum Beispiel bezüglich unterschiedlichen Auslandstagessätzen oder dem Ausschank von Alkohol an deutsche Soldaten. Ursächlich hierfür scheinen aber vor allem die gespannten äußeren Rahmenbedingungen zu sein.[20]

Zudem werden auch kritische Stimmen hinsichtlich ISAF als Medium der Terrorbekämpfung lauter. So vertritt etwa Dieter Kilian die These, dass inzwischen die Terrorbekämpfung eine größere Bedrohung darstelle als der Terror selbst. So seien nach der Ansicht von Kilian durch den bisherigen Einsatz in Afghanistan und dem Irak wahrscheinlich mehr Terroristen »geboren« als vernichtet worden.[21] Und Werner Weidenfeld verweist auf Lücken und Mängel in der bisherigen Vorgehensweise gegenüber dem politischen Phänomen Terrorismus, sowohl in Afghanistan, dem Irak und auch in Deutschland[22]. Die Schwierigkeit in der Zunahme derartiger Meinungsäußerungen besteht darin, dass die Akzeptanz in der deutschen Bevölkerung für Auslandseinsätze dadurch abnimmt und damit auch die Motivation der Soldaten im Auslandseinsatz vermindert wird. Sven Gareis stellt fest, dass die Deutschen sich offenkundig um so eher für Militäreinsätze aussprechen, »je weniger sie damit kriegerische oder anderweitig gewaltsame Szenarien verbinden.«[23] In der Bewertung von Befragten im Rahmen empirischer Meinungsumfragen haben die Streitkräfte insgesamt einen bedeutsamen Wandel von der traditionellen Einsatzfähigkeit in Krieg und Kampf hin zu eher polizeilichen Fähigkeiten im Rahmen von Friedensope-

---

19 Vgl. Paul Klein, Ulrich vom Hagen, René Moelker, Joseph Soeters: True Love. Integrated Multinationalty in the German-Netherlands Corps. Forum International (SOWI). Strausberg 2003; Ulrich vom Hagen: Integrierte Multinationalität im Deutsch-Niederländischen Korps, in: SOWI-News, H.1., Januar 2004, S. 5.
20 Vgl. René Moelker, Joseph Soeters: Die Abhängigkeit von Sympathiebeziehungen und Stereotypen von Kontakten: Befunde aus dem Deutsch-Niederländischen Korps, in: Haltiner, Klein, a.a.O., 2004, , S. 73-96; der Artikel stellt fest, dass trotz oft zunächst negativer Wahrnehmungen der deutschen Soldaten durch junge niederländische Soldaten aufgrund eigener Erfahrungen von Sympathie und Freundschaft viele niederländische Soldaten den Einsatz mit einem positiven Bild von deutschen Soldaten verlassen.
21 Vgl. Dieter Kilian: Guter Terror – böser Terror. Selbstmord als Form politischen Kampfes. Versuch einer Deutung, in: Auftrag, Gemeinschaft katholischer Soldaten, Heft 254, Mai 2004, 44 Jg., S. 10-22.
22 Vgl. Werner Weidenfeld: Herausforderung Terrorismus – Die Zukunft der Sicherheit. Wiesbaden 2004.
23 Sven Bernhard Gareis: Europas gemeinsame Sicherheit. Meinungen und Einstellungen der Deutschen, in: SOWI-News, Heft 1, 2004, S. 2.

rationen vollzogen, der akzeptiert wird, weil dadurch deutschen Soldaten größere Kampfeinsätze erspart werden. Es scheint so zu sein, dass beim Ausbleiben von größeren Kampfeinsätzen für die deutschen Soldaten mit den entsprechenden Folgen für Leib und Leben der Soldaten die Akzeptanz in der deutschen Bevölkerung für friedenserhaltende Einsätze und Maßnahmen zur Terrorbekämpfung, insbesondere wenn sie mit humanitären Maßnahmen begleitet werden, erhalten bleibt.

Wie auch immer diese einzelnen Meinungen und Meinungsentwicklungen in der deutschen Bevölkerung zutreffen oder auch nicht: bestehen bleibt die Erkenntnis, dass der Kern des Afghanistan-Konflikts bislang nicht annähernd entschärft oder gar gelöst ist. Andererseits habe ich mit meinem ausführlichen geschichtlichen und zeitgeschichtlichen Rekurs darauf hingewiesen, dass die sozialen, kulturellen und religiösen Probleme in Afghanistan so mannigfaltig und so tief verwurzelt sind, dass eine rasche Lösung der anstehenden Fragen etwa durch die ISAF-Mission politisch nicht möglich ist. Vielmehr sieht sich die internationale Gemeinschaft ebenso wie im Nahen Osten, auf dem Balkan, in Georgien und so auch in Afghanistan mit Problemen konfrontiert, für deren Befriedung es eines langen Atems bedarf.

IV. Einzelaspekte militärischer Auslandseinsätze

Der chinesische Philosoph Sun Tzu schreibt, dass die Kunst des Krieges für den Staat von entscheidender Bedeutung und eine Angelegenheit von Leben und Tod ist, eine Straße, die zur Sicherheit oder in den Untergang führt. Diese Worte mögen bezogen auf militärische Auslandseinsätze der Bundeswehr etwas zu harsch formuliert sein. Nach den zwei Weltkriegen im 20. Jahrhundert sind Angriffskriege von einem Großteil der Welt verurteilt und aus dem politischen Instrumentarium weitgehend verbannt worden. Daher ist diese Aussage Sun Tzus in einem neuen Blickwinkel zu betrachten.

»Die äußere und innere Sicherheit eines Staates ist von entscheidender Bedeutung ...« wäre heute sicherlich eine akzeptablere Aussage. Trotz des recht umfassenden Verzichts auf kriegerische Auseinandersetzungen kommt es immer wieder zu Umständen, die für einen Staat eine Bedrohung darstellen. Die westlichen Staaten reagieren darauf mit politischen – oder besser gesagt mit diplomatischen – Lösungsversuchen. Dennoch kann es notwendig werden, dass militärische Mittel eingesetzt werden, um eine sicherheitspolitische Bedrohung wirkungsvoll auszuschalten. Die politische »ultima ratio« in einem solchen Fall ist dann der Einsatz der Streitkräfte. Richtig an der Aussage Sun Tzus ist, dass militärische Einsätze der ganzen Wachsamkeit von Menschen bedürfen. Dazu gehört, sich mit anderen Militärpartnern zu vergleichen und die eigene militärische Sicherheit durch zivile Maßnahmen zu erhöhen. Deshalb sollen in den folgenden beiden Kapiteln die deutschen Auslandseinsätze der Bundeswehr in Beziehung zu Auslandseinsätzen der USA, Großbritannien und Frankreich gesetzt und zivil-militärische Aspekte von Auslandseinsätzen analysiert werden. Im Abschlusskapitel »Militärseelsorge und Auslandseinsätze – eine Facette sozialen Engagements in der Bundeswehr« soll auf soziale Aspekte in der Bundeswehr eingegangen werden; zugleich werden Sinnfragen von Auslandseinsätzen in einem religiösen Blickwinkel behandelt, die den Menschen insgesamt, sein Leben und seine Kultur, und eben auch Gott zum Inhalt haben.

14. Auslandseinsätze im Vergleich mit USA, Großbritannien und Frankreich 1960 – 2003

Um Auslandseinsätze der Bundeswehr besser einordnen zu können, soll auf die militärischen Auslandseinsätze der Vereinigten Staaten, Großbritanniens und Frankreichs ab dem Jahr 1960 eingegangen werden. Das Jahr 1960 wurde bewusst gewählt, da in diesem Jahr auch die Bundeswehr ihren ersten Einsatz im Ausland durchführte. Die Betrachtung der Auslandseinsätze der drei genannten Staaten soll daher den gleichen Zeitraum umfassen, in dem die Bundeswehr ihre humanitären, seit 1991 auch militärischen Auslandseinsätze absolviert(e). Da die USA, Großbritannien und Frankreich nicht nur aus Gründen der eigenen Sicherheit militärische Aktivitäten zeigen, sondern zur Durchsetzung politischer oder wirtschaftlicher Interessen, müssen die Interessensphären der drei Staaten veranschaulicht werden. Dazu ist es notwendig, vor allem bei Frankreich und Großbritannien einen Blick in die Vergangenheit – will heißen in die Kolonialgeschichte – zu werfen. Ebenso ist das Auftreten der USA auf der Bühne der Weltpolitik zu berücksichtigen. Hier sollen die unterschiedlichen militärischen Erfahrungsschätze ermittelt werden, auf die die Staaten bei der Bewältigung von Auslandsmissionen zurückgreifen können.

In der Folgezeit nach dem Ende des Ost-West-Konfliktes veränderte sich auch die Art und Weise der Interventionen. Durch die weniger starke Abgrenzung von Interessensphären wie zu Zeiten des Kalten Krieges waren Mandate durch den Sicherheitsrat leichter zu beschließen. Daraus resultieren zahlreiche Einsätze der UN, die mit Beteiligung der Vereinigten Staaten, Großbritanniens oder Frankreichs durchgeführt werden konnten.[1] Mit der neuen Bedrohung der freien Welt durch terroristische Gruppierungen ist eine völlig veränderte sicherheitspolitische Lage entstanden.

Es stellt sich die Frage, welches Gewicht den drei Staaten, mit denen wir uns befassen, innerhalb der Weltgemeinschaft während der zu betrachtenden Zeitspanne zukommt. Bereits nach dem Ende des II. Weltkrieges wurde der machtpolitische Abstieg der beiden europäischen Mächte deutlich, der sich mit der Auflösung der Kolonialreiche noch vertiefte. Die USA hingegen setzten einen politischen Aufstieg auf der internationalen Bühne fort, den sie bereits mit dem I. Weltkrieg begonnen hatten. Die Vereinten Nationen, die 1945 die Nachfolge des gescheiterten Völkerbundes antrat, war die Organisation, in der Großbritannien und Frankreich ihre Position als Großmächte zumindest im Sicherheitsrat sichern konnten; sie erhielten in-

---

1 www.un.org/Depts/dpho/dpho/nomc.shtml.

folge ihres Siegermacht-Status gemeinsam mit den USA, der Sowjetunion und China einen permanenten Platz im Sicherheitsrat und das Veto-Recht. Nach dem Ende des Ost-West-Konfliktes standen die Vereinigten Staaten als einzige verbliebene Weltmacht da, die aufgrund ihres wirtschaftlichen und militärischen Potentials nicht auf die Vereinten Nationen angewiesen ist. Frankreich und Großbritannien hingegen erhalten ihre politische Bedeutung innerhalb der Weltgemeinschaft eben auch durch ihr Stimmrecht im UN-Sicherheitsrat. Sicherlich spielen auch in einigen Teilen der Welt die verbliebenen kolonialen Einflüsse eine Rolle. Vor 1990 lag die außenpolitische Bedeutung Großbritanniens und Frankreichs zudem in ihrer Funktion als europäische Garanten des westlichen Bündnisses. Mit dem Wegfall der Bedrohung durch den Warschauer Pakt treten zwischen den Partnern der NATO deutlicher Interessenskonflikte auf; am schärfsten wurden diese im Vorfeld des 3. Golfkrieges deutlich, als es Präsident George W. Bush gelang, innerhalb der gemeinsamen Außenpolitik der Europäischen Union (GASP) einige Verwirrung zu stiften, indem Großbritannien seinen Feldzug im Irak umfassend unterstützte.

a) USA

Mit der fortschreitenden industriellen Erschließung des Westens der USA wurden neue Richtungen politischer Expansion erforderlich. Ein erstes Ziel war Mexiko, welches im 19. Jahrhundert die Hälfte seines Territoriums an die USA verlor. In der Folgezeit werden bis zum Ende des 19. Jahrhunderts vor allem die lateinamerikanischen Staaten wiederholt zu Zielen US-amerikanischer Interventionen. Hervorzuheben sind hier: Brasilien, Kuba, Venezuela und Nicaragua. Kurz vor Beginn des 20. Jahrhunderts richtete sich die weitere Ausdehnung zunehmend auf den Pazifik. So wurden 1898 die Hawaii-Inseln durch amerikanische Truppen besetzt. Bereits in den siebziger Jahren des 19. Jahrhunderts schlossen die Vereinigten Staaten Verträge mit örtlichen Einwohnern über die militärische und wirtschaftliche Nutzung von Meeresbuchten als Hafenplätze. Bis 1941 erlangten die USA die politische Kontrolle über Samoa, zahlreiche Atolle im Südpazifik, Wake und die Midway-Inseln. Sogar die Philippinen standen zeitweise unter US-Verwaltung. Nach dem Ende des II. Weltkrieges und dem Ost-West-Konflikt verlagerten sich die amerikanischen Interessen auf eine Stärkung der Verbündeten in Westeuropa und die Eindämmung der sowjetischen Einflusssphäre.[2]

---

2 Stefan Fröhlich: Zwischen selektiver Verteidigung und globaler Eindämmung. Baden-Baden 1998, S. 22 f.

Interessant an den Überseegebieten der USA ist, dass fast kein Territorium umfangreiche Lernprozesse im Umgang mit der einheimischen Bevölkerung notwendig machte, wie dies etwa für Großbritannien in Indien zwingend erforderlich war. Keines der Gebiete unter US-Kontrolle war so bevölkerungsstark, dass es zu einer harten Herausforderung für die amerikanischen Verwaltungs- und Sicherheitskräfte hätte werden können. Die Verarbeitung der materiellen Folgen des II. Weltkrieges weltweit schritt nur mit der massiven Hilfe der Vereinigten Staaten voran, weshalb sich US-Soldaten selbst als Besatzer relativer Beliebtheit erfreuten. In Westeuropa haben die kulturellen Gemeinsamkeiten zwischen Europäern und Amerikanern einen relativ reibungslosen Wiederaufbauprozess in der Nachkriegszeit begünstigt. Ganz anders verlief die Aufnahme amerikanischer Soldaten in Südostasien.

Zu Beginn der sechziger Jahre zeichnete sich bereits eine zunehmende Verwicklung der Vereinigten Staaten in den Südostasien-Konflikt ab. Rapide Unterschiede innerhalb der Gesellschaften und des eigenen Selbstverständnisses erschwerten die Verständigung zwischen der Bevölkerung und den Interventionstruppen. Mangelnde Erfahrung mit landestypischen Sitten und Gebräuchen und eine sich bereits wandelnde Kampfführung des Gegners schufen ein tiefes Misstrauen zwischen Amerikanern und Vietnamesen. Hier sind bereits in Ansätzen asymmetrische Bedrohungen gegen die US-Amerikaner vorhanden, also ein Gegner, der aus dem Verborgenen agiert, nur schwer fassbar, äußerst mobil und zu allem entschlossen erschien. Als Folge dieser »neuen« Kriegführung mussten die Vereinigten Staaten zu Beginn der siebziger Jahre ihre Niederlage in Vietnam eingestehen und zogen sich zurück; kurze Zeit später endete der Vietnamkrieg 1975 mit der Niederlage Südvietnams. Bis zum 2. Golfkrieg 1991 kam es dann zu keiner längerfristig angelegten militärischen Intervention der Vereinigten Staaten mehr. Lediglich im Jahr 1978 engagierten sich die USA mit relativ großen Truppenteilen im Libanon im Rahmen der UNIFIL. Nach dem bekannten Attentat auf Unterkünfte der US-Marines, bei dem über 200 Soldaten ihr Leben ließen, wurde das militärische Aufgebot erheblich reduziert. Die amerikanische Beteiligung dauert jedoch bis heute an. Während der achtziger Jahre war vor allem die Karibik sowie Mittel- und Lateinamerika Hauptbetätigungsfeld von Militäraktionen der USA. Hervorzuheben sind besonders die Intervention in Grenada 1983 sowie die »Verhaftung« Manuel Noriegas in Panama 1990.[3] Die Seestreitkräfte bleiben während der ausgehenden siebziger und in den achtziger Jahren weiterhin äußerst aktiv,

---

3 Fröhlich erklärt das hohe Interesse der USA an den Verhältnissen in der Karibik mit einem geostrategischen Ansatz. Ohne die Offenhaltung der Seewege – vor allem des Panamakanals, der Windward-Passage, der Florida-Straße und der Mona-Passage wäre die Möglichkeit der USA zur Unterstützung der NATO in Europa erheblich eingeschränkt. vgl.: Stefan Fröhlich, a.a.O., S. 128.

wie zum Beispiel während der sich hinziehenden Auseinandersetzungen mit Libyen während der Mitte der achtziger Jahre. Dennoch kam es nach Vietnam bis zum 2. Golfkrieg zu keiner personalintensiven Militäraktion.

b) Großbritannien

Am Ende des II. Weltkrieges war Großbritannien neben den USA die einzige westliche Siegermacht, die während des Krieges keinen Prestigeverlust hinnehmen musste. Die Trennung von Kontinentaleuropa durch den Kanal hatte das Land davor bewahrt, von den deutschen Armeen ähnlich überrollt zu werden, wie es Frankreich im II. Weltkrieg ergangen war. Infolge dieser Tatsache war Großbritannien, das den Krieg in der kritischsten Phase hauptsächlich auf die Dominions gestützt führte, immer noch eine Weltmacht. Dies wird auch durch seine weiterhin vorhandenen umfangreichen Kolonialbesitzungen deutlich. Außerdem hatten sich 1926 die bereits unabhängigen ehemaligen Kolonien bereit erklärt, im British Commonwealth zusammenzuarbeiten, womit sie eine enge Bindung mit dem ehemaligen Mutterland eingingen.

Die ersten Siedlungsversuche außerhalb Europas durch britische Kolonisten erfolgten ab 1585 in Nordamerika. Zu Beginn des 17. Jahrhunderts begann Großbritannien die Erschließung des mittleren Ostens – hier vor allem von Indien und Indonesien – für britische Händler durch die East India Company. Ebenso waren bereits ab 1560 erste Handelsniederlassungen an der afrikanischen Westküste entstanden. In der weiteren Entwicklung wuchsen im 17. Jahrhundert die Gebiete unter britischer Kontrolle in der Karibik und an der Ostküste Nordamerikas am schnellsten. Erst nach der Mitte des 18. Jahrhunderts verstärkte Großbritannien die Erweiterung seiner Besitzungen in Indien und Kanada. Nach dem Unabhängigkeitskrieg in Nordamerika und der Gründung der USA begann die Ausweitung der britischen Interessensphäre auf die Inseln des Südpazifiks. Ab etwa 1840 setzten die Besiedelung Australiens und Neuseelands und die Gewinnung des Großteils seiner afrikanischen Kolonien ein. Nur wenig später versuchte sich Großbritannien ein erstes Mal im Nationbuilding – mit dem »British North America Act« entstand Kanada als erstes der späteren Dominions. Ihm folgten 1901 Australien, Neuseeland 1907 sowie Südafrika 1910. Der Großteil der britischen Kolonien erlangte die Unabhängigkeit nach dem Ende des II. Weltkrieges – als erstes 1946 Transjordanien, welches Königreich wurde, und zuletzt Hongkong, das 1997 an die Volksrepublik China zurückkam – und nicht Mitglied des Commonwealth ist.[4]

Ein Jahr und einen Monat nach dem Ende der Kampfhandlungen in Europa im Mai 1945 fand in London die Siegesparade des II. Weltkrieges statt, eine letzte Machtdemonstration des British Empire, bevor es sich aufzulösen begann. In jener Formation waren Truppen etlicher Alliierter, aber auch zahllose Kontingente aus Dominions, Protektoraten und Kolonien der britischen Krone vertreten.[5] Bereits zwei Jahre später war Indien, der Stolz des Empires, unabhängig, ebenso wie Pakistan, Burma und Ceylon. Aus dem Mandatsgebiet in Palästina war der Staat Israel entstanden. Weitere acht Jahre danach war der Sudan nicht mehr von London abhängig. Außerdem wurde der britischen Regierung unverkennbar deutlich, dass nun die USA und die Sowjetunion die beiden entscheidenden Weltmächte waren, die die Welt unter sich in zwei Hemisphären aufzuteilen begannen. Auf Druck beider Staaten mussten Frankreich und Großbritannien gemeinsame Militäraktionen am Suezkanal abbrechen, der durch Ägypten verstaatlicht worden war. Im folgenden Jahr entließ man Malaya und die Goldküste in die Unabhängigkeit und eine Dekade darauf hatten weitere 24 Kolonien in Afrika eine unabhängige Regierung. In fast allen Gebieten war die Lösung vom Mutterland mit diplomatischen Mitteln erfolgt, außer im Mandatsgebiet Palästinas. Ein beachtlicher Anteil der neuen Staaten wurde Mitglied im »British Commonwealth of Nations«, der schon bald nicht mehr durch Großbritannien dominiert werden sollte; die britische Königin und das Vereinigte Königreich hatten lediglich eine symbolische Führungsrolle inne.[6] Rasch wurde die politische Forderung nach einer Gleichberechtigung der Mitgliedstaaten durchgesetzt, wodurch ein alleiniger Führungsanspruch des Mutterlandes nicht bestehen bleiben konnte. Im Gegensatz zu Frankreich kommunizierte Großbritannien mit seinen ehemaligen Kolonien und Mandaten auf gleicher Augenhöhe.

Der Großteil britischer Operationen nach dem II. Weltkrieg fand in seinen ehemaligen Kolonien statt. In einem Großteil der Fälle handelt es sich um Polizeieinsätze, die das Ziel verfolgten, innere Unruhen zu beenden. Weiterhin wurden militärische Aktionen durchgeführt, die die territoriale Integrität der britisch verwalteten Territorien garantieren sollten. Ein wichtiges Beispiel dafür ist die Verteidigung Malayas gegen philippinische und indonesische Interessen, wobei Indonesien zunächst bereit war, diese mit Gewalt durchzusetzen. An diesem Einsatz nahmen neben britischen Soldaten auch Truppen des Commonwealth – vor allem aus Neuseeland und Australien – teil. In den sechziger Jahren kam schließlich noch die UN-Mission in Zypern hinzu, an der Großbritannien in wechselnder Stärke gemeinsam

---

4 Vgl.. W.D. McIntyre: British Decolonization. 1946-1997. New York 1998.
5 Vgl.: ebd.: S. 1 f.
6 Vgl.: W.D. McIntyre: British Decolonization, a.a.O., S. 7 f.

mit anderen Nationen Anteil hat. Außerhalb der Kolonien führte Großbritannien nur wenige militärische Einsätze durch, die jedoch alle aufgrund multilateraler Beschlüsse durchgeführt wurden. Dazu gehörte unter anderem der Einsatz britischer Truppen auf Zypern und im Libanon. Eine Besonderheit stellt in diesem Zusammenhang der Falklandkrieg von 1982 dar. Hier handelt es sich weniger um einen Auslandseinsatz, da es um eine Operation zur Rückgewinnung britischen Territoriums ging.

c) Frankreich

Die Entwicklung der Außenpolitik Frankreichs nach dem II. Weltkrieg ist maßgeblich durch die Entwicklung der Europäischen Gemeinschaft sowie seine Beziehung zu den Kolonien geprägt. Beide Aspekte sollten bei der Betrachtung französischer Auslandseinsätze nach 1945 nicht vernachlässigt werden, da beide starken Einfluss auf die Beteiligung Frankreichs an militärischen Auslandseinsätzen hatten. Ebenso wie Großbritannien verlor Frankreich nach dem Ende des II. Weltkrieges an politischem Gewicht in den internationalen Beziehungen. Diese Tatsache war für die »Grande Nation« nur schwer zu verarbeiten und man versuchte »wenigstens«, innerhalb Europas eine gewichtige Rolle zu übernehmen – etwa im Kontext der NATO und als Atommacht. Trotz dieses Einflussverlusts in der internationalen Politik ergaben sich im direkten Anschluss an das Kriegsende für Frankreich neue Herausforderungen, die zu allererst von den südostasiatischen Kolonien ausgingen und sich später auch auf die afrikanischen Gebiete übertrugen.

Im Gegensatz zu Großbritannien, das seine Besitzungen über lange Zeit halten und ausbauen konnte, verlor Frankreich sein »erstes Kolonialreich« spätestens während der napoleonischen Kriege. Im Jahr 1815 waren überseeische Besitzungen Frankreichs faktisch nicht mehr vorhanden. In dessen Folge drohte Frankreich der Abstieg von der Weltmacht zu einer europäischen Großmacht. Ebenso zeigte es sich, dass die innenpolitische und wirtschaftliche Entwicklung weit hinter den raschen technischen und ökonomischen Fortschritten Großbritanniens zurückgeblieben war. Daraus resultierte ein zunehmend politisch-militärisches Motiv, das bei der Errichtung des zweiten französischen Kolonialreiches eine weit höhere Bedeutung hatte als ökonomische Erwartungen und handelspolitische Interessen. Infolge der bereits stark fortgeschrittenen »Gebietsaufteilung« konzentrierten sich die französischen Interessen stark auf die »machtleeren Räume« des afrikanischen Kontinents. In Afrika lagen daher fast 90% der kolonialen Besitzungen Frankreichs. Weitere große zusammenhängende Gebiete unter französischer Verwaltung befanden sich in Südostasien. Unter der Bezeichnung »Französisch-Indochina« verbargen sich die Gebiete des heutigen Vietnam, Kambodscha und Laos. Ebenso gehörten zahlreiche Inseln im Südatlantik, im Pazifischen Raum und im Indischen Ozean zu Frankreich.

Als mit dem Ende des II. Weltkrieges die ehemaligen Kolonien in Asien wieder unter die Hoheit ihrer früheren Mutterländer gerieten, entwickelte sich aus dem vorherigen Widerstand gegen die japanische Besatzung recht schnell eine Bewegung gegen die »neuen« alten Herren. So formierte sich auch in Französisch-Indochina rasch eine Unabhängigkeitsbewegung, die Frankreich mit Gewalt unterdrücken wollte. Diese Vorgehensweise führte schließlich zum Indochinakrieg, der bis 1954 andauerte. Während dieses Krieges wurde Frankreich schmerzhaft deutlich, dass selbst eine europäische Militärmacht seinen Kolonialgebieten nicht mehr halten konnte. Nach dem Debakel von Dien Bien Phu 1954 entschied sich Frankreich, die Besitzungen in Südostasien aufzugeben und sich stattdessen verstärkt auf Afrika zu konzentrieren.

Anfang der fünfziger Jahre schloss Frankreich die Unabhängigkeit seiner afrikanischen Gebiete noch kategorisch aus. Die französische Regierung bemühte sich innerhalb der entstehenden Europäischen Gemeinschaft, diese Gebiete zusammen mit Frankreich in den Gemeinsamen Markt einzubringen. Bis zur Mitte des Jahres 1958 verfügte die französische Afrikapolitik über kein echtes Konzept zur Dekolonialisierung. Erst mit der Rückkehr de Gaulles in die Politik wurde eine tragfähige politische Planung erstellt, die nach einigen Änderungen die Entlassung der Kolonialgebiete in die Unabhängigkeit maßgeblich bestimmt hat. Dennoch wurden bereits in den Jahren vor 1960 mehrere Staaten unabhängig, wie etwa Marokko (1954), Tunesien (1956), Togo (1956) und Guinea (1958). Während des Jahres 1960 wurden Dahomey, die Elfenbeinküste, Gabun, Kamerun, Kongo-Brazzaville, Madagaskar, Mali, Mauretanien, Niger, Obervolta, Senegal, Tschad und die Zentralafrikanische Republik durch Verträge mit dem Mutterland in die Selbstständigkeit entlassen. Innerhalb dieser Vertragswerke sicherte sich Frankreich jedoch ein hohes Maß an Einfluss, vor allem was politische und militärische Aspekte betraf – etwa das Recht zur Stationierung von französischen Soldaten.

Kurz vor der Dekolonialisierung der afrikanischen Kolonien gab es in den *Troupes Coloniales* (ab 1958 *Troupes d'outre mer*) nur 65 afrikanische Offiziere und 1600 Unteroffiziere. Infolge dieser Tatsache entschloss sich der französische Generalstab, eine »postkoloniale Militärhilfepolitik« zu entwickeln. Aus dieser Entscheidung sowie den bereits erwähnten politischen Vereinbarungen ergab sich schließlich ein umfangreiches Geflecht von Verträgen mit den ehemaligen Kolonien, die Frankreich zur Schutzmacht bestellten, um die innere und äußere Sicherheit der jungen Staaten garantieren zu können. Als Gegenleistung tolerierten die afrikanischen Staaten französische Militärbasen auf ihrem Territorium, wodurch Frankreich aktuell zum einzigen raumfremden Staat avancierte, der in Süd-Sahara Afrika über permanente Militärbasen verfügt und mit diesen über eine hohe Interventionskapazität verfügt. In Konsequenz daraus operierten französische Truppen innerhalb der Staaten südlich der Sahara in mehr als zwanzig Einsätzen offen oder verdeckt.

Die zwischen 1960 und 1990 durchgeführten Einsätze in Afrika ließen starke Kritik innerhalb der Weltöffentlichkeit laut werden; es wurde rasch deutlich, dass eine Intervention Frankreichs seltener durch die vertraglichen Verpflichtungen motiviert, sondern durch machtpolitische und geostrategische Interessen bestimmt wurden. Besonders deutlich wurde dies zu Beginn der sechziger Jahre, als französische Truppen ohne völkerrechtliche Legitimation Aufstände in Kamerun niederschlugen und in Mauretanien stationiert wurden. Der Einsatz in Gabun zur Wiedereinsetzung des gestürzten Präsidenten Leon M'ba 1964 hatte zur Folge, dass etwa die Nationalversammlung des Tschad den Abzug der Franzosen innerhalb einer Vierteljahresfrist forderte. Auf ähnliche Weise verlangte die Regierung von Kongo-Brazzaville den französischen Abzug. Durch die Verstärkung der »Force Armée d'Intervention« versuchte Frankreich diesem Ansinnen entgegenzuwirken. Ebenso wie die teilweise recht intensiven, militärischen Eingriffe in Kamerun, Mauretanien und Gabun gab es andererseits keinen Automatismus auf die Hilfeleistungen, die Frankreich vertraglich zusicherte. Sowohl bei einem Staatsstreich in Dahomey 1963 als im Kongo verhallte der Ruf nach französischem Beistand durch die gefährdeten Präsidenten ungehört. Ebenso wie die genannten Operationen in Kamerun und Gabun und die Stationierung von Truppen in Mauretanien gab es für die Shaba-Intervention 1977/78 und die vom Gebiet des Tschad durchgeführte Operation Manta 1983/84 keine rechtlichen Grundlagen. Für letztere Operation räumte Präsident Mitterand nachträglich sogar ein, dass sie nach dem franko-tschadischen Militärkooperationsvertrag einen illegalen Akt darstellten, da darin ein direktes Eingreifen im Falle innerer Unruhen und eines externen Angriffs untersagt wurde.

Dennoch bemühte sich Frankreich aus Prestigegründen stets um eine rechtsgültige Legitimation seiner Militäraktivitäten. So wurde eine Woche nach der Intervention in Gabun offiziell verlautbart, dass die Regierung Gabuns formell um Unterstützung durch Frankreich gebeten habe. Diese nachträgliche Rechtfertigung hält jedoch einer kritischen Betrachtung nicht stand, woraufhin die französischen Bündnispartner gebeten wurden, Blankovollmachten zu deponieren, bei denen im Bedarfsfall lediglich das Datum einzusetzen war. Es ist unbestätigt, wie viele Staaten dieser Anfrage nachkamen. Einen weiteren direkten Verstoß gegen das Völkerrecht verdeutlicht jedoch die Absetzung des selbsternannten Kaiser Bokassa[7] 1979 in der zentralafrikanischen Republik. Kurz vor seiner Entmachtung war

---

7 Das große Vorbild von Bokassa war Napoleon Bonoparte, der sich auch selbst zum Kaiser krönte.

durch die Regierung in Bangui das Verteidigungsabkommen mit Frankreich gekündigt worden. Erst die nachfolgende Regierung erklärte sich bereit, den Vertrag zu verlängern.

Obwohl die beiden Supermächte Frankreichs »Hegemonie« in Afrika tolerierten, wurde der französische Anspruch durch die USA als Druckmittel genutzt. So erfolgte die Intervention zu Gunsten Hissène Habres mehr auf Wunsch von Washington als aufgrund französischer Interessen. Hier zeigt sich, dass die permanente Präsenz Frankreichs in Afrika teilweise mit amerikanischen Interessen kollidierte. Bereits früher waren in den USA kritische Stimmen am Vorgehen der Franzosen laut geworden. Nun sicherte man amerikanische Interessen mit Hilfe französischer Soldaten. An multilateralen Einsätzen nahm Frankreich nur begrenzt teil. Hier waren es vor allem die UNTSO in Palästina und Israel, die UNIFIL-Mission im Libanon und die UNTAG in Namibia und Angola, an denen französische Truppen aktiv teilnahmen.

15. Zivil-militärische Aspekte von Auslandseinsätzen

In Zeiten, in der Deutschland in Afghanistan potentielle Terroristen jagt und die internationale Gemeinschaft bemüht ist, im Irak einen neuen Staatsapparat zu etablieren, ist der Begriff »Krisenmanagement« zu einer völlig neuen Bedeutung gelangt, wie er in Deutschland allenfalls aus den Zeiten des RAF-Terrorismus der Öffentlichkeit bekannt ist. Dies liegt daran, dass sich die Konfliktformen nach Ende 1990 dramatisch verändert haben. Heutzutage sind zwei Drittel aller Kriege innerstaatliche Auseinandersetzungen, die meist länger dauern als zwischenstaatliche Kriege.[1]

Die Vereinten Nationen und die Mitgliedsstaaten des Nordatlantikpaktes (NATO) versuchen im Rahmen des Krisenmanagements mit ihren Missionen angemessen auf diese neuen sicherheitspolitischen Herausforderungen zu reagieren. Die reibungslose Zusammenarbeit zwischen humanitären Organisationen und zivilen Stellen und den Streitkräften spielt bei »Peacekeeping« Missionen oder »Peace Support Operations« für das Gelingen eines Einsatzes eine wichtige Rolle. Dies ist die Stelle, an der die Civil-Military Co-operation (CIMIC) ansetzt. CIMIC umfasst mehr als die bloße Zusammenarbeit zwischen Militär und anderen zivilen Akteuren. Die Arbeit von CIMIC geht auch weit darüber hinaus, was häufig in den Medien als CIMIC dargestellt wird: Soldaten, die Häuser wiederaufbauen und damit humanitäre Aufgaben übernehmen. Diese Komponenten spielen bei CIMIC zwar eine wichtige Rolle, füllen den Begriff jedoch nicht aus. Was CIMIC konkret bedeutet und beinhaltet, ist nicht einfach zu klären.[2]

a) Begriff

Bei einer näheren begrifflichen Bestimmung von CIMIC muss der Blick auf die NATO gerichtet werden, da die NATO die am weitesten entwickelte und das europäische Feld bestimmende CIMIC-Konzeption besitzt. So stellt die NATO-Auslegung gegenwärtig die unumstrittene CIMIC-Messlatte dar insofern, was unter CIMIC zu verstehen ist, was diese Konzeption umfasst und wo die Grenzen seines Wirkens liegen.[3] Die deutsche CIMIC-Konzep-

---

1 Mir A. Ferdowsi; Volker Matthies (Hg): Den Frieden gewinnen. Zur Konsolidierung von Friedensprozessen in Nachkriegsgesellschaften. Bonn, 2003, S. 15.
2 Vgl. Sascha Hardegger: Cimic Doktrin im Spannungsfeld zwischen humanitäre Hilfe und militärischer Krisenintervention. Studie der Forschungsstelle für internationale Beziehungen der ETH-Zürich, Beiträge, Nr. 41, Zürich, Januar 2003, S. 6.
3 Sascha Hardegger, a.a.O., S. 8.

tion ist eng an die der NATO angelegt, zugleich aber stetigen Veränderungen ausgesetzt. Dies ist nicht verwunderlich, da sich die gesamte Bundeswehr mit neuen Aufgaben konfrontiert sieht und die umfassendste Reform, besser noch Transformation ihrer Geschichte durchlebt.[4] Dabei ist »die neue Bundeswehr auf dem richtigen Weg«.[5] Was die deutsche CIMIC betrifft, so geben ihr die Urteile internationaler Akteure recht, bei denen die deutsche CIMIC-Arbeit größtenteils auf eine positive Resonanz stößt.

Um den Begriff der Civil-Military Co-operation herrscht seit langem eine inhaltliche Auseinandersetzung. Zum einen entspricht es einer weit verbreiteten Meinung, CIMIC fände immer dann statt, wenn sich Zivilisten und Militärs in einer Operation zwecks eines gemeinsamen Zieles zusammenschließen; andererseits ist auch die Auffassung weit verbreitet, es handele sich um CIMIC-Maßnahmen, wenn Soldaten während eines Auslandseinsatzes humanitäre Aufgaben wahrnehmen. CIMIC geht jedoch weit über dieses Verständnis hinaus. Es ist angesichts der rasanten Entwicklung, welche der CIMIC-Begriff in den letzten Jahren durchlaufen hat, nicht verwunderlich, dass die Verwendung des Begriffes Missverständnisse erzeugt. Der Sprachgebrauch wurde in vielen Fällen von der Wirklichkeit überholt. Auch die Beantwortung der Frage, ob die deutsche Übersetzung von Civil-Military Co-operation zu Zivil-Militärischer Zusammenarbeit inhaltlich dasselbe meint, bereitet Schwierigkeiten.

Der Begriff der Zivil-Militärischen Zusammenarbeit ist nicht erst im Zuge der Reformen der Bundeswehr und bei der Suche nach neuen Aufgabenfeldern aufgekommen. Zivil-Militärische Zusammenarbeit im klassischen Sinne gibt es schon viel länger. Die Zivil-Militärische Zusammenarbeit erlebt eine Renaissance, mit der wichtigen Einschränkung, dass sich die inhaltliche Formulierung dieses Begriffs stark verändert hat. Heutzutage lassen Bilder, auf denen Bundeswehrsoldaten zerstörte Schulen aufbauen oder in Feldküchen Mahlzeiten an Flüchtlinge verteilen, an den Begriff der Zivil-Militärischen Zusammenarbeit denken. Vor zwanzig Jahren war das völlig anders. Nach dem damals herrschenden Verständnis war Zivil-Militärische Zusammenarbeit keine Aufgabe per se. Sie umfasste vielmehr alle Aufgaben und Maßnahmen, die in Zusammenarbeit zwischen Militär und zivilen, nationalen oder NATO–Behörden im Frieden oder im Krieg mit dem Ziel wahrgenommen wurden, um eine wirksame Verteidigung des Bündnisses in Deutschland sicherzustellen. Konkret hieß dies also, vor der »kommunistischen Gefahr« im Osten geschützt zu sein. Zivil-Militärische Zusammenarbeit gibt es daher als Begrifflichkeit schon länger.

---

4 Bundesministerium der Verteidigung (Hg): Bundeswehr 2002. Sachstand und Perspektiven. Berlin 2002, S. 1.
5 Erklärung der Bundesregierung durch den Bundesminister der Verteidigung, Dr. Peter Struck, am 11. März 2004 in Berlin.

CIMIC im militärischen Sprachgebrauch der NATO begrenzte sich im Gegensatz zur Zivil-Militärischen Zusammenarbeit hingegen nicht nur auf die nationalen Grenzen. Unter CIMIC wurden daher die Beziehungen zwischen landesfremden Streitkräften zu den nationalen militärischen und zivilen Stellen des Aufenthaltstaates verstanden. Zwar lag der Schwerpunkt der Civil-Military Co-operation auf der Verteidigungsplanung, dennoch blieb CIMIC insgesamt ein Vorgang zwischen Gesprächspartnern unterschiedlicher Nationalitäten. CIMIC im klassischen Sinne bezeichnet alles, was sich zwischen einem NATO-Kommandobereich oder einer Gaststreitkraft einerseits und den nationalen Streitkräften sowie den nationalen zivilen Behörden, Organisationen und Dienststellen des Aufenthaltlandes andererseits abspielt.[6] Die USA versuchten bereits nach Ende des II. Weltkrieges, die Kooperation zwischen zivilen und militärischen Stellen mit der Bereitstellung so genannter »Civil Affairs Units« in einen institutionellen Rahmen zu stellen.

Die Bedeutung und der Inhalt der ZMZ/CIMIC veränderten sich seitdem stark, da sich auch das sicherheitspolitische Umfeld entscheidend gewandelt hat. Europa wird nicht mehr durch konventionelle Streitkräfte bedroht. Die Bedrohung durch einen raumgreifenden herkömmlichen Konflikt nahm deutlich ab; dafür lässt sich eine massive Zunahme innerstaatlicher Konflikte feststellen. Die Gründe sind meist ethnische Spannungen, wirtschaftliche Ungleichgewichte oder ideologische, religiöse Differenzen. Für die Zivil-Militärische Zusammenarbeit bedeuten diese Entwicklungen nachhaltige Veränderungen. Die Frieden erhaltenen Einsätze der Vereinten Nationen und der NATO nahmen nach dem Ende des Kalten Krieges angesichts der öffentlichen Bilder humanitärer Katastrophen rapide zu: »The high price paid by the civilian population and the destabilization of entire regions have given rise to a greater need for military intervention to restore peace and security.«[7] Die internationale militärische Krisenreaktion hat sich diesen Entwicklungen angeschlossen und vom traditionellen Peace-Keeping hin zum multidimensionalen Peace Support Operations der zweiten und dritten Generation gewandelt.[8]

In der politischen Diskussion taucht die Frage auf, ob CIMIC als entwicklungspolitische Zusammenarbeit mit dem Militär als offizielle Entwicklungshilfe (ODA) gelten und anrechenbar sei; bislang war dieses nach den ODA-Kriterien nicht möglich. Sobald der Partner das Militär ist, han-

---

6 Vgl. Heinz Berchtold; Georg Leppig: Zivil-Militärische Zusammenarbeit (ZMZ), in: Hubert Walitschek; Hubert Reinfried (Hg): Die Bundeswehr- Eine Gesamtdarstellung, Band 12. Zwickenpflug 1980, S. 21.
7 Meinrad Studer: The ICRC and civil-military relations in armed conflict, in: IRRC, Vol. 83, Nr. 842, June 2001, Genf, 2001, S. 370.
8 Sascha Hardegger: Cimic Doktrin im Spannungsfeld zwischen humanitäre Hilfe und militärischer Krisenintervention, Studie der Forschungsstelle für Internationale Beziehungen der ETH-Zürich, Beiträge, Nr. 41, Zürich, Januar 2003, S. 10.

delt es sich nicht um Entwicklungszusammenarbeit. Nun wurde 2004 und 2005 im Entwicklungshilfeausschuss (DAC) der OECD darüber beraten, ob dieses Verständnis noch praktikabel und wirklichkeitsgerecht sei. Es wurde entschieden, dass grundsätzlich alle humanitäre Leistungen, so auch die der Bundeswehr, ODA-anrechenbar sind. Weiterhin sind ODA-anrechenbar die Demobilisierung von Kindersoldaten, die Stärkung der Zivilgesellschaft, die Förderung zivilgesellschaftlicher Kontrollen des Sicherheitssektors, das Management von Verteidigungsbudgets und Maßnahmen zur Kleinwaffenkontrolle sowie zur zivilen Konfliktprävention.

b) CIMIC im multilateralen Kontext

Mit der Schaffung des Begriffes des »post-conflict peace building«, welcher erstmalig in der »Agenda for Peace« des Generalsekretärs der Vereinten Nationen, Boutros Boutros Ghali 1992 auftauchte, wurde verstärkt das Augenmerk auf die zivilen Komponenten während eines Auslandseinsatzes gelegt.[9] Das Aufgabenspektrum der Friedensmissionen wuchs stetig an, auch wenn vor den Einsätzen auf dem Balkan in der Civil-Military Co-operation nur »a little more than a logistic challenge« gesehen wurde.[10] Während des Balkaneinsatzes wurden den Truppen exekutive Aufgaben zugewiesen. Die Entwaffnung von Konfliktparteien, die Überwachung und Wiederherstellung von Ordnung und Sicherheit sowie die Nothilfe für Zivilisten zählen heutzutage ebenso zum Aufgabenfeld der Missionen wie die Unterstützung bei der Wiederherstellung der Zivilgesellschaft.[11]

Nach Ende des Kalten Krieges hat sich die NATO vor allem durch ihre Peace Support Operations (PSO) eine neue Existenzberechtigung geschaffen. Als sie 1995 mit der Implimentation Force (IFOR) in einem so genannten »Out of Area«-Einsatz aktiv wurde, wurde deutlich, dass die NATO Menschenrechtsverletzungen innerhalb Europas nicht länger tolerieren konnte, auch wenn dies bedeuten sollte, dass ein solcher Einsatz außerhalb des Artikels 5, also dem Bündnisfall, liegen würde.[12] Diese Entwicklung der NATO, also weg von einem defensiv verstandenen Verteidigungsbündnis hin zu einem aktiven Zentrum transatlantischer, europäischer Sicher-

---

9 Vgl. Boutros Boutros-Ghali: An Agenda for Peace: Preventive Diplomacy, Peacemaking and Peacekeeping, Report of the Secretary-General pursuant to the statement adopted by the Summit Meeting of the Security Council on 31 January 1992. New York, 1992.
10 NATO, AJP-9 NATO Civil-Military Co-operation (Cimic) Doctrine, Paragraph 101.
11 Vgl. Sascha Hardegger, ebd. S. 17.
12 Der Begriff des »Out of Area«-Einsatzes wurde von dem damaligen NATO-Generalsekretär Manfred Wörner geprägt; liegt ein Einsatz außerhalb des Artikels vor, dann handelt es sich um so genannte Crisis Response Operations (CRO).

heitspolitik, ist für die heutige Bedeutung des CIMIC-Begriffes zentral – wurde dieser doch hauptsächlich durch die Erfahrungen der NATO auf dem Balkan geprägt. Während des Einsatzes in Bosnien-Herzegowina geriet die Implementation Force zunehmend in zivile Aufgabenfelder, wie der Hilfeleistung und dem Wiederaufbau, der Rekonstruktion der Infrastruktur und der Organisation zur Durchführung von freien und geheimen Wahlen.[13]

Im August 1997 reagierte das Military Committee der NATO auf die neuen Gegebenheiten und erließ die Direktive MC 411 zum Thema CIMIC. Ein halbes Jahr später wurde die Direktive vom Supreme Headquarters Allied Powers Europe (SHAPE) in das Konzept CIMIC 2000 umgesetzt. Es stellt seitdem die Planungs- und Handlungsgrundlage für den Planungsbereich Europa dar. Die Zielsetzung des Konzepts beinhaltet:
- die Unterstützung der NATO Kräfte im Einsatz,
- deren Zusammenarbeit mit dem zivilen Bereich durch Schaffung bestmöglicher Bedingungen im Stationierungsraum,
- Maßnahmen zur Akzeptanzerhöhung der Streitkräfte im Einsatzgebiet,
- Informationsgewinnung und Beurteilung der zivilen Lage,
- die Einrichtung von Verbindungsbüros, die Unterstützung ziviler Organisationen und Behörden und
- die Unterstützung ziviler Implementierungsmaßnahmen.[14]

Spezielle CIMIC Groups sollen die benötigten Kräfte bereithalten und die Stäbe auf den verschiedenen Führungsebenen beraten. Das CIMIC Personal wird in Generalisten und Spezialisten eingeteilt. Generalisten sind vor allem zuständig für Planungs- und Erkundungsaufgaben sowie zur kontinuierlichen Beurteilung der zivilen Lage, die Verbindungstätigkeit zur zivilen Seite und den Betrieb von Informationsbüros. Generalisten und Spezialisten werden zur Beratung der Stäbe benötigt und können bei entsprechendem Bedarf im Projektmanagement oder zur Unterstützung staatlicher und nicht-staatlicher Stellen eingesetzt werden.

1999 wurde auf dem Gipfel von Washington das Strategische Konzept 99, welches ein erweitertes Aufgabenspektrum der NATO vorsah, erlassen. Die NATO kann demnach auf der Grundlage dieses neuen Konzeptes ein erweitertes Krisenmanagement »out of area« betreiben und sich außerdem zu Kampfeinsätzen selbst mandatieren. In Art. 49 des neuen »Strategischen Konzepts« werden humanitäre Notfälle explizit als Anforderung an die NATO benannt.[15] Das Konzept enthält wichtige Grundlagen für das Selbstverständnis von CIMIC. Der große militärische Stellenwert von CIMIC wird anerkannt, auch wenn das Konzept allgemein formuliert ist: »Civil-Military Co-operation is interdependent: military means are increasingly

---

13 Vgl. Sascha Hardegger, a.a.O., S. 35, 36.
14 Peter Braunstein: Cimic 2000 – Zivil-militärische Kooperation, gefunden unter: www.europaeische-sicherheit.de/ES00-12-06.htm, abgerufen am: 07.06.2004.

requested to assist civil authorities; at the same time civil support to military operations is important for logistics, communications, medical support and public affairs.«[16]

c) *Das MC 411/1- und das AJP-9-Konzept*

Ein weiteres Dokument, die MC 411/1, welches an das Strategische Konzept 99 anschließt und sich mit der Civil-Military Co-operation beschäftigt, wurde bereits im Juli 2001 vom Nordatlantikrat verabschiedet. Danach ist unter CIMIC »the co-ordination and co-operation, in support of the mission, between the NATO Commander and civil actors, including national population and local authorities, as well as international, national and nongovernmental organisations and agencies« zu verstehen. Der Zweck von CIMIC besteht in einer umfassenden Zusammenarbeit mit den zivilen Behörden. CIMIC ist ein Instrument, welches den militärischen Auftrag des Kommandanten unterstützen soll und deshalb innerhalb der Kommandostruktur anzusiedeln ist. CIMIC muss nicht unbedingt ein Gleichgewicht zwischen zivilen und militärischen Stellen darstellen, sondern kann auch Mittel der einseitigen Interessensdurchsetzung sein.

Auf die MC 411/1 folgte das AJP – 9, welches am 1. Juni 2002 durch Auslaufen der Schweigeperiode von den NATO-Staaten genehmigt wurde und das auf der MC 411/1 basiert. Hier handelt es sich um ein Dokument, welches allgemeine Richtlinien für CIMIC-Operationen festlegt: »Although AJP – 9 is intended primarily for use by NATO forces, the doctrine is equally applicable to operations conducted by a coalition of NATO and non-NATO nations.«[17] Diese Doktrin enthält Maßstäbe, an denen sich weitere Staaten mit ihren CIMIC-Konzepten orientieren können. Das heißt, dass CIMIC mit den verschiedensten Akteuren rechnet und sich nicht nur auf die Kooperation zwischen externen militärischen und externen zivilen Kräften stützt, sondern auch auf die Zusammenarbeit mit der Bevölkerung und lokalen zivilen Stellen. Nach den Richtlinien des AJP – 9 soll eine integrierte Planung zwischen Militärs und den zivilen Stellen vor und während der Operation stattfinden; die NATO-Staaten sollen eigene CIMIC-Kapazitäten zur Unterstützung der CIMIC-Doktrin bereitstellen und CI-

---

15 NATO, The Alliance's Strategic Concept Approved by the Heads of State and Government participating in the meeting of the North Atlantic Council in Washington D.C. on 23rd and 24th April 1999; gefunden unter http://www.nato.int/docu/pr/1999/p99-065e.htm und abgerufen am 10. 01.2004.
16 NATO, The Alliance´s Strategic Concept, Paragraph 60.
17 NATO Mc 411/1 NATO Military Policy on Civil-Military Co-operation, Section 3, 14.

MIC-Seminare und Trainingsveranstaltungen organisieren; zivile sowie militärische Stellen sollen ein gemeinsames Ziel verfolgen.

Da die NATO eine Ausweitung der eigenen Kapazitäten im zivilen Bereich plante, bildete die NATO 2001 die CIMIC Group North, der neben der Bundeswehr weitere fünf Nationen angehören. CIMIC Group North ist in Budel in den Niederlanden angesiedelt und bietet von dort aus Trainings- und Ausbildungsmöglichkeiten für die CIMIC-Mitarbeiter an. Die CIMIC Group North strebt einen Pool von CIMIC-Spezialisten für generelle und spezifische Aufgaben an, welche das Militär zur Unterstützung umfassender ziviler Aufgaben befähigen soll. Der Spezialistenpool umfasst die fünf Bereiche Zivilverwaltung, humanitäre Hilfe, zivile Infrastruktur, Wirtschaft und Kultur.[18]

Kernaufträge des multinationalen Stabes beinhalten die Unterstützung bei der Vorbereitung und Durchführung von Einsätzen und Übungen in allen CIMIC relevanten Fragen, die Funktion als »Center of Expertise« in allen CIMIC Bereichen und die Bildung eines Planungsstabes zur Entwicklung einheitlicher, internationaler Konzepte, Standards und Regelwerke.[19] In der endgültigen Fertigstellung der CIMIC Group North, der außer Deutschland auch die Niederlande, Polen, die Tschechische Republik, Norwegen und Dänemark angehören, soll eine permanente Besetzung aus 60 Mitarbeitern im Hauptquartier bestehen; jede Nation stellt eine CIMIC Support Unit, die im Heimatland stationiert ist. Mit der CIMIC Group North haben sich die an ihr beteiligten sechs NATO Partner ein Instrument geschaffen, um zum Beispiel ein so genanntes »Combined Joint Task Force HQ« für den Einsatz mit einem leistungsfähigen CIMIC-Führungs- und Koordinationselement sowie mit zuzuordnenden CIMIC-Truppenteilen zu verstärken.[20]

Wie aus dem obigen Abschnitt erkennbar wird, hat sich die NATO dem neuen sicherheitspolitischen Umfeld angepasst und wächst mit ihren Erfahrungen. Dies lässt sich besonders gut an dem Schöpfungs- und Formungsprozess der Civil-Miltary Co-operation feststellen. CIMIC gewinnt zunehmend an Bedeutung, besonders angesichts von Operationen im Rahmen der Krisenbewältigung. Das Zusammenwirken zwischen Streitkräften und zivilem Umfeld hat erheblichen Einfluss auf den Erfolg der Operation.

---

18 Vgl. Stephan Klingebeil, Katja Roehder: Verhältnis von militärischen und entwicklungspolitischen Komponenten beim Wiederaufbau in Post-Konflikt-Situationen, in: Deutsches Institut für Entwicklungspolitik, Überblicksstudie für das BMZ, Bonn. 2003, S. 27, 28.
19 DDO/DtA CIMIC Group North, gefunden unter: http://www.skukdo.de/daten/unterstellter_bereich/cimic.htm, abgerufen am: 02.06.2004.
20 Jobst Echterling: CIMIC – Zivil – Militärische Zusammenarbeit der Bundeswehr im Ausland, erschienen in: Europäische Sicherheit, 10/2003, S. 36.

d) CIMIC in Bosnien-Herzegowina

Der Einsatz in Bosnien-Herzegowina kann als die »Geburtsstunde« von CIMIC in der NATO bezeichnet werden.[21] Nicht zuletzt aufgrund des Erfolges dort ist die NATO seitdem bemüht, das CIMIC-Konzept stetig zu erweitern und zu verbessern. Die NATO hat verstanden, dass in einer Zeit, in der zumeist innerstaatliche Konflikte einhergehen mit großen Opfern in der Zivilbevölkerung und gewaltigen Flüchtlingsströmen, solche Konflikte nur in enger Zusammenarbeit mit zivilen Komponenten zu entschärfen sind. Damit ist CIMIC zu einem bewährten Konzept geworden, um mögliche Reibungen zwischen den Bürokratien der Nicht-Regierungsorganisationen vor Ort und dem Militär zu vermeiden und effektive Ergebnisse in enger Abstimmung der Zuständigkeiten zu erzielen. CIMIC ist aus zwei Gründen für den Erfolg einer Operation so wichtig: »First, without security being guaranteed by the military, civil implementation tends to be very difficult and may even fail completely. Secondly the skills, knowledge and assets of the military can play an important role in supporting the work of the parties and the civilian organisations«.[22] CIMIC darf aber nicht mit Entwicklungshilfe – auf einer militärischen Ebene – verwechselt werden, da CIMIC in erster Linie der Unterstützung und Sicherung der Truppen vor Ort dienen soll, also der so genannten »force protection«.

Zu den CIMIC-Aktivitäten gehören auch die flankierenden Maßnahmen der Kreditanstalt für Wiederaufbau (KfW), die dazu beitragen, die Sicherheit in einem Krisengebiet wie Bosnien-Herzegowina nach einem militärischen Einsatz nachhaltig zu stabilisieren. Denn erst durch den Aufbau einer funktionierenden Zivilverwaltung, durch eine Ankurbelung der Wirtschaft, durch ein Zusammenfinden der Volksgruppen und durch persönliche Beteiligung der Betroffenen am Wiederaufbau, also durch Selbsthilfe, kann CIMIC im Ergebnis gelingen. Deshalb gibt es eine ständige Abstimmung zwischen der deutschen CIMIC und dem KfW-Büro Sarajewo, um eine größtmögliche Effektivität der Kreditvergabe und einen Übergang von der Direkthilfe zu langfristiger Hilfe zu erreichen. Um diesen Weg in die Selbstständigkeit umzusetzen, sichert die KfW den nachhaltigen Zugang zu Wohnungsbaukrediten über den Europäischen Fonds für Bosnien und Herzegowina.

Der 1998 gegründete Fonds ist revolvierend, daher aus den Rückflüssen der ausgegebenen Kredite werden neue Darlehen finanziert; es werden Wohnungsbaukredite vergeben sowie das ländliche Kreditprogramm zur Schaffung von Arbeitsplätzen auf dem Land sowie Kredite für kleine und

---

21 Vgl. Peter Braunstein et al.:, Zivil-militärische Zusammenarbeit der Bundeswehr im Balkan-Einsatz, in: Das Parlament, Aus Politik und Zeitgeschichte, 20/2001, S. 38.
22 Dick Zandee: Civi-military interaction in peace operations, in: NATO Review No. 1, Spring 1999, S. 11.

mittlere Unternehmen unterstützt. Der Fonds sammelt Geberbeiträge der Europäischen Kommission, Österreichs, Deutschlands, der Schweiz, Hollands und der Entwicklungsbank des Europarates. Diese Beiträge werden dann über die KfW an Partnerkreditorganisationen und von dort an die Kunden weitergegeben und fließen auch auf diesem Wege wieder in den Fonds zurück. Durch die Vergabe von Wohnungsbau-, Unternehmensgründungs- und Landwirtschaftskrediten wird den Menschen in Bosnien-Herzegowina ein dauerhafter Zugang zu Finanzdienstleistungen gesichert. Durch Selbstständigkeit und Eigeninitiative sind die Voraussetzungen für Unabhängigkeit von internationaler Hilfe in der Zukunft geschaffen. Kritisch sei angemerkt, dass diese Überlegungen bislang noch nicht deutlich genug in nationale und internationale Planungen eingeflossen sind. Dabei sind diese Ideen von fundamentaler Wichtigkeit, damit die Bundeswehr tatsächlich schrittweise den Ausstieg aus seinen Auslandseinsätzen findet. Leider herrscht oftmals in der militärischen Planung in Deutschland als auch im Auslandseinsatz eine gewisse Lethargie vor, die es zu bekämpfen gilt. Zum Aufbau ziviler Strukturen gehört eine erfolgreiche Zusammenarbeit zwischen Militärs und Polizei, aber eben dies scheint bei SFOR nur ungenügend zu funktionieren.

Das heutige Verständnis in der Bundeswehr von Zivil-Militärischer Zusammenarbeit geht also räumlich als auch inhaltlich über die frühere Begriffsbestimmung Zivil-Militärischer Zusammenarbeit hinaus und hat sich damit dem heutigen CIMIC-Verständnis der NATO angeschlossen. Mit dem erweiterten Aufgabenspektrum der Bundeswehr und den damit einhergehenden Auslandseinsätzen wird schnell klar, dass die »Zivil-Militärische Zusammenarbeit einem umfassenden Verständnis von Sicherheit und der Notwendigkeit, zeitgemäße Sicherheitsvorsorge als Querschnittsaufgabe zu verstehen«, entspricht.[23] Mit der Teilkonzeption »Zivil-Militärische Zusammenarbeit der Bundeswehr« (TK ZMZ Bw) folgte die Bundeswehr der Entwicklung der CIMIC innerhalb der NATO. Grundlage für die am 30. Oktober 2001 erschienene TK ZMZ Bw des Generalinspekteurs der Bundeswehr waren die genannten NATO Dokumente sowie die deutschen CIMIC-Erfahrungen im Auslandseinsatz seit 1997.[24]

Die TK ZMZ Bw wurde entworfen, um den Bereich CIMIC weiter auszubauen; sie führte zu wesentlichen Erneuerungen, da sie zwei bislang getrennte Bereiche zusammenführte. Zum einen wurden die Zivil-Militäri-

---

23 Peter Struck: Lage in den Einsatzgebieten unter besonderer Berücksichtigung der zivil-militärischen Zusammenarbeit, Einführungsstatement des Bundesministers der Verteidigung, anlässlich der Pressekonferenz am 18. Mai 2004 in Berlin, gefunden unter: http://www.bmvg.de/archiv/reden/minister/print/040518_struck_cimic.php, abgerufen am: 02.06.2004.
24 Jobst Echterling: CIMIC – Zivil – Militärische Zusammenarbeit der Bundeswehr im Ausland, erschienen in: Europäische Sicherheit, 10/2003, S. 33.

sche Zusammenarbeit innerhalb Deutschlands (ZMZ/I), zum anderen die Zivil-Militärische Zusammenarbeit während der Auslandseinsätze (ZMZ/A oder CIMIC) in der Konzeption zusammen gebracht.[25] ZMZ/I stellt weiterhin die Zusammenarbeit zwischen deutschen zivilen Behörden und der Bundeswehr dar, ist also zur Sicherstellung der äußeren Sicherheit im weitesten Sinne zuständig, während ZMZ/A die Zusammenarbeit mit der zivilen Seite im Einsatzland erfasst. Die Zusammenführung von militärischen Kräften mit ähnlichen Aufgaben, wie es bei den Aufgabenfeldern ZMZ/I und ZMZ/A der Fall ist, stellt somit eine grundsätzliche Stärkung dar.[26] Es ermöglicht die Straffung der Aufgabenwahrnehmung und spart dadurch Personal; zudem kann es gleichzeitig die Basis personeller Ressourcen nutzen und ermöglicht einen am operativen Minimum orientierten Aufbau von Fähigkeiten im In- und Ausland.

Nach der Teilkonzeption Zivil-Militärische Zusammenarbeit in Ziffer 202 umfasst die ZMZ der Bundeswehr »alle Planungen, Vereinbarungen, Maßnahmen, Kräfte und Mittel, die die Beziehungen zwischen militärischen Dienststellen/Dienststellen der territorialen Wehrverwaltung und zivilen und/oder militärischen Kräften/ Behörden und der Zivilbevölkerung regeln, unterstützen, erleichtern oder fördern. Derartige Vorkehrungen schließen die Zusammenarbeit mit nicht staatlichen Organisationen und Ämtern ein.«[27] In Ziffer 204 wird von der Koordinierung der zivil-militärischen Beziehungen, in Ziffer 205 von der Unterstützung der Streitkräfte und in Ziffer 206 von der Unterstützung des zivilen Umfelds gesprochen. Die TK ZMZ Bw versteht die ZMZ dabei zum einen als einen Beitrag zur Funktionsfähigkeit der Bundeswehr in Grundbetrieb und Einsätzen; zum anderen sieht sie die ZMZ als Beitrag zur Koordinierung und Sicherstellung von Unterstützungsleistungen für das zivile Umfeld. Im Regelfall kommt der ZMZ keine eigenständige Aufgabe zu, sondern dient der Unterstützung des jeweiligen militärischen Gesamtauftrages.[28] Die im Rahmen der Bundeswehrreform neu gebildete Streitkräftebasis hat hier die Federführung inne.

---

25 Jobst Echterling: Zusammenarbeit »ZMZ-Aufgaben«, gefunden unter http://www.streitkraeftebasis.de/C1256C290043532F/vwContentFrame/569AB306EDE7F939C1256DD300568E43, abgerufen am: 3.06.2004.

26 Zivil-Militärische Zusammenarbeit – G5 – Tagung der Bundeswehr, gefunden unter: http://www.streitkraeftebasis.de/C1256C290043532F/vwContentFrame/9C47389D1C67CF6D, abgerufen am: 12.06.2004.

27 Friedrich-Franz Sodenkamp: CIMIC – Unterstützung durch Reservisten, gefunden unter: http://www.streitkraeftebasis.de/C1256C290043532F/vwContentFrame/9C47389D1C67CF6DC1256DEB004C8E56C1256DEB004C8E56, abgerufen am: 12.06.2004.

28 Jobst Echterling: CIMIC – Zivil – Militärische Zusammenarbeit der Bundeswehr im Ausland, erschienen in: Europäische Sicherheit, 10/2003, S. 33.

Der Aktionsplan der Bundesregierung »Zivile Krisenprävention, Konfliktlösung und Friedenskonsolidierung« vom 12. Mai 2004 setzt die Schwerpunkte der deutschen Außenpolitik auf die multilaterale Ausrichtung deutscher Außenpolitik unter Berücksichtigung aller relevanten Politikfelder sowie der Förderung der zivilen Krisen- und Konfliktbewältigung. Die Rolle der Zivil-Militärischen Zusammenarbeit bei Stabilisierungs- und Wiederaufbaubemühungen wird in dem Aktionsplan als Konfliktnachsorge, die zugleich krisenpräventiven Charakter hat, hervorgehoben.[29]

CIMIC-Aufgaben können je nach Einsatz sehr unterschiedlich sein und sich je nach Anforderungen während des Einsatzes verändern. Grundsätzlicher Anspruch und Aufgabe von Zivil-Militärischer Zusammenarbeit ist die Unterstützung der Truppe im Einsatzland durch das Herstellen funktionaler Beziehungen.[30] Hier verfolgt CIMIC im In- und Ausland im Kern die gleiche Zielsetzung: Militärische und zivile Akteure werden zusammen geführt, um Absprachen zur Unterstützung und Hilfeleistung der jeweilig anderen Seite zu treffen und ihre Planungen abzustimmen.[31] Des weiteren soll ZMZ Unterstützung in der Hinsicht leisten, die Lebensbedingungen der Bevölkerung in den jeweiligen Einsatzländern zu verbessern und damit ein unsicheres Umfeld soweit stabilisieren, dass das Militär sich möglichst rasch wieder daraus zurückziehen kann. CIMIC Kräfte nehmen eine Scharnierfunktion zum zivilen Umfeld des Militärs ein.[32] Nach der Teilkonzeption Zivil-Militärische Zusammenarbeit der Bundeswehr, die sich allerdings dicht an der CIMIC-Konzeption der NATO orientiert, umfasst die ZMZ-Arbeit die Koordinierung der zivil-militärischen Beziehungen – etwa bei der Teilnahme an Koordinationsgremien –, die Unterstützung der Streitkräfte und die Unterstützung des zivilen Umfeldes – etwa bei der Durchführung von zivilen Projekten im Wiederaufbaubereich.

Die Koordinierung der zivil-militärischen Beziehungen erfordert den gezielten Aufbau eines Beziehungsgeflechts auf und zwischen den verschiedenen militärischen und zivilen Führungsebenen. Nationale beziehungsweise internationale Institutionen oder Nichtregierungsorganisationen vor Ort können beispielsweise solche zivilen Ebenen darstellen. Ein funktionsfähiges zivil-militärisches Beziehungsgeflecht unterstützt damit die militärische Entscheidungsfindung und Handlungsfähigkeit; zudem wird dadurch

---

29 Vgl. Die Bundesregierung: Aktionsplan »Zivile Krisenprävention, Konfliktlösung und Friedenskonsolidierung«, Berlin, 12. Mai 2004, S. 8, 60.
30 siehe auch Bundesministerium der Verteidigung (Hg): CIMIC: Grundlagen, Ziele und eine Bilanz, gefunden unter: http://www.bundeswehr.de/forces/grundlagen/einsatz/print/040518_cimic_faq.php, abgerufen am: 02.06.2004.
31 Peter Braunstein: CIMIC 2000. Zivil-Militärische Kooperation, gefunden unter: http://www.europaeische-sicherheit.de/ES00-12-06.htm, abgerufen am: 07.06.2004.
32 Peter Braunstein et al.: Zivil-militärische Zusammenarbeit der Bundeswehr im Balkan Einsatz, in: Aus Politik und Zeitgeschichte, 20/2001, S. 37.

die gezielte Beeinflussung und Unterstützung der lokalen nationalen zivilen Entscheidungsträger im Sinn der eigenen politischen und militärischen Einsatzziele möglich.[33] Die Unterstützung der Streitkräfte betrifft die Verfügbarkeit und die Nutzbarmachung des gesamten Spektrums ziviler Ressourcen im Einsatzraum für die eigene Truppe. Hierbei darf ZMZ jedoch nicht mit dem Ressourcenmanagement verwechselt werden, da dieses zum Aufgabenbereich der Logistik gehört.

Die Informationsgewinnung ist ein legitimes Anliegen der Streitkräfte und gehört, ebenso wie die Lagefeststellung, Lagebeurteilung, Beratung und Koordinierung als Unterstützungsmaßnahme zum Aufgabenbereich ZMZ. Zu beachten ist, dass für CIMIC-Projekte das Subsidiaritätsprinzip gilt, also nur solche Aufgaben von der Bundeswehr übernommen werden, die nicht von zivilen Institutionen übernommen werden können. ZMZ-Aufgaben werden im Bundesministerium der Verteidigung, in den Kommandobehörden und Ämtern sowie in der Truppe wahrgenommen. Grundsätzlich hat die Streitkräftebasis in der Bundeswehr die Federführung inne.

Um die Planung und Koordinierung Zivil-Militärischer Zusammenarbeit zwischen den verschiedenen Bereichen des Stabes sicher zustellen, wurden teilweise eigenständige Abteilungen gegründet. Diese Abteilungen tragen die Bezeichnung S5 oder G5 und sind Teileinheiten des SKUKdo und sind neben der Beratungsfunktion des jeweiligen Führers, beziehungsweise der übrigen Stabsabteilung auch für die Bereitstellung von CIMIC Kräften und deren Aus- und Weiterbildung zuständig. Vor allem die Abteilung G5 des SKUKdo ist für die ZMZ von besonderer Bedeutung, da alle Fäden bei ihr zusammenlaufen. Handelt es sich um eine Teilstreitkraft übergreifende Operationen, so besitzen sie die NATO-Bezeichnung J9.

Seit der NATO-Operation in Bosnien-Herzegowina waren rund 1400 Soldaten der Bundeswehr im Aufgabenfeld CIMIC eingesetzt; gegenwärtig sind etwa 130 deutsche CIMIC-Soldaten auf dem Balkan und in Afghanistan aktiv.[34] Das CIMIC-Personal wird in erster Linie auf der planerischen Ebene aktiv. Die Durchführung ist meist Sache der zivilen Betroffenen. Mit rund 20% sind Reservisten mit zivilberuflicher Qualifikation an CIMIC-Arbeiten beteiligt, da ohne zivile Expertise CIMIC nicht funktioniert und die Bundeswehr in diesem Bereich besonders auf Reservisten angewiesen ist. Seit Mai 2003 werden die Reservisten, die sich grundsätzlich bereit erklärt haben, CIMIC-Einsatzkontingente als Spezialisten zu unterstützen, in einer Datenbank gelistet. Stabspersonal und Soldaten in den ZMZ-Truppenteilen können aus allen Bereichen der Streitkräfte kommen. Somit pas-

---

33 Jobst Echterling: CIMIC – Zivil – Militärische Zusammenarbeit der Bundeswehr im Ausland, erschienen in: Europäische Sicherheit, 10/2003, S. 33.
34 BMVg, CIMIC: Grundlagen, Ziele und eine Bilanz, gefunden unter: http://www.bundeswehr.de/forces/grundlagen/einsatz/print/040518_cimic_faq.php, abgerufen am: 02.06.2004.

siert es häufig, dass ZMZ-Truppenteile aus den Bereichen des Heeres, der Marine oder der Luftwaffe gemeinsam an einer Aufgabe arbeiten. Seit 2004 gibt es eine Ausbildungskooperation gemeinsam mit dem Bundesministerium des Inneren. Seither werden an der Akademie für Krisenmanagement, Notfallplanung und Zivilschutz (AKNZ) in Bad Neuenahr einwöchige Grundlagenlehrgänge zu den Themenkomplexen ZMZ/A und ZMZ/I durchgeführt. Diese Lehrgänge bilden die nationale Basisausbildung für den Aufgabenbereich der Zivil-Militärischen Zusammenarbeit.

e) Neuerungen bei CIMIC

Seit dem 28. März 2003 verfügt die Bundeswehr erstmals über einen nur für CIMIC vorgesehenen Truppenteil: In Nienburg an der Weser hat die Bundeswehr das CIMIC Bataillon 100 (CIMICBtl 100) in Dienst gestellt, aus dessen Pool sich das CIMIC-Personal für die Auslandseinsätze der Bundeswehr rekrutiert. In seiner vollendeten Form soll es rund 116 Soldaten aufstellen.[35] Das CIMICBtl 100 ist dem Wehrbereichskommando I Küste truppendienstlich unterstellt und bildet mit der CIMIC Group North das Rückgrat der CIMIC-Aufgaben. Es stellt einen Teil der Streitkräftebasis dar und wurde gegründet, damit dem Headquarter der CIMIC Group North, der NATO, den Vereinten Nationen, der OSZE oder der EU deutsche CIMIC-Kräfte bei Bedarf unterstellt werden können. Gegenwärtig ist das Bataillon beispielsweise in Afghanistan tätig und führt Projekte zum Wiederaufbau oder zur materiellen Unterstützung der afghanischen Polizei durch. Das Bataillon besteht aus einer Stabs-/Versorgungskompanie und fünf Einsatzkompanien. Letztere sind zur Unterstützung der Brigaden/Divisionen vorgesehen und setzen sich aus Generalisten – aktiver Anteil – und Spezialisten – Aktive mit Zweitfunktion CIMIC und Reservisten – zusammen.[36] Auftrag des CIMIC Bataillon 100 ist es, professionelles Personal bereitzustellen, um den militärischen Führer in die Lage zu versetzen, im Rahmen seiner Operationsplanung die zivil-militärische Lage auszuwerten und zu beurteilen. Des weitern ist es für die Ausbildung des CIMIC-Personals zuständig. Eine Aufgabe des CIMIC Bataillon 100 besteht darin, es zum Leitverband und zur Heimatbasis aller Kontingente zu machen. Wegen seiner geringen Stärke ist das Bataillon auf personelle Unterstützung aus den Verteidigungsbezirkskommandos sowie aus dem Bereich der Reservisten mit entsprechender zivilberuflicher Qualifikation, angewiesen.[37] Die seit Mai

---

35 Kurt Kister: Bundeswehr erfahrener als USA, in: Süddeutsche Zeitung, 19.05.2004.
36 FÜ SKB I5, CIMIC Kräfte der Streitkräftebasis, gefunden unter: http://reservisten.bundeswehr.de/pic/Grundlagen/infodienst_2001_02.pdf, abgerufen am: 05.06.2004.
37 Vgl. Jobst Echterling, a.a.O., 2003, S. 36.

2003 eingeführte Datenbank für Reservisten ermöglicht es dem Bataillon, schnell auf geeignete Reservisten zurückzugreifen.

Bis April 2004 hat die Bundeswehr CIMIC-Projekte im Gesamtwert von 38 Millionen Euro verwirklicht.[38] Das Geld für CIMIC Projekte kommt nicht aus dem Haushalt des Bundesministeriums der Verteidigung, da das Haushaltsrecht des Bundes eine Finanzierung aus dem Haushalt des Verteidigungsministeriums nicht zulässt. Somit ist dieses lediglich für die Bereitstellung des notwendigen Materials und Personals zuständig. Die Materialkosten von CIMIC muss die Bundeswehr durch Drittmittel einwerben. Hierfür tritt sie mit Anträgen an das Auswärtige Amt, die Europäische Union, das Bundesministerium für Wirtschaftliche Zusammenarbeit und Entwicklung oder an nichtstaatliche Regierungsorganisationen (NRO) heran.[39] Gerade diese Finanzierung über andere Geldgeber als das BMVg sorgt für Spannungen zwischen NRO und ZMZ; die deutsche ZMZ steht in Konkurrenz zu NRO im humanitären Bereich und ist zudem kostengünstiger als andere Anbieter, da bei CIMIC die Personalkosten der Bundeswehr wegfallen.

Die CIMIC-Arbeit der Bundeswehr in Bosnien-Herzegowina ist ein gutes Beispiel, um zu verdeutlichen, wie die ZMZ der Bundeswehr im Einsatzland aussehen kann. Der CIMIC-Einsatz in Bosnien-Herzegowina 1997/98 war die Geburtsstunde für die Weiterentwicklung der ZMZ in Deutschland. Was die deutsche ZMZ in den Jahren, seit sie in Bosnien Herzegowina tätig ist, geleistet hat, kann sich sehen lassen: Bis April 2003 wurden rund 2.000 Einzelprojekte von rund 100 CIMIC-Soldaten in einem Gesamtwert von rund 17 Mio. Euro durchgeführt. Für den deutschen CIMIC-Verband standen aufgrund der Nachkriegssituation in Bosnien-Herzegowina die Unterstützung der Flüchtlings- und Minderheitenrückkehr sowie ein die Rückkehr begleitender Wiederaufbau im Vordergrund. Die Hauptaufgabe der deutschen CIMIC besteht aus der Erstellung von politischen, ethnischen und wirtschaftlichen Situationsberichten über die Verwaltungsbezirke in Bosnien-Herzegowina. Diese sollen dem Beauftragten der Bundesregierung für Flüchtlinge und Wiederaufbau und den Vertretern nationaler oder internationaler Organisationen ein konkretes Bild über die Flüchtlingsrückkehr und Wiederaufbaufähigkeit der verschiedenen Kantone vermitteln und Voraussetzungen für gezielte weiterführende Maßnahmen bilden. Die Berichte zur Flüchtlingsrückkehr, die bei den internationa-

---

38 BMVg, CIMIC: Grundlagen, Ziele und eine Bilanz, gefunden unter: http://www.bundeswehr.de/forces/grundlagen/einsatz/print/040518_cimic_faq.php, abgerufen am: 02.06.2004.
39 Stephan Klingebeil; Katja Roehder: Verhältnis von militärischen und entwicklungspolitischen Komponenten beim Wiederaufbau in Post-Konflikt-Situationen, in: Deutsches Institut für Entwicklungspolitik (Hg): Überblicksstudie für das BMZ, Bonn. 2003, S. 28.

len Organisationen ein großes Renommee genießen, vermitteln einen Überblick über nahezu alle Lebensbereiche. Dazu gehören unter anderem die Lage auf dem Arbeitsmarkt, die Wohnsituation, die Wirtschaftslage und die Funktionalität öffentlicher Einrichtungen.[40] Aufgabe dieses CIMIC-Teils ist es, durch Informationsgewinnung den Arbeitsstäben der Beauftragten der Bundesregierung für die Flüchtlingsrückkehr beratend und bei der Koordination von Hilfsleistungen zur Seite zu stehen. Eine andere Gruppe befasst sich im Rahmen integrierter Programme hauptsächlich mit dem Aufbau von Wohnungen und zerstörten Häusern. Sie ist zuständig für alle wesentlichen Umstände, die für ein rückkehrfreundliches Umfeld wichtig sind. Das gilt, eben nicht nur für den Wohnungsbau, sondern ebenso für die Wiederherstellung der öffentlichen Infrastruktur, als auch für die Arbeitsplatzsituation. Zu beachten ist, dass sie selbst nur die Steuerungs- und Planungsaufgaben wahrnimmt, während die konstruierenden Tätigkeiten durch lokale Firmen vor Ort abgeleistet werden. Hierbei spielt der Gedanke der Hilfe zur Selbsthilfe eine wichtige Rolle.[41] Des weitern sind taktische CIMIC-Kräfte, so genannte »Tactical Support Teams« (TST) im Einsatz. Sie sollen durch Kleinstprojekte zur Erhöhung der »force protection« beitragen. Hierbei gilt allen beteiligten Parteien gegenüber der Grundsatz der Neutralität.

Die Weiterentwicklung der ZMZ begann mit dem Bosnien-Einsatz der Bundeswehr, wo erstmalig Erfahrungen mit ZMZ im Auslandseinsatz gemacht wurden. Heute, beispielsweise im ISAF-Einsatz, ist die ZMZ ein Instrument, das aus einer erfolgreichen Krisen- und Konfliktprävention nicht mehr wegzudenken und zu einem festen Bestandteil friedenserhaltender oder -schaffender Operationen geworden ist. Das belegen nicht zuletzt die zahlreichen Projekte im Rahmen der ZMZ, die vor allem seit der »Teilkonzeption Zivil-Militärische Zusammenarbeit der Bundeswehr« durchgeführt worden sind. So wurden durch deutsche CIMIC-Soldaten über 4000 Projekte bis April 2004 in einem Gesamtwert von über 38 Millionen Euro in den verschiedenen Einsatzländern auf dem Balkan und in Afghanistan verwirklicht.[42]

Nicht nur in Bosnien-Herzegowina hat die deutsche CIMIC-Arbeit internationale Anerkennung gefunden. Im Kosovo beispielsweise leistet die Bundeswehr einen bedeutenden Beitrag zum Wiederaufbau des Landes. Die Soldaten verteilen Lebensmittel und Tierfutter, reparieren Straßen,

---

40 Peter Braunstein et al.: Zivil-militärische Zusammenarbeit der Bundeswehr im Balkan Einsatz, in: aus politik und zeitgeschichte, 20/2001, S. 39.
41 Peter Braunstein, a.a.O., 2001, S. 40.
42 Einführungsstatement des Bundesministers der Verteidigung, Dr. Peter Struck, anlässlich der Pressekonferenz am 18. Mai 2004 in Berlin, gefunden unter: hht://www.bmvg.de/archiv/minister/print/040518_struck_cimic.php, abgerufen am: 02.06.2004.

Schulen und Häuser, richten Bauhöfe ein, listen Denkmäler auf und prüfen Entwicklungschancen von Vieh- und Landwirtschaft. Die Bundeswehr nimmt dort quasi die Rolle eines Technischen Hilfswerks mit Feldjägern und Flugabwehr ein. Schnell hat die Bundeswehr während ihrer Einsätze die Erfahrung gemacht, dass die ZMZ die Doppelfunktion erfüllt, die Lebensbedingungen der Bevölkerung zu verbessern und zur Sicherheit der eigenen Truppen beizutragen. Seitdem ist sie bemüht, die ZMZ-Komponente während ihrer Einsätze stärker zu fördern. Vor allem der Erfolg der CIMIC-Einsätze in der Phase der Konfliktentschärfung hat zu einer stetig größer werdenden Nachfrage an CIMIC-Kräften geführt. Die wachsende Bedeutung, welche die ZMZ innerhalb der Bundeswehr einnimmt, spiegelt sich in einer eigenen Stabsabteilung in den Einsatz-Hauptquartieren und in den höheren Kommandobehörden im Inland wieder. Mit der Aufstellung des CIMIC Bataillon 100 und der CIMIC Group North hat die Bundeswehr erstmals einen eigenen, nur für CIMIC-Aufgaben vorgesehenen Bereich erhalten. Der Verteidigungsminister verspricht, dass bis 2010 das CIMIC Personal verdoppelt wird.[43]

Eine Schwachstelle der deutschen ZMZ bleibt seine Finanzierung. Da sich die ZMZ nicht aus dem Haushalt des Bundesministeriums der Verteidigung finanziert, müssen humanitäre Hilfswerke gemeinsam mit der Bundeswehr um die Gelder des Auswärtigen Amtes, des Bundesministeriums für wirtschaftliche Entwicklung und Zusammenarbeit und des Bundesumweltministeriums wetteifern. Gelingt die Zusammenarbeit mit Hilfsorganisationen im Einsatzland meistens gut, so führt die Finanzierung der ZMZ häufig zu Irritationen auf Seiten der Nichtsregierungsorganisationen. Da die ZMZ nicht in erster Linie aus humanitären Erwägungen geschieht, sondern zur effizienten Auftragserfüllung der Streitkräfte und zu deren Sicherheit beiträgt, ist es nicht ganz verständlich, warum nicht gerade im Bereich der »Force protection« das BMVg ein gewisses Budget bereitstellen sollte. Eine solche Finanzierung aus dem Haushalt des BMVg würde zu einer noch reibungsloseren Zusammenarbeit mit anderen Hilfsorganisationen beitragen, da deren Sorge, die Bundeswehr okkupiere den Markt der zivilen Hilfe, damit verringert werden könnte.

Nochmals sei darauf verwiesen, das CIMIC als eine ausschließlich militärische Doktrin zu verstehen ist. Eine rein subsidiare Hilfeleistung, die nicht im Rahmen eines militärischen Auftrages mit militärisch-politischen Zielen erfolgt, wird von CIMIC nicht erfasst.[44] CIMIC hat sich auf dem Gebiet der Konfliktnachsorge als wichtiger Faktor im Rahmen des Stabilitätsaufbaus erwiesen. Der Wiederaufbau der Infrastruktur, die Flüchtlingsrück-

---

43 Einführungsstatement des Bundesministers der Verteidigung, Dr. Peter Struck, anlässlich der Pressekonferenz am 18. Mai 2004 in Berlin, gefunden unter: hht://www.bmvg.de/archiv/minister/print/040518_struck_cimic.php, abgerufen am: 02.06.2004.

kehr und die Schaffung eines sicheren Umfeldes für die Bevölkerung bilden eine zentrale Voraussetzung für ein erfolgreiches Nation building. Dies kann durch CIMIC-Arbeit geleistet werden und trägt zur Sicherheit der Truppe bei. Trotz seiner wachsenden Popularität in der Truppe darf CIMIC in seiner Wirkungskraft nicht überschätzt werden: Eine bewaffnete Intervention vermag zivile Maßnahmen der Konfliktbearbeitung und die Bekämpfung struktureller Krisenursachen nicht zu ersetzen.

CIMIC erwies sich als wirksames Mittel, um einen wichtigen Beitrag zum Frieden zu leisten. Die Bundesregierung hat dies erkannt und möchte mit dem Aktionsplan neben robusten Einsätzen zur Krisenprävention, Krisenbewältigung und Krisennachsorge den Dialog und die Kooperation ziviler Krisenprävention fördern. Dabei soll CIMIC eine wichtige Rolle spielen. Im Zuge der Erneuerung der Bundeswehr von Grund auf und seiner Ausrichtung auf neue Aufgaben ist CIMIC in der neuen Heeresstruktur berücksichtigt worden. Nicht zuletzt das Vorhaben, das deutsche CIMIC-Personal innerhalb der nächsten vier Jahren zu verdoppeln, zeigt die wachsende Bedeutung der Zivil-Militärischen Zusammenarbeit in der Bundeswehr. Die Bundeswehr folgt damit Entwicklungen in der NATO, wo CIMIC zu einem Erfolg versprechenden Grundmuster von Hilfe zur Selbsthilfe avanciert.[45]

Abschließend sei darauf hingewiesen, dass ein Trend zur Ausweitung ziviler Einsätze intervenierender Streitkräfte anhalten dürfte und es entwicklungspolitischer Grundsatzüberlegungen bei den militärischen Führungskräften bedarf.[46] Um es noch einmal deutlich zu sagen: CIMIC soll unter Kosten-Nutzen-Nachweisen mit militärischer Unterstützung Wiederaufbauleistungen erbringen, die zu einer Stärkung der lokalen Eigenverantwortung führen.

---

44 Sascha Hardegger: Cimic Doktrin im Spannungsfeld zwischen humanitäre Hilfe und militärischer Krisenintervention. Studie der Forschungsstelle für Internationale Beziehungen der ETH-Zürich, Beiträge, Nr. 41, Zürich, Januar 2003, S. 75.

45 so Peter Struck in einer Rede auf der auf der 40. Konferenz für Sicherheitspolitik vom 07.02.2004.

46 Andreas Heinemann-Grüder; Tobias Pietz: Friedensgutachten 2004. (Bonn International Center for Conversion). Bonn 2004, S. 109-117.

16. Militärseelsorge und Auslandseinsätze – eine Facette sozialen Engagements in der Bundeswehr

Bei der Bundeswehr können wir drei Arbeitsbereiche ausmachen, die sich sozial engagieren, nämlich den Sozialdienst, den psychologischen Dienst und den kirchlichen Dienst. Alle drei Dienste sind in unterschiedlicher Form und Gewichtung auch in Auslandseinsätzen der Bundeswehr vertreten. Im Sozialdienst sind vorwiegend Sozialpädagogen anzutreffen, im psychologischen Dienst Psychologen und im kirchlichen Dienst vorwiegend Pfarrer, Priester und Pastoralreferenten – in der Regel sowohl männlichen und weiblichen Geschlechts. Der kirchliche Dienst unterscheidet sich von den beiden anderen Diensten darin, dass er weitgehend unabhängig von den zivilen und militärischen Diensten bei der Bundeswehr organisiert ist. So wird etwa der Seelsorger im In- und Auslandseinsatz zwar dem Kommandeur zugeordnet, doch ist er nicht in die militärische Befehlsordnung eingegliedert und trägt anstelle eines militärischen Rangabzeichens das Kreuz. In seiner seelsorglichen und theologischen Arbeit, so auch von seinem inhaltlichen Anspruch her, unterscheidet sich daher der kirchliche Dienst von anderen Arbeitsbereichen der Bundeswehr, weshalb auf ihn nun besonders eingegangen werden soll.

Es sei auch ausdrücklich darauf hingewiesen, dass die drei obigen Dienste nur drei Teilbereiche sozialen Engagements in der Bundeswehr darstellen. So ist etwa die Arbeit der Familienbetreuungszentren, in der auch Soldaten eingebunden sind, hervorzuheben. Denn diese Familienbetreuungszentren[1] leisten einen wichtigen Beitrag gerade für jene Angehörigen im Inland, deren Lebenspartner sich im Auslandseinsatz befindet. Leider treten immer wieder Versäumnisse dahingehend auf, dass Soldaten und Soldatinnen[2] vor ihrem Auslandseinsatz außer Acht lassen, Kontakte zwischen ihrem Lebenspartner und ihrer Familie zu den Familienbetreuungszentren aufzubauen. Auch liegen Familienbetreuungszentren oft weit entfernt von den einzelnen, betroffenen Familien. Doch insgesamt gesehen leisten Familienbetreuungszentren für Soldaten im In- und Ausland eine wichtige Arbeit, gerade wenn Soldaten oft nur am Wochenende oder über Monate hinweg aufgrund von Auslandseinsätzen ihre Familie gar nicht sehen können.

---

1 Vgl. www.streitkraeftebasis.de, abgerufen am 2. Dezember 2004; www.einsatz.bundeswehr.de, abgerufen am 2. Dezember 2004.
2 Vgl. Bernard Bode: »Die Chancengleichheit erhöhen. Soldatinnen in der Bundeswehr, in: Das Parlament, Nr. 21, 2004, 17.5.2004

Schließlich gibt es ein soziales Netzwerk von Vereinen und Initiativen im Umfeld der Bundeswehr, so etwa den deutschen Bundeswehrverband[3] und die Molinari-Stiftung[4], die auch die Drucklegung dieses Buches förderte. Zu nennen sind das in Bonn ansässige Bundeswehr-Sozialwerk. e.V.[5], die Reservistenverbände und die Vereine ehemaliger Soldaten, die ganz wichtige soziale Netzwerkarbeit betreiben. Zudem gibt es gerade in Orten, wo die Bundeswehr stark präsent ist wie etwa in Munster, eine ausgeprägte Nachbarschaftshilfe, etwa in Fragen gegenseitiger Kinderbetreuung oder der Organisation von Straßen- und Gartenfesten. Die Militärseelsorge bildet in diesem Gesamtbild einen Ausschnitt von sozialem Engagement für Menschen, die an religiösen und ethischen Fragen interessiert sind.

»Mit möglichst wenig Militär möglichst viel Friede«[6], so lautet die Forderung des evangelischen Militärbischofs Peter Krug. Ob es sich hier um eine ausreichende Antwort auf die Kernfrage: »Wie können wir Gewalt und Terrorismus in der Welt angemessen begegnen?« handelt, darf bezweifelt werden. Unbestritten ist aber die Überzeugung, dass es wünschenswert ist, mit so wenig militärischen Mitteln wie möglich friedliche Lebensbedingungen für Menschen in dieser Welt zu schaffen. Dabei ist zu berücksichtigen, dass sich der sicherheitspolitische Schwerpunkt verlagert hat und das Hauptaugenmerk der Bundeswehr heute auf seinen Auslandseinsätzen liegt. Diese gewandelte Lage hat vor allem Auswirkungen auf die Soldaten, die sich den neuen Herausforderungen stellen müssen – und auf die Militärseelsorge.

Der katholische Militärgeneralvikar Walter Wakenhut stellt fest, dass die Auslandseinsätze der Bundeswehr die Militärseelsorge vor vollkommen neue Aufgaben stellt. So ging es in den fünfziger Jahren zunächst um eine militärseelsorgliche Grundversorgung in Friedenszeiten, wobei für je 1.500 Soldaten einer Konfession mindestens ein Militärseelsorger zur Verfügung stand: »Jeder Pfarrer hatte einen überschaubaren Seelsorgebezirk; die Standorte lagen meist nahe zusammen und waren deshalb auch leicht zu erreichen. Seine Abwesenheiten beschränkten sich auf die Begleitung der Truppe bei Übungen und seinen Urlaub. Die Familien wohnten für gewöhnlich am Ort, die Wehrpflichtigen waren grundsätzlich heimatnah einberufen. Die Soldaten und deren Familien gehörten fast alle einer der großen Kirchen an.«[7] Diese Situation hat sich grundlegend gewandelt.

---

3 Vgl. www.dtbwv.de.
4 Vgl. www.ktms.org.
5 Vgl. www.bundeswerk-sozialwerk.de.
6 www.bundeswehr.de/soziales/0240203_interviw_milbischof_krug.php.
7 Walter Wakenhut: Wachsende Herausforderungen für Militärseelsorge. Standortbestimmung der Militärseelsorge. Vortrag des Militärgeneralvikars beim Friedensseminar der 10. Panzerdivision in Kloster Reute, in: Auftrag, Nr. 254, 2004, S. 83.

So sind an verschiedenen Standorten im Ausland mitunter mehrere hundert Soldaten stationiert (z.B. in Kundus oder in El Paso), die auch der seelsorgerlichen Begleitung bedürfen, weshalb die alte Zuteilung von rund 1.500 Soldaten gar nicht mehr greift, wenngleich im Zuge von Rationalisierungsmaßnahmen verstärkt wieder das Verteidigungsministerium auf diese Zahl aus den fünfziger Jahren zugreift. Hinzu kommt, dass inzwischen rund vierzig Prozent der Bundeswehrsoldaten gar kein Mitglied der beiden großen Kirchen in Deutschland[8] sind – und dies mit steigender Tendenz. Die Bundeswehr wird zudem im wachsenden Maß zur Einsatzarmee, womit Pfarrer und Soldaten häufiger im Ausland sind. Standorte werden in Deutschland aufgelöst oder zusammengelegt. Die Pfarrer sind in Deutschland und im Ausland oft unterwegs, verbringen also einen beachtlichen Teil ihrer Arbeitszeit auf der Straße; zudem bricht ein selbstverständlicher gesellschaftlicher Wertekonsens, wie es ihn noch in den fünfziger Jahren gab, weg. Um dem entgegen zu treten, wird derzeit die Einführung eines Faches »Ethik« diskutiert.

Vor diesem Hintergrund ergeben sich Fragen: Welche Rolle nimmt die Institution der Militärseelsorge im Rahmen des gewandelten Selbstverständnisses der Streitkräfte als ›Armee im Einsatz‹ ein? Welche Bedeutung hat sie für die Staatsbürger in Uniform, also im Rahmen der Inneren Führung der Bundeswehr? Um auf diese Fragen einzugehen, ist es unerlässlich, zunächst die Grundlagen der bundesdeutschen Militärseelsorge aufzuzeigen.

a) Militärseelsorge für die deutsche Bundeswehr

Zu den Grundrechten eines jeden Bürgers der Bundesrepublik Deutschland zählt laut Artikel 4 des Grundgesetzes die Glaubens-, Gewissens- und Bekenntnisfreiheit. Unsere Verfassung garantiert zudem die ungestörte Religionsausübung.[9] Soldaten sind oftmals in ihren Seelsorgemöglichkeiten eingeschränkt, denn der Dienst in der Bundeswehr bringt erhebliche Veränderungen der Lebensverhältnisse mit sich. Eine Erschwerung der Religionsausübung, ob im Rahmen der militärischen Ausbildung oder im Einsatz soll und muss durch staatliche Vorkehrungen verhindert werden. Zu diesem Zweck richtete der Staat im Einvernehmen mit den Kirchen die Seelsorge in der Bundeswehr ein. Das Zusammenwirken von Staat und Kirche stößt immer wieder auf Kritik, da die ausdrückliche Trennung und gegenseitige

---

8 Vgl. Alexander Foitzik: »Eine gemeinsame Wertebasis schaffen«. Ein Gespräch mit Militärgeneralvikar Walter Wakenhut, in: Herder-Korrespondenz, 58 Jg., Heft 7, 2004, S. 341 f.
9 Vgl.: Deutscher Bundestag (Hg): Grundgesetz für die Bundesrepublik Deutschland. Bonn 1996, S. 13.

Unabhängigkeit beider Institutionen einen Grundpfeiler des bundesdeutschen Systems darstellt.[10] Doch die heutige Militärseelsorge hat »– ungeachtet ihrer langen Tradition – keinen Zusammenhang mit dem auf älteren staatskirchlichen Vorstellungen beruhenden Wunsch des Staates auf geistliche Begleitung des militärischen Dienstes«.[11]

Die wichtigste rechtliche Grundlage der Militärseelsorge für die deutsche Bundeswehr findet sich im Grundgesetz. Bei den weiteren Rechtsgrundlagen ist zwischen der katholischen und evangelischen Militärseelsorge zu unterscheiden. Grundlage der katholischen Militärseelsorge ist das zwischen dem Deutschen Reich und dem Heiligen Stuhl geschlossene Konkordat vom 20. Juli 1933.[12] Kirche und Staat erfüllen gemeinsam den Anspruch des Soldaten auf »Seelsorge und ungestörte Religionsausübung«.[13] Die damaligen Vereinbahrungen gelten im Prinzip auch für die evangelische Militärseelsorge, die im Militärseelsorgevertrag mit der evangelischen Kirche von 1957 festgeschrieben sind. Auf katholischer Seite sind hier noch die päpstlichen Statuten von 1989/90 zu erwähnen. Weitere Einzelheiten, sowohl der evangelischen, als auch der katholischen Militärseelsorge, umschreibt die Zentrale Dienstvorschrift Militärseelsorge (ZD 66/1) des Bundesministers der Verteidigung vom 28.8.1956, die zentrale Dienstvorschrift 66/2 aus dem Jahr 1959, die Weisung für die Zusammenarbeit mit den Militärgeistlichen des Generalinspekteurs der Bundeswehr vom 12.11.1984[14] und die Weisung des Generalinspekteurs vom 10. Dezember 2003. Zudem gibt es Zusatzprotokolle zum Militärseelsorgevertrag.

Der organisatorische Aufbau der evangelischen Militärseelsorge setzt sich sowohl aus staatlichen, als auch aus kirchlichen Elementen zusammen. Die kirchliche Leitung der Militärseelsorge übernimmt der Militärbischof, der somit an der Spitze des evangelischen Organisationsapparates steht. »Der Militärbischof steht in keinem staatlichen Dienstverhältnis«[15]. Diese Tatsache verdeutlicht die Unabhängigkeit der heutigen Militärseelsorge

---

10 Zur verfassungsrechtlichen Problematik vgl.: Rudolf Seiler: Seelsorge in Bundeswehr und Bundesgrenzschutz, in: Joseph Listl; Dietrich Pirson (Hg): Handbuch des Staatskirchenrechts der Bundesrepublik Deutschland (Bd.2). Berlin 1995, S. 968ff

11 Rudolf Seiler: Seelsorge in Bundeswehr und Bundesgrenzschutz, in: Joseph Listl; Dietrich Pirson (Hg):Handbuch des Staatskirchenrechts der Bundesrepublik Deutschland (Bd.2). Berlin 1995, S. 961.

12 Auszugsweise abgedruckt in: Peter H. Blaschke; Harald Oberhem: Militärseelsorge. Grundlagen, Aufgaben, Probleme. Regensburg 1985, S. 168 f.

13 § 36 des Soldatengesetzes vom 19. März 1956; abgedruckt in: Peter H. Blaschke; Harald Oberhem: Militärseelsorge. Grundlagen, Aufgaben, Probleme. Regensburg 1985, S. 158.

14 Rudolf Seiler: Seelsorge in Bundeswehr und Bundesgrenzschutz, in: Joseph Listl; Dietrich Pirson (Hg): Handbuch des Staatskirchenrechts der Bundesrepublik Deutschland (Bd.2). Berlin 1995, S. 965.

15 Peter H. Blaschke; Harald Oberhem: Militärseelsorge: Grundlagen, Aufgaben, Probleme. Regensburg 1985, S. 68.

vom Staat. Das *Evangelische Kirchenamt für die Bundeswehr* ist die zentrale Dienststelle der evangelischen Militärseelsorge. Es dient sowohl als Kirchenkanzlei als auch als Bundesbehörde.[16] Die Leitung des Kirchenamtes obliegt dem Militärgeneraldekan, der »in kirchlichen Angelegenheiten dem Militärbischof, in staatlichen dem Bundesminister der Verteidigung untersteht«[17]. Zu den Aufgaben des Militärgeneraldekans gehört neben der Unterstützung des Militärbischofs auch das Arbeitsfeld der staatlichen Verwaltung. Eine weitere Ebene des organisatorischen Aufbaus bilden die Militärgeistlichen. Sie haben die Möglichkeit, zu Bundesbeamten ernannt zu werden und »unterstehen in kirchlichen Angelegenheiten der Leitung und der Dienstaufsicht des Militärbischofs sowie ... des Militärgeneraldekans«; als Bundesbeamte unterstehen sie dem Bundesverteidigungsminister.[18]

Grundsätzlich entspricht der organisatorische Aufbau der katholischen Militärseelsorge dem des evangelischen Pendants. Die oberste Instanz ist gleichsam der Militärbischof. Zum katholischen Militärbischof wird »ein in der Bundesrepublik Deutschland residierender Diözesanbischof ernannt«.[19] Die Dienststelle der katholischen Seelsorge ist das katholische Militärbischofsamt, welches unter der Leitung des Militärgeneralvikars steht. Sowohl in der evangelischen als auch in der katholischen Militärseelsorge sind bislang für je 1500 Soldaten ein Militärgeistlicher vorgesehen. Dabei verfügen die Militärgeistlichen zusätzlich über Hilfskräfte. Diese Posten werden in der Regel von Pfarrhelfern eingenommen. Eine Unterbesetzung der Militärgeistlichen gegenüber den Pfarrhelfern und Laien ist augenscheinlich nicht von der Hand zu weisen. Dies liegt zum einen an »einem sich verschärfenden Priestermangel in den katholischen Bistümern«, zum anderen an einem ebenso ausgeprägten Pfarrermangel auf evangelischer Seite. Um dieser Entwicklung zu beggenen, werden im katholischen Bereich auch Pastoralreferenten, Gemeindereferenten und Ständige Diakone eingesetzt; letztere sind etwa bevollmächtigt, ökumenische Gottesdienste zusammen mit einem evangelischen Geistlichen zu leiten. Die Eucharistiefeier bleibt jedoch dem Priester vorbehalten. Der in staatliche und kirchliche Aufgabenbereiche aufgeteilte Aufbau der Militärseelsorge »stellt klar, dass der Staat nur für die Organisation der Militärseelsorge und ihre Finanzierung zuständig ist, die Militärseelsorge als Teil der kirchlichen Arbeit aber im Auftrag und unter Aufsicht der Kirche ausgeübt wird«.[20]

---

16 Vgl.: Rudolf Seiler: Seelsorge in Bundeswehr und Bundesgrenzschutz, in: Joseph Listl; Dietrich Pirson (Hg): Handbuch des Staatskirchenrechts der Bundesrepublik Deutschland (Bd.2). Berlin 1995, S. 966.
17 Rudolf Seiler, a.a.O., S. 966.
18 Rudolf Seiler, ebd.
19 Rudolf Seiler, a.a.O., S. 967.
20 Rudolf Seiler, ebd.

Auch wenn eine Abhängigkeit der Militärseelsorge von staatlichen Zuschüssen nicht abzustreiten ist, so macht die Organisationsstruktur zumindest deutlich, dass die seelsorgerische Arbeit inhaltlich von den Kirchen dominiert wird. Die Frage, ob es in den staatlichen Zuständigkeitsbereich fällt, eine Militärseelsorge einzurichten, stellte sich dennoch und Kritiker haben Bedenken gegenüber einer institutionalisierten Militärseelsorge. Der Vorwurf, »mit der Einrichtung einer Militärseelsorge habe der Staat die Religionspflege selbst als eigene Aufgabe in die Hand genommen und so ... eine staatskirchliche Einrichtung geschaffen«, kann jedoch zurückgewiesen werden.[21] Die Einrichtung der Militärseelsorge ergibt sich aus der Pflicht des Staates, das Grundrecht des Soldaten auf freie Religionsausübung zu garantieren. Die Stellung der Militärgeistlichen verstärkt den Eindruck einer Unabhängigkeit der seelsorgerischen Arbeit vom Staat zusätzlich. Die Militärgeistlichen haben zivilen Status. Zudem stehen sie »in keinem militärischen Vorgesetzten- oder Untergebenenverhältnis und haben keinen militärischen Rang«.[22] Das Bild des zivilen Betreuers wird umso deutlicher durch die Tatsache, dass die Militärgeistlichen keine Uniform tragen.

Auch die Aufteilung der bundesdeutschen Militärseelsorge in den evangelischen und katholischen Teilbereich hatte eine kritische Auseinandersetzung zur Folge. Der Vorwurf, eine ausschließlich zweigeteilte Seelsorge verstoße »gegen die staatlichen Neutralitäts- und Paritätspflichten«, ist Teil der verfassungsrechtlichen Auseinandersetzung um die bundesdeutsche Militärseelsorge. Zunächst muss jedoch festgehalten werden, dass diese Aufteilung nicht bedeutet, dass ausschließlich evangelische oder katholische Soldaten Zugang zu der seelsorgerischen Betreuung haben. Die Beschränkung auf diese zwei Teilbereiche ergibt sich eher aus der christlichen Tradition, denn aus einer Ablehnung anderer Glaubensrichtungen. Allerdings stellt sich die Frage, ob es nicht in der Verantwortung der Militärseelsorge liegt, auf neue Entwicklungen, wie zum Beispiel die steigende Anzahl Andersgläubiger, entsprechend zu reagieren. Informationen des evangelischen Militärbischofsamtes zufolge sind solche Entwicklungen angedacht. 2004 waren beispielsweise drei Rabbinerstudenten als Praktikanten im seelsorgerischen Bereich tätig. Grundsätzlich spielt die Glaubenszugehörigkeit in der praktischen Umsetzung der Seelsorge, zumindest im Auslandseinsatz, eine eher untergeordnete Rolle. Der Vorwurf der Vernachlässigung anderer Glaubensrichtungen kann also nicht gänzlich ausgeräumt, eine Infragestellung der Militärseelsorge aufgrund mangelnder Neutralität oder Parität, jedoch sehr wohl zurückgewiesen werden. Um die Bedeutung der Militärseelsorge, ihre Errungenschaften oder Versäumnisse beurteilen

---

21 Rudolf Seiler, a.a.O., S. 968.
22 Rudolf Seiler, a.a.O., S. 971.

zu können, muss zunächst auf die Aufgabe einer solchen seelsorgerischen Einrichtung im Rahmen der Bundeswehr näher eingegangen werden.

Die Zentrale Dienstvorschrift Militärseelsorge besagt, dass die Militärseelsorge »der von den Kirchen geleistete, vom Staat gewünschte und unterstützte Beitrag zur Sicherung der freien religiösen Betätigung in den Streitkräften« ist.[23] Dabei trägt der Staat Sorge für den organisatorischen Aufbau der Militärseelsorge und ist für die Kosten zuständig. Inhaltlich unterliegt die Militärseelsorge der jeweiligen Kirche. »Die Militärseelsorge als Teil der kirchlichen Arbeit wird im Auftrag und unter Aufsicht der Kirche ausgeübt.«[24] Die Kirche ist in der inhaltlichen Auslegung der Militärseelsorge somit unabhängig von staatlichen Weisungen. Zu den Aufgaben der Militärgeistlichen zählt vor allem »der Dienst am Wort und Sakrament sowie die Seelsorge«.[25] Den Soldaten soll die Möglichkeit gegeben werden, am kirchlichen Leben teilzunehmen. Voraussetzung ist die Freiwilligkeit der Teilnahme, ob an Gottesdiensten oder sonstigen Angeboten der Militärseelsorger. Die Inhalte eines Militärgottesdienstes, der in der Regel einmal im Monat abgehalten wird, unterscheidet sich nicht von anderen Gottesdiensten. Die Durchführung eines Militärgottesdienstes weist insofern Besonderheiten auf, als er nicht immer in einem Gottesdienstraum abgehalten wird. Stehen keine Kirchen oder Kapellen zur Verfügung, so findet er in Flugzeughallen, Kantinen, Lazaretten oder sogar auf einer Waldlichtung statt.[26]

Die Zuständigkeit der Militärgeistlichen geht weit über rein kirchliche Aufgaben, wie etwa der Gestaltung von Gottesdiensten, hinaus. Beispielsweise bieten die Militärgeistlichen regelmäßig Sprechstunden an und stehen den Soldaten als Betreuer zu Verfügung. Zudem sind sie »ständige Berater der Leiter der von ihnen zu betreuenden Dienststellen in allen Fragen der Militärseelsorge und in allgemeinen kirchlichen Angelegenheiten« und erteilen den Lebenskundlichen Unterricht.[27] Der Lebenskundliche Unter-

---

23 Abschnitt A der Zentralen Dienstvorschrift 66/1 (ZDv. 66/1) Militärseelsorge; zitiert in: Rudolf Seiler: Seelsorge in Bundeswehr und Bundesgrenzschutz, in: Joseph Listl; Dietrich Pirson (Hg): Handbuch des Staatskirchenrechts der Bundesrepublik Deutschland (Bd. 2). Berlin 1995, S. 961.
24 Artikel 2 des Vertrages der Bundesrepublik Deutschland mit der Evangelischen Kirche in Deutschland zur Regelung der evangelischen Militärseelsorge vom 22. Februar 1957; in: Peter H. Blaschke; Harald Oberhem: Militärseelsorge. Grundlagen, Aufgaben, Probleme. Regensburg 1985, S. 158.
25 Artikel 4 des Vertrages der Bundesrepublik Deutschland mit der Evangelischen Kirche in Deutschland zur Regelung der evangelischen Militärseelsorge vom 22. Februar 1957; in: Peter H. Blaschke; Harald Oberhem: Militärseelsorge. Grundlagen, Aufgaben, Probleme, Regensburg 1985, S. 158.
26 Vgl.: Ulrich von den Steinen: Eine Waldlichtung, ein Birkenkreuz. Gottesdienst für und mit Soldaten; in: Evangelisches Kirchenamt für die Bundeswehr (Hg): Auf die Reihe bringen. Informationen für die Zeit beim Bund. Leipzig 2003.
27 Rudolf Seiler, a.a.O., S. 972.

richt soll den Soldaten auf ethische und moralische Aspekte seines Dienstes, aber auch des allgemeinen Lebens aufmerksam machen, ihn auf Problemsituationen vorbereiten und ihm Hilfestellungen bei der ethisch-moralischen Orientierung geben. Zudem bietet der Unterricht als Gesprächsforum Gelegenheit zu Gedankenaustausch und zur Reflexion. Er ist »im Zusammenhang mit der Gesamterziehung der Soldaten zu sehen«.[28] Die Gesamterziehung bezieht sich über die militärische Ausbildung hinaus vor allem auf das, »was den Bürger in Uniform charakterisiert«.[29] Aus diesem Grund wird der Lebenskundliche Unterricht auch charakterbildender Unterricht genannt.

Die Themen für den Lebenskundlichen Unterricht werden in Zusammenarbeit mit dem Bundesverteidigungsministerium vom Katholischen Militärbischofsamt und vom Evangelischen Kirchenamt für die Bundeswehr festgelegt. Zurzeit werden im Rahmen des Lebenskundlichen Unterrichts vier Themenblöcke behandelt: Leben als Soldat in der Bundeswehr, Verantwortung, Leben in der Demokratie und Glaube und Kirche.[30] Diese Themenblöcke behandeln sowohl allgemeine Fragen wie die Vereinbarkeit von Friedensethik und militärischem Engagement als auch persönliche Problemfelder, wie den Umgang mit Angst, Verwundung und Tod, seelische Belastung und Schulderfahrung sowie den Sinn militärischer Tapferkeit. Von den 90 Stellen, die der katholischen Militärseelsorge zur Verfügung stehen, sind 25 mit Pastoralreferenten besetzt, die nicht im Ausland eingesetzt werden, sondern hauptsächlich für den Lebenskundlichen Unterricht an den verschiedenen Schulen der Bundeswehr zuständig sind.[31] Der Lebenskundliche Unterricht stellt für die Militärseelsorge eine Chance dar, da wir hier auch auf die Altergruppe zwischen 18 und 30 Jahre stoßen, die in vielen Kirchengemeinden kaum mehr zu finden ist.[32] Selbstverständlich nehmen am Lebenskundlichen Unterricht auch jene teil, die nicht an eine christliche Konfession gebunden sind; ein Teil von ihnen kommt auch zu den Gottesdiensten, manche von ihnen nahmen an der jährlichen Soldatenwallfahrt nach Lourdes teil.[33]

---

28 Abschnitt A der Zentralen Dienstvorschrift 66/1 (ZD 66/1) Militärseelsorge; in: Peter H. Blaschke; Harald Oberhem: Militärseelsorge. Grundlagen, Aufgaben, Probleme, Regensburg 1985. S. 143.
29 Blaschke, Oberhem, a.a.O., S. 143.
30 Vgl.: www.ekd.de/militaerseelsorge/indexfelder.html; www.kmba.de/milseel/Lku/index.html.
31 Vgl. Alexander Foitzik, a.a.O., S. 342.
32 Vgl. Alexander Foitzik, a.a.O., S. 343.
33 Vgl. Alexander Foitzik, a.a.O., S. 344.

b) Militärseelsorge und Auslandseinsätze

Neben dem Lebenskundlichen Unterricht ist als bedeutendste Aufgaben der Militärseelsorge zweifelsohne die Betreuung der Soldaten zu nennen. Ist an den Standorten in der Bundesrepublik vornehmlich die kirchliche Ausrichtung von Wichtigkeit, so ist für den Soldaten im Auslandseinsatz vor allem die seelische Begleitung unerlässlich. Soldaten im Auslandseinsatz sind in vielfacher Hinsicht gefordert und belastet. Die Bundeswehr beteiligt sich an friedenserhaltenden und stabilisierenden, aber auch an Frieden erzwingenden Operationen: »Sie wirkt durch Stabilisierung und Abschreckung gegen die Verschärfung von Krisen und Konflikten und ermöglicht die Konsolidierung von Friedensprozessen.«[34] Hinzu kommen Einsätze im Kampf gegen den internationalen Terrorismus. Die Verantwortung, die in einem derart weit reichenden Aufgabenfeld auf dem einzelnen Soldaten lastet, ist offensichtlich sehr groß. Kirchliche Einsatzbegleitung bedeutet deshalb »Seelsorge am Einzelnen«.[35]

Militärseelsorge stellt keine originär neuzeitliche Einrichtung dar. Die seelsorgerliche Betreuung von Soldaten im Einsatz ist so alt wie die Geschichte des Krieges. Im Rahmen dieses Kapitels soll lediglich die bundesdeutsche Militärseelsorge und die Geschichte der seelsorgerischen Begleitung bei Auslandseinsätzen der Bundeswehr behandelt werden. Der erste von Militärpfarrern beider Kirchen begleitete Auslandseinsatz war die 1992 durchgeführte humanitäre Mission in Kambodscha. Neun evangelische und katholische Militärpfarrer begleiteten die Soldaten. Eine kontinuierliche Begleitung konnte jedoch nicht gewährleistet werden. »Die Erwartung der Soldaten nach konstanter Begleitung zeichnete sich ... bereits in dieser Anfangsphase der Einsatzbegleitung ab.«[36] Zwar abwechselnd, aber dafür durchgängig, begleiteten Militärgeistliche 1993/94 die UNOSOM-Mission in Somalia, wobei jeweils zwei Geistliche drei Monate Dienst leisteten.

Seit Beginn der Friedensmissionen auf dem Balkan 1995 entwickelte sich »ein gewandeltes Selbstverständnis der Streitkräfte als ›Armee im Ein-

---

34 Vgl. www.bundesregierung.de.
35 Walter Herrenbrück: Zwischen militärischer und ziviler Konfliktbearbeitung – Kirchliche Einsatzbegleitung als Auftrag des Evangeliums; in: Evangelisches Kirchenamt für die Bundeswehr (Hg): Für Ruhe in der Seele sorgen. Evangelische Militärpfarrer im Auslandseinsatz der Bundeswehr. Leipzig 2003, S. 39.
36 Peter Michaelis: Die neue Herausforderung – Seelsorge im Auslandseinsatz; in: Evangelisches Kirchenamt für die Bundeswehr (Hg): Zwischenbilanz. Zum Abschied von Militärbischof Dr. Hartmut Löwe aus der Evangelischen Militärseelsorge. Leipzig 2003, S. 131.

satz"« und die Militärseelsorge trug dieser Entwicklung Rechnung.[37] Zwischen 1995 und 2003 waren rund 90 Militärgeistliche als Begleitung im Auslandseinsatz. Seit dem Jahr 2001 übernehmen die Geistlichen die komplette sechsmonatige Einsatzzeit, der im Rahmen der Umstrukturierung der Bundeswehr sich auch auf vier Monate begrenzen lässt. Der Hauptgrund für diese Entscheidung liegt darin, dass das Vertrauensverhältnis, welches die Soldaten zu den geistlichen Begleitpersonen aufgebaut haben, nicht abreißen soll. Würde man etwa den Militärgeistlichen nach drei Monaten durch einen Kollegen ersetzen, wäre der Soldat gezwungen, sich auf diese neue Person einzustellen, was der Stabilität, die der Militärgeistliche gewährleisten soll, nicht dienlich wäre.

Mit der steigenden Zahl der Auslandseinsätze hat die Militärseelsorge entscheidend an Bedeutung gewonnen. Verteidigungsminister Peter Struck bezeichnete die Militärseelsorge als »Anker des Vertrauens«[38]. Um einen Einblick in die Rolle der Militärseelsorge im Auslandseinsatz zu erlangen, ist es hilfreich die Bedeutung, die eine solche Seelsorge für die Soldaten hat, näher zu beleuchten. Die Belastung der Soldaten beginnt nicht erst mit der Arbeit, die sie im Ausland zu bewältigen haben. Bereits vor der Abreise sind Soldaten enormem Stress ausgesetzt. Viele haben Familie und müssen sich schon zu Hause mit der bevorstehenden Trennung auseinandersetzen. Aber auch wenn alle Vorkehrungen getroffen sind und der Soldat sich von den Daheimgebliebenen verabschiedet hat, stehen eine Reihe von unvorhersehbaren Belastungen aus, bevor der Soldat mit seiner eigentlichen Aufgabe beginnt. Beispielsweise war die »Verlegung der ISAF-Soldaten nach Afghanistan durch sich dauernd ändernde politische Vorgaben gekennzeichnet. Der Abflug verzögerte sich fortlaufend.«[39] Was nach einem rein organisatorischen Problem klingt, hat für den einzelnen Soldaten weit größere Auswirkungen. Viele haben sich mehrfach von ihrer Familie verabschiedet und mussten abends doch wieder nach Hause zurückkehren, um erneut auf Anweisungen zu warten. Dass sich all dies noch während der Weihnachtsvorbereitung im Winter 2001 ereignete, lässt erahnen, welche innere Unruhe so eine Einsatzvorbereitung mit sich bringt.

Im Einsatzgebiet selbst verschärfen sich die Belastungen für den Soldaten. Zum einen gibt es zahlreiche körperliche Belastungen, denen die Soldaten im Auslandseinsatz ausgesetzt sind. Im »Camp Warehouse« in Kabul,

---

37 Peter Michaelis: Die neue Herausforderung – Seelsorge im Auslandseinsatz; in: Evangelisches Kirchenamt für die Bundeswehr (Hg): Zwischenbilanz. Zum Abschied von Militärbischof Dr. Hartmut Löwe aus der Evangelischen Militärseelsorge. Leipzig 2003, S. 131.
38 Vgl. www.bundeswehr.de/soziales/0240203_interviw_milbischof_krug.php.
39 Jürgen Walter: Als Seelsorger in Afghanistan – Erfahrungen und Einsichten aus einer anderen Welt; in: Evangelisches Kirchenamt für die Bundeswehr (Hg): Für Ruhe in der Seele sorgen. Evangelische Militärpfarrer im Auslandseinsatz der Bundeswehr. Leipzig 2003, S. 68.

in dem die ISAF-Soldaten untergebracht wurden, gab es beispielsweise lange Zeit keinen Strom, kein fließendes Wasser, keine Kanalisation und keine Scheiben in den Fenstern. Hinzu kommt, dass die Soldaten einer erheblichen klimatischen Veränderung ausgesetzt waren. Beispielsweise fällt nachts die Temperatur auf bis zu minus 20 Grad. Dieser Belastung mussten viele Soldaten ohne Warmluftgeräte standhalten. Zudem sind die Schlafunterbringungen für Soldaten im Auslandseinsatz mehr als notdürftig. Weitaus schwerwiegender sind die emotionalen Herausforderungen des Auslandseinsatzes. »Die lange Einsatzzeit von sechs Monaten schafft eine emotionale Spannung durch die Trennung von zu Hause, von der Familie, ...die beständig ansteigt und verunsichert.«[40] Zudem ist die psychische Belastung im Lager sehr groß, da man ständig auf engstem Raum zusammen lebt und Intimsphäre regelrecht zu einem Fremdwort wird. Verstärkter Stress führt bei vielen zu Ärger und Frustration. Ein erhebliches Arbeitspensum auf der einen Seite steht Langeweile oder Unterforderung aufgrund mangelnder Freizeitmöglichkeiten oder Ausgleichsaktivitäten gegenüber. Bei manchen Soldaten führt die Situation in den Unterbringungslagern regelrecht zum ›Lagerkoller‹.

Diese Belastungen beziehen sich noch nicht auf das, was die eigentliche Herausforderung im Auslandseinsatz ausmacht: Krieg und Elend im Einsatzland. »Kriegsruinen, Militärschrott, staubige Dürre und menschliches Elend lassen keinen Zweifel daran, dass man gleichsam aus der Wohlstandsgesellschaft in die so genannte ›Dritte Welt‹ katapultiert wurde«, berichtet ein Einsatzbegleiter über die Eindrücke in Kabul.[41] Besonders das Elend der Zivilbevölkerung macht den Soldaten zu schaffen. Die Tatsache, dass der Rahmen ihres Militäreinsatzes dem humanitären Elend kaum gerecht werden kann, belastet zusätzlich. »Nicht wenige Soldaten sind nach solchen Begegnungen mit dem Leid – vor allem der Kinder – innerlich erschüttert«, manche sogar traumatisiert.[42] Schließlich ergibt sich eine weitere erhebliche Belastung aus der Tatsache und dem Bewusstsein der eigenen Gefährdung. Trotz aller Sicherheitsvorkehrungen ist es möglich, teilweise sogar wahrscheinlich, dass den Soldaten etwas zustößt.

»Soldaten im Auslandseinsatz müssen immer mit der Situation einer sich plötzlich verändernden Sicherheitslage ... rechnen und sind auch aufgrund der Vorausbildung insofern auf das Eintreten unvorhersehbarer Ereignisse

---

40 Axel Mittelstädt: Zivile Saiten – Was Musik im Einsatz leisten kann; in: Evangelisches Kirchenamt für die Bundeswehr (Hg): Für Ruhe in der Seele sorgen. Evangelische Militärpfarrer im Auslandseinsatz der Bundeswehr, Leipzig 2003, S. 95.
41 Joachim Simon: Seelsorge im Staub von Kabul. Zum pastoralen Proprium der Einsatzbegleitung in Afghanistan; in: Katholisches Militärbischofsamt (Hg): Militärseelsorge. Pastoral, Berlin, 41. Jahrgang (2003), S. 20.
42 Joachim Simon, a.a.O., S. 23.

eingestellt.«[43] Auf den Umgang mit dem Tod eines Soldaten im Einsatz sind die wenigsten ausreichend vorbereitet. Zu den psychischen Belastungen im Auslandseinsatz zählt die kritische Hinterfragung des militärischen Einsatzes oder die Frage nach dem Sinn, die sich viele Soldaten aufgrund der Erfahrungen innerhalb der sechsmonatigen Einsatzzeit stellen. Aussichtslosigkeit aufgrund des Elends und Sinnlosigkeit aufgrund der teils hoffnungslosen politischen Situation im Einsatzland lassen manchen Soldaten an der Nützlichkeit des Einsatzes zweifeln. »Der Krieg ist ein Chamäleon«, so der Titel eines Vortrages zum Formenwandel politischer Gewalt im 21. Jahrhundert.[44] Sich auf alle Facetten des Krieges vorzubereiten, scheint unmöglich. Alles das, was der Krieg und die Herausforderung im Auslandseinsatz mit sich bringt, scheint zumindest schwer erträglich.

»Mit hörendem Herzen und handelnder Hand hat der Seelsorger seine Zeit in seiner ›Gemeinde auf Zeit‹ zu investieren«, so die Einschätzung eines Seelsorgers im Auslandseinsatz in Bosnien.[45] Der Auftrag der Militärgeistlichen im Auslandseinsatz lautet, wie an den Standorten zu Hause, Seelsorge auszuüben. Die Besonderheit der Arbeit der Militärseelsorge im Auslandseinsatz ist in den Umständen zu suchen, unter denen Seelsorge ausgeübt wird. Um die Rolle der Militärseelsorge im Auslandseinsatz beurteilen zu können, muss deutlich gemacht werden, dass der Geistliche nicht die einzige soziale Komponente in einem Auslandseinsatz bildet, sondern in einem Netzwerk von Sanitätern, Sozialarbeitern und Psychologen tätig wird. Teilweise überschneiden sich die Einsatzbereiche, teils sind sie völlig unabhängig voneinander; meist gehen sie aber ineinander über. Zu diesen sich überlappenden Themenbereichen gehört auch das Tabu-Thema »Sexualität«. Der Aspekt der Sexualität stellt gerade im Auslandseinsatz, wo Soldaten häufig in beengten Verhältnissen leben, eine hohe Belastung dar und erfordert vom Einzelnen Selbstdisziplin und Rücksichtnahme. Im August 2004 hat die Bundeswehr in einer Neufassung des Erlasses »Sexuelles Verhalten von und zwischen Soldaten« einige bislang gültige Restriktionen gelockert. So werden nun einvernehmlich aufgenommene sexuelle Beziehungen zwischen Vorgesetzten und Untergebenen geduldet, wenn sie nicht die »gebotene dienstliche Objektivität und Neutralität« beeinträchtigen. Grundsätzlich werden sexuelle Beziehungen als eine private Angelegenheit betrachtet und der Freizeit des Soldaten zugeordnet. Weiter heißt es

---

43 Christel Göltzer: Trauerfeier, Memorial – Seelsorge im Todesfall; in: Evangelisches Kirchenamt für die Bundeswehr (Hg): Für Ruhe in der Seele sorgen. Evangelische Militärpfarrer im Auslandseinsatz der Bundeswehr, Leipzig 2003, S. 105.

44 Christopher Daase: »Der Krieg ist ein Chamäleon« – Zum Formenwandel politischer Gewalt im 21. Jahrhundert; in: Katholisches Militärbischofsamt (Hg): Militärseelsorge. Dokumentation. Berlin, 39./40. Jahrgang (2001/2002), S. 365-380.

45 Jürgen Wieczorek: ›Feldlager Rajlovac‹ – Gemeinde auf Zeit, in: Evangelisches Kirchenamt für die Bundeswehr (Hg): Für Ruhe in der Seele sorgen. Evangelische Militärpfarrer im Auslandseinsatz der Bundeswehr. Leipzig 2003, S. 88.

in dem Erlass, dass nicht-eheliche Lebensgemeinschaften inzwischen eine allgemeine Akzeptanz oder zumindest eine Toleranz erfahren: »Daher sind außerdienstlich sowohl heterosexuelle als auch homosexuelle Partnerschaften und Betätigungen unter Soldatinnen und Soldaten disziplinarrechtlich regelmäßig ohne Belang. Dies gilt auch dann, wenn die Partner einen unterschiedlichen Dienstgrad haben.«[46] War es bislang unzulässig, dass Partner gemeinsam untergebracht werden, so steht nun diese Möglichkeit offen. Auch in Auslandseinsätzen sollen nunmehr nach Möglichkeit Freiräume und persönliche Entfaltungsmöglichkeiten gewährleistet werden, so der Erlass. Dieser neue Erlass dürfte eine Hilfestellung für die Arbeit von Militärseelsorgern und Psychologen sein und das Wirken von Soldaten im Auslandseinsatz erleichtern.

Ein Schwerpunkt der seelsorgerischen Arbeit der Militärgeistlichen besteht im Dienst an Wort und Sakrament. Einmal im Monat wird zu diesem Zweck ein Gottesdienst abgehalten. Obwohl ungefähr 40 Prozent der Soldaten konfessionsfrei sind, werden die Gottesdienste, die zumeist ökumenisch abgehalten werden, rege besucht. Dass die Soldaten an den Gottesdiensten zahlreich teilnehmen zeigt, dass sie das Angebot des Militärgeistlichen brauchen und schätzen. Auf die Frage, was er von dem Militärgeistlichen erwarte, antwortete ein Soldat im Auslandseinsatz: »Er soll für Ruhe in der Seele sorgen.«[47] Die Herausforderung für den Geistlichen im Auslandseinsatz liegt also nicht allein in der Durchführung von Gottesdiensten, sondern vielmehr in der gesamten seelischen Betreuung der Soldaten.

»Seelsorge an Einsatzkräften begleitet diese bei ihrer Arbeit, vor allem in Belastungssituationen, die fast immer einhergehen mit Gefühlen von Versagen und Hilflosigkeit, Ohnmacht und unter Umständen Angst.«[48] Extreme Erfahrungen im Auslandseinsatz wie Dienst rund um die Uhr, Massengräber und Leichenfunde, Plünderung, Vergewaltigung und Mord, Angst vor Tod und Verwundung, die fehlende Intimsphäre und Heimweh müssen verarbeitet werden. Die Betreuung durch den Militärseelsorger umfasst beispielsweise Sprechstunden, die den Soldaten die Möglichkeit geben sollen, ihre Probleme zu thematisieren. Diese Art der Betreuung ähnelt der Arbeit eines Psychologen; die Bereiche des Militärpsychologen und des Militärseelsorgers sind jedoch verschieden. Wo die Erklärungsansätze des

---

46 »Bundeswehr duldet sexuelle Beziehungen«, in: Frankfurter Allgemeine Zeitung, Nr. 191, 18. August 2004, S. 4.
47 Vgl.: Armin Staigis: Von Anfang an – Erwartungen eines Kommandeurs an den Pfarrer im Einsatz; in: Evangelisches Kirchenamt für die Bundeswehr (Hg): Für Ruhe in der Seele sorgen. Evangelische Militärpfarrer im Auslandseinsatz der Bundeswehr. Leipzig 2003, S. 58.
48 Peter Michaelis; Walter Theis: Seelsorgerische Begleitung bei Auslandseinsätzen deutscher Soldaten. Neue Herausforderungen für die Militärseelsorge; in: Katholisches Militärbischofsamt (Hg): Militärseelsorge. Pastoral. Berlin, 39. Jahrgang (2001), S. 71.

Psychologen ihre Grenzen haben, setzt die Beratung durch den Militärgeistlichen ein, denn eine Betreuung auf der Grundlage von religiösen Anschauungen und unter Vermittlung von christlichen Werten kann und soll der Psychologe nicht leisten.

Ein Hauptanliegen der Soldaten im Auslandseinsatz ist die Auseinandersetzung mit Sinnfragen, die der Militärgeistliche innerhalb seiner Sprechstunde mit den Soldaten gemeinsam diskutieren kann. Dabei ist es von Bedeutung, dass der Militärgeistliche außerhalb der militärischen Hierarchie steht und sich in keinem Untergebenen- oder Vorgesetztenverhältnis befindet. So ist es den Soldaten möglich, mit dem Geistlichen über Probleme mit Vorgesetzten oder über Zweifel am Militäreinsatz zu sprechen. Im Unterschied zu den Militärpsychologen ist der Militärgeistliche Zivilist. Hat die psychologische Betreuung den Beigeschmack der Aufrechterhaltung oder Wiederherstellung der Funktionsfähigkeit von Soldaten, so ist die seelsorgerische Betreuung unabhängig von zweckgebundenen Gesichtspunkten. Eine gemeinsame Arbeit ist aber dennoch unerlässlich, denn die Seelsorge hilft, »belastende Eindrücke, die sich in den Seelen der eingesetzten Soldaten eingeprägt haben, mit anderen, dazu qualifizierten Fachleuten, so weit wie möglich zu verarbeiten«.[49]

Ist es für die Schaffung einer Vertrauensbasis von Bedeutung, dass der Militärgeistliche außerhalb des militärischen Systems steht, so ist es unerlässlich, dass er sich mitten unter den Soldaten befindet und die Eindrücke, die sie erleben, mit ihnen teilt. So ist beispielsweise häufig die Einsatzlänge entscheidendes Kriterium für die Ursache von persönlichen Krisen der Soldaten und ein Seelsorger, der selbst nur für kurze Zeit am Einsatzort verweilt, wird wahrscheinlich nicht in gleicher Weise zum vertrauensvollen Gespräch animieren, wie jemand, der die Belastung auch persönlich nachempfinden kann. Im Auslandseinsatz besteht die Seelsorge »vor allem im Mitgehen mit den Soldaten und im Erleben und Bewältigen der gleichen Lebensbedingungen«, berichtet ein Militärseelsorger nach Beendigung seines Einsatzes in Afghanistan.[50] Nicht immer findet die Seelsorge im Auslandseinsatz in Form von Gottesdiensten oder eingehenden Gespräche statt. Oft genügt das Bereitstellen einer ›befehlsfreien Zone‹, in der den Soldaten Getränke und ein wenig Ruhe angeboten wird.

Die Arbeit des Militärgeistlichen ist nicht auf die Umgebung des Unterbringungslagers beschränkt. Zu seinen Aufgaben kann die Patrouillenbe-

---

49 Peter Michaelis; Walter Theis: Seelsorgerische Begleitung bei Auslandseinsätzen deutscher Soldaten. Neue Herausforderungen für die Militärseelsorge; in: Katholisches Militärbischofsamt (Hg.): Militärseelsorge. Pastoral. Berlin, 39. Jahrgang (2001), S. 71.
50 Jürgen Walter: Als Seelsorger in Afghanistan – Erfahrungen und Einsichten aus einer anderen Welt; in: Evangelisches Kirchenamt für die Bundeswehr (Hg): Für Ruhe in der Seele sorgen. Evangelische Militärpfarrer im Auslandseinsatz der Bundeswehr. Leipzig 2003, S. 68.

gleitung oder der Besuch einer Gemeinde am Einsatzort gehören. Gerade die Tätigkeit als Verbindungsglied zum Einsatzland ist von großer Bedeutung. So hat es sich die Militärseelsorge zueigen gemacht, die Soldaten über die landesübliche Religion aufzuklären. Diese Maßnahme ist sinnvoll, da der Umgang mit der Zivilbevölkerung einen wichtigen Pfeiler in der Arbeit der Soldaten im Auslandseinsatz bildet. Ein verantwortungsvoller Umgang mit der Zivilbevölkerung erfordert ein Verständnis der Kultur, die häufig von der Religion geprägt ist. Eine Aufklärung über Religion und Kultur beinhaltet Gesprächskreise, die sich mit religiösen Hintergründen der Krisen und Konflikte im Einsatzland auseinandersetzen.

Während des Auslandseinsatzes muss sich der Soldat nicht nur mit Konflikten im Einsatzland auseinandersetzen. Durch die Arbeit als Soldat im Einsatz ist er auch Konfliktsituationen seiner selbst ausgesetzt. »Der Soldat gerät gerade als Christ in den Spannungsbogen zwischen das mit Strafe bedrohte Verbot des Tötens einerseits und der Pflicht zur Nothilfe gegenüber den Menschen andererseits«[51] Die Aufgabe des Seelsorgers besteht darin, den Soldaten im Kampf für den Frieden seelisch zu unterstützen und ihn zu ermutigen, nach bestem Wissen und Gewissen zu handeln. Dabei ist der Militärseelsorger als Zivilist nicht dazu verpflichtet, den Soldaten unter allen Umständen von der Notwendigkeit des Militäreinsatzes zu überzeugen. In besonderen Fällen, in dem der Auslandseinsatz nicht mit dem Gewissen des Soldaten in Einklang zu bringen ist, informiert der Geistliche den Soldaten über sein Recht, während eines Einsatzes im Ausland Befehle zu verweigern. Auch Informationen zur Wehrdienstverweigerung können durch den Militärgeistlichen vermittelt werden. Allerdings sind solche Fälle äußerst selten, da dem Militärgeistlichen nicht daran gelegen ist, die Soldaten an ihrem Auftrag zu hindern, sondern sie in ihrem Kampf um Frieden zu unterstützen.

Zur christlichen Begleitung gehört auch die Seelsorge im Todesfall. »Wenn ein Soldat durch Unfall, Krankheit oder Suizid ums Leben kommt, dann bedeutet das zunächst eine seelische Amputation für die Kameraden«.[52] Die seelsorgerische Begleitung in der Zeit der Trauerverarbeitung ist besonders wichtig. In einer solchen Extremsituation sind Gottesdienste oder Gespräche mit dem Geistlichen eine unerlässliche Stütze für den Soldaten im Auslandseinsatz. Die Militärseelsorge im Auslandseinsatz der Bundeswehr findet nicht nur am Einsatzort statt. So wie der Einsatz für die

---

51 Armin Staigis: Von Anfang an – Erwartungen eines Kommandeurs an den Pfarrer im Einsatz; in: Evangelisches Kirchenamt für die Bundeswehr (Hg): Für Ruhe in der Seele sorgen. Evangelische Militärpfarrer im Auslandseinsatz der Bundeswehr. Leipzig 2003, S. 62.
52 Christel Göltzer: Trauerfeier, Memorial – Seelsorge im Todesfall; in: Evangelisches Kirchenamt für die Bundeswehr (Hg): Für Ruhe in der Seele sorgen. Evangelische Militärpfarrer im Auslandseinsatz der Bundeswehr. Leipzig 2003, S. 105.

Soldaten nicht erst mit der Ankunft am Einsatzort beginnt, basiert auch die Arbeit der Militärseelsorger auf einer intensiven Vorbereitung. Um sich auf den Auslandseinsatz vorzubereiten, nehmen sie an Führungsseminaren und Übungen teil. Dort erfahren »die Pfarrer ... viel über Auftrag und Einsatzbedingungen, um später im Einsatz ihr seelsorgerliches Tun richtig einordnen zu können«.[53] Die Militärseelsorge im Auslandseinsatz ist mit der Rückkehr ins Heimatland nicht beendet. Auch oder gerade die Nachbereitung der Auslandseinsätze ist von großer Bedeutung. Diese Nachbereitung kann beispielsweise an den Standorten der Militärseelsorge im Heimatland stattfinden.

So ist es möglich, ein wenig Kontinuität in den ansonsten so abrupten Bruch zwischen Auslandseinsatz und Alltag zu Hause zu bringen, und die Soldaten seelsorgerisch zu betreuen. Eine Brücke zwischen Heimat- und Einsatzort schlägt auch die Familienseelsorge, denn die Herausforderungen eines Auslandseinsatzes lasten nicht allein auf den Soldaten. »Die wohl größte Belastung hat die Familie zu Hause zu tragen.«[54] Um dieser Belastung Rechnung zu tragen, halten die Militärseelsorger engen Kontakt zu den Familienbetreuungszentren. Für die Soldatenfamilien ist die Nähe des Standortgeistlichen in der heimatlichen Umgebung von großer Bedeutung. Teilweise beteiligen sich die Geistlichen sogar an der Wiedereingliederung von zurückkehrenden Soldaten in den dienstlichen Alltag und das private Leben.

Bereits die Tatsache, dass die rechtliche Grundlage der Militärseelsorge im Grundgesetz zu finden ist, macht die Bedeutung dieser Einrichtung für die Bundesrepublik Deutschland deutlich. Doch das rechtliche Fundament kann nur eine unzureichende Einschätzung der ›Zivilisten unter Militärs‹ bieten. Der organisatorische Aufbau zeigt, dass sich Staat und Kirche gemeinsam der Sicherung der freien religiösen Betätigung in den Streitkräften verpflichten, ohne die kirchliche Arbeit staatlicher Abhängigkeit zu unterwerfen. Aber auch die Garantie der freien religiösen Betätigung umschreibt nicht annähernd das, was die Militärseelsorge für die Soldaten leistet. So hat sich das Aufgabenspektrum der Bundeswehr und der Stellenwert der Militärseelsorge in den vergangenen Jahren gewandelt. Den Entwicklungen hin zu einer Armee im Einsatz musste die geistliche Begleitung der Soldaten Rechnung tragen. Im Auslandseinsatz tragen (ökumenische) Gottesdienste, Gesprächskreise, Aufklärung und christliche Begleitung in er-

---

53 Armin Staigis: Von Anfang an – Erwartungen eines Kommandeurs an den Pfarrer im Einsatz; in: Evangelisches Kirchenamt für die Bundeswehr (Hg): Für Ruhe in der Seele sorgen. Evangelische Militärpfarrer im Auslandseinsatz der Bundeswehr. Leipzig 2003, S. 60.
54 Peter Michaelis: Die neue Herausforderung – Seelsorge im Auslandseinsatz; in: Evangelisches Kirchenamt für die Bundeswehr (Hg): Zwischenbilanz. Zum Abschied von Militärbischof Dr. Hartmut Löwe aus der Evangelischen Militärseelsorge. Leipzig 2003, S. 139.

heblichem Maße zu einem stabilen sozialen Umfeld in der Extremsituation bei. Die größte Herausforderung sowohl für die Soldaten als auch für die Militärseelsorge liegt in der seelischen Belastung der Einsatzkräfte. Es ist schwer, die Leistung der Militärseelsorge abschließend objektiv zu beurteilen, da es kaum Maßstäbe gibt, an denen der Grad des Ausgleichs solch seelischer Belastung gemessen werden kann. Die Art und Weise, wie sich Militärgeistliche bemühen, ›für Ruhe in der Seele‹ zu sorgen, ist Kriterium genug, um festzustellen, dass der Militärseelsorge eine überaus große Bedeutung bei Auslandseinsätzen der Bundeswehr zukommt.

c) *Ausblick: »Soldatenglück und Gottes Segen«*

Bleibt offen, ob das Selbstverständnis einer Militärseelsorge auch in Zukunft erhalten bleibt. Probleme wie Priestermangel auf katholischer und Pfarrermangel auf evangelischer Seite, konnten hier nur kurz angerissen werden und die Frage, ob die zweigleisige Seelsorge ausreicht, um verschiedenste Glaubensrichtungen abzudecken, kann in einem solchen Rahmen nur unzureichend beantwortet werden. Das Bemühen, dem Priestermangel durch den Einsatz von Pfarrhelfern und Laien nachzukommen und die Offenheit anderen Glaubensrichtungen gegenüber zeigt deutlich, dass diese Schwierigkeiten den Grundauftrag der Militärseelsorge nicht schwerwiegend einschränken, jedoch Neuorientierungen verlangen.[55] Auch in Zukunft wird die Militärseelsorge Soldaten unterstützen, zur Festigung des Friedens nach innen und außen beizutragen.

Für den deutschen Filmpreis 2003 wurde wider Erwarten der Dokumentarfilm »Soldatenglück und Gottes Segen« nominiert. »Soldatenglück und Gottes Segen« wünschte der kommandierende Generalleutnant den deutschen Soldaten, die im Januar 2002 zu ihrem Einsatz im Rahmen der internationalen Schutztruppe ISAF nach Afghanistan verabschiedet wurden. Nachdem die Bundeswehr 1995 erstmals seit dem II. Weltkrieg Soldaten nicht nur in einen militärischen, sondern zudem bewaffneten Auslandseinsatz in Richtung Balkan entsandte, ist Deutschland weltweit in seinem Einsatz für Maßnahmen zur Krisen- und Konfliktprävention einer breiteren Öffentlichkeit präsent. In Kabul erwartete die Bundeswehrsoldaten ein ähnlicher Auftrag, wie ihn schon ihre Kameraden im Kosovo hatten. *Ulrike*

---

55 Walter Wakenhut: Wachsende Herausforderungen für Militärseelsorge. Standortbestimmung der Militärseelsorge. Vortrag des Militärgeneralvikars beim Friedensseminar der 10. Panzerdivision in Kloster Reute, in: Auftrag. Zeitschrift für katholische Soldaten, Nr. 254 (2004), S. 82-84.

Franke und *Michael Loeken*[56] haben sich bei ihrem Besuch der deutschen und internationalen KFOR-Truppen im Kosovo den Soldatenalltag angesehen und den feinen Unterschied zwischen Anspruch und Wirklichkeit der Auslandseinsätze der Bundeswehr aufgespürt. Im Mittelpunkt dieses Dokumentarfilms steht nicht die Frage, wie sich Soldaten um Frieden bemühen, sondern womit sie sich im Auslandseinsatz beschäftigen. Der Film zeigt, dass die Deutschen – im Vergleich zum routinierten Auftreten von Soldaten andere Nationen – noch nach einer eigenen Linie suchen. Zugleich werden wahre, private Erlebnisse von Soldaten abseits jedweder Kontrolle und Zensur gezeigt, die doch auch Bestandteil der politischen Kultur Deutschlands sind. Zugleich wird mit diesem Dokumentarfilm in überzeugender Weise die innere Spannung skizziert, in der das Leben eines deutschen Soldaten im Auslandseinsatz steht. »Soldatenglück« ist eine Ebene der Erfahrung, die Soldaten trotz aller Professionalität im Ausland brauchen. Denn sich gegen Minen oder gar Anschläge zu schützen, vermag durch gewisse Vorsichtsmaßnahmen gelingen, doch ob diese im Ergebnis wirklich erfolgreich sind, hängt zu einem großen Teil auch vom Soldatenglück ab. Dies zeigte sich beim Abschuss einer Rakete aus den Bergen bei Kabul auf das deutsche Camp, bei dem wie durch ein Wunder kein Soldat zu Tode kam. Eine völlig neue Dimension der Bedrohung wird durch den Selbstmordanschlag auf deutsche Soldaten im ISAF-Kontingent im Juni 2003 erreicht. Seit 1993 gab es etwa 54 Todesopfer von deutschen Soldaten im Auslandseinsatz (Stand Sommer 2004).[57]

Die filmische Dokumentation spiegelt sich auch in empirischen Umfragen des Sozialwissenschaftlichen Instituts der Bundeswehr zum Thema »Militärseelsorge« aus den Jahren 1997 bis 2001 wieder. Sowohl in der bundesdeutschen Bevölkerung als auch bei deutschen Soldaten im Bosnieneinsatz ließ sich eine signifikant hohe positive Einstellung zur Militärseelsorge feststellen. So bewerteten über 81 Prozent der Befragten aus der bundesdeutschen Gesamtbevölkerung es als positiv, dass in der Bundeswehr ein Militär- bzw. Soldatenseelsorgedienst vorhanden ist. Im Feldlager Rajlovac in Bosnien begrüßten es sogar 96 Prozent der befragten Soldaten, dass Pfarrer anwesend sind.[58] Dieser hohe Zustimmungsgrad wurde auch für den KFOR-Einsatz festgestellt.[59] Die besondere Chance der Militärseel-

---

56 »Soldatenglück und Gottes Segen«. Regie und Buch: Ulrike Franke, Michael Loeken (Dokumentarfilm). Filmproduktion Loeken Franke GbR, Köln, Deutschland 2003.
57 »Die letzte Ehre«, in: loyal. Das deutsche Wehrmagazin, April 2003, S. 14.
58 Martin Bock: Die Einstellung zur Militärseelsorge in der Bevölkerung und bei Soldaten im Bosnieneinsatz der Bundeswehr. (SOWI-Arbeitspapier Nr. 126). Strausberg (März) 2001, S. 71-86.
59 Heiko Biehl: Militärseelsorge out of area. Hochgeschätzt und ungenutzt?, in: Ines-Jacqueline Werkner; Nina Leonhard (Hg): Aufschwung und Glaube in Militär und Gesellschaft zu Beginn des 21. Jahrhunderts. Berlin 2003, S. 323-348.

sorge bei Auslandseinsätzen der Bundeswehr liegt darin, mit Konfessionslosen in Kontakt treten zu können. Im Rahmen der Befragungen von zwei KFOR-Einsatzkontingenten fand Biehl zudem heraus, dass zwischen einem Viertel und einem Drittel der jeweiligen Kontingentteilnehmer bei Problemen das Gesprächsangebot der Militärseelsorger nutzen.[60] Es kann festgehalten werden, dass mehr als 90 Prozent der Befragten die Anwesenheit von Pfarrern im Auslandseinsatz wünschen, und zwar unabhängig von Dienstgrad, Alter, Herkunft, religiöser Überzeugung oder kirchlicher Bindung.[61]

Eine weitere Facette stellt die militärische und politische Begrenztheit jeglichen Auslandseinsatzes der Bundeswehr dar, bei der ein einzelner Soldat wie die gesamte Mission auch des Segens Gottes bedarf. Gemeint ist damit, dass Auslandseinsätze der Bundeswehr eben nur einen begrenzten Beitrag zu Frieden und Sicherheit in dieser Welt zu leisten vermögen. Von Leitthemen wie »Vom ewigen Frieden« (Immanuel Kant) zu sprechen ist gerade angesichts des vielschichtigen Alltags der Soldaten in den Konfliktregionen deplaziert; in der europäischen Literatur ist spätestens seit Gotthold Ephraim Lessing ausreichend thematisiert, dass ohne die Hilfe Gottes für Menschen ein ewiger Frieden oder ein vollkommener Weltfrieden nicht möglich ist. Schon zutreffender klingt das Wort von den ersten Gehversuchen einer »Weltinnenpolitik« (Carl-Friedrich von Weizsäcker), welches auf die Verantwortung der internationalen Staatengemeinschaft abhebt, ethische Standards und Grundwerte in den internationalen Beziehungen zu achten, so wie sie auch in der Charta der Vereinten Nationen[62] und im Völkerrecht formuliert sind. Hierzu gehört auch die weltweite Achtung und Verwirklichung grundlegender Freiheits- und Menschenrechte, denn der Sinn von Politik ist die Verwirklichung von Freiheit (Hannah Arendt) und die Bekämpfung jedweder gesellschaftlicher Form von totalitärem Denken und totalitärer Herrschaft[63]. Alt-Bundespräsident Johannes Rau: »Wenn wir nach den Interessen und den Werten fragen, die deutsche Außen- und Sicherheitspolitik leiten, dann stehen die Wahrung des Friedens und unserer freiheitlichen Ordnung an erster Stelle. Deutsche Politik ist gleichermaßen den Menschenrechten verpflichtet und ihrer weltweiten Achtung.«[64]

---

60 Biehl, a.a.O., 2003, S. 344.
61 Vgl. »Militärseelsorge genießt hohe Akzeptanz bei den Soldaten. Militärbischöfe Walter Mixa und Peter Krug beim Verteidigungsausschuss des Deutschen Bundestages, in: www.kmba.de/aktuell/internas/300604/300604.htm, aufgerufen am 17. August 2004.
62 Sven Gareis; Johannes Varwick: Die Vereinten Nationen. Aufgaben, Instrumente und Reformen. Opladen, 2000.
63 Hannah Arendt: Elemente und Ursprünge totaler Herrschaft. München 2001.
64 Johannes Rau: Gemeinsam handeln – Deutschlands Verantwortung in der Welt. »Berliner Rede« am 19. Mai 2003 im Berliner Maxim Gorki Theater. (Informations- und Presseamt der Bundesregierung). Berlin 2003, S. 17.

In der katholischen Theologie gibt es enge Verbindungen zur Philosophie, weshalb abschließend ein Bezug zur griechischen Philosophie und Mythologie erlaubt sei. Der Ausgriff zu Beginn dieses Buches auf den griechischen Dichter Homer und seine Erzählung »Troja« beschreibt bereits in antiken Zeiten den Hoffnungsgedanken, von dem Homers Erzählungen getragen sind und die bis heute für das Handeln von Menschen so bestimmend sind: also Hoffnung zu haben trotz persönlicher Niederlagen und menschlichem Scheitern, eben weil es auch so etwas wie einen göttlichen Beistand gibt. In der christlichen Religion verkörpert der auferstandene Christus die Hoffnung vom bereits jetzt begonnenen Reiche Gottes (Eschaton). Mit dem Tode, so die österliche Hoffnung, verliert der gläubige Mensch sein Leben nicht, sondern kann von Gott mit ewigem Leben beschenkt werden.

Rainer Korte stellt fest, dass in der römischen Antike die griechischen Mythen und Heldensagen als Ausdruck hoher Wertschätzung von traditionellen Tugenden wie eheliche Liebe und Treue, Zuverlässigkeit, Mut und Tapferkeit sowie der Einsatz für das Vaterland angesehen wurden. Mit diesen Tugenden konnten sich die Christen der römischen Antike problemlos identifizieren bei ihrer Lebensgestaltung. Zugleich deuteten Christen die griechischen Mythen, ihre Protagonisten und ihre Geschichten, als Lehrbeispiele, als noch unvollkommene Vor-Bilder und als symbolische Hinweise auf das Erlösungswerk Christi[65].

In der griechischen Mythologie gibt es eine enge Verbindung zwischen den Göttern und den Menschen, als etwa der griechische Held Achill im Kampf um Troja[66] stirbt, stehen ihm die Götter im Tode bei und es ist Gottvater Zeus selbst, der Winde schickt, damit Achill's Leichnam schneller verbrennen kann. Ideengeschichtlich werden hier Überlegungen von den Griechen formuliert, die später in den christlichen Glauben inkulturiert werden, insbesondere jenes ineinander verweben von Gottes- und Nächstenliebe. Es sind Menschen, die sich um ihre Freunde und Angehörigen sorgen; es sind Götter, die sich um das Wohl der Menschen bemühen. Eben darin liegt die eigentliche Botschaft von Homers Troja: das Menschen zueinander stehen, sich helfen und lieben, auch in der Not, und in ihrem Tun von Hoffnung und Zuversicht geprägt sind. Auch wenn die Ilias zunächst tragisch endet, so ist sie doch in ihrer Gesamtheit, also im Zusammenhang mit der ihr folgenden Erzählung der Odyssee, zu betrachten. Homers Erzählung

---

65 Rainer Korte: Leise Stimmen aus der Tiefe. Nach-denkliches in römischen Katakomben. Vatikanstadt 1998, S. 57-58.
66 Vor dem Film »Troja« von Wolfgang Petersen nahmen auch schon andere Filmschaffende wie etwa Giorgio Ferroni sich dieses Themas an (vgl. »Der Kampf um Troja« (Italien, Frankreich 1961, Regie: Giorgio Ferroni)).

von den »Irrfahrten des Odysseus«[67] sind Metaphern über das menschliche Leben an sich, welches sich oftmals ziellos und auf Irrfahrten zu bewegen scheint, von Gefahren bedroht, die Bewährung erfordern[68]. Vor allem in »Troja« wird deutlich, dass dabei das menschliche Leben sich nicht nur in »gut« (bonum) und »böse« (malum) aufteilen lässt, sondern dass das wirkliche Leben von Menschen, so auch jenes von Soldaten im Auslandseinsatz, sich als viel komplexer und vielschichtiger darstellt.

In meinem Aufsatz »Christliche Religion und amerikanischer Film«[69] habe ich die verschiedenen Charakteristika des amerikanischen Films, zu dem auch »Troja« zählt, aufgeschlüsselt. Ein Element ist dabei häufig das »Happy end«, wobei gerade in den vergangenen zehn Jahren die Filmemacher hier vielfach zu einer differenzierten Betrachtung kommen, lastet doch auf dem alltäglichen Leben von Menschen auch viel Leid und Tragik. Ein filmisches Beispiel hierfür ist der vielfach mit Oscar-Ehrungen ausgezeichnete Film »The English Patient« (USA 1996), in dem es um Tod und Leben, Krieg und Frieden, Zuversicht und Hoffnungslosigkeit geht. Der Film, der in den letzten Tagen des II. Weltkrieges und wohl nicht ganz zufällig in einem verlassenen, italienischen Kloster spielt, strahlt trotz allem Leid des schwer verbrannten, ja fast verkohlten Patienten, ein Gefühl tiefen Angenommenseins aus, der aus der Hingabe der Krankenschwester an ihren letzten Patienten dieses Krieges erwächst. Von innerer Ruhe und Liebe ist dieser Film getragen, so wie auch menschliches Leben von Liebe und Angenommensein getragen seien kann.[70] Und eben diese menschliche Dimension zeichnet auch »Troja« aus, trotz aller Tragik, aller Verfehlungen und Schuld.

Es gehört zur Wirklichkeit von Auslandseinsätzen der Bundeswehr, dass gerade viele junge Menschen aus finanziellen Überlegungen sich für Auslandseinsätze melden. Für Politiker und Bürger muss diese Facette jedoch ohne Bedeutung bleiben, den ihren Sinn und Zweck erfahren diese Auslandseinsätze in der Überzeugung, ein Mehr an Friede und Gerechtigkeit

---

67 Der deutsche Archäologe Heinrich Schliemann und nach ihm der französische Philologe und Schriftsteller Victor Bérard haben die geographische Realität von Homers »Irrfahrten des Odysseus« bewiesen (vgl. den Dokumentarfilm »Homers Welt«, Frankreich 1990, Regie: Jean Baronnet).

68 So schreibt Johann Wolfgang von Goethe: »Ja ! Diesem Sinne bin ich ganz ergeben, das ist der Weisheit letzter Schluss: Nur der verdient sich Freiheit wie das Leben, der täglich sie erobern muss !« (Goethe, Faust II, 11573-11576).

69 Andreas M. Rauch: Christliche Religion und amerikanischer Film, in: Die Neue Ordnung, Nr. 5, 2003, S. 376-391.

70 Dies drückt sich auch – um auf den zweiten Verantwortungsstrang Bezug zu nehmen – in den Worten des evangelischen Widerstandskämpfers im Dritten Reich, Dietrich Bonhoeffer, aus: »Von guten Mächten, wunderbar geborgen, erwarten wir getrost, was kommen mag. Gott ist mit uns, am Abend und am Morgen und ganz gewiss auch an jedem neuen Tag.«

durch einen Einsatz für Demokratie und Menschenrechte sowie der Bekämpfung des Terrorismus in der Welt zu verwirklichen. Darüber hinaus streben multinationale Auslandseinsätze an, Beiträge zu leisten für ein friedliches Zusammenleben von Menschen unterschiedlicher Religionen und Kulturen.

Auch für diese politische Vision lässt sich ein filmisches Beispiel benennen, und zwar »Königreich der Himmel«[71]. Dieser Film veranschaulicht das bis heute schwierige Zusammenleben von Juden, Christen und Muslimen in Jerusalem und im Heiligen Land – und macht zudem deutlich, dass auch die gegenwärtige Politik in zentralen Fragen des friedlichen Zusammenlebens von Menschen unterschiedlicher Kultur und Religion bislang nicht viel weiter gekommen ist. Eine Ebene des Problems stellte dar, dass Papst Urban II. 1095 mit den Worten »Es ist Gottes Wille« das christliche Europa dazu drängte, den Mittleren Osten von den muslimischen Armeen zu befreien und Jerusalem zurück zu erobern. Erst zu Beginn des 20. Jahrhunderts setzte sich beim Heiligen Stuhl die Erkenntnis durch, Jerusalem einen durch den Völkerbund oder die Vereinten Nationen garantierten internationalen Status zu geben, der das friedliche Zusammenleben der drei Weltreligionen in Jerusalem und einen freien Zugang zu allen heiligen Stätten der Stadt ermöglichen soll. Die Friedenstreffen in Assisi durch Papst Johannes Paul II. und das Friedensengagement von Papst Benedikt XVI. vor allem gegenüber dem Judentum sind Ausdruck eines erneuerten Friedensverständnisses des Heiligen Stuhles.

In »Königreich der Himmel«[72] werden die bis heute vorbildlichen Friedensbemühungen des weisen Christen-Königs Balduin IV. (1161-1185) und des Muslim-Führers Saladin, der sich friedensbereit aufgrund eines für Saladin problematischen Konflikts in Syrien zeigte, gewürdigt. Die Friedensvision von König Balduin von einem »Königreich der Himmel«, welches sich nicht auf Macht und Reichtum, sondern auf Gewissen[73] und Liebe von Menschen gründet, wird geteilt von Rittern, die schwören, diese poli-

---

71 Kingdom of Heaven – Königreich der Himmel, Regie: Ridley Scott mit Orlando Bloom und Liam Nelson in Hauptrollen. Autor: William Monahan. USA 2005.
72 Gemeint ist kein himmlisches Königreich auf Erden, sondern ein ganz weltliches Königreich mit Menschen, die sich für ein friedliches Zusammenleben von Religionen, in diesem Fall der drei Weltreligionen Judentum, Christentum und Islam, einsetzen. Der Begriff »Himmel« versteht sich hier im Plural, also im Sinne des jüdischen, christlichen und muslimischen Himmels. Im Grunde geht es um das menschenrechtliche Thema von Religionsfreiheit, welches ideengeschichtlich gesehen sich zunächst über einzelne Gesetze (z.B. die britische »Bill of Rights« von 1689) sowie die amerikanische (1789) und französische (1791) Verfassung und dann erst zu Beginn des 19. Jahrhunderts im Kontext erster völkerrechtlicher Überlegungen durchsetzen konnte.
73 »Königreich der Gewissen«.

tische Idee mit ihrem Leben und ihrer Ehre zu verteidigen[74]: Die Hilflosen zu schützen[75], den Frieden zu wahren, gewissenhaft zu handeln und sich für eine Harmonie zwischen den Religionen und Kulturen einzusetzen[76], so dass ein Königreich der Himmel auf Erden errichtet werden kann.[77]

Doch die Geschichte dieses Films erzählt auch, dass Friede und Versöhnung im Zeichen des Kreuzes stattfinden. Das Kreuz steht hier für Schmerz und Leiden, für Sterben und Tod, für menschliches Scheitern, aber zugleich und immer für den auferstandenen Herrn. Die fiktive Geschichte beginnt damit, dass der französische Schmied Balian (Orlando Bloom) den Verlust seiner Frau und seines kleinen Sohnes bedauert und kurz darauf erfährt, dass er der uneheliche Sohn des Godfrey von Ibelin ist, eines Barons des Königs von Jerusalem, der sich vor allem der Erhaltung des Friedens im Heiligen Land verpflichtet fühlt. Balian überwindet seinen Kummer und begleitet Godfrey, der kurze Zeit später an einer tödlichen Verwundung stirbt, auf seiner heiligen Mission. Als Balian darauf das Land und den Adelstitel erbt, findet er in Jerusalem eine Stadt, die sich während der kurzen Phase zwischen dem zweiten und dritten Kreuzzug zu einem friedlichen Miteinander gefunden hat. Der Film fesselt den Betrachter, wenn Balian auf den Hügel Golgatha steigt, wo Jesus gekreuzigt wurde, um dort für seine Seele, die Seele seiner toten Frau und seines toten Kindes zu beten, auch wenn er selbst sich von Gott eigentlich verlassen fühlt. Die historische Figur des jungen Königs Balduin, der mit 24 Jahren an seiner schweren Lepraerkrankung[78] stirbt, symbolisiert die Fragilität menschlicher Friedens-

---

74 Es geht hier nicht wie etwa in der Oper »Lohengrin« von Richard Wagner um den »reinen« Ritter, eine irgendwie imaginäre Gestalt, sondern um Menschen, die selbst eingebunden sind in den mitunter brutalen Alltag mittelalterlichen Lebens. Der Film »Königreich der Himmel« zeichnet sich eben dadurch aus, dass er versucht, alle Dimensionen menschlichen Lebens aufzuzeigen, so auch die unbarmherzige Härte kriegerischer Auseinandersetzung.

75 Mit der Forderung nach dem Schutz der Hilflosen ist der zentrale Inhalt christlicher Caritas und katholischer Soziallehre angesprochen. In einem größeren Sinne ergibt sich daraus die Forderung »Schütze das Volk« – was im Film »Königreich der Himmel« mehrfach thematisiert wurde –, womit im Kern das gesellschaftliche Prinzip des Gemeinwohls (salus publica) gemeint ist.

76 Dem Templerorden wurde im 12. Jahrhundert der Vorwurf gemacht, nicht kämpferisch genug und zu stark um ein friedliches Zusammenleben mit den Muslimen bemüht gewesen zu sein. Sowohl König Balduin IV. als auch der Muslim-Führer Saladin waren vom Gedanken einer Toleranz und der Achtung der Weltreligionen untereinander inspiriert und von einem freien Zugang der heiligen Stätten Jerusalems für alle Weltreligionen überzeugt gewesen.

77 Die Ritter des christlichen Königs von Jerusalem schworen: »Seid ohne Furcht im Angesicht Eurer Feinde. Seid tapfer und aufrecht. Sprecht die Wahrheit, auch wenn dies Euren eigenen Tod bedeutet. Beschützt die Wehrlosen und tut kein Unrecht. Das ist Euer Eid.«

bemühungen und die Allgegenwart des Kreuzes in Form der Gebrechlichkeit, der Verwundung und des Todes von Menschen.

Hoffnung und Zuversicht im Leben von Menschen, Gottes- und Menschenliebe[79] erfahren durch die Auferstehung Jesu Christi eine neue Wahrheit und Realität, so wie es der Evangelist Johannes sagt: »Ich bin die Auferstehung und das Leben. Wer an mich glaubt, wird leben, auch wenn er stirbt und jeder, der lebt und an mich glaubt, wird auf ewig leben.«[80] Der dreifaltige Gott ist nicht wie die griechische Götterwelt der Phantasie von Menschen entsprungen, sondern wahrhaftige Wirklichkeit, vielfach bezeugt von Menschen, nicht zuletzt – wie eingangs ausgeführt – auch von christlichen Märtyrern im Kontext des 20. Juli 1944. »Soldatenglück und Gottes Segen« – der Titel dieses Dokumentarfilms erfasst jenseits rationaler, politikwissenschaftlicher Überlegungen die religiös-transzendente Dimension des christlichen Glaubens, die doch auch eine Dimension in der Wirklichkeit von Auslandseinsätzen der Bundeswehr darstellt. Ihre politische Legitimation ziehen militärische Auslandseinsätze Deutschlands aus demokratischen Entscheidungen des Deutschen Bundestages und der Bundesregierung; die moralische Rechtfertigung von Auslandseinsätzen der Bundeswehr liegt darin begründet, Menschen in Not zu helfen und dadurch Beiträge für ein Mehr an Friede, Gerechtigkeit und Versöhnung im Zeichen des Kreuzes[81] in dieser Welt zu leisten.[82]

78 Aufgrund seiner schweren, todbringenden Krankheit steht der junge König selbst mit seinem Bemühen um Gerechtigkeit und Frieden in seinem Reich ganz im Zeichen des Kreuzes, welches Ausdruck von Endlichkeit und Tod ist, aber auch zugleich Symbol von göttlicher Erlösung und ewigem Frieden.
79 Neben »Troja« thematisiert auch der Filmklassiker »Orphée – Der Tod und die Liebe des Dichters« (Buch und Regie: Jean Cocteau, Frankreich 1949/1950) jene Verbindung von Gottes- und Menschenliebe in einer modernen Adaption der klassischen Sage vom thrakischen Orpheus und seiner Frau Eurydike. Filmisch versuchte Cocteau seine Idee vom Film als Gesamtkunstwerk zu verwirklichen, indem er die archaische Handlung in eine zeitgenössische Kriminalgeschichte verwandelt, die in einem poetischen Sinn den unsterblichen Tod des Dichters thematisiert, aber auch von der Unmöglichkeit absoluter Liebe erzählt. Mit diesem Filmwerk, welches nach Cocteaus Vorstellung einerseits in den antiken Mythos und andererseits in das Übersinnliche Gottes eintaucht, schrieb Cocteau Filmgeschichte.
80 Johannes 11, 25-26.
81 Auslandeinsätze der Bundeswehr finden im Zeichen des Kreuzes statt, da sie mit Leid, Verwundung und Tod von Soldaten verbunden sind. Vor diesem Hintergrund ist es aus christlicher Sicht immer wieder neu abzuwägen und zu bewerten, ob sich Auslandseinsätze der Bundeswehr – wie bislang – moralisch begründen lassen.
82 Walter Mixa: Friede und Versöhnung im Zeichen des Kreuzes. Meditationen von Bischof Walter Mixa. Vorwort von Joseph Kardinal Ratzinger. Mit Bildern aus dem Dom und dem Figurenfeld im Hessental bei Eichstätt. München 2004; vgl. die Worte der Deutschen Bischofskonferenz: »Gerechtigkeit schafft Frieden«. Bonn 1983 und »Gerechter Friede«. Bonn 2000 (herausgegeben vom Sekretariat der Deutschen Bischofskonferenz in Bonn).

Literaturhinweise

Adams, James: »Virtual Defense«, in: Foreign Affairs, Volume 80, No. 3, 2002, S. 98-112

Alamir, Fouzieh M.: Die Europäische Sicherheits- und Verteidigungspolitik (ESVP) – ein Spaltpilz für die NATO?, in: Österreichische Militärische Zeitschrift, Heft 3, 2001, Wien, S. 357-362

Amt für Nachrichtenwesen der Bundeswehr (Hg): Leitfaden für Bundeswehrkontingente in Bosnien-Herzegowina. Grafschaft 2000

Arnold, Eckhart: German foreign politics and unification, in: International Affairs, 3/1991, 67 Vol., S. 453-371

Aust, Stefan; Cordt Schnibben (Hg): 11. September. Geschichte eines Terrorangriffs. Stuttgart, München, Hamburg 2002

Aust, Stefan: Irak: Geschichte eines modernen Krieges. München 2004

Bahr, Egon: Deutsche Interessen. Streitschrift zu Macht, Sicherheit und Außenpolitik. München 1998

Bastian, Hans Dieter: Bildungsträger in Uniform. Gedanken zur militärischen Menschenführung und politischen Bildung in den Streitkräften. München 1979

Baudissin, Wolf Graf von: Soldat für den Frieden. Entwürfe für eine zeitgemäße Bundeswehr. München 1969

Baumgart, Winfried: Vom europäischen Konzert zum Völkerbund. Friedensschlüsse und Friedenssicherung von Wien bis Versailles. Darmstadt 1987

Bell, Daniel: Die nachindustrielle Gesellschaft. Frankfurt am Main 1985

Berghahn, Volker: Der Erste Weltkrieg. München 2003

Bernecker, Arabelle: Internationales Konfliktmanagement am Beispiel des Krieges um Bosnien 1992-1995. Frankfurt am Main, Berlin 2001

Biermann, Rafael: Deutsche Konfliktbewältigung auf dem Balkan. Erfahrungen und Lehren aus dem Einsatz. Baden-Baden 2002

Birckenbach, Hanne-Margret: Mit schlechtem Gewissen – Wehrdienstbereitschaft von Jugendlichen. Baden-Baden 1985

Bismarck, Otto von: Gedanken und Erinnerungen. Berlin 1963

Blaschke, Peter H.; Harald Oberhem: Militärseelsorge. Grundlagen, Aufgaben, Probleme. Regensburg 1985

Böckle, Franz: Fundamentalmoral. München 1977

Boldt, Hans: Einsatz der Bundeswehr im Ausland?, in: Zeitschrift für Rechtspolitik, Heft 6, 1992, S. 218-222

Borkenhagen, Franz H.U. (Hg): Bundeswehr. Demokratie in Oliv? Streitkräfte im Wandel. Bonn 1986

Boutros-Ghali, Boutros: An Agenda for Peace. New York 1995

Bracher, Karl Dietrich: Zeit der Ideologien. Stuttgart 1982

Bracher, Karl Dietrich: Geschichte als Erfahrung. Stuttgart, München 2001

Brzezinski, Zbigniew K.: The Geostrategic Triad. Living with China, Europe and Russia. (Herausgegeben vom Center for Strategic and international studies). Washington D.C. 2000

Bruns, Wilhelm: Zur Rolle Deutschlands in der internationalen Politik. Bonn 1991

Burkiczak, Christian: Eine Entsendegesetz für die Bundeswehr?, in: Zeitschrift für Rechtspolitik, Heft 3, 2003, S. 82-86

Buwitt, Detlef: Internationale Polizei in VN-Missionen auf dem Balkan – Erfahrungen aus den Einsätzen in Bosnien-Herzegowina und im Kosovo, in: Biermann, Rafael, a.a.O., S. 213-234

Calic, Marie-Janine: Sicherheitsrisiken und Konfliktpotentiale in Südosteuropa. Ein Überblick über Entwicklungen in Bosnien-Herzegowina, der Bundesrepublik Jugoslawien und Makedonien. Ebenhausen 2000

Calic, Marie-Janine: Krieg und Friede in Bosnien-Herzegowina. Frankfurt am Main 1996

Chojnacki, Sven: Anarchie und Ordnung. Stabilitätskriterien und Wandel internationaler Ordnung durch innerstaatliche Gewalt und Staatenzerfall. Berlin 2000

Clausewitz, Carl von: »Vom Kriege«. Hinterlassenes Werk des Generals Carl von Clausewitz. Vollständige Ausgabe im Urtext. Bonn 1991

Czempiel, Ernst-Otto: Kluge Macht: Außenpolitik für das 21. Jahrhundert. München 1999

Czempiel, Ernst-Otto: Weltpolitik im Umbruch. Pax Americana. Der Terrorismus und die Zukunft der internationalen Beziehungen. München 2002

Debiel, Tobias; Axel Klein (Hg): Fragile Peace – State Failure, Violence and Development in Crisis Region. Bonn 2002

Diehl, Ole: UN-Einsätze der Bundeswehr. Außenpolitische Handlungszwänge und innenpolitischer Konsensbedarf, in: Europa-Archiv, Heft 8, 1993, S. 219-227

Doyle, Michael W. et al.: Keeping the Peace. Multidimensional UN Operations in Cambodia and El Salvador. Cambridge 1997

Echterling, Jobst: CIMIC – Zivil-militärische Zusammenarbeit der Bundeswehr im Ausland, in: Europäische Sicherheit, Oktober 2003, S. 32-38

Erhart, Hans-Georg: Deutschland und die Bundeswehr im Geflecht internationaler Organisationen, in: Jens Vollert (Hg): Zukunft der Bundeswehr. Sicherheitspolitik und Streitkräfte im Wandel. Bremen 2002, S. 12- 29

Evangelisches Kirchenamt für die Bundeswehr (Hg): Für Ruhe in der Seele sorgen. Evangelische Militärpfarrer im Auslandseinsatz der Bundeswehr. Leipzig 2003

Forsteneichner, Günter F.C.: Friedlose Welt. Bewaffnete Konflikte und das Ringen um Konfliktlösung und Frieden. Bonn 2002

Frank, Hans: Sicherheitspolitik in neuen Dimensionen, in: Bundesakademie für Sicherheitspolitik (Hg): Sicherheitspolitik in neuen Dimensionen. Kompendium zum erweiterten Sicherheitsbegriff. Hamburg 2001, S. 15-28

Fröhlich, Stefan: Die USA und die neue Weltordnung. Zwischen Kontinuität und Wandel. Bonn, Berlin 1992

Fröhlich, Stefan: Zwischen selektiver Verteidigung und globaler Eindämmung. Baden-Baden 1998

Fröhlich, Stefan: Amerikanische Geopolitik. Von den Anfängen bis zum Ende des Zweiten Weltkrieges. Landsberg am Lech 1998

Funke, Manfred: Aktuelle Aspekte deutscher Sicherheitspolitik, in: Aus Politik und Zeitgeschichte, B 46, 1992, S. 17-26

Gall, Lothar: Bismarck. Der weiße Revolutionär. Berlin 1997

Gareis, Sven Bernhard; Varwick, Johannes: Die Vereinten Nationen. Aufgaben, Instrumente und Reformen. Opladen 2003

Geier, Klaus: CIMIC Soldaten legen Grundstein für die Zukunft Afghanistans, in: Aktuell. Zeitung für die Bundeswehr, 19. April 2004

Gerke, Frank: Die UN-Friedensmission in Kambodscha, in: Südostasien Informationen, Nr. 3, Jg. 9. Bochum, 1993, S. 36-38

Giess, Imanuel; Gabriele Intermann: Der Jugoslawienkrieg. Frankfurt am Main 1995

Glenny, Misha: Jugoslawien. Der Krieg, der nach Europa kam. München 1993

Görtemacher, Manfred: Deutschland im 19. Jahrhundert. Entwicklungslinien. Paderborn 1991

Grosser, Alfred: Frankreich und seine Außenpolitik. 1944 bis heute. München, Wien 1986

Hacke, Christian: Die Außenpolitik der Bundesrepublik Deutschland. Weltmacht wider Willen? Berlin 1997

Hacke, Christian: Die weltpolitische Rolle der USA nach dem 11. September 2001, in: aus politik und zeitgeschichte, B 51/2001, S. 16-23

Hacke, Christian: Zur Weltmacht verdammt. Die amerikanische Außenpolitik von J.F. Kennedy bis G.W. Bush. München 2002

Hacke, Christian: Zuviel Theorie? Zuwenig Geschichte? Eine kritische Zwischenbilanz der Disziplin der Internationalen Beziehungen in Deutschland. (Studien zur Internationalen Politik. Institut für Internationale Politik an der Universität Hamburg). Heft 2. Hamburg 2003

Hacke, Christian: Die Außenpolitik der Bundesrepublik Deutschland. Von Konrad Adenauer bis Gerhard Schröder. Frankfurt am Main 2003

Haftendorn, Helga: Deutsche Außenpolitik zwischen Selbstbeschränkung und Selbstbehauptung. 1945-2000. Stuttgart, München 2001

Haltiner, Karl W.; Paul Klein (Hg): Multinationalität als Herausforderung für die Streitkräfte. (Arbeitskreis Militär und Sozialwissenschaften, Band 37). Baden-Baden 2004

Hartmann, Ralph: Die ehrlichen Makler. Die deutsche Außenpolitik und der Bürgerkrieg in Jugoslawien. Berlin 1998

Heckmann, Friedrich: Volk und Nation: Soziologie inter-ethnischer Beziehungen. Stuttgart 1992

Heydrich, Wolfgang; Hans-Dieter Lemke; Joachim Rohde (Hg): Die Bundeswehr am Beginn einer neuen Epoche. Anforderungen an die Streitkräfte und ihre rüstungsindustrielle Basis. Baden-Baden 1996, S. 13-34

Heine, Peter: Terror in Allahs Namen. Extremistische Kräfte im Islam. Freiburg im Breisgau 2001

Heitmeyer, Wilhelm (Hg): Das Gewalt-Dilemma – Gesellschaftliche Reaktionen auf fremdenfeindliche Gewalt und Rechtsextremismus. Frankfurt am Main 1994

Hildebrand, Klaus: Das vergangene Reich. Deutsche Außenpolitik von Bismarck bis Hitler. Berlin 1999

Hillgruber, Andreas: Der II. Weltkrieg. Kriegsziele und Strategie der großen Mächte. Stuttgart 1989

Hirschmann, Kai: Terrorismus in neuen Dimensionen. Hintergründe und Schlussfolgerungen, in: Aus Politik und Zeitgeschichte, B 51/2001, S. 7-15

Hoppe, Thomas: Schutz der Menschenrechte. Zivile und militärische Intervention. Berlin 2004

Huntington, Samuel P.: Kampf der Kulturen. Neugestaltung der Weltpolitik im 21. Jahrhundert. München 1998

Jacobsen, Hans-Adolf; Hans-Jürgen Rautenberg (Hg): Bundeswehr und europäische Sicherheitsordnung. (Abschlußbericht der Unabhängigen Kommission für die künftigen Aufgaben der Bundeswehr). Bonn, Berlin 1991

Joetze, Günter: Der letzte Krieg in Europa? Das Kosovo und die deutsche Politik. Stuttgart, München 2001

Johnson, Chalmers: Der Selbstmord der amerikanischen Demokratie. München 2004

Kaestner, Roland: Streitkräftereform und internationaler Wandel, in: Sicherheit und Frieden, Heft 2, 2001, S. 56-61

Kamp, Karl-Heinz: Die Debatte um den Einsatz deutscher Streitkräfte außerhalb des Bündnisgebietes. Sankt Augustin 1991

Kant, Immanuel: Zum ewigen Frieden. Ein philosophischer Entwurf. Stuttgart 1984

Katholisches Militärbischofsamt (Hg): Katholische Militärseelsorge. Neubeginn (1951-1957). Köln 1986

Klein, Paul; Dieter Walz (Hg): Die Bundeswehr an der Schwelle zum 21. Jahrhundert. Baden-Baden 2000

Kühne, Winrich: Der Einsatz der Bundeswehr außerhalb Europas. Ein Beitrag zur Diskussion über deutsche Blauhelme, in: Europa-Archiv, Heft 22, 1991, S. 643-653

Kühne, Winrich: Die Friedenssicherung der Vereinten Nationen in der Krise? Eine Zwischenbilanz, in: aus politik und zeitgeschichte, B 2, 1994, S. 18-24

Koch, Ernst (Hg): Die Blauhelme. Im Einsatz für den Frieden. Berlin, Bonn 1991

Koslowksi, Gerd: Die NATO und der Krieg in Bosnien-Herzegowina. Deutschland, Frankreich und die USA im internationalen Krisenmanagement. Vierow bei Greifswald 1995

Kümmel, Gerhard; Heiko Biehl: Anforderungen an die deutsche Außen-, Sicherheits- und Verteidigungspolitik an der Schwelle zum 21. Jahrhundert, in: Klein, Peter; Dieter Walz (Hg): Die Bundeswehr an der Schwelle zum 21. Jahrhundert. Baden-Baden, 2000 S. 11-51

Küng, Hans: Der Islam – Geschichte. Gegenwart. Zukunft. München 2004

Laqueur, Walter: Krieg dem Westen. Terrorismus im 21. Jahrhundert. München 2003

Lehmann, Hans Georg: Deutschland-Chronik 1945 bis 2000. Bonn 2000

Libal, Wolfgang; Christine von Kohl: Der Balkan. Stabilität oder Chaos in Europa. Wien 2000

Loquai, Heinz: Der Kosovo-Konflikt – Wege in einen vermeidbaren Krieg. Hamburg 2000

Lutz, Dieter S.: Krieg als ultima ratio? Zum Einsatz der Bundeswehr außerhalb des Territoriums der Bundesrepublik Deutschland. Hamburg 1993

Maass, Peter: Die Sache mit dem Krieg. Bosnien von 1992 bis Dayton. München 1997

Malcolm, Noel: Geschichte Bosniens. Frankfurt am Main 1996

Mark, Rudolf A.: Die Völker der ehemaligen Sowjetunion. Die Nationalitäten der GUS, Georgiens und der baltischen Staaten. Opladen 1992

Mey, Holger H.: Deutsche Sicherheitspolitik 2030. Frankfurt am Main 2001

Militärgeschichtliches Forschungsamt (Hg): Tradition und Reform in den Aufbaujahren der Bundeswehr. Herford, Bonn 1985

Müller, Harald: Supermacht in der Sackgasse? Die Weltordnung nach dem 11. September. Bonn 2003

Naumann, Klaus: Die Bundeswehr in einer Welt im Umbruch. Berlin 1994

Opitz, Peter J.: Frieden für Kambodscha? Entwicklungen im Indochina-Konflikt seit 1975. Frankfurt am Main 1991

Pflüger, Tobias: Mit neuer Strategie, Struktur und Bewaffnung in den Krieg? Köln 1997

Rauch, Andreas M.: »Traue niemals den Russen«, warnte der »Eiserne Emir«. Der Zerfall des Najibullah-Regimes setzt in Afghanistan widerstreitende Kräfte frei, in: Frankfurter Allgemeine Zeitung, 7. November 1991

Rauch, Andreas M.: Afghanistan: Operation Salam, in: Vereinte Nationen, Heft 6, 1991, S. 205-207

Rauch, Andreas M.: Europäische Friedenssicherung im Umbruch. München 1991

Rauch, Andreas M.: Der Heilige Stuhl und die Europäische Einigung. Baden-Baden 1995

Rauch, Andreas M.: Eine Chance für den Frieden auf dem Balkan. Erste freie Wahlen in Bosnien-Herzegowina nach dem Bürgerkrieg, in: Das Parlament, 20. September 1996, Nr. 39

Rauch, Andreas M.: Die auswärtige Menschenrechtspolitik des wiedervereinigten Deutschlands, in: Außenpolitik, Nr. 1, 1998, S. 64-73

Rauch, Andreas M.: Kosovo: Die OSZE und der Wiederaufbau, in: Die Neue Ordnung, Nr. 4, 1999, S. 314-317

Rauch, Andreas M.: Zwischen Anspruch und trauriger Realität. Das Kosovo im Brennpunkt der Menschenrechtspolitik, in: Das Parlament, Nr. 31-32, 28. Juli/4. August 2000

Rauch, Andreas M.; Christa Reichard: Der Soldat im OSZE-Einsatz. Ein Beispiel aus dem Kosovo, in: Paul Klein: Der Soldat an der Schwelle zum 21. Jahrhundert. Baden-Baden, 2000, S. 123-130

Rauch, Andreas M.: Fragen zum Terrorismus, in: Die Tagespost, 31. März 2001

Rauch, Andreas M.: Menschenrechte gelten für alle, in: Deutschland-Magazin, Heft 7, 2002, S. 47

Rauch, Andreas M.: Dem Spiritus rector deutscher Militärsoziologie, in: AMS-newsletter, Nr. 4, 2003, S. 10-14

Rauch, Andreas M.: Gerechtigkeit schafft Frieden 1983-2003. Christliche Ethik und Bundeswehr heute, in: Auftrag, Nr. 252, Januar 2004, S. 52-55

Rauch, Andreas M.: Aufgelesen. Humanitäre Intervention, in: Rheinischer Merkur, Nr. 12, 18. März 2004 , S. 24 (Themenausgabe »Seelsorge unter Soldaten«)

Rauch, Andreas M.: Zivile und militärische Auslandseinsätze der Bundeswehr, in: Gesellschaft. Wirtschaft. Politik, 1/2004, S. 57-65

Rauch, Andreas M. Beiträge zu Frieden und Sicherheit. Zivile und militärische Auslandseinsätze der Bundeswehr, in: Die Neue Ordnung, 58 Jg., Heft 2, April 2004, S. 135-148

Rauch, Andreas M.: Balkan-Konflikt und SFOR-Einsatz, in: kas-auslandsinformationen, Heft. 6, 2004, S. 104-130

Rauch, Andreas M.: Christliche Märtyrer dem Vergessen entreißen. Zum 60. Jahrestag des Attentates auf Hitler am 20. Juli 1944, in: Auftrag, Nr. 255, 44. Jg., Juli 2004, S. 11-14

Reuter, Jens: Die Entstehung des Kosovo-Problems, in: Aus Politik und Zeitgeschichte, Band 34, Bonn, 1999, S. 3-10

Rhode, Manfred: Abschied von den Killing Fields. Kambodschas langer Weg in die Normalität. Bonn 1999

Risse, Thomas: Kontinuität durch Wandel: Eine »neue« deutsche Außenpolitik?, in: Aus Politik und Zeitgeschichte, B 11/2004, S. 24-31

Roberts, David W.: Political Transition in Cambodia 1991-1999. Power Eliteism and Democracy. Richmond, Surrey 2001

Roellecke, Gerd: Bewaffnete Auslandseinsätze – Krieg, Außenpolitik oder Innenpolitik. Ein verfassungsänderndes Urteil des Bundesverfassungsgerichts, in: Der Staat, Heft 34, 1995, S. 415-428

Rühe, Volker: Deutsche Sicherheitspolitik. Die Rolle der Bundeswehr, in: Internationale Politik, Heft 4, 1995, S. 26-29

Schieder, Theodor: Das Deutsche Kaiserreich von 1871 als Nationalsaat. Göttingen 1992

Schmähling, Elmar: Kein Feind, kein Ehr. Wozu brauchen wir noch die Bundeswehr? Köln 1994

Schöllgen, Gregor: Das Zeitalter des Imperialismus. München 2000

Schössler, Dietmar: Militärsoziologie. Königstein/Taunus 1980

Schreiber, Gerhard: Der Zweite Weltkrieg. München 2002

Schulz, Karl-Ernst (Hg): Streitkräfte im gesellschaftlichen Wandel. Sozialwissenschaftliche Analysen zum Selbst- und Umweltverständnis moderner Streitkräfte. Bonn 1980

Siedschlag, Alexander: Die aktive Beteiligung Deutschlands an militärischen Aktionen zur Verwirklichung Kollektiver Sicherheit. Frankfurt am Main 1995

Silber, Laura; Allan Littel: Bruderkrieg. Der Kampf um Titos Erbe. Graz 1995

Stein, Torsten; Holger Kröninger: Die aktuelle Entscheidung – Bundeswehreinsätze im Rahmen von NATO-, WEU- bzw. VN-Militäraktionen, in: Jura, Heft 5, 1995, S. 254-262

Steinbach, Udo: Eine neue Ordnung im nahen Osten – Chance oder Chimäre?, in: Aus Politik und Zeitgeschichte, B 24-25, 2003, S. 3-7

Stürmer, Michael: Wohin die Bundeswehr? Über Diplomatie, Strategie und Bündnistreue, in: Internationale Politik, Heft 4, 1995, S. 30-37

Strassner, Renate: Der Friedensprozess in Kambodscha und die Neugestaltung der Beziehungen zwischen China und Indochina, in: Aus Politik und Zeitgeschichte, B 27, 1992, S. 22-30

Strassner, Renate: Der Kambodscha-Konflikt von 1986-1990 unter besonderer Berücksichtigung der Rolle Vietnams. München 1991

Sundhaussen, Holm: Geschichte Jugoslawiens 1918-1980. Stuttgart 1982

Steiner, Michael: Die deutschen sicherheitspolitischen Interessen, in: Bundesakademie für Sicherheitspolitik (Hg): Sicherheitspolitik in neuen Dimensionen. Kompendium zum erweiterten Sicherheitsbegriff. Hamburg 2001, S. 31-44

Theiler, Olaf (Hg.): Deutsche Interessen in der sicherheitspolitischen Diskussion. Baden-Baden 2001

Thalmair, Roland: Die Bundeswehr im Ausland – eine offene Verfassungsfrage?, in: Zeitschrift für Rechtspolitik, Heft 6, 1993, S. 201-205

Tibi, Bassam: Der bosnische Islam. Von säkularer Religion zum Fundamentalismus?, in: Internationale Politik, 7, 1997, S. 21-28

Ugresic, Dubravka: Die Kultur der Lüge. Frankfurt am Main 1995

Ulfkotte, Udo: Propheten des Terrors. Das geheime Netzwerk der Islamisten. München 2001

Ullrich, Volker: Otto von Bismarck. Hamburg 1998

Veen, Hans Joachim: Das Volk denkt anders. Die Mehrheit der Deutschen hielt das militärische Eingreifen im Irak für notwendig und gibt Saddam Hussein die Kriegsschuld, in: Die Politische Meinung, 256/1991, 36 Jg., S. 35-40

Victor, Barbara: Shahidas: Die Töchter des Terrors. München 2005

Vogt, Wolfgang R. (Hg): Militär las Gegenkultur. Streitkräfte im Wandel der Gesellschaft (I.). Opladen 1986

Weidemann, Diethelm; Wilfried Lulei: Kambodscha. Innere und äußere Aspekte einer Konfliktregelung. Pfaffenweiler 1998

Wellershoff, Dieter: Mit Sicherheit. Neue Sicherheitspolitik zwischen gestern und morgen. Bonn 1999

Wettig, Gerhard: Europa vor einer zweifachen Herausforderung, in: Außenpolitik. Zeitschrift für internationale Fragen, 2/1991, 42 Jg., S. 107-115

Willems, Emilio: Der preußisch-deutsche Militarismus. Ein Kulturkomplex im sozialen Wandel. Köln 1984

Zoll, Ralf (Hg): Sicherheit und Militär. Opladen 1982

Danksagung

Das vorliegende Buch wäre nicht möglich gewesen ohne meine Vorarbeiten als Wissenschaftlicher Angestellter im Sozialwissenschaftlichen Institut der Bundeswehr in Strausberg und meine Freistellung durch die Bundeswehr Strausberg an die Universität Bonn (Prof. Dr. Christian Hacke) mit 20 Prozent meiner Dienstzeit. Zusätzliche Impulse erhielt ich durch die Leitung zweier einwöchiger, sicherheitspolitischer Blockseminare in Strausberg/Berlin/Stettin mit der Akademie für Information und Kommunikation der Bundeswehr in Strausberg (Guido Mathes) und dem Jugendoffizier Köln, Hauptmann Oliver Henkel. Bei meinen wissenschaftlichen Recherchen wurde ich unterstützt durch das Zentrum für Transformation in Waldbröl (Oberst i.G. Roland Kaestner). Eine sehr gute, wissenschaftliche Lektoratsarbeit wurde durch cand. phil. Frank Geldmacher geleistet. Die Veröffentlichung dieses Buches wurde ermöglicht durch einen Druckkostenzuschuss der Karl-Theodor-Molinari-Stiftung (Oberst a.D. Franz-Josef Pütz) und eine Garantieabnahme der Jugendoffiziere (OTL Peter W. Fuss). Hilfreich waren Rezensionen durch Prof. Dr. Stefan Fröhlich (in der Zeitschrift »Europäische Sicherheit« der Gesellschaft für Wehr- und Sicherheitspolitik und der Clausewitz-Gesellschaft), Oberst i.G. Erich Vad (in der Zeitschrift »Die Neue Ordnung« des Instituts für Gesellschaftswissenschaften Walberberg) und Frank Geldmacher (in der Zeitschrift »Auftrag« der Gemeinschaft Katholischer Soldaten) sowie Buchabnahmen durch das Bundesministerium der Verteidigung und den katholischen Militärbischof für die deutsche Bundeswehr (Dr. Walter Mixa).